최신 코칭학개론

Introduction to the latest Science of Coaching

도미향 배재훈 최동하 황현호 공저

신정

머리말

PREFACE

4차 산업혁명 시대 속에 코치(coach)와 코칭(coaching)은 한국뿐만 아니라 전 세계 모든 사람들의 관심의 대상이 되고, 성장 가능성이 큰 사업 분야로 부상하게 되었다. 코칭은 조직과 개인의 내적 잠재역량을 발견하고 성장시켜 스스로 문제를 해결하도록 지원하는 것이다.

이러한 코칭은 조직을 위한 코칭, 라이프 코칭, 부모와 아동 등 대상별 코칭까지 다양한 유형으로 활발하게 확산되고 있다. 이처럼 여러 분야에서 상호작용과 시너지효과, 양방향 의사소통이 강조되면서 코칭이 새로운 비전과 변화를 주는 효율적인 대안으로 등장하고 있다.

그리고 여러 대학에서 코칭과 관련한 대학원 석 · 박사 과정이 개설되고 있는데, 특히 한국은 전 세계에서 가장 많은 코칭 관련 학과가 학부 및 석 · 박사 과정에 개설 운영되고 있다. 또한 많은 대학에서 교양 과목 혹은 정규 교과목으로 개설되고 있으며, 석 · 박사 학위 논문뿐만 아니라 코칭 관련 논문들이 코칭연구 등의 저널을 통해 발표되고 있다.

이처럼 코칭이 지난 20여 년간 대학을 중심으로 괄목할만한 성장을 이룬 것은 코치로서 너무나 반갑고 환영할 만한 일이다. 그러나 이러한 학계의 발전에도 불구하고 코칭을 처음 접하는 코칭 초보자, 학교에서 코칭을 배우는 학생, 이미 코칭을 접하고 공부하고 있지만 코칭에 관해 잘 알지 못하겠다고 혼란스러워하는 코치들도 적지 않다. 그들은 코칭의 이론과 철학, 코칭에서 중요하게 다루는 기술들, 코칭역량 등에 관하여 많은 궁금증을 가지고 있다. 그러나 이러한 내용을 기초부터 탄탄히 잡아줄 수 있는 코칭개론서는 시중에 많지 않다. 대표 저자가 참여하여 집필한 코칭학개론이 있는데 그 책의 발간 후 10여 년의 세월이 흘렀다. 그동안 코칭의 동향, 교육 및 연구 동향, 코칭 핵심역량 등 많은 변화가 있었다. 이에 코칭학의 학문적 근거가 되면서도 실제 적용이 가능한 최신 코칭학개론서의 필요성에 따라 본서를 집필하게 되었다.

이 책은 이러한 맥락에서 대학의 코칭 관련 과목을 강의하는 교수이면서 코칭 경험이 풍부하고 ICF PCC 이상의 전문코치 자격을 보유한 분들을 집필진으로 구성하였다. 본서는 크게 3부로 구성되어 있다.

PART 1 코칭역량의 이해 편에서는 코칭의 기본적인 내용을 이해하기 위하여 코칭의 개념과 필요성, 코칭의 이론과 철학, 코칭의 발달과 코칭 교육 그리고 코칭의 유형에 대하여 살펴보았다. PART 2에서는 코칭 핵심역량, 코칭의 환경과 대화모델, 코칭의 단계별 전개과정과 코칭의 기본도구와 응용도구에 관하여 제시하였으며, PART 3에서는 코치가 갖추어야 할 코칭의 역량을 코칭의 언어와 적극적 경청역량, 알아차림과 질문역량, 코칭마인드셋과 관계역량, 인정과 피드백역량을 중심으로 살펴보았다.

1, 5, 9장은 도미향 교수, 2, 12장은 배재훈 교수, 4, 10, 11장은 황현호 교수, 6, 7, 8장은 최동하 교수, 3장은 도미향 교수와 황현호 교수가 공동집필하였다. 용어는 가급적 통일하기 위하여 노력하였으며, 특히 '코치이(coachee)'는 고객으로 통일하였고, 각 장마다 생각할 문제를 제공하여 각 장에서 다루었던 내용에 관해 다시 검토하고 논의하고 연습할 수 있도록 하였다.

본 저자들은 공통 집필 과정에서도 수차례 온라인 화상회의와 대면회의를 통해 목차와 내용을 검토하면서 집필 방향의 일관된 관점을 잃지 않도록 의견 교환과 원고의 교정을 거치며 조율하려고 노력하였다. 그럼에도 불구하고 기본적으로 코칭의 이론과 철학, 코칭역량 등에 관한 연구가 많지 않아 선행 연구를 참조하여 집필하기에는 한계가 있었다. 향후 보다 많은 연구가 축적되면 더 알찬 책으로 거듭날 것임을 믿고 독자들의 양해를 구하며, 이 책이 보완될 수 있도록 코칭에 관심 있는 분들의 따뜻한 애정과 피드백을 부탁드린다.

앞으로도 코칭을 사랑하는 모든 코치들이 우리 사회의 지속 성장 가능한 의미 있는 일에 함께 하고 코칭문화를 확장시켜 나가기를 기대해 본다. 또한 코로나-19 속에 힘든 사회구성원들에게 코치들이 코칭역량을 발휘하여 좀 더 따듯한 사회를 만들어 나가는데 더욱 크게 기여하고, 코치들도 지치지 않고 자기계발 및 역량개발을 통해 앞으로 나아가기를 바란다.

이 책의 출간을 위해 심혈을 기울여준 한국코치협회 배재훈 수석부회장님, 황현호 국제코칭연맹 코리아챕터 회장님, 최동하 단국대 협상코칭 전공주임 교수님께 감사를 드리며, 기쁜 마음으로 흔쾌히 이 책을 추천해 주신 한국코치협회 김영헌 회장님과 한국코칭학회 김응자 회장님께도 감사를 드린다. 이 책이 지닌 의미에 뜻을 같이 하셔서 기꺼이 출간을 맡아 주신 신정출판사 최용구 대표님과 촉박한 일정에도 기꺼이 작업해 주신 편집부 직원과 장만동 전무님께도 감사를 드린다.

이 책을 읽은 독자가 코칭에 관한 든든한 기초를 갖추고, 훌륭한 전문코치로 성장하기를 기대한다.

2023년 찬란한 봄의 시작 속에

저자 대표 도미향

남서울대학교 대학원장/ 코칭학과장

전) 국제코칭연맹 코리아챕터 회장

전) 한국코칭학회 회장

추천사

2023년 올해는 사단법인 한국코치협회(KCA)가 창립 20주년을 맞는 뜻깊은 해이다. 그간 인증코치는 10,000명을 훌쩍 넘어섰으며 최근 몇 년간 우리나라 코칭의 이론적 수준은 눈에 띄게 발전했다. 무엇보다 코칭 관련 서적의 출판과 학위 논문을 비롯한 학술 논문의 발행이 크게 증가했다. 대학에 코칭 관련 학과가 개설된 학교는 현재 26개에 이르러 단일 국가로서 세계 최다이며 계속해서 증가하고 있는 추세이다. 이는 대중과 조직의 코칭에 대한 관심이 커지고 있고 전문코치라는 자격 또는 직업이 사회적으로 주목받고 있음을 보여주고 있는 것이다.

코칭의 이론적 발전은 단순히 사회과학의 한 분야의 학문적 발전을 넘어 이 사회의 발전적 진화에 기여하는 코칭의 생산적 역할을 위해 반드시 이루어져야 하는 필수 과제이다. 현장의 임상을 근거로 방법론이 만들어지고, 그렇게 만들어진 방법론이 현장에 적용되며, 학문적 가설을 바탕으로 기존의 이론이 강화되고, 학제간 교차 연구를 통해 새로운 이론이 만들어 지는 실제로 입체적인 이론적 탐구가 요청되고 있다. 현장에서 코칭을 수행하는 전문코치를 비롯해 학교나 연구기관의 연구자들의 적극적인 노력은 이런 점에서 그 의미가 크다고 할 수 있다.

이러한 환경에서 코칭 관련 교수님들이 출간한 코칭학개론은 새롭게 코칭을 배우는 전공자들에게 매우 환영할 만한 책이 될 것이다. 코칭의 개념부터 전문적인 역량까지 총괄적으로 다루는 책은 많지 않다. 더구나 몇 년 전부터 한국코치협회(KCA)와 국제코칭연맹(ICF)에서는 거의 같은 시기에 코칭에 필요한 핵심역량을 개정해서 교육과 자격 인증에 필요한 기준을 제시하고 있는데 이런 부분까지 포함하여 최신의 이론서로 시의적절하게 출간한 저자들의 수고에 감사의 박수를 보낸다. 이 책 하나만으로도 코칭에 필요한 기본적인 지식은 한꺼번에 습득할 수 있을 것이다.

코칭은 이제 기업과 조직에 다양하게 도입될 것이며 이미 그렇게 되고 있다. 대기업에서 중견기업과 중소기업까지, 그리고 정부 관련 기관과 교육기관을 포함한 각종 사회적 조직에 이르기까지 코칭에 대한 관심이 해마다 증가하고 있으며 조직 내 코치도 양성하고 있고 구성원들도 자발적으로 코칭을 배우고 있다. 또한 일반인과 전문직업인들도 코칭을 받는 사례가 증가하고 있고 제2의 또는 제3의 인생을 준비하는 차원에서 전문 코칭 자격을 취득하는 사례도 늘고 있다. 이 사회에 코칭이 미치는 영향은 계속해서 커질 것이며 그런 면에서 매우 희망적이다.

끝으로 한국 코칭계를 대표하는 도미향 교수님, 배재훈 교수님, 최동하 교수님, 황현호 교수님 네 분의 코칭과 코치들에 대한 사랑과 열정의 결과로 〈코칭학개론〉 책이 탄생하게 됨을 기쁘게 생각한다. 지금 코칭을 하고 있거나 배우는 분들은 사명감을 가지고 전문코치 자격을 넘어 지속적으로 연구하고 성장하는 진정한 전문가가 되기를 바라며 이 책을 통해 코치로서의 선한 의도를 확인하고 다지길 기대한다.

(사)한국코치협회 회장 김영헌

추천사

RECOMMENDATION

챗지피티(ChatGPT)가 요즘 우리의 일상을 흔들고 있다. 단어검색에서 대화형 검색이 가능하게 되면서 다양한 분야에서 이를 활용한 아이디어들과 작품들이 쏟아져 나오고 있다. 많은 코치가 이에 관심을 두기 시작했다. 코칭이라는 직업이 AI 시대에도 살아남을까 걱정되기도 하고, 신기술을 코칭에 활용할 수 있을까 하는 접근이 공존하기 때문이다. 그만큼 코치들이 수적으로 늘었다는 방증이기도 하다.

국내 코칭의 역사가 20여 년이 되어가면서 코칭 산업이 규모 면에서 무서운 가속도가 붙고 있다. 작년 한 해만도 ICF 국제자격을 취득한 코치들이 기하급수적으로 늘었다. 해마다 더 많아질 것으로 예상한다. 기업들도 갈수록 코칭 관련 상품들을 구매하는 단위가 커지고 있다. 하지만 코칭산업이 탄탄한 토대 위에 지속적인 성장을 하기 위해서는 학문적 뒷받침이 반드시 필요하다.

국내 코칭 관련 학과 개설이 학부과정과 특히, 대학원 과정에 계속해서 신설되고 있는 것은 그런 면에서 고무적이다. 하지만 대학에서 코칭학과 관련한 교재가 많지 않은 것이 지금의 현실이다. 가장 기본적인 코칭학을 소개하는 개론서가 국내에 출판된 지 10여 년이 되었다. 여전히 코칭학 관련 책이 미미한 상태에서 이번에 코칭학과 개설 대학의 교수진들이 최신 코칭학개론서를 출간 한다고 하니 반가운 소식이 아닐 수 없다. 강의만 하는 교수들이 아닌 코칭 현장에서 직접 코칭을 하고 심도 있게 연구하는 집필진이기에 더욱 기대되는 책이다.

이번 최신 코칭학개론서 출간을 계기로 앞으로 더 많은 코칭 관련 전문서적들이 출간되기를 기대해 본다. 그래서 이번 최신 코칭학개론서가 학부생부터 대학원생에 이르기까지, 초보 코치에서 전문코치들까지 모두에게 유익을 줄 수 있는 책이 되어, 우리나라 코칭 산업이 더욱 든든하게 성장해 갈 힘이 되기를 바란다.

ICF 코리아챕터 회장 황현호

MCC, KSC

추천사

RECOMMENDATION

코칭은 개인과 조직이 목표하는 바를 이루고 더 나은 삶과 활동을 할 수 있도록 개인과 조직의 내적 잠재력을 최대한 끌어내 주고 성장 발전하도록 서포트하는 것이다.

코칭이 한국에 들어온 지도 어언 20년이 흘렀다. 그동안 많은 코치들이 배출되었고 이러한 코치들의 배움을 위하여 많은 책들이 출판되었다. 코칭의 전반적인 기초를 다지는 책으로는 『코칭학 개론』이 많이 활용되었다. 그런데 2023년 새봄에 새롭게 구성된 저자들로 새롭게 꾸며져서 『최신 코칭학개론』으로 출판된다는 소식을 접했다.

저자그룹의 구성을 보니 한국코칭학회와 ICF 코리아챕터의 회장을 지낸 현 남서울대학교 일반 대학원 원장인 도미향 교수, ICF 코리아챕터의 황현호 현 회장, 한국코치협회 배재훈 현 수석 부회장, 한국코치협회 합창단 단장이며 대학과 지역사회에서 코칭 산업 발전을 위해 힘써온 최동하 교수 이렇게 4명으로 구성 되어 있다. 학교와 산업계 그리고 코칭 관련 기관과 실제 코칭 현장에서의 많은 경험과 배움의 결과가 이 책에 녹아 들어갔다고 확신한다.

그동안 우리는 개인이나 회사와 같은 조직이 앞서가는 사회의 개인이나 기업들을 보며 앞만 보고 부지런히 달려왔었다. 그러다 보니 이제는 그 과정에서 누적된 모순과 피로를 극복해야 하는 상황이 되었다. 그리고 이제는 빠른 추격자(Fast Follower)의 입장에서 선두 주자(First Mover)의 입장으로 바뀐 모습을 개인의 삶이나 조직에서 보게 되었다.

그래서 우리는 지금까지의 성공 방식에서 벗어나 새로운 성공 방식을 만들어 가야 하는데 이렇게 하기 위해서는 관점의 전환, 즉 패러다임 쉬프트(Paradigm Shift)가 일어나야 한다. 이럴 때 꼭 필요한 것이 코칭이다.

경영학의 대가로 알려진 피터 드러커가 한 말 중에 "문화는 전략을 아침으로 먹는다(Culture eats strategy for breakfast)"는 말이 있다. 이 말은 아무리 좋은 전략이나 생각이 있어도 조직문화가 받쳐 주지 못하면 쓸모가 없다는 의미이다. 즉, 가정이나 조직에서 구성원 중 누군가가 아무리 좋은 생각과 전략을 내어도 그것을 받아들이고 실제 행동으로 옮길 수 있는 조직문화가 없다면 그 성과가 나타나기 어렵다는 뜻이다. 이러한 조직문화를 형성하는 데 코칭과 코치의 역할이 필요하다. 이렇게 각계에서 늘어나고 있는 코칭의 수요에 맞추어 우리 코치들은 필요한 역량과 자질로서 무장해야 한다.

한국코칭학회는 2005년 창립된 이래 코칭의 학문적 정립과 코칭문화 확산을 위해 다양한 노력을 해왔다. 해마다 정기학술대회와 학술지를 지속적으로 발간하고 있으며「코칭연구」등재학술지를 통해 훌륭한 코칭연구들을 소개하고 있다. 새로 발간되는『최신 코칭학개론』을 통해서도 코칭의 학문적 성장에 도움이 될 것이라 확신한다.

이『최신 코칭학개론』이 새롭게 코칭을 배우는 사람에게는 이론적 지침서가 되고 이미 코칭을 배우고 활용하는 사람들에게는 지금까지 배운 것을 다시 한번 정리 해보는 데 도움이 되는 책이 되었으면 한다.

한국코칭학회 회장 김응자

차례

CONTENTS

PART 01
코칭의 이해

PART 02

코칭의 적용

PART 03 코칭의 역량

PART 04
부록

PART 01
코칭의 이해

chapter

01 코칭학의 개념과 필요성

코칭은 개인의 변화와 성장을 위해 현재를 탐구하고 미래를 계획하며 개인 및 조직의 잠재력을 극대화시키는 파트너십 과정이다. 코칭은 짧은 역사 속에서도 괄목할 만한 성과를 다양한 분야에서 드러내고 있으며, 대기업, 중소기업, 비영리기관, 종교기관 등 많은 분야에서 적용되고 있다. 또한 국제코칭연맹과 한국코치협회 등 코치가 성장하고 발전할 수 있는 다양한 기관들도 설립되어 운영 중이다.

이에 본 장에서는 코칭에 대한 다양한 정의와 타 용어와의 비교를 통해 코칭의 개념을 이해하고, 코칭이 조직 및 개인에게 왜 필요한지, 또 앞으로의 비전에 대해 살펴보고자 한다.

1. 코칭의 개념

1) 코칭에 관한 다양한 정의

코칭(coaching)은 현대적 개념으로서 코치(coach)라는 말에서 파생되었는데, 코치는 1500년대 초 현재 여기에(here & now) 있는 사람들을 그들이 가고자 하는 곳으로 이동시켜주는 운송 수단으로서의 마차를 지칭하는 용어였다(이소희 외, 2014).

유럽으로 퍼진 이 마차라는 용어는 코치(Kocsi) 또는 콧지(Kotdzi), 영어로는 코치(coach)라는 명칭으로 불렸다. 코치는 훈련(training)의 어원인 기차(train)와 대비하여 코칭의 특성을 잘 설명한다. coach는 현재 승객이 있는 지점에서 출발하여 원하는 목적지까지 데려다주는 개별 서비스인 데 반해 train(훈련)은 승객이 역까지 가서 승차한 후 다른 사람들과 함께 같은 속도와 경로로 정해진 종착지에서 하차해야 하는 집단 서비스이다. 즉, 코칭은 코치가 목표를 정하고 끌어가는 것이 아니라, 고객이 스스로 목표를 정하고 그 목표를 성취할 수 있도록 코치(coach)가 지지하는 과정이다(도미향 외, 2020).

코칭은 개인의 변화와 성장을 위해 현재를 탐구하고 미래를 계획하며 잠재력을 극대화해 개인의 삶을 주도적으로, 리더십을 발휘하면서 살 수 있도록 성장시키는 파트너십 과정이다(도미향, 2021). 또한 조직구성원들에게 공감적 경청과 질문, 인정, 지지를 통하여 역량을 개발하고, 동기를 부여하며 자발적으로 일할 수 있도록 지원하고 격려하며 수시로 피드백해 주는 것이다. 따라서 코칭을 한마디로 정의해 보면 개인과 조직의 목표 달성을 위한 지렛대 역할이라 할 수 있다. 이러한 코칭은 보는 시각에 따라 다양하게 정의되고 있다.

한편 국제코칭연맹(ICF)은 코칭을 코치와 발전하려는 의지가 있는 개인이 잠재능력을 최대한 개발하고, 발견 프로세스를 통해 목표 설정, 전략적 행동, 그리고 매우 뛰어난 결과의 성취를 가능하게 해주는 강력하면서도 협력적인 관계이며, 코치가 코칭을 받는 사람에게 직업적 또는 개인적인 성과를 향상시키고, 삶의 질을 높이는 데 도움을 주는 지속적인 파트너십이라고 정의한다. 그리고 한국코치협회는 '개인과 조직의 잠재력을 극대화하여 최상의 가치를 실현할 수 있도록 돕는 수평적 파트너십'이라고 정의하였다. 또한 휘트모어(Whitmore, 2019)는 성과를 최대화하기 위해 개인의 잠재 가능성을 발휘하는 것으로 교육하기보다는 고객이 학습할 수 있도록 돕는 것이라 하였고, 도미향(2023)은 코칭은 스스로 자신의 잠재력을 발견하고 목표를 성취할 수 있도록 격려하고 지지하는 커뮤니케이션 과정이라고 하였다. 이상과 같이 코칭에 관해 학자와 기관에 따라 다양한 정의를 내리고 있으며 이를 표로 정리하여 제시하면 〈표 1-1〉과 같다.

〈표 1-1〉 연구자 및 기관별 코칭의 정의

연구자	코칭의 정의
이소희 (2008)	'매일 멋진 삶'을 살 수 있도록 지지하는 사랑과 지혜의 대화 시스템
도미향 (2023)	스스로 자신의 잠재력을 발견하고 목표를 성취할 수 있도록 격려하고 지지하는 커뮤니케이션 과정
한국코치협회 (2023)	개인과 조직의 잠재력을 극대화하여 최상의 가치를 실현할 수 있도록 돕는 수평적 파트너십
한국코칭학회 (2023)	코칭은 고객과 조직의 변화와 발전을 지원하여 개인의 삶을 주도적으로 이끌고 조직의 목표를 실현하도록 지지하는 과정
Whitmore (2007)	성과를 최대화하기 위해 개인의 잠재 가능성을 발휘하는 것으로 교육하기보다는 고객이 학습할 수 있도록 돕는 것
ICF (2019)	인생, 경력, 비즈니스와 조직에서 뛰어난 성과를 달성할 수 있도록 도와주는 지속적이며 협력적 관계
Davies 외 (2020)	전문성을 개발하고 실행할 수 있는 체계적이고 지속적인 프로세스

출처: ICF 홈페이지, KCA 홈페이지, 도미향 외(2020)를 인용하여 재구성.

2) 코칭과 타 용어의 비교

1990년대까지만 해도 코칭은 컨설팅, 상담, 치료기법 등의 접근방식을 통해 기업의 리더를 중심으로 제공되었다(Kilburg, 2000). 2000년대에 들어와서 코칭은 상담, 심리학 치료, 가족 치료학, 교육훈련, 심리학, 아동 및 성인교육을 대상으로도 연구되어 왔으며, 각 분야의 특성과 대상에 따라 학문적 이론을 기반으로 적절하게 융합되어 분야마다 다양한 개념으로 사용되고 있다(Kilburg, 2000; Talarico, 2002). 그래서 코칭(coaching)은 카운슬링(counseling), 치료(therapy), 교육훈련(training), 컨설팅(consulting), 멘토링(mentoring) 등과 유사한 접근방법으로 광범위하게 사용되고 있지만, 코칭은 나름의 독특성을 가지고 있다. 즉, 코치와 고객 간의 수평적인 파트너십 관계에서 고객이 지닌 문제를 고객 스스로 해결하도록 코치가 효과적으로 지원하는 전문적 접근이라는 측면에서 다른 지원 전문직과의 차별성을 지닌다. 또한 발전과 성장의 주체가 바로 고객이라는 인식하에서 코치는 고객의 맥락과 가치, 상황 등을 고려하여

〈표 1-2〉 코칭과 유사 용어의 특징 비교

분야	목적	초점	방법	의제	모델
멘토 (Mentor)	삶의 경험에서 획득한 지식과 방법 전수	멘토의 강점과 실제 경험	공유, 본보기, 지도	주제, 멘토	부모와 자식
컨설턴트 (Consultant)	전문적인 지식과 자문	문제해결	관찰, 대화, 조언	완료 또는 해결해야 할 과업이나 문제	스승과 학생
카운슬러 (Counselor)	지나간 고통과 문제, 상심에서 벗어나게 도움	지나간 감정적 상처들	치유	카운셀러	의사와 환자
코치 (Coach)	자아 발견과 빠른 성장을 지원	미래의 목표와 실행 계획	강력한 질문하기	고객	파트너

출처: Joe Donaldson (2013).

스스로 변화되고, 성장하도록 고객의 책임을 강조한다는 점에서 다른 지원 방법과 명확하게 차이점을 지니고 있다. 그리고 각 영역의 차이를 비교해 보면 [그림 1-1]과 같다.

나(Me)를 전문가, 지원서비스를 주는 사람이라고 보고, 너(You)를 고객 혹은 클라이언트라고 볼 때 각 세션 혹은 교육에서 전문가의 관점이 가장 강하게 대두되는 접근이 치료, 그 다음이 상담, 가르침(teaching, 교육) 순이라고 할 수 있으며 점점 우측으로 갈수록 고객중심적이라고 할 수 있다. 고객이 방향을 주도하고, 고객의 의견과 생각, 관점이 중요하게 다루어지는 접근이 코칭, 그 다음이 멘토링 순으로 볼 수 있다.

[그림 1-1] 코칭과 다른 접근과의 차이

출처: 도미향(2020).

이상과 같은 다른 영역의 개념을 아래와 같이 정리해 봄으로써 코칭에 대한 이해를 좀 더 명확히 할 수 있다(김응자 · 도미향 · 정미현, 2020).

(1) 상담

상담(counseling)은 전문적인 도움이 필요한 사람과 도움을 줄 수 있는 사람

사이의 개별적인 관계를 통하여 새로운 발전과 학습이 이루어지는 과정이다. 광의의 개념으로 상담은 방법을 지칭한다. 예컨대 학생지도를 하는 방법으로는 훈육, 보상, 개인상담, 집단상담 등 여러 가지가 있는데 그 방법의 하나가 상담이다. 협의의 개념으로 상담을 각종 적응문제, 행동문제, 심리문제, 교육문제 등을 가지고 도움이 필요한 사람에게 도움을 주는 과정이다. 상담자는 교사, 카운슬러, 심리학자, 의사, 변호사일 수 있다. 영역은 심리상담, 교육상담, 건강상담, 법률상담, 부부상담 등이 있다(교육학대백과사전). 위에서와 같이 상담은 상담을 받는 개인을 도움이 필요한 존재로 보고 상담자는 관련 지식을 통해 도움을 주는 존재로 인식한다.

상담의 여러 가지 접근방법 중 코칭과 비교적 유사한 접근으로는 해결중심적 상담 접근, 동기 강화 인터뷰 접근, 내담자중심의 접근 등이라 할 수 있다. 또한, 코칭과 내담자중심 접근은 인본주의 철학을 바탕으로 하고 있다는 점에서 기본접근이 유사하다. 다만 상담은 내담자가 직면하고 있는 과거에서 현재까지의 문제를 해결하도록 돕는 데 초점을 둔다면 코칭은 고객의 잠재적 가능성에 더욱 중점을 두며, 사람들이 더 나은 미래로 나아갈 수 있도록 목표를 설정하고 지원한다. 또한, 상담가는 내담자의 심리적 상태나 정서 등을 돕거나 진단한다면, 코치는 고객이 지닌 이슈에 관해 목표를 세우고 다른 행동을 취하도록 고객을 지원한다. 그리고 상담가는 내담자를 치유의 대상으로 바라보고 깊숙한 개입을 통해 해결책을 제시하지만, 코치는 고객을 성장과 발전의 주체로 바라보고 최소의 개입을 통해 고객의 해결책 발견을 지원한다는 점에서 차이가 있다.

물론 이러한 관점도 최근에는 많은 변화가 있고, 명확하게 위의 정의대로 해석하기 어려운 부분도 있다. 그 이유는 최근 심리 혹은 상담을 공부한 상담가들 중 일부는 코칭 공부도 하면서 두 영역을 혼합하고 코칭심리 분야를 기존의 심리 혹은 상담 분야의 치료적 개념과 문제해결 관점에서 예방과 복지적 접근으로 광범위하게 접근하기 때문이다.

(2) 치료

치료(therapy)는 정신적 · 육체적인 병리 증상을 없애고 싶은 사람을 위한 것이다. 클라이언트(client)는 정신적인 치료를 원한다. 즉, 치료란 환자의 신체적 · 정신적 질병을 약화하는 것을 목적으로 임상적 관점에서 적용되고 있다. 따라서 의학적 기준과 심리학적 기준으로 나누어진다. 의학적으로는 육체적 질병을 약, 수술, 요양을 통해 치료하는 것이고, 심리학적 기준은 의사, 심리학자, 사회복지 담당자를 통하여 인간의 병리적 행동과 경험들을 치료하는 것이다. 그러나 요즘은 이 두 기준을 분리하여 실시하기보다는 상호보완하여 치료를 하고 있다. 그리고 치료는 다양한 형태로 이루어질 수 있다. 심리학자들에 의해 상담의 형태로, 물리치료사들에 의해 다양한 운동의 형태로, 외과 의사들에 의해 손상된 부위를 도구를 통해 수술의 형태로, 치료사들에 의한 음악 · 미술 등의 활동을 통하여 이루어진다.

치료와 카운슬링에서 클라이언트의 동기는 원하는 목표를 추구하기보다는, 대체로 고통이나 불안에서 벗어나고자 하는 것이다. 치료나 카운슬링은 모두 과거의 경험에 대한 이해와 작업을 포함한다.

(3) 컨설팅

컨설팅(consulting)은 심의나 논의를 하는 행위를 뜻하며, 컨설턴트(consultant)는 이러한 조언을 제공하는 사람이다. 코칭이 다른 전문 분야와 다른 점 중의 하나는 관계에서의 위계적 특성과 전문지식의 활용 방법에 차이가 있다는 점이다. 컨설팅은 고객이 지닌 현재의 능력과 잠재적 역량보다는 컨설턴트가 가지고 있는 전문지식과 의견, 경험과 관점으로 해결책을 제시하는 다소 일방향 커뮤니케이션이라고 할 수 있다. 이때 컨설턴트는 고객의 이슈나 해결과제에 대해 더 많은 전문지식을 갖추고 있으며, 이를 활용하여 진단과 솔루션을 제공해주는 역할을 하며 코칭에 대해서는 비즈니스 패키지(business package)의 일부로 개인에 대한 코칭을 포함하기도 한다. 반면, 코치는 직접적인 조언이나 솔루션은 제시하지 않고 '고객'의 내면에 그 문제를 해결할 수 있는 능력이 있다고 믿는다. 이러한 믿음을 기초로 고객은 자기 내면의 역량을 발견하고 스스로 이끌어 내는 경험을 하게 되는데 여기에 코칭과 컨설팅 간의 큰 차이점이 있다.

또한 최근에는 컨설턴트가 코칭 공부를 하고 코칭을 접목해 보고자 하는 경우도 많은데, 이때 컨설턴트에게 어려운 점은 그동안의 해결방법인 전문성을 완전히 내려놓고 고객의 의향을 먼저 묻고 고객에게 모든 해결방향의 중심을 내어준다는 측면이다. 다만 이러한 관점을 컨설턴트가 완전히 수용하게 되면 컨설턴트의 구조화된 논리적 사고로 인해 코칭에서 강력한 질문을 던지거나 프로세스 적용능력을 잘 발휘하게 되기도 한다.

(4) 멘토링

멘토(mentor)는 '오디세이'에 나오는 인물로 현재 충고 혹은 조언하는 사람, 촉진자 등으로 통하고 있으며, 멘토링(mentoring)은 해당 분야의 전문적인 식견과 지혜, 풍부한 경험을 가진 사람이 멘토가 되어 멘티(mentee)에게 자신의 노하우를 알려 주는 것을 말한다. 이처럼 멘토링의 목적은 멘토가 가지고 있는 지식이나 노하우 등을 멘티에게 전달하는 데 중점을 두고 있지만, 코칭의 목적은 고객이 바라고 기대하는 목표를 도출한 후 코치가 그 목표의 달성을 돕는 것이다. 즉, 멘토링은 코칭처럼 목표에 초점이 맞춰진 것이 아니고 광범위한 내용에 걸쳐 논의한다. 멘토는 비즈니스 영역에서 많은 경험과 지혜가 있는 경우가 많다. 그러나 코치는 코칭주제에 관해 고객보다 비전문가일 수도 있다. 그래서 코칭은 주어진 환경 속에서 코치와 고객이 신뢰를 바탕으로 목표를 향하여 나아가는 과정이라고 할 수 있다(도미향 외, 2020).

멘토링에서 멘토와 멘티의 관계는 수직적이며, 커뮤니케이션의 방향은 일방향을 이룬다. 그러나 코칭에서 코치와 고객의 관계는 상호 수평적이며, 커뮤니케이션의 방향은 양방향을 이룬다는 차이점이 있다.

(5) 교육훈련

훈련은 학습과 경험을 통한 지식 혹은 기술을 획득하는 과정으로 교육훈련(training)은 기업이나 조직이 추구하는 목적과 생산성 향상을 효과적으로 달성하기 위하여 근로자의 지식과 기능을 변화시키는 작업이다. 이를 통해 그들이 맡은 바 직무를 효과적으로 수행할 수 있도록 개념, 기술 또는 태도를 체계적으로 습득하도록 계획된 조직적 활동을 말한다. 트레이닝은 1대 1보다는 1대 다수로 이루어진다. 그러나 코칭은 훈련처럼 직접적으로 지식과 기술을 전수하지 않는다. 고객에게 필요한 것이 무엇인지를 알게 하고 그것을 주도적으로 습득하게 한다.

교육훈련에서 참가자에 대한 인식은 기술, 지식, 태도 등의 전수 대상으로 인식되지만, 코칭에서의 고객은 스스로 발전하고 성장하는 주체로 인식된다. 또한 교육훈련에서 주목하는 시점은 현재로, 사전에 설정된 목표가 있으며 정해진 교육과정에 따라 진행된다. 반면에 코칭에서 주목하는 시점은 현재와 앞으로 나아가야 하는 미래에 주목한다. 목표는 코치와 고객이 함께 설정하며, 정해진 과정에 의해 진행되는 것만은 아니며 고객의 각 상황에 따라 다르게 진행된다. 트레이닝과 교육이 기술(skill)에 초점을 맞추고 있다는 점에서는 코칭과 비슷하지만, 접근방법은 다르다.

2. 코칭의 필요성

코칭(coaching)은 20세기 말에 구체화되기 시작하여 21세기에 들어 급속히 확장되고 있다. 코칭이 국내에 도입된 이래, 급격하게 확산되어 지금은 대기업은 물론 중소기업, 공공조직 및 비영리 단체 등에서 본격적으로 코칭을 적용하는 사례가 급증하고 있고, 대학교를 비롯한 초 · 중 · 고교 등에서도 코칭을 도입하는 곳이 늘어나고 있다(장명옥, 2016). 또한, 2016년 1월 스위스 다보스 포럼 이후 첨단 정보통신기술(ICT)이 경제와 사회 전반에 융합되어 혁신적인 변화를 만들어 내는 4차 산업혁명에 대한 논의가 활발해지고 있다. 인공지능(AI), 사물인터넷, 가상현실, 로봇 등 기계가 인간의 노동과 지능을 대신하는 4차 산업혁명의 시대에 인간 존재와 가능성에 관한 관심과 연구가 더욱 가속화되고 있다는 점은 주목할 만하다. 이러한 때에 전 세계의 조직 인력 개발을 지원해 온 인재개발협회(ATD)는 업무성과 향상, 변화관리, 지식 경영 등과 함께 코칭을 주요한 전문영역으로 선정하여 매년 비중 있게 다루고 있다(이한주 · 김현수, 2016).

여러 분야에서 상호작용과 시너지효과, 양방향 의사소통이 강조되면서 코칭이 새로운 비전과 변화를 주는 효율적인 대안으로 등장하고 있다. 그리고 코칭 능력이 직원들의 개발을 촉진하고, 전략적인 목표를 달성하게 하며, 일터를 변혁시킨다는 것을 발견하는 조직의 수가 늘어나고 있다.

코칭의 이익

개인 차원
- 가장 좋은 것을 선택할 수 있다.
- 인생의 시행착오를 현저하게 줄인다.
- 관계에 전문적 도움을 받을 수 있다.
- 갈등이나 문제를 직접적으로 해결할 수 있다.
- 삶의 목표를 명확히 하고 그것을 실현시켜 나갈 수 있다.

조직 차원
- 직원의 사기를 고취한다.
- 리더는 더 나은 리더가 된다.
- 높은 성과를 위한 분위기를 조성할 수 있다.
- 코칭을 받아들인 팀은 갈등을 잘 다룰 수 있게 된다.
- 주도성에 변화를 주었을 때 성공 가능성이 높아진다.
- 개인은 개인적인 성과를 창조함으로써 더욱 영감을 받는다.
- 이직과 핵심 인재의 손실로 인한 비용을 최소화할 수 있다.

출처: 도미향(2022). 한국코칭학회. C-PLUS 2급자격과정 매뉴얼

이러한 추세 속에 점점 더 많은 개인과 조직이 코칭을 채택함에 따라 코칭 기술 및 접근 방식의 사용은 전문적으로 훈련된 코치 프랙티셔너(coach practitioners)뿐만 아니라 직장 내 상호작용에서도 코칭역량을 적용하는 매니저, 리더, HR 및 인재 개발 전문가가 점점 늘어나고 있다(도미향, 2021).

이처럼 코칭이 다양한 분야로 확산되는 이유를 정리하면 다음과 같다.

① 문제해결을 위한 해답은 직원이나 고객 자신이 가지고 있다. 현대는 급속도로 빠르게 변화되면서 지식사회에서 개인의 목적과 존재가치를 중

요시하는 사회로 변화되고 있다. 또한, 기업중심에서 소비자중심으로, 수직관계에서 수평관계의 조직으로 변화되면서 해답을 지도자뿐만 아니라 개인과 고객에게 찾을 필요가 있다.

② 동기와 열정을 끌어내는 새로운 리더십이 필요하다. 4차 산업혁명 시대의 창의적 인재를 요구하는 지금 시대에는 상사의 일방적인 지시나 권위적 리더십이 아니라 조직구성원 스스로 목표를 달성하도록 동기와 열정을 가지고 자기 잠재력을 극대화하여 높은 조직성과가 나오도록 한다.

③ 주도적인 자립형 인재 양성이 필요하다. 코칭은 내면의 잠재력과 열정을 일깨워 스스로 책임지고 성과를 만들어 내도록 하는 능동적, 주체적, 자립형 인재를 양성하는 대표적 리더십이다.

④ 존중과 신뢰의 조직문화를 만들기 위해서이다. 코칭은 개인과 조직의 비전과 가치를 올려주고 신뢰와 존중의 조직문화를 형성시켜주기 때문에 기업과 조직의 높은 성과를 가능하게 한다.

⑤ 변화와 성장을 위한 파트너십이 필요하다. 코칭은 사람들이 변화할 때까지 시간과 에너지를 투자하여 지지해주고 점검해주는 것을 중요하게 여긴다. 코칭은 성장하고자 하는 욕구를 가진 사람들이 스스로 변화와 성장할 수 있도록 열정과 동기를 올려주는 파트너십이다.

현대사회의 환경변화에 따라 코칭이 필요한 이유를 정리해 보면 다음과 같다(도미향, 2022).

- 현대사회는 극심한 변화를 경험하고 있으며, 사회적 안정성과 개인의 안녕을 실현하기 위해 효과적인 인간관계 기술이 필요하다.
- 현대사회는 건전한 사회생활을 영위하기 위하여 개인과 사회의 내 · 외적 자원의 지지와 활용이 필요하다.

- 현대사회는 지속적인 변화에 적응할 수 있는 자기계발 지원 및 취업역량 강화 차원, 미래사회 직업준비가 필요하다.
- 현대사회는 리더에게 더 복잡한 대인기술을 요구하고 있으며, 리더와 팀원의 협력이 필요하다.

이러한 코칭의 사회적 필요성에 따라 코칭을 통해 이룰 수 있는 코칭의 목표는 다음과 같다(한국코칭학회, 2023).

- 코칭을 통해 더 좋은 리더로 성장할 수 있다.
- 코칭을 통해 함께하는 파트너십을 구현할 수 있다.
- 코칭을 통해 자신과 타인 서로 간의 강점을 알 수 있다.
- 코칭을 통해 타인의 특성에 맞춰 조율할 수 있다.
- 코칭을 통해 충고하기 전에 질문하는 방법을 터득할 수 있다.
- 코칭을 통해 자신 안에 있는 내적 자원을 발굴하여 활용할 수 있다.
- 코칭을 통해 자기관리능력, 대인관계능력을 향상시킬 수 있다.
- 코칭을 통해 리더의 미래경력, 새로운 리더십을 개발할 수 있다.
- 코칭을 통해 경영자의 직무수행을 향상시킬 수 있다.
- 코칭을 통해 가정과 일의 균형, 조직의 변화 또는 비전, 전략 계획을 개발할 수 있다.

3. 코칭의 전망

1) 직업으로서의 코치

코칭은 20세기에 구체화되기 시작하여 21세기에 급속히 확장되고 있으며 지난 20여 년간 조직의 성과 개발을 향상하는 수단의 하나로 상당한 성장을 이루고 있다. 2019년 기준 전 세계의 코치는 71,000여 명으로 나타났다(ICF, 2021). 코칭업계는 매년 20억 달러의 가치가 있고 코치들은 일하는 시간, 고객 수, 코칭 수수료 등이 증가하고, 세계적으로 코치들의 절반 이상인 약 28,000명이 비즈니스, 임원, 또는 리더십 코칭 분야에서 일하고 있다고 밝혔다(Grove & Furnham, 2016).

전 세계적으로 확산하는 전문코치의 증가 및 수입 규모가 점점 커진다는 것은 직업으로서의 코치에 대한 사회적 위치를 알 수 있게 하며, 코치들 스스로 직업에 대한 만족도가 높다는 것을 반영하는 긍정적인 예측도 가능하게 한다.

우리나라에서도 코치라는 직업은 기업과 개인의 생활 속으로 깊숙하게 파고들고 있으며 한국코치협회를 비롯한 코치 관련 이익단체가 설립, 활발한 활동을 전개하면서 2021년 8월 말 현재 16만 명의 코치가 배출되었고 그 속도는 더욱 빨라지고 있다(조성진 · 이나영 · 최소은, 2022).

통계청의 국제표준직업분류(ISCO-08)에 따르면 직업(occupation)이란 유사성을 갖는 직무를 지속해서 수행하는 계속성을 가져야 한다고 정의하고 있다. 여기에서 말하는 계속성이란 주기적, 혹은 비주기적이지만 현재 하는 일을 계속할 의지와 가능성이 있는 것을 해야 함을 의미하며 경제성을 충족하고 경제적인 거래관계가 성립하는 활동을 수행하는 것이다.

코칭은 국내에 도입된 2000년 초반 이후 오늘에 이르기까지 기업을 중심으로 급격하게 확산하면서 코치(Coach)라는 직업이 통계청 '한국표준직업분류'에 전문가 및 관련 종사자라는 대분류에 포함되었으며 커리어 코치(27112), 비즈니즈 코치(27119)로 분류되어 있다. 이 중 커리어 코치는 직업분류상 인사 컨설턴드(HR consultants)에 포함되어 있고, 비즈니스 코치 직업분류는 그 외 인사 및 노사관련 전문가(HR and Labor Relations Professionals n.e.c.)로 분류되어 있다(통계청, 2023).

그리고 한국고용정보원의 [함께 할 미래 for 5060 신직업]에서는 라이프코치에 대한 직업을 소개하고 있으며 다양한 심리적, 정서적 문제를 안고 있는 사람들이 늘고 본인 스스로 내면적 역할을 치유하려는 관심사가 커지며 향후 라이프 코칭에 대한 수요가 늘어날 것으로 예측하고 있다.

이러한 추세와 경향은 최근뿐만 아니라 향후 미래에까지 지속할 것으로 예상되며 우리 사회 전반의 다양하고 급격한 과학기술의 발전, 사회 인구학적 변화, 개인의 가치관과 생활양식의 변화, 국내외 경기 변화에 따른 기업의 경영전략 변화 등으로 직업으로서의 코치의 역할은 더욱 중요해질 것이다.

현대에서 일반인들에게 익숙한 코치라는 직업은 스포츠 지도자를 먼저 연상하게 한다. 스포츠 세계에서 코치라는 말은 1880년대 보트 경기의 트레이너가 그 효시로 선수의 경기력 향상을 위해 훈련하는 사람을 코치라 불렀다(최인숙, 2018). 코치가 일반인의 삶의 발전에 도움을 주는 직업으로 발전하게 된 것은 미국의 재무 플래너였던(Financial Planner) 레너드(Leoard, T. J.)가 시작한 1980년대 초라고 보는 것이 일반적인 주장이며 경영 분야에서 코치라는 말이 사용된 것은 1950년대이다(박수진, 2019).

코치란 고객에게 코칭 서비스를 제공하는 사람으로 본인 스스로의 변화와 성장에 관심을 두고 고객의 변화와 발전을 지원하고 잠재력을 극대화하며 고객 자신의 삶을 주도적으로 이끌어갈 수 있도록 지지하고 격려하는 파트너이다(황현호 · 도미향, 2017).

또한, 코칭을 위한 다양한 경험과 많은 훈련을 통하여 신뢰를 바탕으로 고객과 함께 호흡하고 공감하며, 고객이 스스로 자신을 새로운 관점에서 바라볼 수 있도록 돕는 전문가를 의미한다(조성진 · 이나영 · 최소은, 2022).

국제코칭연맹(ICF)은 2022년 3월 기준으로 전 세계적으로 140여 개 챕터에 52,000여 명의 회원을 보유하고, 44,000여 명의 인증코치를 보유하고 있다. 한국코치협회의 인증받은 코치는 2023년 1월 기준 KAC 9,796명, KPC 2,286명, KSC 73명으로 12,000명이 넘으며 매우 빠르게 성장하고 있다(한국코치협회, 2022). 그리고 한국코칭학회에서도 매년 400여 명씩 지난 15여 년간 6,000여 명의 전문코치를 배출하고 있다(한국코칭학회, 2022).

이러한 코칭의 절차와 수준을 체계화하기 위하여 전문코치에 대한 자격증 제도를 운영하고 있다.

전문코치의 자격증 보유는 점점 보편화되고 있으며 국내외 경우 전문코치의 상당수가 자격증을 가지고 활동하고 있다. 전문코치 자격증은 크게 한국코치협회의 자격증과 국제코칭연맹(ICF)이 주도하는 국제자격증으로 나눌 수 있으며 학계를 중심으로 대학생과 대학 관련 교직원 및 일반인을 위한 한국코칭학회 자격과정 등이 있다. 이러한 자격인증제도를 한국코치협와 국제코칭연맹을 비교해서 나타내면 〈표 1-3〉과 같다.

한국코치협회의 자격증은 코치의 역량 수준에 따라 세 단계의 인증으로 구분된다. 초급단계인 KAC(Korea Associate Coach), 중급단계인 KPC(Korea Professional Coach), 마지막으로 고급단계이면서 코치를 지도할 수 있는 KSC(Korea Supervision Coach)로 나뉜다. 그리고 전 세계적으로 가장 큰 코칭 연합인 국제코칭연맹의 자격증은 ACC(Associate Certified Coach), PCC (Professional Certified Coach), MCC(Masterful Certified Coach)로 구분하고 있다.

〈표 1-3〉 전문코치의 자격 인증 제도

인증기관	한국코치협회	국제코치연맹
인증구분	KAC KPC KSC	ACC PCC MCC
교육시간	코치 자격 인증구분에 따라 20시간에서 150시간	코치 자격 인증구분에 따라 60시간에서 200시간
실습시간	코치 자격 인증구분에 따라 50시간에서 800시간	코치 자격 인증구분에 따라 100시간에서 2,500시간
서류심사	교육 수료증 코칭 실습 기록 등 협회에서 요구되는 기타서류	교육 수료증 코칭 실습 기록 등 연맹에서 요구되는 기타서류
필기시험	코칭 철학, 코칭 윤리, 8가지 핵심코칭역량 등 기본지식	코칭 철학, 코치 윤리, 8가지 코칭역량 등 기본지식
실기시험	코치 자격 인증구분에 따라 전화로 코칭 대화 시연	코칭 시연 녹음파일 혹은 인증기관 실기시험

출처: 한국코치협회(2022), 국제코칭연맹(2022) 참조하여 정리

한국코치협회와 국제코칭연맹의 코치 자격증은 상위단계로 갈수록 교육 시간, 코칭 실습 시간 및 심사기준의 난이도가 높아지고, 자격증의 취득조건은 인정된 교육 시간 이수, 코칭 실습 시간, 서류 심사, 온라인 필기 심사 및 실기 심사로 이루어진다.

자격 취득을 위한 첫 단계는 코칭 교육을 인증받은 기관에서 요구하는 교육 시간 및 절차를 이수하는 것으로서 이에 관한 구체적인 내용은 각 기관의 홈페이지에 상세히 수록되어 있다.

2) 코칭시장의 발전 가능성

코칭은 미국을 배경으로 비즈니스, 경영 코칭, 기업 코칭 등이 주를 이루고 영국 등 유럽을 배경으로는 코칭심리산업과 코칭리더십사업이 급성장하고 있

으며, 아시아에서는 한국이 코칭산업을 주도하며 비즈니스와 라이프 코칭산업을 중심으로 코칭시장이 확대되고 있다(도미향, 2021).

해외의 경우 국민소득 3만 불 이상이 되면 개인의 행복을 위해 또 기업은 더 큰 성장을 위해 그리고 조직구성원은 자신의 커리어 개발을 위해 코칭 수요가 점차 늘어난다고 한다. 코칭 수요 및 코칭 시장이 커진다는 것은 누구나 다 접근이 가능하게 된다는 가능성을 내포한다.

코칭은 현재 기술의 발전으로 전화 코칭, 이메일 코칭, 화상 코칭 등 면대면 코칭에서 E(electronic)-코칭을 넘어 하이브리드 코칭, AI 코칭으로 진화하고 있다. 이러한 현상은 면대면 코칭이 비용의 효과성, 세션을 위한 스케줄 관리, 물리적 이동의 문제를 지니고 있던 한계점을 극복하기 때문에 더욱 활성화될 것이라는 전망이다(김문권 · 고은현 · 김도현, 2015). 다시 말해 코칭은 인력 개발 전략에서 중요한 역할을 수행할 것이고, 디지털 플랫폼을 통해 장소에 구애받지 않고 편리하게 코칭에 접근하게 되며, 기업의 디지털 코칭 수요도 급증하고 있다. 그리고 일대일 코칭은 점점 더 복잡하고 빠르게 진화하는 직장에서의 성공에 필요한 사회 정서적 기술 및 리더십 기술을 향상시키는 가장 효과적인 방법 중 하나로 발전하고 있다.

한편, 미국에서는 코칭을 회사 내의 엘리트 직군이나 경영진에게만 제공되는 경우가 대부분이고 유명한 코치의 경우 코칭비가 부담스러워 좀 더 대중적으로 코칭을 제공하기 위해 인공지능을 활용하여 AI 코치를 만들기도 하였다. 그러나 인간의 감정과 정서적인 면을 다루기에는 한계가 있어서 업무분석과정에서 고객 면담의 필요성과 우선순위 등을 AI가 분석해 내면 그다음 인간코치가 직접 고객에게 코칭하는 시스템을 도입하는 기업들도 늘어날 것이다. 즉, AI 코치가 하는 영역과 인간코치가 하는 영역은 분리되고, 상호 보완하며 움직일 것이다.

이처럼 코칭산업에 관한 관심과 수요가 급증하게 되는 이유는 21세기 사회,

경제의 복잡하고 급속한 변화에 대응하기 위한 주요 선진국들의 미래사회에 적합한 인재육성과 무관하지 않다.

우리나라에서도 국내외 연구기관, 정부, 민간기업, 미래학자들의 활발한 논의 끝에 4차 산업혁명 시대에 경쟁력을 갖춘 미래 인재상을 제시하였다. 인지적 역량과 기술적 역량, 인성적 역량을 가지고 있는 사람으로서 인지적 역량의 기준은 특정 분야의 전문성, 다양한 문해력을 갖추고, 기술적 역량으로 창의력과 제작 능력, 의사소통 및 협업 능력, 기업가 정신 및 리더십을 갖춘 사람이다. 마지막으로 인성적 역량을 보유한 사람은 공감과 배려, 창의와 열정, 자기관리 능력을 지닌 사람이다(이경호, 2019).

이러한 인재상은 예측 불가능하고 급변하는 미래사회에서 자기 자신과 타인 그리고 조직과 기업을 변화시키고 혁신시키며 성장하도록 도와주는 코칭과 밀접하게 맞닿아 있다. 코치와 코칭이 반드시 필요한 이유이며 코치들이 담당해야 할 시대적 과업과도 맥락을 같이 한다. 이는 코칭시장과 코칭산업에 새로운 바람을 일으킬 것이다. 4차 산업혁명 시대에 필요한 인재상 중 코칭산업과 관련이 깊은 기술적, 인성적 역량을 바탕으로 코칭산업의 영역이 확장되고 활용될 수 있는 분야를 살펴보면 다음과 같다.

(1) 기업과 조직의 성과관리를 위한 코칭산업의 성장

새로운 비즈니스를 창조하고 경제적 가치를 창출하기 위하여 기업과 조직은 기업가정신을 발휘하도록 조직의 리더들을 육성하기 위해 코칭 리더십 분야의 수요가 증가할 것으로 예상된다. 또한 의사소통과 협업능력 함양을 위한 코칭산업 분야의 활성화도 기대된다.

4차 산업혁명 시대는 끊임없는 변화와 혁신을 특징으로 하는데 이러한 변화와 혁신은 각기 다른 지식과 경험 그리고 관점을 가진 사람들의 상호작용과 생각을 공유하고 의견을 교환함에서 비롯된다(린다힐, 2016; 이경호, 2019). 대한 상공회의소가 우리나라 100대 기업을 대상으로 실시한 조사에서 조직의 필수 역량으로 "소통과 협업"이 1위에 선정되었는데 이처럼 조직원들의 성공적인 혁신과 변화를 도모하기 위해 기업과 조직에서는 코칭의 수요가 더욱 활성화 될 것이다. 조직 내에서 코칭이 필요한 코치들의 주요 활동 영역을 나누어 보면 다음과 같다.

- 임원 코칭(Executive Coaching): 조직의 임원이 비전과 전략을 수립하고 위기 갈등관리를 하고 직원들과의 소통 및 관계설정을 효율적으로 하도록 돕는다.
- 조직 코칭(Organizational Coaching): 조직 전체를 대상으로 구조적인 변화와 조직의 목표 달성을 돕는다.
- 비영리 코칭(Non-profit Coaching): 비영리조직 내 리더와 직원들이 조직 역량강화와 코칭 문화 창조 및 참여자 임파워링을 돕는다.
- 소규모 비즈니스 코칭(Small Business Coaching): 소규모 기업들이 론칭되고 이익을 창출하는 회사로 성장하도록 돕는다.
- 행동 코칭(Behavioral Coaching): 자신이 바라는 대로 행동을 바꾸고 싶을 때, 혹은 직장 상사들이 요구하는 경우 코치와 고객은 의논해서 계획을 세우고 달성해 나가는 것을 돕는 과정이다.
- 커뮤니티 코칭(Community Coaching): 커뮤니티의 리더와 정부, 비영리 조직, 자원봉사자와 커뮤니티 멤버들이 역동적인 파트너십을 만들고 커뮤니티의 변화를 유지하도록 돕는다.

(2) 풍요로운 라이프를 위한 코칭산업의 성장

인성적 역량은 공감과 배려, 참여와 열정, 자기관리능력으로 코치의 전문성과도 밀접한 주요 역량이면서 4차 산업혁명 시대의 불확실성 속에서 개인들이 변화와 성장을 위해 수요가 급증할 것으로 예상되는 라이프 코칭산업과 연관된다. 특히, 현재뿐만 아니라 미래에도 코칭은 우리 삶의 생활영역 및 자기개발 영역에서 활용될 수 있는 주요 산업 영역이 될 것이다.

개인의 생활과 잠재력을 달성하기 위한 코치들의 주요 활동 영역을 나누어 보면 다음과 같다.

- 라이프 코칭(Life Coaching): 살아가면서 겪을 수 있는 개인적 혹은 직장과 업무상의 일, 인간관계에서 일어나는 일과 관련된 이슈에 관해 더 나은 방안을 찾고, 성장할 수 있도록 돕는다.
- 관계 코칭(Relationship Coaching): 가족관계, 개인적이거나 비즈니스 상의 관계, 혹은 또 다른 인간관계에서 오는 이슈를 잘 해결하고 바람직한 관계로 나아가도록 돕는다.
- 커리어 코칭(Career Coaching): 자신의 적성에 맞는 직업이 무엇인지 파악하고 일을 통해 성취하고자 하는 목표를 세우고 이에 따른 액션플랜을 세우는 과정을 돕는다.
- 변혁적 코칭(Transformational Coaching): 사람들이 자신의 핵심가치와 리더십행동을 인지하고, 그 가치에 따라 살고, 더 나은 결과를 성취하고, 타인에게 긍정적 영향을 미치도록 돕는다.
- 슬픔 코칭(Grief Coaching): 가족이나 사랑하는 사람을 잃고 겪게 되는 상실감과 외로움, 고통을 잘 견디도록 하고 어려움 속에서도 행동변화를 통해 성장하도록 돕는다.
- 커플 코칭(Couples Coaching): 부부 혹은 연인 등 커플이 서로의 독창적인 면을 존중하고 서로 의존하고 적절한 관계를 형성하고 성장하도록 돕는다.

이처럼 코칭은 개인과 조직이 잠재력을 깨우고 극대화하는 과정에서 코치의 도움이 필요한 모든 분야에서 활용될 수 있기에 코칭산업은 무한한 발전가능성을 지니고 있다.

한편, 코칭산업의 확장을 위해서는 코칭하는 데 사용되는 다양한 방법에 대해서도 모색이 필요하다. 특히 ICF 글로벌 스터디(2021)에 따르면 코로나-19 팬데믹 속에서는 면대면 코칭이 82% 감소하고, 오디오-비디오 플랫폼이 83% 증가되었다는 설문조사 결과를 보더라도 코칭방법은 변화될 것이다. 코로나-19 이후에도 온라인에 대한 수요는 더욱 늘어날 것이다.

코칭산업이 지속적으로 성장하기 위해서는 코치들의 역량강화, 현장 경험과 학문적 체계 공고화를 위한 산학연계 확립, 코칭산업 생태계 조성, 코칭 관련 단체들의 협업 등이 필요하다. 또한 대학에서도 전문코치를 양성하기 위한 코칭 관련 학과의 활성화와 더불어 관련 학문 분야와의 다양한 교류를 통한 융복합적 접근도 필요하다.

생각해 보기

1. 코칭에 관한 다양한 정의를 살펴보고, 자신만의 코칭 정의에 관해 생각해 봅시다.

2. 고객을 지원하는 서비스에서 코칭과 타 용어를 비교해 볼 때 코칭과 타 용어는 어떤 특징과 차이점이 있는지를 자전거 타기의 경우를 예로 들어 토의해 봅시다.

3. 4차 산업혁명사회에서 코칭이 필요한 이유와 앞으로의 코칭 전망에 관해 생각해 봅시다.

02 코칭의 이론과 철학

chapter

지금의 코칭이 어떻게 탄생하게 되었을까? 그 시기를 보면, 요즘과 같이 하나의 직업으로써 코치 활동을 하고 국제코칭연맹(International Coaching Federation: ICF)이나 한국코치협회(Korea Coach Association: KCA)와 같은 기관들이 자격증을 발급하고 대학에서도 새로운 학문적 영역으로 코칭을 탐구하는 활동들이 시작된 1900년도 후반 정도로 볼 수 있다. 이때 형성된 코칭의 이론과 방법은 ICF나 KCA 등이 발표한 코칭의 역량으로 발전되었다. 이 장에서는 그 배경이 된 이론들을 살펴보고 아울러 코칭의 철학과 가치, 윤리, 패러다임에 관해 살펴보고자 한다.

1. 코칭의 배경과 이론

1) 코칭의 배경

한국코치협회의 코칭 가이드 중 코칭의 역사 편을 살펴보면 현대 코칭의 기원을 다음과 같이 소개하고 있다. "1975년 테니스 코치 티모시 골웨이(Timothy Gallwey)는 '테니스의 이너게임'에서 그동안 경험을 통해 기술적이고 상세한 지도, 지시보다 고객이 자신의 내면적 정신 역동에 집중하도록 도울 때 가장 쉽게 테니스를 배울 수 있음을 발견했다. 골웨이의 지도를 받은 사람들은 이 방식이 회사 생활에서의 어려움을 극복하는데도 적용이 된다고 생각했고, '이너게임'을 배운 코치들이 이를 가르치게 되었다. 그리고 존 휘트모어(John Whitmore)는 이러한 이너게임 접근법을 유럽에 소개하고 1996년 '성과 향상을 위한 코칭 리더십'을 저술하여 확대 발전시켰다(한국코치협회 홈페이지, 2023)."

이처럼 상담이나 심리치료가 아닌 코칭이라는 새로운 영역이 골웨이에 의해 시작되었다면 오늘날과 같이 자격증을 주는 코칭연맹이나 협회와 같은 기관이 만들어지고 활동하는 코칭의 출발은 재무설계사였던 토머스 레너드(Thomas J. Leonard)에 의해 시작되었다고 볼 수 있다.

한국 코치협회 코칭의 역사 편에 현대 코칭의 출발을 아래와 같이 정리하고 있다.

> "1992년 재무설계사였던 토머스 레너드가 코치 유니버시티란 회사를 설립했다. 같은 해 평화봉사단 자원봉사자로 활동한 경험이 있는 공인회계사 로라 휘트워스(Laura Whitworth)가 코치훈련원을 설립하며 본격적인 현대 코칭산업 발전이 시작되었다."

현대 코칭의 태동이 티모시 골웨이나 존 휘트모어, 토머스 레너드와 같은 사람들에 의해서 이루어졌다면 이들이 속해 있던 서구 문명의 사상과 철학이 어떻게 코칭 이론과 철학에 영향을 미쳤는지 그 배경은 다음과 같다.

코칭의 핵심 요소를 질문, 경청 그리고 피드백으로 보면 인류는 집단생활을 영위하면서부터 코칭이 이루어져 왔다고 볼 수 있다. 버틀랜드 러셀(Bertrand Russel)이 서양철학사(A History of Western Philosophy)에서 소크라테스(Socrates)에 관해 기술한 내용을 정리해 보면 현대적 의미의 학문이 태동했을 무렵 그리스 문화의 황금기에 소크라테스는 '너 자신을 알라'는 강력한 자각질문적인 명제를 던짐으로써 젊은 제자들이 스스로를 돌아보게 했고 제논의 변증법을 활용한 질문과 경청 피드백을 통해서 스스로 깨우치게 함으로써 올바른 판단의 결론을 유도하는 산파술을 통해서 코칭적 논변 방법을 전파했었다(서상복 역, 2022). 이 소크라테스의 제자 중 한 명이 플라톤(Platon)이고 그 플라톤의 제자가 아리스토텔레스(Aristoteles)이다.

소크라테스 이전이나 이후에도 여러 철학가와 사상이 있었지만, 소크라테스의 제자와 그 제자의 제자였던 두 사람의 영향은 서양철학사에서 매우 중요한 부분을 차지하고 있다. 비키 브록(Vikki G. Brock)이 저서 『코칭의 역사(Sourcebook of Coaching History)』에서 아리스토텔레스에 대해 언급한 내용을 보면, 플라톤의 20년 제자였던 아리스토텔레스는 천문학, 물리학, 동물학 그리고 당연히 철학을 포함하여 그 시대의 거의 모든 주제를 연구했다. 그리고 후대 세기에 심리학이라고 불린 학문을 연구하고 글을 썼다. 이렇게 코칭에 영향을 준 철학과 심리학들이 르네상스를 통해서 중세 기독교의 신본주의 영향에서 벗어나 그리스 로마시대의 철학과 사상을 재조명하면서부터 오늘날 코칭에 많은 영향을 준 철학과 신본주의를 벗어난 인본주의 사상이 발달되었다.

그리스 문명 이후 로마 문명을 거치면서 로마가 콘스탄티누스 대제 때부터 기독교를 국교로 삼으면서 로마의 정복 지역이었던 유럽지역에도 자연스럽게 기독교가 전파되었다. 로마 멸망 이후에도 중세 유럽은 기독교중심의 사상과 철학이 중심이 되어 내려오다가 중세 말 이탈리아를 중심으로 일어난 르네상스 운동이 전 유럽으로 확산하면서 신이 아니라 인간이 중심이 된 인본주의 사상과 철학이 태동하기 시작했다. 그리고 근세에 이르러 찰스 다윈이 진화론을 발표하면서 이러한 변화가 급물살을 타게 되었다.

코칭이 깨우침을 통해서 사람들의 문제를 해결하고 원하는 삶으로 나아가게 하는 행위라고 본다면, 인간이 중심이 된 사상이 서서히 발전하다가 프로이트의 정신분석 이론을 통해서 무의식의 세계가 알려지고 이후 전개되는 여러 가지 인본주의적 심리학 이론들이 코칭적 이론의 바탕을 이루게 되었다고 볼 수 있다. 앞서 언급한 비키 브룩의 책에서 심리학의 발전과 코칭에 끼친 공헌을 정리한 내용을 보면, 프로이트의 이론을 정신역동이론이라고 분류하고 그 후에 파블로프나 왓슨에 의해 제창된 행동주의 심리학을 거쳐서 인본주의 심리학이 탄생하게 된다.

인본주의 심리학의 대표적인 학자로는 아들러, 융, 매슬로, 로저스 등이 있다. 이렇게 발전되던 인본주의 심리학 이론이 오늘날 코치들이 많이 참고하고 활용하고 있는 게슈탈트 이론과 NLP 등을 탄생시켰다. 그리고 1998년 당시 미국심리학회 회장이었던 마틴 셀리그먼이 중심이 되어 인간의 행복을 다루고자 하는 긍정심리학이 태동하면서 긍정심리학 이론이 코칭의 이론에 많이 녹아들게 되었다(Brook, 2015).

2) 코칭에 영향을 미친 이론

(1) 프로이트의 정신역동이론

프로이트(Sigmund Freud)의 심리학 이론은 코칭에 직접적인 영향을 준 것은 아니지만 프로이트 이후 발달한 여러 심리학, 특히 코칭에 많은 영향을 준 인본주의 심리학자들이 직간접으로 프로이트의 영향을 받았다고 보기 때문이다.

프로이트 심리학 이론을 간단히 정리하면 다음과 같다. 프로이트는, 인간은 삶을 지속하는 동안 우리가 가진 세 가지 자아인 원초아(Id)와 자아(Ego), 초자아(Super Ego)가 서로 갈등을 겪는다고 했다(박계자 · 김화인, 2022). 원초아는 본능적 에너지인 리비도의 저장고이며 쾌락을 추구하고 불쾌함을 피하는 쾌감만을 따른다. 원초아는 도덕적 선악의 판단도 없고 논리적 사고도 없는 무의식적 세계다. 어린아이의 정신은 전부 원초아로 이루어져 있는데 자라면서 원초아의 일부가 외부와 접촉하면서 자아가 형성된다. 이때 자아는 원시적 충동으로 나타나는 생리적 욕구들과 외부세계의 요구들 사이에 위치한다. 자아는 이 양쪽 모두를 대표하는 내재화된 심리적 기구로서 개인과 외부 현실 사이를 중재해 준다.

정신적으로 건강한 사람의 경우, 자아는 본능적 요구와 외부세계 및 행동과 도덕적 요구의 기준인 초자아의 요구 사이에서 적절한 타협점을 찾아서 긴장을 해소하고 정신적 안정을 취한다고 볼 수 있다. 이런 적절한 타협점을 찾아가는 과제를 수행하는 과정에서 자아는 외적이건 내적이건 과도한 자극을 감소시키는 데 필요한 보호장치를 사용하는데 그것이 바로 심리적 방어기제다. 방어기제에 대한 개념은 프로이트가 먼저 제시했지만, 그의 막내딸인 안나 프로이트(Anna Freud)의 저서 『자아와 방어기제(The Ego and the Mechanisms of Defense, 1936)』를 통해 더욱 구체적으로 체계화했다(박계자 · 김화인, 2022). 방어기제의 종류는 억압, 부정(부인), 반동형성, 투사, 대치, 합리화, 전치, 퇴행, 승화 등이 있다.

프로이트에 의하면 정신장애는 이러한 원초아, 자아, 초자아의 갈등과 불균형 때문에 발생할 수 있으므로 내담자로 하여금 자신을 불안하게 하는 억압된 충동을 자각하게 하여, 즉 무의식을 의식화해서 자신의 행동에 대한 지적인 통찰을 얻게 하는 것이 필요하다고 보았다.

(2) 아들러의 개인심리학

아들러(Alfred Adler)의 심리학은 개인심리학(Individual Psychology)이라고도 불리는데 개개인의 특성에 초점을 맞춘 심리학이다. 프로이트가 인간의 정신을 원초아, 자아, 초자아로 분리해서 본 것에 반해서 아들러는 인간의 정신을 하나의 통일체로 보았다. 그의 책 『아들러 심리학 입문』에 의하면 그는 '심리란 하나의 통일체이며 일관된 인생 방식이 작용하고 있다. 따라서 한 개인의 여러 가지 정서나 생각은 반드시 그의 인생 방식과 일치 하게 된다. 개인심리학에서는 개개인이 세상이나 자기 자신에게 부여한 의미, 그들의 목표, 그들이 기울이는 노력의 방향과 인생의 모든 문제에 대처해 나가는 방법을 관찰함으로써 심리적 차이점을 이해하고자 한다'라고 했다(Adler, 2015). 이 말이 아들러 심리학의 핵심을 말해 주고 있다.

코칭에서는 인간은 전인적(Wholistic)이라고 하는데 이러한 개념의 근원을 올라가면 아들러의 사상과도 이어진다. 그리고 그의 책 『인간 이해(Menschenkenntnis)』에서 그는 '아이들은 열등감 때문에 목표를 세우고 향후 안정이 보장된 삶에 대해 기대를 하며, 이 목표에 적합한 길을 선택한다'라고 했다(라영균 역, 2017). 과거 아들러 자신이 열등감을 극복했던 경험에 더해서 정신과 의사가 되기 전에 안과 의사를 하면서 눈이 안 좋은 환자들이 청각이나 후각 같은 기능은 더 발달하였다는 것을 알게 되고 오히려 책도 더 많이 보려고 한다는 것을 알았다. 이를 바탕으로 모든 인간은 열등감을 극복하려는 노력으로 더 발전해 갈 수 있게 된다고 생각하게 되었다. 열등감 자체가 문제가 아니고 그 열등감에 대한 자신의 인식이 열등감 콤플렉스에 사로잡힌다거나 반대로 동전의 양면과 같은 우월감 콤플렉스에 사로잡힐 때 문제가 생긴다는 것이다.

그래서 오히려 자신이 완전하지 못하다는 것을 받아들일 용기가 필요하고 과거보다는 미래를 보고 자신의 열등감을 극복하려는 건전한 노력을 할 때 인간은 발전해 나간다는 이론을 주창하였다. 이러한 아들러의 이론을 바탕으로 2015년 일본인 기시미 이치로(Kishimi Ichiro)와 고가 후미타케(Koga Fumitake)의 『미움받을 용기』라는 책이 베스트셀러가 되면서 다시 아들러의 이론이 주목받게 되었다.

(3) 게슈탈트 심리학

아들러와 같이 처음에는 프로이트의 정신분석학을 기초로 정신치료법을 연구하던 독일 출신 유대계 정신과 의사인 프리츠 펄스(Fritz Perls)에 의해 게슈탈트 치료법(Gestalt Therapy)과 심리학이 창안되었고 이후 다른 후계자들에 의해 거듭 발전되었다.

게슈탈트 이론을 김정규의 책 『게슈탈트 심리치료』에 나오는 내용을 바탕으로 정리하면 다음과 같다. 우리가 사고할 때 가장 핵심적으로 떠오르는 욕구적 생각이 우리 사고의 전경이고 그 나머지 여러 생각은 배경과도 같은 것이다. 우리는 이 전경으로 떠오르는 생각, 즉 게슈탈트를 정확히 알아차리고 우리의 에너지를 동원해서 행동으로 외부환경(우리가 처한 상황)과 접촉하여 해결할 때 이 게슈탈트는 배경으로 물러나게 된다. 그러면 또 다른 욕구, 게슈탈트가 일어나고 이를 해결해 가는 과정의 반복이 우리의 생활이다. 이 과정에서 게슈탈트가 미해결상태로 남게 되면 우리가 다른 욕구가 형성될 때 이전의 미충족 욕구도 계속 전경으로 떠오려고 해서 올바른 게슈탈트가 형성되지 못하고 우리는 정신적인 장애를 겪게 되는 것이다.

게슈탈트 형성과 물러남(욕구 해소)의 과정은 다음과 같은 단계를 거친다고 보고 있다.

욕구 만족 단계(게슈탈트가 배경으로 물러나고 새로운 게슈탈트가 형성되기 전까지의 휴식단계)에서 욕구가 출현하게 되면 우리는 이를 자각(알아차림)하고 에너지를 동원해서 행동하게 되고 행동으로 외부의 환경과 접촉해서 이를 해결하면 게슈탈트가 배경으로 물러나는 과정이다.

이때 건강한 사람은 욕구가 일어나면 무조건 환경을 변화시켜서 나의 욕구를 만족시키려는 것이 아니라 나의 욕구가 이웃이나 공동체에 해가 되는 욕구일 수도 있으므로 나의 욕구를 조절할 수도 있다. 건강한 개인은 이렇게 욕구 형성과 욕구 해결의 건전한 과정을 거치면서 생활하게 된다. 그러나 그 과정의 각 단계에서 이상이 생겨서 제대로 해결되지 않은 욕구, 즉 미해결 게슈탈트가 생기게 되고 이것이 건전한 사고와 생활을 방해할 때는 문제가 발생된다. 이 문제를 해결하기 위한 게슈탈트 심리치료는 이 미해결된 게슈탈트를 내담자가 상담자와 함께 있는 안전한 환경에서 상담자의 도움을 통해서 알아차리도록 하고 상담자가 이의 해결을 도와주는 것이다.

게슈탈트 심리치료는 코칭을 공부하는 우리가 다룰 분야는 아니다. 이는 전문가에게 맡겨야 한다. 우리는 게슈탈트 이론의 기본적인 개념과 미해결된 욕구가 우리의 건전한 사고와 생활에 방해를 일으킬 수 있다는 개념 정도는 알아 두면 좋겠다(김정규, 2015). 저자가 코칭을 공부할 때 코치의 생활 태도에 대해 배우면서 삶을 단순화하고 스트레스를 줄이기 위해 요구가 아닌 기본적인 욕구를 충족하라고 했던 것을 기억한다.

(4) NLP 이론

NLP(Neuro-Linguistic Programming, 신경 언어 프로그래밍)는 1972년 미국 University of Santa Cruz의 언어학 교수 존 그린더(John Grinder)와 당시 심리학과 학생이었던 리차드 벤들러(Richard Bandler)의 공동 연구로 그 당시 매우 뛰어난 심리학자들을 연구해서 이들이 가진 공통적인 면을 발견하고자 했다. 그래서 창안된 NLP 기법으로 효과적인 사고방법과 Communication 방법을 구사하도록 하여 개인이 자신의 잠재력을 극대화할 수 있도록 하였다. 다시 말해 NLP의 원류의 하나인 밀튼 에릭슨으로부터 파생된 단기치료(Brief

Therapy) 개념이 확산되고 아들러의 사상이 재평가 받으면서 코칭이라는 새로운 접근법이 각광을 받게 되었다. NLP 이후 코칭이라는 명칭이 등장했지만 NLP의 본질은 어디까지나 코칭에 있다. NLP는 일련의 도구인데 그 내용이 바로 코칭이고, 코칭이라는 개념은 NLP를 도구로 활용하는 하나의 형식이자 방법론이라는 것이다. 따라서 NLP는 곧 코칭이라고 할 수 있다(도미향 · 심교준, 2020).

Neuro는 신경을 뜻하며 인간의 외부 상황을 받아들이는 것은 오감(시각, 청각, 촉각, 후각 및 미각)을 통해서 이것이 중추신경계를 통해서 뇌에 전달되면서 이루어지는 것을 나타낸다.

L은 언어(Linguistic)를 뜻하며 우리의 생각을 대부분 언어를 통해서 하며 우리의 생각은 언어에 의해서 부호화, 조직화하고 의미가 부여된다는 것을 뜻한다.

P는 프로그래밍(Programming)을 뜻하며 우리의 일련의 행동은 우리의 머리에 각인된 Programming에 따른다(김만수, 2022).

위의 내용을 한 문장으로 해석해 보면 우리는 오감을 통해서 느낀 것이나 우리가 들은 말을 신경계통을 통해서 뇌에 각인하고 이를 우리가 해석한 대로 뇌에 프로그래밍되며 우리의 행동은 이 프로그램에 따라 행동하게 된다는 이야기이다.

프랑스의 심리학자 에밀 쿠에(Emile Coué)는 『자기암시(Autosuggestion)』에서 자기가 한 강연을 소개하면서 '첫째는 우리 마음속에서 일어나는 생각은 현실이 될 수 있다는 것입니다.'라고 했고 '두 번째는 사람들이 일반적으로 알고 있는 것과는 달리 인간에게 가장 큰 힘을 발휘하는 것은 의지가 아니라 상상이라는 것입니다.'라고 했다(Coué, 1922).

그래서 우리가 긍정적인 생각을 하고 긍정적인 말을 할 때는 나나 내 말을 듣는 사람 모두에게 긍정적인 효과를, 반대로 부정적인 생각을 하고 부정적인 말을 하게 되면 모두에게 부정적인 효과가 난다.

(5) 긍정심리학

지금까지 설명한 여러 심리학 이론들은 NLP를 제외하고는 꼭 환자가 아니더라도 우울증, 강박관념 등과 같은 정신적 어려움을 겪는 사람들의 치료가 주목적이었다. 한편 건강한 개인이 더 나은 삶, 즉 행복한 삶을 추구하는데 주안점을 둔 심리학 운동이 1998년 당시 미국심리학회 회장이었던 펜실베이니아대학교 심리학과 교수 마틴 셀리그먼(Martin Seligman)에 의해서 일어나기 시작했다. 마틴 셀리그먼에 의해 주창된 긍정심리학을 마지막으로 살펴보도록 하겠다.

마틴 셀리그만은 『긍정심리학(Positive Psychology)』에서 본인의 긍정심리학을 설명하면서 "부정적인 '화', '걱정', '우울', '불안' 등의 감정을 0으로 만드는데 그치지 않고 +(플러스)로 만들어 주는 것이 바로 긍정심리학이다"라고 주장했다. 이 말이 긍정심리학을 설명하는 핵심 내용이다(Seligman, 2002).

동물실험에서 지속적인 강한 자극상황에서도 탈출 방법이 없었던 동물들이 무기력에 빠져 나중에는 자극에 대한 탈출시도를 포기했다고 한다. 사람들도 이렇게 학습된 무기력을 경험하고 나면 소위 자포자기 상태가 되어서 이를 극복하려는 노력을 아예 포기하고 무기력한 삶을 계속 살아간다는 것이다. 그러면 이러한 무기력을 어떻게 극복할 수 있느냐 하는 점에 초점을 맞추면 무기력이 학습되었듯이 긍정적 사고, 낙관적인 사고도 학습이 될 수 있다는 것이 긍정심리학자들의 주장이다. 통제 불가능한 일이 우리에게 일어났을 때 이를 어떻게 해석하느냐의 차이에 의해 우리는 학습된 무기력에 빠질 수도 있고 학습된 긍정성으로 바뀔 수도 있다는 것이다. 예를 들어, 한 소년이 한 소녀에게 데이트를 신청했는데 거절을 당했을 때 이를 우리가 어떻게 해석하느냐에 따라서 우리는 무기력을 학습할 수도 있고 무기력에서 빠져나와 긍정적 경험을 할 수도 있다. 결국, 학습된 긍정심을 키울 수 있다는 것이다.

셀리그만은 그의 책에서 비관적인 사람과 낙관적인 사람의 차이를 지속성(permanence)과 만연성(pervasiveness)으로 설명한다. 그의 책을 토대로 이 내용을 좀 더 상세하게 설명하기 위해서 지속성을 영구적으로 해석하고 그 반대 개념을 일시적으로 보고 또 만연성을 전반적으로 해석하고 그 반대 개념을 특정한으로 다시 해석하여서 한 소년이 한 소녀에게 데이트를 신청했다가 거절된 경우를 생각해 보자. 이때 이 소년이 이를 '나는 앞으로도 계속 거절당할 거야'라고 생각하면 영구적으로 받아들인 것이 되고 앞으로 다시는 그 소녀에게 데이트 신청을 못 하게 될 것이다. 그러나 그 상황을 '아마 그 소녀가 그때 무언가 기분이 좋지 않은 일이 있나 보다' 하며 일시적인 것으로 해석하면 다시 상황을 봐서 데이트 신청을 할 수 있게 되고 그것이 받아들여진다면 그 소년은 긍정심을 학습하게 되는 것이다. 또 데이트 신청이 거절된 상황을 '나는 모든 소녀에게 데이트를 거절당할 것'이라고 전반적으로 생각하면 다른 소녀에게도 데이트 신청을 못 하는 무기력에 빠지게 된다. 그렇지 않고 단지 '나와 그 소녀와는 잘 맞지 않을 뿐'이라고 특정한 상황으로 해석을 하면 다른 소녀에게 데이트 신청을 할 수 있고 그것이 받아들여졌다면 그 소년은 긍정심을 학습하게 된다.

이러한 학습된 긍정심을 가지고 우리가 추구하는 것은 결국 행복이다. 그는 자기 책에서 다음과 같은 아리스토텔레스의 말을 인용하며 강점과 미덕이 행복을 만든다고 했다.

> '행복은 삶의 의미이고 목적이고 인간 존재의 목표이고 이유이다.'
>
> -아리스토텔레스

3) 코칭의 기초이론

코칭의 이해를 돕는 기초이론으로서 인지적 부조화이론, 구성주의이론, 통제이론, 자기결정이론 등이 코칭의 핵심이론과 어떤 연관성이 있는지 살펴보면 다음과 같다(도미향 외, 2020; 김응자 외, 2020).

(1) 인지적 부조화이론

인지적 부조화이론(theory of cognitive dissonance)은 1957년 미국의 심리학자 레온 페스팅거(Leon Festinger)가 주장한 개념으로서 인간이 어떤 목적을 이루기 위해 최선을 다했지만 그 결과가 신통치 않을 경우 우리 개인은 그 상황에 대해 합리화하려고 하는데 이러한 심리를 그는 인지부조화 상태라고 규정했다. 즉, 인지부조화란 개인의 신념 간 혹은 신념과 실제와의 불일치나 비일관성을 말한다. 인간은 자신의 태도와 신념, 의견에서 일관성을 추구하기 마련이다. 일관성이 없을 때 변화를 필요로 한다.

코칭 프로세스는 개인적인 목표에 집중하고 목표 달성에 일관적인 에너지를 쏟음으로써 신념과 태도, 행동 간 일관성을 유지할 수 있도록 돕는다. 또한 코칭 프로세스는 자신의 목표를 집중하고 잘못된 판단이나 태도를 바꾸어 부조화를 줄여 나가도록 돕는다.

(2) 구성주의이론

구성주의이론(theory of constructivism)은 학습자들이 자신이 처한 맥락에서 능동적인 경험을 통해 자신에게 적합한 지식을 구성해 나간다는 점을 강조한다. 구성주의 입장에서 학습은 지식의 단순한 획득이나 재생산이 아니라 학습자의 능동적인 구성적 과정인 것이다. 주어진 상황에서의 개인적인 주관적 경험과 더불어 사회적 상호작용을 통한 스스로 학습, 자발적 구성이 곧 학습이다. 코칭은 이러한 점에서 구성주의와 일맥상통한다. 코치는 고객이 전체(목표와 비전)를 중심으로 부분(세부사항)을 조직화할 수 있도록 도우며 고객 본인 스스로 설정한 목표를 지속적으로 일깨우는 방향으로 코칭을 진행하고, 코치 자신의 세계관을 버리고 고객의 세계관을 바탕으로 코칭을 진행한다. 전체 코칭 프로세스는 고객이 스스로 해답을 찾아 의미를 부여하는 과정을 중심으로 조직된다.

구성주의에서 교사는 학생들이 학습자료를 잘 다룰 수 있도록 도우며 학습환경을 조성하고, 안내자, 조력자로서의 역할을 한다. 교사가 목표를 설정하고 이를 획일적으로 달성하는 것이 아니라 학습자 스스로가 묻고 추론하며 스키마(개념)를 형성해간다. 추론, 반성적 사고, 비판적 사고, 문제해결, 개념획득 등이 구성주의의 목표가 되듯 코칭은 고객이 목표를 설정하고 그 목표를 향하여 문제해결을 이루어간다.

또한, 코칭은 프로세스 안에서 코치와 고객의 상호작용으로 이루어진다. 프로세스란 코칭학회의 Active 대화모델 같은 코칭 대화의 체계적 대화모델을 일컫는다. 코칭은 이 프로세스를 통해 시행착오를 넘어 고객의 목표를 향하여 나아가는 목표지향적 프로세스다.

(3) 통제이론

통제이론(control theory)으로 가장 많이 알려져 있는 통제이론가인 허쉬(T. Hirschi)는 개인의 신념, 믿음, 열망, 애착, 참여 등 사회적 유대가 클수록 학생들의 비행 비율이 더 낮다는 것을 발견했다. 즉, 사회통제는 개인과 사회 간에 형성된 결속을 통해 이루어진다는 것이다. 허쉬의 사회통제이론은 내적통제와 외적통제로 구분되는데 애착, 헌신, 참여는 상벌을 통한 통제인 외적통제로 분류되고 신념은 양심을 통한 통제인 내적통제로 분류된다.

- 애착(attachment): 부모, 또래, 교사 등과의 정서적 관계 정도로서 가치와 규범의 내면화에 필요한 기본 요소
- 헌신(commitment): 사회적 보상이 높은 목표를 향하여 끈기 있게 집착할 수 있도록 만드는 동기, 열망
- 참여(involvement): 학업에 몰두하는 등 활동에 투입하는 시간의 양
- 신념(belief): 사회적 규칙과 가치를 자신의 것으로 수용하는 믿음

통제이론에서 내적통제인 신념은 인간의 행동을 통제한다. 이런 차원에서 대비해 보면 코칭에서 고객의 행동은 외부자극이 아닌 주어진 시점에서 고객이 무엇을 가장 원하는가에 의해 촉발된다고 본다. 즉, 코칭은 고객이 무엇을 원하는가를 중심으로 이루어져야 한다고 보는 것이다.

코칭에서는 목표 설정이 코칭 프로세스를 설명하는 대표적인 특징이다. 그랜트(Grant, A. M., 2013)는 목표에 초점을 맞추는 것이 코칭을 성공으로 이끄는 열쇠라고 말한다. 고객에게 있어 달성해야 할 중요한 목표가 무엇인지를 찾는 작업이야말로 가장 중요한 작업이 된다는 것이다.

코칭 프로세스에서 코치와 고객의 코칭 기간과 빈도는 물론 어느 정도 코칭의 형식까지도 고객과 협의, 결정할 때 코칭 효과는 극대화된다. 과하다고 할 수 있겠지만 코칭은 고객에게 권한을 부여하는 적극적인 프로세스이다.

(4) 자기결정이론

자기결정이론(self determination theory)은 에드워드 데시(Edward Deci)와 리처드 라이언(Richard Ryan)이 1975년 개인들이 어떤 활동을 내재적인 이유와 외재적인 이유에 의해 참여하게 되었을 때 발생하는 결과는 전혀 다른 결과가 나타남을 바탕으로 수립한 이론이다.

자기결정이론은 개인의 행동은 스스로 동기부여되고 스스로 결정된다는 것

에 초점을 둔다. 이 이론은 인간의 행동의 원천이 내면인가 아니면 외부인가에 관심을 가진다. 인간의 동기가 개인 스스로 흥미나 호기심 등 완전히 내적통제되었을 때 가장 높으며, 강제나 강요 등 외적통제에 의해 행동하게 되었을 때 제일 낮다는 명제를 기반으로 한다.

자기결정이론에서 사람들은 생존을 위한 기본적인 삶의 생리적 욕구와 마찬가지로 생존을 위해 필요한 심리적 욕구를 가지고 있다. 인간의 기본적이고 보편적인 심리적 욕구 세 가지는 자율성(autonomy), 유능성(competence), 관계성(relatedness)이다.

① 자율성

자기결정이론에서는 자율성은 내적인 것이며 개인의 의지와 선택이 반영되는 것으로 본다. 자율성의 반대개념은 의존이라기보다는 타율성이 적절하다. 자율성은 외부환경으로부터 압박 혹은 강요받지 않으며 개인의 선택을 통해 자신의 행동이나 조절을 할 수 있는 상태에서 자신들이 추구하는 것이 무엇인지에 대해 개인이 자유롭게 선택할 수 있는 감정이며 본인의 선택으로 자신의 행동이나 향후 계획을 결정하는 감정을 의미한다.

② 유능성

사람은 누구나 자신이 능력 있는 존재이기를 원하고 기회가 있을 때마다 자신의 능력을 향상시키기를 원한다. 이러한 유능성에 대한 욕구는 개인 혼자서는 획득하기는 어려우며 사회적 환경과 서로 상호 작용할 기회가 주어질 때 충족된다고 볼 수 있다. 유능함을 표현하기 위해서는 사회와의 상호작용이 필요하기 때문에 타인 혹은 집단과의 상호 작용이 필요하며 긍정적인 피드백과 자율성의 지지는 개인이 받는 유능성의 욕구를 충족시키며 결과적으로 내재동기를 증진시키는 효과를 가져온다.

③ 관계성

관계성 욕구는 타인과 안정적 교제나 관계에서의 조화를 이루는 것에서 느끼는 안정성을 의미한다. 관계성 욕구는 타인에게 무언가를 얻거나 사회적인 지위 등을 획득하기 위한 것이 아니며 그 관계에서 나타나는 안정성 그 자체를 지각하는 것이다. 관계성에 대한 욕구 충족은 유능성이나 자율성 욕구 충족에 비해 외적 요인에 해당한다. 그러나 타인과의 관계성을 유지하고자 하는 욕구는 개인 간 활동에서 내재동기를 유지하게 하는 데 중요하다.

코칭은 고객 스스로의 요구사항을 중심으로 진행된다. 고객이 스스로 자발적이고도 자율적으로 목표를 수립하고 코치와 더불어 함께 코칭 프로세스에 적극적으로 참여하며 코치와의 상호적 관계 속에서 성장하고 발전한다. 코칭 과정을 거치면서 코치는 고객의 문제해결을 위한 노력을 칭찬하고 격려하며, 스스로 답을 찾고 문제해결을 해 나가는 이러한 코칭의 과정 속에서 고객은 자신 안에서 도출되는 답을 발견할 뿐만 아니라 자신의 잠재능력과 유능감을 경험한다. 코칭 프로세스의 열쇠는 통찰력과 자기평가능력이다.

2. 코칭의 철학

철학(哲學, Philosophy)은 세계와 인간의 삶에 대한 근본 원리인 인간의 본질과 세계관 등을 탐구하는 학문으로 인간 자신과 그것을 둘러싼 세계를 관조하는 지식을 뜻한다. 이를테면 세계관, 인생관, 가치관이 포함된다.

이런 관점에서 코칭 철학을 바라보면 코치가 가져야 할 세계관, 인생관, 가치관이라고 할 수 있다. 즉, 코칭의 철학은 코칭을 하기 전에 혹은 하는 도중 기본전제가 되는 인간을 바라보는 사고방식이나 사물을 이해하는 관점을 말한다. 코칭은 인간을 위한 것이고, 코칭에서 인간을 어떻게 바라보느냐에 따라 그 내용과 방법론 또는 해결책, 전개과정이 달라지기 때문에 인간관에 대한 해석은 매우 중요하다. 이는 코칭에서 가장 중요하게 다루어지는 기본바탕이며 코칭의 전제, 원칙이라고도 표현할 수 있다. 코칭은 기본적으로 인간은 모두가 성장 가능성이 있고, 무한한 가능성이 있음을 기본전제로 한다. 만약 이러한 코칭 철학을 수용하지 않는다면 끊임없이 코치는 고객에게 뭔가 해결책을 제시하거나 방향을 주고자 할 것이다. 그리고 이러한 코칭 철학을 수용하기가 어려운 코치라면 더 이상 코칭을 하기 어려울 것이다.

에노모토 히데타케(Enomoto Hidetake)는 『마법의 코칭』이라는 책에서 코칭의 정의를 다음과 같이 세 가지로 나누었다(Hidetake, 2004).

제1 철학: 모든 사람에게는 무한한 가능성이 있다.
제2 철학: 그 사람에게 필요한 해답은 모두 그 사람 내부에 있다.
제3 철학: 해답을 찾기 위해서는 파트너가 필요하다.

1) 고객의 변화 추구

코칭은 변화를 추구한다. 킴지 하우스(Kimsey-House), 샌달(Sandahl, P.), 그리고 위트워스(Whitworth, L., 2018)는 코칭은 고객이 꿈을 실현하고 그들의 가치관에 따라 중요한 목표들을 달성할 수 있도록 돕는 과정이라고 한다. 이러하듯 고객은 자신의 현재 상태에서 이루고 싶은 상태로의 변화를 원할 때 전문코치에게 코칭을 의뢰한다. 전문코치는 이 변화 과정을 고객과 함께한다. 이러한 변화의 과정 속에서 인간의 자아실현의 욕구, 잠재력, 가능성을 이끌어 내고자 할 때 코치가 고객을 바라보는 특정한 관점이 있다. 코치는 고객을 본질적으로 창의적이고 내적 자원이 풍부하며 무한한 잠재적 가능성이 있는 전인적인 존재라고 본다. 잠재적 가능성이란 말에는 인간의 내면에는 드러난 능력보다 감추어진 능력이 더 많이 있다는 의미가 포함된다. 마치 프로이트(Freud)의 빙산의 일각의 모습과도 같이 우리 인간의 내면은 보이는 부분보다 보이지 않는 측면이 더 많이 존재하는 것이다. 이러한 믿음, 즉 코치가 고객을 그런 능력이 있는 존재라고 강력하게 믿으며 그 믿음을 바탕으로 코칭할 때 고객의 잠재적 가능성이 발현된다. 앞에서 아들러의 심리학 이론을 설명할 때 인간은 나눌 수 없는 전인적인(Wholistic) 한 존재라고 설명했고, 프로이트의 심리학에 의해 밝혀진 무의식의 세계에서 우리는 무한한 잠재력이 있다는 것을 알았다.

그리고 최근에 뇌과학이 발달하면서 발표되는 여러 발표에 의하면 사람들은 자기 뇌가 가진 잠재력의 지극히 일부만을 사용하고 있다는 것이다. 이러한 관점은 코치가 고객을 코칭할 때 코치의 태도에 지대한 영향을 미친다. 코치가 고객보다 더 많은 지식을 갖고 있고 고객에게 무언가를 가르쳐주는 것이 아니라 코치는 고객이 이미 갖고 있는 무한한 가능성을 발휘하도록 도와주는 역할을 할 뿐이라는 생각과 자세를 가지게 된다. 그래서 코치는 고객과 완전히 대등한 관계에서 코칭을 다루어야 한다.

2) 고객의 내면의 힘

코치는 고객을 자신의 삶과 일의 전문가로 존중하며, 그 변화를 위한 가장 적절한 해답을 고객 자신의 내면에 이미 가진 존재로 본다. 코칭적 관점에서 고객은 이미 있는 그대로의 온전히 괜찮은 존재이며, 가치로운 존재이며, 본인이 고민하고 있는 문제의 답을 이미 본인이 가지고 있는 존재이다. 그러나 고객이 그것을 모를 뿐이다.

코치는 고객이 본인 속에 가지고 있는 문제에 대한 답을 스스로 바라보고 찾아갈 수 있도록 도울 뿐이며 코치의 지식이나 코치의 견해나 입장에서 생각되는 답을 결코 제시하지 않는다(김응자외, 2020).

그 사람에게 필요한 해답이 그 사람 내부에 있다는 말이 곧 그 사람이 그 해답을 알고 있다는 말과는 다르다. 그 해답을 이미 알고 있다면 그 사안에 대해서 굳이 코칭을 받을 필요가 없을 것이다. 고객은 각자가 처한 상황이나 그러한 상황에 대응하는 태도와 습관, 심리적 방어기제 등으로 인해 비록 고객이 해답을 고객 안에 가지고 있지만 아직 답을 모르고 있을 수 있다. 그래서 코치의 도움이 필요한 부분이 생기게 되는 것이다.

그 사람에게 필요한 해답이 외부에 있다고 생각한다면 우리는 누군가 역량 있는 사람이 외부에서 그 해답을 찾아서 알려주어야 한다고 생각할 수 있다. 그러나 그 해답이 그 사람 자신, 즉 내부에 있다면 우리는 그 사람의 잠재력이 자신이 답을 찾도록 도와주는 역할을 하게 될 것이다.

3) 파트너로서의 코치

고객의 변화는 온전히 고객에게 달려 있고 코치는 그 변화를 위한 고객 내면의 해답을 고객 스스로 발견할 수 있도록 돕는 고객의 파트너로 존재한다. 따라서 명령, 지시, 가르침 등의 상하소통이 아니라 인정, 경청 등의 수평적 소통 및 질문 등의 적극적 이끌어냄이 소통의 화두가 된다. 사람들이 자기 내부에 자기에게 필요한 해답을 가지고 있지만, 아직 그 해답을 알고 있지 못할 수가 있다. 그래서 코치가 그 해답을 찾도록 도와주는 역할을 하게 된다(황소연 역, 2017).

파트너, 즉 코치가 고객이 해답을 찾도록 도와주는 과정에서 고객과 코치 사이에서 상호 작용이 일어나게 된다. 현대 코칭 발달에 크게 기여한 휘트워스가 만든 Co-Active Coaching의 이론과 철학도 상호 작용적인, 즉

Co-Active하게 코칭을 다루어야 한다고 하고 있다. 고객이 답을 찾도록 도와주는 상호 작용의 예를 들어 본다면 고객이 지붕 위에 있는 해답을 찾기 위해서 사다리를 오르려고 하는데 사다리가 흔들린다면 코치는 그 흔들리는 사다리를 잡아주는 역할을 할 수 있다. 그러나 그 사다리를 올라가서 답을 찾아오는 역할은 오롯이 고객이 해야 한다.

이러한 철학적 관점은 코치의 모든 행동의 근간이 되며 티칭, 멘토링, 상담, 심리치료 등 다른 유사 분야로부터 차별성을 갖게 하는 본질적 핵심이다.

3. 코칭의 가치와 윤리

1) 코칭의 가치

가치(價値)는 일반적으로 좋은 것, 유용(有用)한 것을 뜻하며, 인간의 욕구나 관심을 충족시키는 것, 충족시킨다고 생각되는 것이나 성질을 말하는데 인간의 욕구나 관심은 제각기 차이가 있고, 사물이나 성질에 관하여 좋다 · 나쁘다 · 옳다 · 틀렸다 등을 판단하는 가치판단(價値判斷)에도 차이가 크다. 이에 따라 코치는 코칭 상황에서 고객이 지닌 가치를 나름대로 해석하거나 판단해서는 안 된다.

ICF 윤리강령에는 ICF 핵심가치(https://coachfederation.org/about)를 제시하고 있다. 모든 가치는 똑같이 중요하며 서로를 지원해야 한다고 명시하고 있다. 모든 코치는 고객과의 모든 상호 작용에서 이러한 가치를 보여주고 전파해야 한다라는 것이다.

ICF가 제시하는 핵심가치는 다음과 같다(ICF, 2023).

(1) 직업적 전문성

직업적 전문성(Professionalism)은 책임, 존중, 성실, 역량 및 탁월성을 두루 망라한 코칭 마인드셋과 전문가로서의 질 높은 서비스를 제공할 것에 대한 약속을 의미한다. 즉, 코칭 활동이나 상호작용에서 인간다움의 가치 및 코칭 마인드셋 역량과 일치하도록 노력하고 진실하고 정확하게 말하며 평생에 걸친 전문적 학습과 개인 계발에 전념하는 것이다.

(2) 협력

협력(Collaboration)은 사회적 연결(social connection)과 커뮤니티 구축(community building)을 개발하기 위한 약속을 의미한다. 즉, 공동의 창의성과 다양한 자원의 풍부함을 키워 전문 코칭을 촉진하고자 헌신하고, 고객 및 스폰서와 일하는 다름 전문코치들, 관련 전문가들, 관련된 협회 및 기관과도 협력하고 소통하는 것이다.

(3) 인간다움

인간다움(Humanity)은 인도적이고 친절하며, 타인을 배려하고 존중하겠다는 약속이다. 즉, 인간으로서의 불완전함을 받아들이고, 타 문화의 관점에 개방적이고 수용적이며, 자신의 실수를 인정하며 내 행동에 관한 책임을 받아들이는 것이다. 더불어, 자신의 성취에 대해 겸손하고 어떤 식으로든 우월성을 암시하는 행동이나 의사소통을 피하는 것이다. 다시 말해서 우리는 다른 사람들에게 인도적 마음가짐(himane)과 친절함(kind), 연민의 마음(compassionate), 존경심(respectful)을 가지는 것을 말한다.

(4) 공평함

공평함(Equity)은 코칭 마인드셋을 가지고 다른 사람들의 필요를 탐색하고 이해하여 모두를 위한 평등을 만드는 공정한 프로세스를 항상 실행하겠다는 약속이다. 즉, 모든 개별적 모임(Identity group)과 그들의 기여를 인정하고 존중하며, 모든 사람을 동일한 존엄성과 공평함으로 대하는 것이다. 더불어 사회적 다양성, 제도적 평등, 시스템상의 억압과 이것이 코칭 직업에서 어떻게 나타나는지를 이해하고, 코치-고객, 트레이너-학생, 멘토-코치, 슈퍼바이저-코치로서의 관계에서 동등함과 파트너십을 유지하는 것이다.

한편 코칭의 가치를 코칭의 이득 측면에서 사용하기도 한다. 이런 측면으로 가치를 해석해 보면 다음과 같다. 우리가 무엇을 할 때는 그것을 통해서 얻고자 하는 가치가 있을 것이다. 우리가 코칭을 공부하고 실제 삶에 적용할 때는 그것이 좋다고 생각해서겠지만 또한 그것을 통해서 얻을 수 있는 가치가 있기 때문이다. 이 가치는 사람에 따라 다르겠지만 코칭을 통해서 얻을 수 있는 보편적 가치이다.

① 목표하는 것을 이루도록 도와주는 가치

코칭의 궁극적인 목적이 고객이 원하는 목표를 이루도록 그 답을 찾게 도와주고, 그 답을 찾은 다음은 행동에 옮겨서 그 목표하는 바를 얻도록 도와주는 것이다. 그래서 코칭의 가치는 코칭을 받는 사람이 목표하는 것을 이루도록 도와주는 것에 있다.

② 자기효능감을 일깨워 주는 가치

코칭을 통해서 원하는 목표를 이루었을 때 생기는 부가적인 가치가 자기효능감을 일깨워 주는 가치다. 무한한 가능성을 지닌 사람이 자신이 지닌 능력을 제대로 발휘하는 데 필요한 중요한 요소 중 하나는 자기효능감이다(김수영 · 도미향, 2022). 우리가 코칭을 받으면서 원하는 것을 이루어 갈 때 고객과 코치 모두가 자기효능감이 올라간다. 자기효능감이란 자기가 쓸모 있다고 느끼는 감정인데 사람이 무언가를 이루었을 때 그것을 이룬 사람이나 도와주는 사람 모두가 자기가 쓸모가 있다고 생각하며 더 큰 일을 할 수 있는 자신감이 생기게 된다. 그렇게 해서 더 큰 목표에 도전하면서 성장해 나가는 것이 코칭을 통해서 얻을 수 있는 가치다.

③ 주위에 좋은 영향력을 끼치는 것

고객이 코칭을 통하여 원하는 목표를 이루었을 때 그 결과로 고객뿐만 아니라 주위에서 좋은 영향을 받는 사람이 생기게 된다. 고객이 정한 목표가 자기는 원하는 것을 이루었지만 다른 사람에게는 피해가 가는 목표가 아닌 이상은 반드시 주위에서 좋은 영향을 받는 사람이 생기게 된다. 코치는 고객과 코칭 목표를 세우면서 고객이 그 목표를 이루었을 때 주위에서 혹시 피해를 받는 사람은 없는지 한 번 짚어 볼 필요가 있다.

2) 코칭 윤리

코칭은 고객이 이루고자 하는 목표 달성이 최고의 목표다. 그래서 코치는 고객의 목표 달성을 도와주는 데 최선을 다해야 하겠지만 그렇다고 수단과 방법을 가리지 않고 해서는 안 될 것이다. 그래서 국제코칭연맹(International Coach Federation: ICF)이나 한국코치협회 같은 단체에서는 전문코치가 지켜야 할 윤리규정을 가지고 있다.

ICF 윤리강령은 5가지 주요 부분으로 구성되어 있다(ICF, 2020). 제1부 도입, 제2부 핵심 정의, 제3부 ICF 핵심 가치와 윤리원칙, 제4부 윤리기준, 제5부 서약이 그 내용이다(부록 참조).

여기에서는 (사)한국코치협회의 윤리규정을 소개하도록 하겠다(한국코치협회, 2023). 한국코치협회의 윤리규정은 윤리강령, 윤리규칙, 부칙으로 구성되어 있으며, 윤리규칙은 기본윤리(1장)와 코칭에 대한 윤리(2장), 직무에 대한 윤리(3장)로 나누어져 있다. 이에 관한 자세한 사항은 부록을 참조하면 된다.

(1) 정의

(사)한국코치협회에서 규정한 기본윤리, 코칭에 대한 윤리, 직무에 대한 윤리, 고객에 대한 윤리를 준수하고 실천한다.

윤리강령

1. 코치는 개인적인 차원뿐 아니라 공공과 사회의 이익도 우선으로 합니다.
2. 코치는 승승의 원칙에 의거하여 개인, 조직, 기관, 단체와 협력합니다.
3. 코치는 지속적인 성장을 위해 학습합니다.
4. 코치는 신의 성실성의 원칙에 의거하여 행동합니다.

(2) 핵심 요소 및 행동지표

① 기본윤리

• 코치는 기본윤리를 준수하고 실천한다.

(사)한국코치협회 소속 코치는 고객의 잠재력을 극대화하고 최상의 가치를 실현하도록 돕기 위해 부단한 자기 성찰과 끊임없이 공부하는 평생 학습자가 되어야 하며, 자신의 전문 분야와 삶에서 고객의 롤모델이 되어야 한다. 국제적으로 코칭 활동을 할 때는 해당 국가의 코치 윤리규정도 존중하며 코칭에 임한다.

② 코칭에 대한 윤리

• 코치는 코칭에 대한 윤리를 준수하고 실천한다.

코치는 코칭할 때 고객을 충분히 이해하고 수용하고 지지하는 태도를 보여야 하며, 코치와 (사)한국코치협회의 명예와 신용을 해치는 행위를 하지 않아야 한다. 코치는 고객에게 코칭을 안내하거나 홍보할 때, 코칭을 통해 얻을 수 있는 성과를 의도적으로 과장하거나 축소하는 등의 부당하거나 근거가 없는 주장을 하지 않아야 하며, 자신의 경력, 실적, 역량, 개발 프로그램, 저술 및 활동 내용 등에 관하여 과대하게 선전하거나 광고하지 않아야 한다. 코치는 고객이 자신 이외의 코치 또는 다른 접근방법(심리치료, 컨설팅 등)이 더 유효하다고 판단될 때 고객과 상의하고 변경을 하도록 촉구하며, 코칭에 도움이 되는 다양한 접근법을 존중하고 수용하며, 이에 기여한 다른 사람들의 노력이나 공헌을 존중하고 인정한다. 코치로서 코칭에 관한 연구 활동을 할 때 코치는 전문적인 근거와 과학적인 기준 그리고 개인정보보호법 등 관련 법률에 준거하여 연구하고 보고서나 논문을 작성해야 한다. 또 연구를 할 때 고객과 관련자에게 허가나 동의를 얻어서 참가자가 불이익을 받지 않도록 해야 한다.

③ 직무에 대한 윤리

• 코치는 직무에 대한 윤리를 준수하고 실천한다.

코치는 어떤 상황에서도 친절하고 성실하게 최선을 다해 고객을 대해야 하며, 자신의 능력, 기술, 경험을 정확하게 인식하여 자신이 다룰 수 있는 범위 내에서 코칭을 구사하고 적용한다. 코치는 코칭 진행에 지장을 주는 개인적인 문제를 인식하도록 노력하고, 그것이 코칭에 영향을 미친다고 판단할 경우 코칭의 일시 중단이나 종료하는 것이 적절한지 등을 결정하고 고객과 협의한다. 또 코치는 코칭 중에 고객이 내리는 모든 결정을 존중한다. 코치는 코칭 시작하기, 즉 최초의 세션 이전에 코칭의 본질, 비밀을 지킬 의무의 범위, 지급 조건 및 그 외의 코칭 계약 조건을 고객이 충분히 이해하도록 설명한 다음 계약을 체결하며, 코칭 중 어느 시점에서도 고객이 자유롭게 코칭을 종료할 권리가 있음을 알린다. 코치는 고객이나 고객이 될 가능성이 있는 사람에게 코치와 코칭에 대해 오해를 부를 우려가 있는 정보를 전달하거나 개인적인 충고를 하지 않아야 하며, 고객과의 이해관계나 성적 관계를 포함한 어떠한 부적절한 거래 관계도 하지 않으며, 개인적 · 직업적 · 금전적인 이익을 위해 의도적으로 고객을 이용하지 않는다. 코치는 고객이 고객 자신이나 타인에게 위험을 미칠 의사를 분명히 밝혔을 경우 관련 법이 정한 대로 조치하며, (사)한국코치협회 윤리위원회에 전달하고 필요한 절차를 밟는다.

④ 고객에 대한 윤리

• 코치는 고객에 대한 윤리를 준수하고 실천한다.

코치는 법이 요구하는 경우를 제외하고 고객의 정보에 대한 비밀을 지키며, 고객의 이름이나 그 외의 고객 특정 정보를 공개하거나 발표하려면 미리 고객의 동의를 얻어야 하며, 보수를 지급하는 사람, 이를테면 기업의 코칭 담당자나 대표자가 고객 정보를 원할 때 반드시 고객의 동의를 얻어야 한다. 만일 고객이 동의하지 않으면 관련법에 따라 비밀을 준수한다. 코치는 코칭 실시에 관한 모든 작업 기록을 정확하게 작성, 보존, 보관, 파기한다. 보존 시 고객 정보가 유출되지 않도록 유의하며, 고객과 약속을 한 경우 그 기간이 지나면 자료를 파기한다. 코치는 자신과 고객의 이해가 대립하지 않도록 노력해야 한다. 만일 이해가 대립하거나 발생할 우려가 있을 때, 코치는 그것을 고객에게 숨기지 않고 분명하게 전달하고 고객과 함께 좋은 대처 방법을 검토하고 해결 방안을 찾는다. 코치는 코칭 관계를 해치지 않는 범위 내에서 코칭 비용을 금전이 아닌 서비스, 물품 또는 다른 비금전적인 것으로 상호 교환할 수 있다(한국코치협회, 2023).

윤리규정에 대한 맹세

나는 전문코치로서 (사)한국코치협회 윤리규정을 이해하고 다음의 내용에 준수합니다.

1. 코치는 개인적인 차원뿐 아니라 공공과 사회의 이익을 우선으로 합니다.
2. 코치는 승승의 원칙에 의거하여 개인, 조직, 기관, 단체와 협력합니다.
3. 코치는 지속적인 성장을 위해 학습합니다.
4. 코치는 신의 성실성의 원칙에 의거하여 행동합니다.

만일 내가 (사)한국코치협회의 윤리규정을 위반하였을 경우, (사)한국코치협회가 나에게 그 행동에 대한 책임을 물을 수 있다는 것에 동의하며, (사)한국코치협회 윤리위원회의 심의를 통해 법적인 조치 또는 (사)한국코치협회의 회원자격, 인증코치자격이 취소될 수 있음을 분명히 인지하고 있습니다.

4. 코칭의 패러다임

코칭은 고객이 원하는 목표를 이루고 더 나은 삶을 살아갈 수 있도록 도와주는 한 수단이라면 지금까지 언급한 코칭의 이론과 철학이 가장 많이 활용되고 있는 부분이 깨달음에 관한 것이다. 지금과는 다른 결과를 가져가기 위해서는 다른 행동을 해야 할 것이고 다른 행동을 하기 위해서는 생각이 바뀌어야 하고 생각이 바뀌기 위해서는 상황을 바라보는 관점, 즉 패러다임이 바뀌어야 한다. 한국코치협회의 8가지 코칭역량으로 보면 7번째 의식 확장에 해당할 수 있겠고 국제코칭연맹(International Coaching Federation)의 8가지 코칭역량에 따르면 7번째 알아차림을 불러일으키기(Evoke Awareness)에 해당된다.

코칭 철학에서도 우리는 무한한 가능성을 가지고 있고 그 사람에게 필요한 해답은 모두 그 사람 안에 있다고 했다. 그러나 마지막으로 코칭 철학에서 말하는 것은 해답을 찾기 위해서는 파트너, 즉 코치가 필요하다고 하고 있다. 여기서 그 사람이 해답을 찾기 위해서 훈련받은 코치가 할 역할은 그 사람이 패러다임 전환을 할 수 있도록 도와주는 것이다.

1) 패러다임 전환의 의미와 힘

패러다임의 사전적 의미를 국립국어원 표준국어대사전에 찾아보면 '어떤 한 시대 사람들의 견해나 사고를 근본적으로 규정하고 있는 테두리로서의 인식의 체계, 또는 사물에 대한 이론적인 틀이나 체계'로 나와 있다. 즉, 우리가 어떤 상황이나 사물을 바라보는 우리의 관점으로 볼 수 있다. 그래서 종종 우리는 이 패러다임을 안경이나 창문 등으로 해석하기도 한다. 우리가 색안경과 같은 짙은 색상의 안경이나 채색된 유리창을 통해서 사물을 보면 사물이 어둡게 보이거나 창문의 채색된 유리의 영향을 받은 색상으로 보일 것이다. 즉 우리가 어떤 안경을 쓰고 있는지 혹은 어떤 색상의 유리를 통해 밖을 보고 있는지는 그 안경과 창문에 따라 달라질 것이다. 그래서 우리가 관점 전환을 한다는 것은 안경을 바꿔 쓰거나 다른 창문을 통해서 사물을 보는 것과 같은 것이다. 이 말은 우리가 지금까지 갇혀 있던 고정관념에서 벗어났을 때 우리는 발상의 전환과 더 창의적인 관점을 통해서 더욱 발전하게 되는 것이다. 사실 인류의 역사는 이러한 고정관념의 파괴를 통해서 새로운 관점으로 세상을 바라보는 패러다임 전환(Paradigm Shift)을 통해서 발전해 왔다.

태양이 지구 주위를 도는 것이 아니라 지구가 태양 주위를 돌고 있는 지동설과 지구는 둥글어서 끝에 낭떠러지가 있는 것이 아니라는 관점의 전환을 통해 유럽 문명의 대항해 시대가 열리게 되었다. 뉴턴의 고전물리학의 개념을 벗어나 빛이 입자도 되고 파동도 될 수 있다는 양자적 개념이 원자핵 안에서의 미립자의 물리적 역동을 연구하는 양자역학으로 발전하면서 오늘날의 첨단 과학 시대를 열어가고 있다.

이렇게 거창한 패러다임 전환은 아니더라도 우리는 코칭 시 고객이 원하는 것을 이루기 위해 자각 질문을 통해 관점을 전환하고 해답을 찾도록 도와주어야 한다. 코칭 철학 세 번째인 해답을 찾기 위해서는 파트너(코치)가 필요하다고 하는 이유이다.

2) 패러다임 전환의 방법

코치는 본인 자신도 고정관념에 갇히지 않기 위해서 그리고 고객이 어떻게 관점 전환을 하게 할지를 다양한 공부를 통해서 익혀야 한다. 코칭 시 고객의 패러다임 전환을 위해 코치가 필요한 역량을 국제코칭연맹과 한국코치협회의 8가지 역량에서는 다음과 같이 설명하고 있다.

(1) 알아차림 불러일으키기

ICF의 핵심역량의 7번째에 해당하는 역량인 '알아차림을 불러일으킨다(Evokes Awareness)'는 패러다임 전환과 관계가 깊다. 그 내용은 다음과 같다.

강력한 질문, 침묵, 은유(metaphor) 또는 비유(analogy)와 같은 도구와 기술을 사용하여 고객의 통찰과 학습을 촉진한다(Facilitates client insight and learning by using tools and techniques such as powerful questioning, silence, metaphor or analogy).

여기에 ICF는 실행 지침 11가지를 규정하고 있는데 그 내용은 아래와 같다.

① 가장 유용한 것이 무엇인지 결정할 때 고객의 경험을 고려한다.
② 알아차림이나 통찰을 불러일으키기 위한 방법으로 고객에게 도전한다.
③ 고객의 사고방식, 가치, 욕구 및 원함 그리고 신념 등 고객에 대하여 질

문한다.

④ 고객이 현재의 생각을 뛰어넘어 탐색하도록 도움이 되는 질문을 한다.
⑤ 고객이 이 순간에 경험하고 있는 것을 더 많이 공유하도록 초대한다.
⑥ 고객의 발전(client's progress)을 위해 무엇이 잘 되고 있는지에 주목한다.
⑦ 고객의 욕구에 맞추어 코칭 접근법을 조정한다.
⑧ 고객이 현재와 미래의 행동, 사고 또는 감정 패턴에 영향을 미치는 요인을 식별하도록 도와준다.
⑨ 고객이 어떻게 앞으로 나아갈 수 있는지, 무엇을 하려고 하고 할 수 있는지 생각해 내도록 초대한다.
⑩ 관점을 재구성(reframing)할 수 있도록 고객을 지원한다.
⑪ 고객이 새로운 학습을 할 수 있는 잠재력을 갖도록 관찰, 통찰 및 느낌을 있는 그대로 공유한다(도미향 외, 2021).

(2) 의식 확장

한국코치협회의 7번째 역량인 의식확장은 패러다임 전환 방법과 관계가 깊다. '질문, 기법 및 도구를 활용하여 고객의 의미 확장과 구체화, 통찰, 관점 전환과 재구성, 가능성 확대를 돕는다.'라고 되어 있고 세부 내용 중에 핵심 요소 및 행동지표를 설명하는 항목 중 다섯 번째 항목인 관점 전환과 재구성에서 다음과 같이 기술하고 있다.

고객이 관점을 전환하거나 재구성하도록 돕는다. 관점은 세상을 바라보는 사고의 틀이라고 할 수 있다. 관점 전환은 세상을 바라보는 사고의 틀을 바꾼다는 의미이다. 패러다임 전환, 상자 밖의 생각, 역지사지 등이 관점 전환과 맥락을 같이 한다. 고객이 가진 관점이 고객이 추구하는 삶의 목적과 한 방향으로 정렬되어 있지 않다면 이를 재구성하여 새롭게 설정할 수 있도록 돕는다. 코치는 평소 깊은 사유를 바탕으로 고객을 관찰하고 고객에게 질문을 던져 고객이 관점을 전환하고 사고의 틀을 재구조화하도록 돕는다(한국코치협회, 2022).

(3) 실제적인 방법

앞에서 말한 것은 ICF나 한국코치협회의 필요 역량의 내용을 설명한 것이다. 이렇게 하기 위해서 실제로 사용되고 있는 방법을 알아보면 다음과 같다.

① 비유와 은유

비유와 은유는 고객이 관점 전환을 일으키고 답을 찾아가게 하는데 강력한 수단이 된다. 성경에 보면 유대인들이 간음한 여인을 예수님께 데려와 어떻게 할지 묻는 부분이 있다. 그 당시 율법에 보면 간음한 여인은 돌을 던져 죽이게 되어 있었다. 그렇게 하라고 하면 평소 죄는 미워하되 사람은 사랑하라고 했던 본인의 가르침에 위배되는 말이 된다. 그렇다고 그냥 용서하고 풀어주라고 하면 그 당시 유대인들의 율법에 어긋나는 발언이다. 그때 한 유명한 말이 '너희 중에 죄 없는 자만이 그 여인을 돌로 쳐라'라는 말이다. 강력한 비유의 말로써 아무도 그 여인에게 돌을 던지지 못하고 다 돌아갔다는 이야기가 있다. 우리말에도 '똥 묻은 개 겨 묻은 개 나무란다'라는 말이 여기에 해당하는 비유의 말이다. 코칭 고객이 자신이 처한 상황에서 출구를 찾지 못하고 갑갑해 할 때 다음과 같은 대화도 비유와 은유의 대화이다.

코치: 하신 말씀들을 들어 보니 '칠흑같이 어두운 밤에 풍랑이 일고 있는 바다 한가운데에 놓여 있는 것과 같다'라고 하시는 것 같군요.
고객: 네 맞아요. 어두운 밤에 풍랑이 일고 있는 바다 한가운데에 있는 것 같습니다.
코치: 그럴 때 영화 같은 것을 보면 유능한 선장은 어떻게 하던가요?
고객: 예, 우선 돛을 내리고 닻을 거두고 선원들을 각자 제자리에서 밧줄로 몸을 묶게 하고… 아! 저도 이런 식으로 시도하면 좋겠네요!

고객이 답을 찾도록 도와주는 강력한 비유는 상황에 따라 다르겠으며 평소 많은 공부와 훈련을 통해서 얻어질 수 있을 것이다.

② 메타 뷰(Meta View)

사물이나 상황을 큰 안목으로 보는 법을 말하한다. 톰 스톤(Tom Stone)이 쓴 『평정심』이라는 책을 보면 순수의식을 느끼기 위한 아가페(Agape)라고 하는 역량을 설명하는데, 고요하고 평정한 마음을 가지고 내 마음이 우주 공간 끝까지 나아가 있다고 생각해 보라고 한다(정채현, 2010). 그러고 나서 순수의식을 느낀 다음 현 상황을 바라보면 관점이 달라질 것이다. 코칭에서는 '헬리콥터 뷰'라는 이야기가 있다. 지금 내가 사물을 마치 매미가 나무에 붙어서 바라본다고 생각하고 다음엔 헬리콥터를 타고 공간 위로 높이 솟아올라서 현 상황을 바라보라는 표현인데 코칭에서 고객의 관점 전환을 도울 때 많이 활용하는 표현이다.

③ Who, Pull, Outcome 패러다임

ICF 8가지 코칭 핵심역량에서는 Who 패러다임과 Pull 패러다임, Outcome 패러다임으로 나누어 설명하고 있는데 각각의 내용을 요약하면 다음과 같다(도미향 외, 2022).

• Who 패러다임

재무설계사였던 토머스 레너드가 고객과 상담 중 발견한 패러다임으로 고객과 코치 간에 신뢰가 형성되었을 때 고객의 이슈보다 그들 자체(Who)에 집중함으로써 관점 전환이 일어나 원하는 답을 찾을 수 있었다는 방법이다. 우리가 코칭에서 고객의 존재(Being)에 집중하라고 하는 것과 같은 맥락이다.

• Pull 패러다임

이 패러다임도 토머스 레너드의 경험을 통해서 발견된 패러다임으로, 어느 날 우연히 자기 계발 프로그램을 보다가 밑줄에 작은 글씨로 쓰여 있는 다음과 같은 문구를 보게 된다.

'우리는 프로그램을 홍보하는 것이 아니라 사람을 우리 프로그램으로 오게 하는 것입니다.'라는 문구에서 영감을 얻고 사람들에게 매력을 줄 수 있는 방법을 동료 코치들과 함께 토론하면서 28가지 원리를 만들어 낸다(Leonard, 1998). 코치가 이 매력의 원리대로 살면서 변화를 경험하게 되면 고객에게도 큰 도움을 줄 수 있다고 보았다. 이 매력의 원리는 성공을 좇는 것을 중단하고 성공이 나를 좇아오게 하는 것이다.

• Outcome 패러다임

코칭은 목표 Goal 패러다임이 아니라 목표가 이루어진 결과 Outcome 패러다임이다. Goal 패러다임은 현재에서 미래의 목표(Goal)를 향하기 때문에 관점 전환이 잘 이루어지지 않는다. 그러나 Outcome 패러다임은 미래에 목표가 이루어진 결과 Outcome을 먼저 보고 현재를 향해서 미래로 나아갈 방법을 찾기 때문에 관점 전환이 쉽게 일어날 수 있다(도미향 외, 2021).

생각해 보기

1. 소크라테스의 사상이 코칭에 어떤 영향을 주었는지 생각해 봅시다.

2. 인본주의 심리학이 코칭에 어떤 영향을 주었는지 생각해 봅시다,

3. 코칭에서 윤리가 빠진다면 어떻게 될까 생각해 봅시다.

4. 패러다임 전환의 의미를 생각해 보고, 어떻게 고객에게 패러다임 전환이 일어나게 할지 토의해 봅시다.

chapter

03 코칭의 발달과 코칭 교육

1980년대 미국을 중심으로 시작된 코칭은 다른 어떤 산업보다도 비약적으로 발전하고 있다. 현재는 미국과 캐나다, 유럽, 아프리카, 오세아니아, 아시아 등 전 세계에 걸쳐 전문 직업으로써의 코칭이 일반화되고 있는데, 우리나라에도 2000년 전후에 도입되어 지금은 대기업을 비롯한 중소기업, 공공기관 소규모 조직, 개인에 이르기까지 광범위하게 확산되고 있다. 이처럼 코칭은 전 세계 모든 곳에서 리더십이나 의사소통 등 인간관계 전반에 그 영향력을 확장하고 있다. 그러다 보니 전문코치들을 교육하고 훈련하는 일도 개별적인 코칭훈련기관에 머물지 않고 다양한 학회와 대학, 대학원 등에 코칭 관련 학과 개설이 나날이 늘어나고 있다. 그래서 본 장에서는 코칭이 전 세계적으로 어떻게 발전해왔는지 그 역사에 대해 간략히 살펴보고 각국 대학이나 대학원에서 코칭 관련 학문이 어떻게 성장하고 있으며 국내에서의 코칭에 관한 자격과 교육, 그리고 코칭연구가 어떻게 발전하고 있는지에 대해 살펴보고 이를 통한 시사점을 제시하고자 한다.

1. 코칭의 발달

1) 코칭의 어원적 발달

코칭이라는 단어는 근대에 들어서 등장하게 되었는데 코칭의 원형이 되는 코치는 본래 마차나 철도의 객차 등에 쓰인 단어다. 코치라는 단어는 유럽 언어에 나타나는데, 마자르족의 콕시(kocsi)에서 유래된 말로써 원래는 콧시(kotsi)였으며, 코치라는 단어는 사람을 실어 나르는 개 썰매였다. 아드리안 해의 달마티아라는 나라에 개들이 끄는 썰매가 있었는데, 이것 때문에 달마시안 종들을 코치견이라 불렀다. 코치라는 단어는 형용사적 형태를 지니기도 하였는데, 콕스(kocs)라는 표현으로 사용되었다(이소희 외, 2014).

헝가리의 마다디아스 왕(1458~1490) 시대에 콕스(kocs)라는 도시에서 처음으로 여러 사람을 태울 수 있는 마차를 만들었는데 이 마차가 전 유럽에 퍼져서 콕시(혹은 콧지, kocsi) 혹은 콧지(kotdzi)라고 불리게 되었다. 16세기부터는 여러 사람을 함께 태우는 마차, 짐을 실어 나르는 짐차 등을 영국에서는 코치(coach)라고 했다. 이것이 스페인어, 포르투갈어, 프랑스어에서는 coche, 독일어에서는 kotsche라고 쓰였다. 지금도 영어권에서는 여러 사람을 함께 태울 수 있는 버스나 소형 화물트럭을 코치라고 부른다.

한편, 옥스퍼드사전(2023)에 의하면 코치라는 단어는 17세기부터 특성, 목적, 수단을 의미하는 형용사로 다양한 단어와 결합하여 사용되었으며, 다른 단어와 조합하여 자세한 의미가 있는 형태로 사용되었다. 예를 들어 coach-wise는 코치의 매너라는 의미로 사용된다.

코치는 여행객들을 돕는 사람으로 사용되거나 기차의 화물칸 혹은 침대칸의 의미로도 사용되었다. 그리고 1625년부터 1882년까지는 네 마리 혹은 여섯

마리의 말이 끄는 마차를 의미하였다.

1840년대 영국에서는 개인지도 교사(tutor)의 별명으로서 코치라는 말을 사용했다. 승객이 마차를 타고 목적지를 가듯이, 교사의 지도로 선수가 앞으로 나아간다는 뜻이다. 1880년경에는 운동에 적용되어 운동선수를 훈련하는 사람을 가리키게 되었다. 영국 케임브리지 캠 강에서 대학생들에게 노를 젓는 방법을 개인지도하는 사람을 일컬어, 운동 용어로 코치라는 말이 사용되었다. 코치는 선수에게 목적의식을 심어 주고, 목표를 설정하게 하고 목표를 달성하도록 이끌어 주는 사람이었다. 초창기에는 코치들을 코쳐(coacher)라고 불렀으나 1800년에는 'er'이 떨어져 나갔다. 지금도 미국 메이저리그에서 1루와 3루 뒤에서 코치하는 사람을 코쳐라고 부르며 그들이 서는 자리를 코쳐스 박스(coacher's box)라고 부른다(이소희 외, 2014).

2) 세계 코칭의 발달

스포츠 분야에서 팀과 선수들의 성과를 높인 코치들이 등장하게 되자, 그들의 지도방법에 관한 관심이 고조되었다. 일반적으로는 스포츠 코치들에게서 리더십을 추출하려는 작업이 시도되었고, 위대한 코치로 불리는 이들은 리더십의 귀감이 되기도 하였다. 코치의 행위를 의미하는 코칭이라는 단어가 기업계로 밀려들어 오면서, 스포츠 코칭과는 다른 전문적인 코칭이 성립되었고, 경영과 인간관계, 직원의 경력개발, 업무수행, 부부관계 등 다양한 영역으로 확장되었다. 실제로 스포츠 코치들도 몇몇 회사에서 팀의 수행능력을 향상하고 리더십을 기르는 데 기여했다. 이 과정에서 코칭의 기술과 교훈들이 기업에 이전되었다(선종욱, 2010). 그리고 코치라는 직업은 21세기에 가장 가치 있고 매력적인 직업이 되어가고 있다. 코칭은 20세기 후반에 등장한 분야이지만 1995년에 설립된 국제코칭연맹(International Coaching Federation: ICF)의 인증

코치는 2022년 12월 기준 143개국 약 49,000여 명이다.

한편, 국외 대학에서 코칭 학위과정이 있는 나라는 미국, 캐나다에 8개 대학, 유럽에는 영국, 아일랜드에 12개 대학, 호주에는 2개 대학 등으로 국외에는 영국이 가장 많은 코칭 관련 학과가 개설되어 있으며 그다음으로 미국 순이다. 일본은 ICF 일본지부가 있고 대학에서의 코칭교과목은 개설되어 있으나, 코칭전공 대학 과정이 없다. 전 세계 국제코칭연맹(ICF) 가입 챕터수가 140여 개국 이상이며, 분포도 전 세계에 나누어져 있으나 대학에서의 코칭 교육과정은 극히 한정적으로 개설되어 있는 것이 현실이다(도미향, 2023).

3) 우리나라 코칭의 발달

우리나라의 코칭 역사는 20여 년이 되어간다. 전문적인 코치의 숫자, 코칭 기술이나 내용은 여전히 선진국보다 미비하며, 코칭 관련 서적도 200여 권 이내라 할 수 있다. 코칭에 관한 관심이 확산하고는 있으나 코칭 시장 역시 선진국보다 매우 약하다. 코칭 기관도 개인이 세운 기업형태의 기관이 많으며, 사회적으로 영향력을 가진 연합체 성격을 띤 기관은 부족하다. 그러나 미국의 선례를 볼 때 한국의 코칭 시장성과 발전 가능성은 무한하다고 할 수 있다.

한국은 2000년 이후 컨설팅과 리더십 관련 기관에서 소규모로 코칭 스터디가 시작되어 2001년부터 코칭기업이 나타나기 시작했으며 특히 미국의 조셉 유미디(Joseph Umidi)가 개발한 TLC(Transformational Leadership Coaching)는 한국의 코치들에게 강력한 코칭 경험을 제공했다(선종욱, 2010).

2003년에는 코칭 기관들과 코치들이 모여 ICF 코리아챕터와 한국코치협회를 결성하였고, 이후 2006년도에 한국코치협회는 고용노동부로부터 사단법인 인가를 받았으며, 부산, 대전, 전주, 미국지부 등 국내외 10개 지부를 운영하고 있다. 한국코치협회의 2022년 12월 기준, 등록 코치 수는 약 12,191명이며(한국코치협회, 2023), 코치 인증과 코칭 프로그램 및 대학의 코칭 커리큘럼 인증 등의 사업을 진행하고 있다. 대한민국 코칭컨페스티벌을 2004년부터 매년 개최하고 있으며 2022년까지 제19회 대회를 개최하였다. 그리고 한국코칭학회가 2007년 창립되어 코칭에 관한 학술대회 및 코칭에 관한 연구와 코치 양성 자격과정을 운영 중이다. 한국코칭학회에서 발행하는 '코칭연구'는 한국연구재단의 등재학술지로 매년 4회 정기발행을 하고 있다.

기업에는 2002년도 LG그룹이 코칭 교육을 도입, 전 임직원으로 확산하여 소집단 학습활동으로 코칭 생활화를 시도하였고, 2004년에는 SK텔레콤이 팀장급 비즈니스 코칭 교육을 시도하였다. 2005년에는 국내기업 최초로 코칭 경영을 도입하여 2005년부터 부장급까지 교육을 확대하였다. 삼성전자는 독자적인 코칭 매뉴얼을 개발하여 과장급 이상으로 확대하였고, 현대 오일뱅크는 전 팀장들을 대상으로 코칭 리더십 교육을 실시하였으며, KT&G는 전 영업소 지점장들을 대상으로 코칭 리더십 교육을 실시하였다(이소희 외, 2014). 오늘날은 국내 거의 모든 다국적 기업이나 대기업에서 임원들을 대상으로 하는 임원 코칭이 이루어지고 있다. 더불어 코칭이 하나의 기술이나 접근법에 머물지 않고 기업 문화로 자리 잡기 위해 어떻게 해야 할지를 고민하고 있다.

2. 코칭 교육

1) 코칭 관련 대학의 교육

(1) 국내 코칭 관련 학과의 현황

국내에서는 많은 대학이 코칭 관련 학과를 개설하거나 학과목으로 개설하여 운영하고 있다. 대학알리미 사이트(www.academyinfo.go.kr)에서 '코칭'을 키워드로 검색하면 총 28개의 학과가 검색되는데, 스포츠 관련 학과 2개를 제외하면 26개의 학교에 코칭이 들어간 학과가 운영되고 있음을 알 수 있다.

남서울대학교는 4년제 대학 국내 최초로 2013년부터 코칭학과라는 명칭을 사용하여 석사과정을 개설하였고, 2015년 코칭학 박사과정을 세계 최초로 개설하여 코칭학 석·박사를 배출하고 있다. 또한 국민대학교와 아주대학교는 MBA과정에 코칭 관련 전공을, 광운대학교와 백석대학교는 코칭심리전공으로 코칭 관련 학과를 두고 있다. 연세대학교 연합신학대학원에서는 기존의 상담학과를 상담코칭학과로 변경하여 운영하고 있으며 개신대학교 대학원에서도 코칭학과를 개설하여 운영하고 있다. 단국대학교에서는 경영대학원에 협상코칭전공을 운영하고 있으며, 숭실대학교 교육대학원에서는 커리어학습코칭학과를, 동국대학교 일반대학원에서는 상담코칭학과를 개설하여 운영하고 있다. 그 외에도 광신대학교 일반대학원에 코칭심리학과가 개설되었으며 숙명여자대학교 대학원과정에서는 예방 아동복지실천을 위해 코칭을 연구하기 시작하였다. 그리고 연세대학교는 학과와 별도로 코칭 아카데미 최고지도자 과정을 개설하여 운영하고 있다. 학부과정에는 숭실사이버대학교가 청소년코칭상담학과를 개설하였고 세종사이버대학교도 군경코칭상담학과를 개설하였다.

국내대학에서 코칭전공 및 프로그램을 시행 중인 대학교별 프로그램과 운영방식은 〈표 3-1〉과 같다.

〈표 3-1〉 국내대학의 코칭전공 프로그램 및 운영방식

학교명	프로그램	운영방식
개신대학원대학교	코칭학과	• 과정 소요기간: 2년, 4학기, 이수학점: 30학점
		• 교육과정: 코칭학 개론, 코칭의 본질, 크리스천코칭 세미나, 철학과 코칭, 전문코칭의 역사 등
국민대학교	경영대학원 리더십과 코칭MBA	• 과정 소요기간: 2년, 4학기, 이수학점: 30학점, 토요일 전일제 수업
		• 교육과정: 코칭 핵심역량, 코칭실습, 그룹 코칭, 커리어코칭, 코칭심리학, 조직개발과 리더십코칭 등
		• ICF ACTP 인증 KLCP 과정 운영
광운대학교	교육대학원 코칭심리 전공	• 코칭심리 전문가 양성을 위한 석사과정
		• 세부전공: 커리어 상담 및 실습, 비즈니스 코칭
남서울대학교	대학원 석·박사과정 영유아교육보육 전공	• 아동리더십과 코칭, 부모-자녀관계 코칭
		• 교육과정: 조직경영 코칭, 아동성격심리 코칭, 성격과 기질 코칭, 부모 코칭과 상담세미나 등
	복지경영대학원 코칭학과 코칭학전공/아동학습코칭전공	• 과정 소요기간: 2년, 4학기, 이수학점: 30학점, 토요일 전일제 수업
		• 교육과정: 코칭의 기초, 코칭 핵심역량, NLP코칭, 코칭실습, 변혁적 리더십 코칭 등. ICF 인증 PCC 자격취득과정인 C-PLUS ACTIVE Coaching Program(ACTP) 운영.
	복지경영대학원 미술치료코칭학과 미술치료코칭전공	• 과정 소요기간: 2년, 4학기, 이수학점: 30학점, 토요일 혹은 야간 수업
		• 교육과정: 미술치료학개론, 코칭학개론, 성격심리코칭, 영유아 미술치료, 장애아동미술재활, 미술치료집단코칭 등
	대학원 코칭학과 코칭학전공 박사과정	• 박사과정: 3년, 6학기, 토요일 수업
		• 교육과정: 코칭 철학과 이론, 코칭슈퍼비전 등, ICF 인증 PCC자격취득과정ACTP 운영. 교수진 전원 ICF MCC 등 국제자격소지
단국대학교	경영대학원 협상코칭 전공	• 과정 소요기간: 2년, 4학기, 이수학점: 30학점
		• 교육과정: 코칭의 이해, 리더십코칭, 뇌과학과 NLP코칭, 갈등코칭, 협상코칭, 코칭심리학 등
동국대학교	대학원 상담코칭 전공	• 과정 소요기간: 2년, 4학기
		• 교육과정: 성격코칭연구, 라이프 코칭연구, 커리어코칭, 밀리터리(군)코칭, NLP코칭세미나 등
	미래융합대학원 융합상담코칭 전공	• 과정 소요기간: 2.5년, 5학기, 이수학점: 30학점
		• 교육과정: 라이프 코칭, 메타버스와 상담코칭, 조직코칭, 커리어코칭 등

백석대학교	교육대학원 코칭심리 전공	• 과정 소요기간: 2.5년, 5학기, 이수학점: 30학점
		• 교육과정: NLP상담과 심리치료, 긍정심리학, 라이프 코칭, 코칭상담사례연구 등
서강대학교	교육대학원 평생교육· 코칭 전공	• 과정 소요기간: 2.5년, 5학기, 이수학점: 30학점
		• 교육과정: 성인학습 상담 및 코칭, 코칭과 퍼실리테이션, 성인 교수학습 방법 및 전략 코칭 등
숙명여자 대학교	학부	• 교양과목(아동복지학부): 에니어그램리더십과 성격코칭
	석사과정	• 커리어개발과 리더십교육전공: 코칭이론과 기법
		• 인적자원개발학과 인재개발전공: 코칭과 퍼실리테이션
	박사과정	• 아동복지학부: 부모리더십계발과 코칭론
숭실사이버 대학교	학사과정 청소년코칭상담학과	• 과정소요기간: 4년 • 교육과정: 코칭의 이론과 실제, 상담의 이론과 실제 등
숭실대학교	교육대학원 커리어학습코칭전공	• 과정 소요기간: 2년, 4학기, 이수학점: 30학점
		• 교육과정: 코칭심리학, 경력개발론, 현대학습이론, 커리어코칭 이론 및 실제 등
아주대학교	경영대학원 코칭전공 MBA	• 과정 소요기간: 2년, 4학기, 이수학점: 39학점
		• 교육과정: 핵심코칭역량1, 2, 비즈니스 코칭, NLP프랙티셔너, 코칭심리이론 등
		• ICF의 ACTP 인증 AAA 과정 운영(일본의 동경코치협회 과정을 근간으로 하되 한국 실정에 맞게 보완한 과정)
연세대학교	연합신학대학원 상담코칭학 전공	• 과정 소요기간: 2년, 4학기, 이수학점: 42학점
		• 교육과정: 긍정심리학과 코칭, 코칭과 상담, 코칭심리이론 및 실습 등
영남대학교	경영행정대학원 리더십코칭 전공	• 과정 소요기간: 2.5년, 5학기, 이수학점: 26학점
		• 교육과정: 코칭 핵심역량, 리더십진단과 코칭, 코칭심리학, 코칭구조와 프로세스 등
제주대학교	학부	• 생활환경복지학부 아동·생활복지 전공: 라이프 코칭 방법론, 라이프 코칭과 생활경영, 라이프 코칭 캡스톤디자인 등 이론과 실습

출처: 도미향(2023). 또한 각 대학의 홈페이지를 통해 2022년 기준으로 검색 정리한 내용으로 누락된 프로그램과 학위과정 혹은 변경내용이 있을 수 있음.

(2) 국외 코칭 관련 학과의 현황

코칭의 확산은 대학에서의 코칭학전공 교육 및 전문인력 양성의 필요성을 높이고 있고, 이로 인해 국내 여러 대학이 교과목을 개설하거나 대학원과정에 코칭전공 신설을 확대하고 있다. 외국의 경우 미국, 영국, 호주, 캐나다 등 여러 국가에서 다양한 형태로 코칭전공을 대학에 개설하고 있으며, 학부생들을 대상으로 코칭 교육이 활발하게 이루어지고 있는 대학들도 다수가 있다.

미국의 University of California, Los Angeles에서는 코칭 관련 박사과정을 운영하고 있다. 코칭 관련 학과의 지역별 분포를 살펴보면 〈표 3-2〉와 같다.

〈표 3-2〉 코칭 관련 학과의 지역별 분포

지역	주요 국가명	개설 학위과정	개수
북미	미국	석사, 박사과정	7
	캐나다	석사과정	1
유럽	영국	석사과정	10
	아일랜드	석사과정	2
오세아니아	호주	석사과정	2
아시아	한국	학부, 석사, 박사과정	23
합계			45

지역별로는 한국의 영향으로 아시아 지역 국가가 가장 많고, 그다음이 유럽, 북미 순으로 나타났으며, 나라별로 보면 한국, 영국, 미국 순으로 코칭 관련 개설학과가 많은 것으로 나타났다(도미향, 2023). 외국대학의 코칭 관련 학과 명칭은 〈표 3-3〉과 같다.

북미에서는 미국이 대표적인 국가로 주로 학과명에 코칭과 리더십 혹은 임원코칭, 성과, 멘토링 등의 단어를 사용하고 있다. 예를 들면 Arts in transformational leadership and coaching, Executive and leadership coaching concentration, Leadership coaching for organizational performance, Coaching and mentoring msc 등이다.

〈표 3-3〉 국외 코칭 관련 학과 명칭(석사과정)

지역별	학과 명칭	비고
북미	• Arts in transformational leadership and coaching • Coaching and mentoring MSc • Executive and leadership coaching concentration • Executive coaching and organizational consulting • Leadership coaching & mentoring • Leadership coaching for organizational performance • Master of arts in executive coaching & consultation • Organizational leadership • Transformative coaching and leadership	미국, 캐나다 (8)
유럽	• Education(mentoring and coaching) MA • Education: coaching and mentoring MA • Executive and business coaching • Leadership and Coaching MA • Ma education-coaching, mentoring and leadership • Msc coaching and mentoring • Msc coaching psychology • Msc executive coaching and development • Msc in business & executive coaching • Msc in coaching for behavioural change • Personal and Management Coaching • The psychological dimension of coaching	영국, 아일랜드 (12)
오세아니아	• Diploma in organizational coaching and leadership • Master of science in coaching psychology	호주(2)

출처: 도미향(2023).

그리고 유럽은 영국이 코칭학과가 있는 대표적인 나라이며 코칭은 심리학적인 배경을 가진 학과가 주를 이루고 있으며 주로 교육학, 멘토링, 심리학, 리더십 등을 코칭과 함께 사용하고 있다. 예를 들면, Education(mentoring and coaching) MA, Education: coaching and mentoring MA, Executive and business coaching, Leadership and Coaching MA 등이다. 오세아니아는 호주가 대표적인 국가로 세계 최초로 코칭심리학 석사과정(Master of science in coaching psychology)이 개설되었다(도미향, 2023).

2) 코칭 관련 기관의 교육

현재 우리나라의 코칭 교육은 개별코칭기관과 코칭학회 그리고 대학과 대학원에서 주로 이루어지고 있다. 이런 기관들에서 코칭 교육을 마치고 나면 코칭 관련 유력기관인 협회나 학회 등에서 전문코치 자격을 인증해 주는 시스템이다. 현재 자격인증 협회로서 가장 큰 단체가 한국코치협회이고 자격인증 학회로는 한국코칭학회와 한국코칭심리학회 2개 기관이 대표적이다.

(1) 한국코치협회

한국코치협회는 2가지 방법으로 코치자격을 인증해 준다. 하나는 한국코치협회 인증프로그램을 이수한 지원자들을 대상으로 자격을 인증해 주는 트랙인 ACPK(Accredited Coaching Program in Korea) 트랙이고, 다른 하나는 한국코치협회 인증프로그램을 이수하지 않은 지원자들을 대상으로 자격을 인증해 주는 트랙인 포트폴리오 트랙이다. 이 두 가지 트랙을 통해 자격시험에 응시할 수 있다. 한국코치협회가 인증해 주는 자격은 KAC, KPC, KSC라고 하는 3가지 종류다. 자격 종류와 요구하는 교육을 정리하면 〈표 3-4〉와 같다.

〈표 3-4〉 한국코치협회의 자격 종류와 요구하는 교육시간

■ ACPK 지원			
코치인증자격	KAC	KPC	KSC
응시원서	별도양식	별도양식	별도양식
교육시간	20시간 이상 이수	60시간 이상 이수	150시간 이상 이수
코칭시간	50시간	200시간 (유료 40시간 필수)	800시간 (유료 500시간 필수)
멘토 코칭 받기	–	KAC 취득 후 2개월 이상 5시간	KPC 취득 후 3개월 이상 1년 미만 10시간
1 : 1 코치 더 코치 받기	–	KAC 취득 후부터 5시간	KPC 취득 후부터 10시간
고객추천서	2인 각 1통(총 2통)	2인 각 1통(총 2통)	–

코치추천서	2인의 KAC 이상으로부터 각 1통(총 2통)	2인의 KPC 이상으로부터 각 1통(총 2통)	2인의 KSC 이상으로부터 각 1통(총 2통)
필기시험	실시	실시	에세이 제출
실기시험	실시		
응시료	20만원	30만원	40만원
코치인증자격 기간	3년	5년	5년
코치인증자격 연장주기	3년 후 연장	5년 후 연장	5년 후 연장
자격유지 보수교육	30시간/3년	50시간/5년	50시간/5년
의무사항	• 코치인증자격 유지를 위해서는 협회 정회원 이상의 자격을 유지해야 함 • 각 코치인증자격 취득 후 자격유지 보수교육 필수		

■ 포트폴리오 지원

코치인증자격	KAC	KPC	KSC
응시원서	별도양식	별도양식	별도양식
교육시간	20시간 이상 이수	60시간 이상 이수	150시간 이상 이수
코칭시간	50시간	200시간 (유료 40시간 필수)	800시간 (유료 500시간 필수)
멘토 코칭 받기	–	KAC 취득 후 3개월 이상 10시간	KPA 취득 후 5개월 이상 1년 미만 15시간
1 : 1 코치 더 코치 받기	–	KAC 취득 후부터 8시간	KPC 취득 후부터 15시간
고객추천서	2인 각 1통(총 2통)	2인 각 1통(총 2통)	–
코치추천서	2인의 KAC 이상으로부터 각 1통(총 2통)	2인의 KPC 이상으로부터 각 1통(총 2통)	2인의 KSC 이상으로부터 각 1통(총 2통)
	실제 코칭을 관찰 후		
코칭녹음파일 제출	1개 제출(30분 분량)		2개 제출(각 30분 분량)
필기시험	실시	실시	에세이 제출
실기시험	실시		
응시료	35만원	45만원	60만원
코치인증자격 기간	3년	5년	5년
코치인증자격 연장주기	3년 후 연장	5년 후 연장	5년 후 연장
자격유지 보수교육	30시간/3년	50시간/5년	50시간/5년
의무사항	• 코치인증자격 유지를 위해서는 협회 정회원 이상의 자격을 유지해야 함 • 각 코치인증자격 취득 후 자격유지 보수교육 필수		

출처: 한국코치협회(2023).

한국코치협회의 경우 인증해 주는 교육프로그램의 종류에는 3가지가 있다. 기초프로그램, 심화프로그램, 역량프로그램이 그것이다. 기초프로그램은 한국코치협회에서 정의하는 코칭의 정의와 코칭의 철학, 코칭 윤리, 코칭과 다른 인접 전문분야와의 차이, 코칭 대화모델, 기본적인 코칭 기술 중 경청, 질문, 인정 · 축하, 피드백 정도의 내용을 요구한다. 심화프로그램은 KPC자격을 취득하는 데 필요로 하는 코칭역량을 심화시킬 수 있는 교육수준을 요구하는데, 한국코치협회가 요구하는 8가지 역량 중 윤리실천과 자기관리를 제외한 6가지 역량 중 3가지 역량을 다루게 하고 있다. 즉, 적극 경청과 의식 확장은 필수로 다뤄야 하며 자기인식, 전문개발, 관계구축, 성장지원 4가지 역량 중 한 가지를 선택하게 하고 있다. 역량프로그램은 전문코치로서 필요로 하는 전문코칭역량 개발에 도움이 되는 프로그램이다. 8가지 코칭역량 중 한 가지 이상의 역량을 강화하는 프로그램으로 코칭 인증시간은 개발자가 제안하고 인증위원회에서 적합성 심사를 하고 있다. 위 3가지 자격에서 KAC는 20시간의 교육시간을 요구하는데 기초프로그램으로 20시간을 필수로 들어야 한다. KPC의 경우는 60시간의 교육시간을 요구하는데, 기초프로그램은 20시간만 인정해주며, 심화프로그램은 20시간을 필수로 들어야 하며 나머지 20시간은 심화프로그램이나 역량프로그램 중 선택할 수 있다. KSC 자격의 경우는 150시간의 교육시간을 요구하는데, 이중 기초프로그램은 최대 60시간까지 인정해주고 심화프로그램은 필수로 20시간 이상을 요구하며 나머지 시간은 심화프로그램이나 역량프로그램 중에서 선택할 수 있게 하고 있다(한국코치협회, 2023).

(2) 한국코칭학회의

한국코칭학회는 4가지 종류의 코치 자격을 인증해 주고 있다. 정리하면 다음 〈표 3-5〉와 같다.

〈표 3-5〉 한국코칭학회의 자격 종류와 요구하는 교육시간

구분	KCM(코칭전문가)	KCL(코칭강사)	KCA2(코치1급)	KCA1(코치2급)
학회코칭연수회	20시간	20시간	20시간	20시간
학술대회 혹은 기타 워크숍	1회	1회	1회	1회
외부 워크숍	10시간	10시간	없음	없음
개인 코칭	80시간	40시간	10시간	없음
멘토 코칭	10시간	6시간	3시간	없음
코칭사례발표회 참가	6시간	3시간	없음	없음
사례발표	1회 이상	1회 이상	없음	없음
학회지논물게제	1편 이상	없음	없음	없음
사례보고서	1사례	1사례	없음	없음
코칭시험	pass(70점 이상)	pass(70점 이상)	없음	없음
자격취득 후 혜택	*KCA1/2 과정 개설 및 KCA1/2 강의 가능 *멘토 코칭 가능	*KCA1 과정 개설 및 KCA1 과정 강의 가능 *멘토 코칭 가능	개인 및 멘토코치 가능	개인코치 가능

출처: 한국코칭학회(2023).

한국코칭학회의 경우 수강생들이 대학원에서 이미 상당한 시간의 코칭 관련 교육을 받기 때문에 학회자격에서 요구하는 코칭 교육시간이나 실습시간은 한국코치협회와 비교하면 가벼운 편이다. 하지만 모든 자격에는 학술대회 참가를 기본으로 하고 있으며 코칭사례 발표에도 참가를 해야 하며, KCL 이상부터는 사례발표도 한 번씩 요구하고 있다는 점이 다르다고 할 수 있다(한국코칭학회, 2023).

(3) 한국코칭심리학회

한국코칭심리학회는 코칭심리사 3급, 2급, 1급의 3가지 종류의 코치자격을 인증해 주고 있다. 교육은 필수과목과 선택과목으로 필수과목에는 코칭심리 이론 및 실습, 선택과목에는 상담심리학, 성격심리학, 학습심리학, 발달심리

학, 긍정심리학, 심리검사이다. 정리하면 〈표 3-6〉과 같다.

〈표 3-6〉 한국코칭심리학회의 자격 종류와 요구하는 교육시간

구분	코칭심리사 1급	코칭심리사 2급	코칭심리사 3급
교육시간	필수과목에서 1과목, 선택과목에서 3과목을 응시함	필수과목에서 1과목, 선택과목에서 2과목을 응시함	필수과목에서 1과목, 선택과목에서 1과목을 응시함
수련기준	• 코칭 : 개인 코칭 또는 그룹 코칭 300회기 이상(30사례 이상) • 슈퍼비전 : 20회기 이상 • 사례연구모임 : 10회기 이상 • 심리평가 : 20회 이상 심리평가 실시 • 교육연수 : 자격검정 서류심사를 기준으로 최근 3년 이내 총 48시간 이상의 코칭심리 학술활동(학술대회, 교육 등) 참가 • 한국심리학회 혹은 산하학회 학술지에 최소 1편의 논문 게재	• 코칭 : 개인 코칭 또는 그룹 코칭 100회기 이상(10사례 이상) • 슈퍼비전 : 10회기 이상 • 사례연구모임 : 5회기 이상 • 교육연수 : 자격검정 서류심사를 기준으로 최근 3년 이내 총 24시간 이상의 코칭심리 학술활동(학술대회, 교육 등) 참가	• 코칭 : 개인 코칭 또는 그룹 코칭 40회기 이상(5사례 이상) • 슈퍼비전 : 4회기 이상 • 사례연구모임 : 3회기 이상 • 교육연수 : 자격검정 서류심사를 기준으로 최근 2년 이내 총 12시간 이상의 코칭심리학술활동(학술대회, 교육 등) 참가
면접	있음	있음	있음

출처: 한국코칭심리학회(2023).

3. 코칭연구

1) 국내 코칭연구

코칭 분야의 연구는 2000년 초반에 들어서 석 · 박사논문과 학회보고를 통해 활발하게 연구되기 시작하였다. 비즈니스 코칭으로 출발한 코칭의 역사적 배경을 미루어 볼 때, 다양한 영역에서 시도하고 있는 코칭연구들의 이론적 기반은 견고하지 않은 편이다. 그러나 비즈니스 코칭을 비롯한 라이프 코칭

등 모든 코칭의 영역에서 다루어지는 내용이 의사소통기술을 적극적 활용하여 자기계발 및 조직성과 향상에 있으며, 여기에 다양한 심리학 영역에서 밝혀진 논리가 구체적으로 활용되고 있다(이소희 외, 2014). 따라서 이러한 실천과학적이며 다학제 간의 융합복합적인 성격을 고려하여 재구조화한다면, 코칭학은 다양한 학문과의 연계뿐만 아니라 심리학과 인간발달의 이론적 배경을 바탕으로 더욱 튼튼한 기반을 구축할 수 있을 것이다.

국내에서 코칭과 관련된 연구들을 살펴보면 1995년부터 2015년까지 20년 동안 코칭과 관련하여 모두 621편의 연구 결과가 발표되었는데 이중 학위논문 수는 307편으로 49%의 구성비를 보였고, 학술지는 같은 기간 314편으로 51%의 구성비를 나타내었다. 2005년부터 총 논문수가 급격히 증가하는 것을 볼 수 있는데 이러한 결과는 2005년 한국코칭학회가 창립되면서 코칭 관련 연구의 장을 만든 것이 가장 큰 영향을 미친 것으로 생각된다.

한국코칭학회는 2008년부터 학회 학술연구지인 『코칭연구』를 연 2회 발간하기 시작했고, 현재 한국연구재단의 등재학술지이다. 전국 각 대학의 학부 및 대학원에서 코칭 관련 과목의 개설이 증가하기 시작하면서 논문을 투고한 연구자들의 대학에서의 소속학과가 코칭학과, 심리학과, 아동학과, 가족복지학과, 교육학과, 경영학과 등으로 급격히 확대되었다.

또 2011년부터 본격적인 활동에 들어간 한국코칭심리학회의 탄생과 2003년 한국코치협회의 설립을 계기로 각종 학술발표대회 및 여러 가지 코칭 저변을 확대하기 위한 노력의 결과들이 결실을 맺어 코칭에 관한 관심이 확대된 것도 매우 주요한 요인이라 할 수 있을 것이다. 이처럼 코칭의 국내연구가 초기에는 스포츠분야에 국한되어 이해되고 연구되었지만 코칭산업이 사회 전 분야로 빠르게 성장하는 것과 함께 학회활동도 활발해지면서 점차 연구분야가 확대되는 것을 볼 수 있다. 이러한 결과로부터 실천학문의 성격이 강한 코칭학은 코칭산업의 성장과 더불어 발전해 나갈 가능성이 높음을 알 수 있다.

한편, 코칭에 관한 다양한 연구 경향 분석이 이루어졌는데 한국코칭학회 코칭연구에 게재된 논문을 바탕으로 살펴보면 코칭 전반에 관한 연구 경향 분석(정은미, 2009; 도미향 · 정미현, 2011; 도미향 · 정은미, 2012; 조성진 · 정이수, 2018)과 리더십 코칭연구 동향(도미향 외, 2010; 강명주 · 정면숙, 2019; 우성민 · 이진구, 2019; 류수영 · 제나리, 2020)에 관한 연구가 있다. 또한 한국의 코칭학 발전방향(윤형식 · 도미향, 2016), 코칭학 성과 및 도전에 관한 탐색적 연구 동향분석(김유천, 2020), 한국의 코칭 프로그램 현황 및 연구 경향분석(구자균 · 도미향, 2018), 그리고 부모-자녀 관련 국내 코칭연구 동향분석(최예린 · 김응자, 2020) 및 HRD 분야에서의 코칭 관련 연구 동향 탐색(성세실리아 · 조대연, 2016) 등이 이루어졌다.

그리고 한국코칭학회가 발간하는 코칭연구 학술지 논문을 연구한 윤옥한(2021)의 코칭연구 학회지 연구 동향 분석에 의하면, 연구자 2명이 투고한 논문이 120명(54%)로 가장 많았고, 연구자 소속의 경우 전체 395명 중 학교가 356명(90%)이고, 기업체, 공공기관, 민간연구소에서 투고한 논문은 전체의 10% 정도였다. 또한 양적연구가 101편(45%)로 가장 많았으며, 실천연구 59편(26%), 질적연구 13편(6%)으로 나타났고, 다른 분야의 논문이 91편(41%), 코칭 이론과 실천 83편(37%), 비즈니스 13편(6%), 학습 12편(5%), 부모 10편(4%), 라이프 6편(3%), 청소년 4편(2%), 커리어 3편(1%) 순으로 나타났다.

이상과 같이 코칭이 학문적으로 정착하는 데 필요한 이론적인 논문과 코칭을 현실 상황에 적용하기 위한 다양한 프로그램 개발과 코칭의 효과성 적용과 관련된 논문이 많이 등장한 것은 코칭연구가 확대되고 심화되고 있음을 보여준다.

2) 연구내용별 코칭연구

코칭에 관한 연구를 연구내용별로 보면 종속변인을 어떻게 다르게 해서 연구가 이루어졌는지, 연구주제별로 다루는 내용, 누구를 연구대상으로 했는지에 따라 분류해 볼 수 있으며 이에 관해 구체적으로 살펴보면 다음과 같다.

(1) 종속변인별 연구 경향

종속변인별 연구 경향을 알아보기 위하여 〈표 3-7〉에서 보는 것처럼 먼저 종속변인이 있는 연구와 없는 연구로 크게 나누고, 다시 종속변인이 있는 연구의 경우 이를 다시 9가지의 종속변인 그룹으로 나누었다(이소희 외, 2014).

〈표 3-7〉 연구의 종속변인별 연구 경향

구분	조직	역할 지각	코칭 행동	가족 관계	효능감	개인 역량	경기력	목회	삶의 질	없음	소계
1995~1999	1					1				14	16
2000~2004	19	2	3			2	1	1	1	19	48
2005~2010	440	2	8	2	10	15	5	2	3	48	135
2011~2015	126	33	50	11	52	51	25	15	12	47	422
계	186	37	61	13	62	69	31	18	16	128	621
빈도(%)	30.0	6.0	9.8	21	10.0	11.1	5.0	3.0	2.5	20.6	100.1

〈표 3-7〉에서와 같이 연구의 종속변인별 연구 경향은 종속변인이 있는 경우가 493편으로 79.4%였고, 종속변인이 없는 경우는 128편(20.6%)으로 나타났다. 종속변인이 있는 연구 중 조직(몰입, 유효성, 응집력, 성과, 만족, 경력)과 관련된 연구가 186편(30.0%)으로 가장 많았다. 다음으로 개인역량(리더십, 주도성, 동기, 감성지능)이 69편(11.1%)이었으며, 이어서 효능감(자기, 양육, 부모)이 62편(10.0%), 코칭행동(기술, 표현, 의사소통, 조절, 협동)이 61편(9.8%)으로 세 그룹이

비슷하게 나타났다. 다음으로는 역할지각, 경기력, 목회, 삶의 질, 가족관계 순으로 나타났다.

이상의 결과로부터 주목되는 점은 우선 2004년까지는 종속변인이 있는 경우와 없는 경우가 비슷한 수치로 나타났는데 이는 종속변인이 없는 문헌연구가 많이 이루어졌고 또 종속변인이 다양하지 못했던 결과라고 생각된다. 그러나 2005년 이후부터는 종속변인이 있는 경우가 압도적으로 많아졌는데 이는 문헌연구보다는 기업, 교육기관, 가정 등의 각 사회 공동체의 실제현장에 적용하는 연구가 많아진 것과 함께 다양한 영역에서 가족관계, 효능감, 삶의 질, 개인역량, 코칭행동 등의 다양한 변인들의 연구가 폭넓게 이루어지고 있음을 보여주는 결과라고 생각된다.

(2) 연구의 주제별 연구 경향

연구의 주제별 연구 경향을 조사하기 위하여 〈표 3-8〉과 같이 연구 주제를 코칭 유형(라이프 코칭, 동료, 커뮤니케이션 그룹, 관리자, 감정 코칭), 코칭지식(가치, 역량, 개념, 원리), 코칭행동(표현, 지도행동, 의사소통기법, 자기조절), 코칭심리(효능감, 자신감, 정서지능), 조직(유효성, 직무성과, 몰입, 리더십, 효율성), 프로그램(모형, 시스템)으로 분류하여 살펴보았다(윤형식 외, 2016).

〈표 3-8〉 연구의 주제별 연구 경향

구분	코칭 유형	코칭지식	코칭행동	코칭심리	조직	프로그램	소계
1995~1999	1	2	12	1			16
2000~2004		13	31			4	48
2005~2010	25	12	48	9	19	22	135
2011~2015	101	56	55	33	79	98	422
계	127	83	146	43	98	124	621
빈도(%)	20.4	13.4	23.5	6.9	15.8	20.0	100.0

가장 많은 발표 건수를 보인 주제는 코칭행동으로 1995년 이후 꾸준한 증가 추세를 보인다. 그러나 2011년 이후의 발표 건수만 놓고 보면 다른 주제들보다 오히려 낮은 수치를 보이는데, 이것은 사회적으로 코칭에 관한 관심이 확장됨에 따라 상대적으로 다른 연구주제들이 관심을 받게 되었다는 의미로 해석된다.

특히 코칭을 학문으로 체계화시키고자 하는 노력이 한국코칭학회를 중심으로 진지하게 시도되면서 삶의 다양한 현장에서 코칭을 적용시키기 위한 여러 형태의 코칭 유형에 관한 연구와 코칭 프로세스 전반의 지식에 관한 연구들이 크게 증가한 것으로 분석된다. 이것은 코칭 영역의 세분화를 통해 코칭시장을 확대시키고자 하는 산업계의 노력과도 연결되는 것이다. 또한 이러한 경향은 코칭의 프로그램 개발과 효과성 검증에 관한 연구들로 이어지고 있다. 특히 프로그램 주제는 2005년 이후부터 발표 건수가 증가 추세를 보인 후 2011년~2015년 구간에서는 급격하게 증가하였는데, 이러한 연구결과들이 코칭 영역을 확대시키고, 코칭의 효과를 검증하기 위한 과학적인 증거들로 사용됨으로써 우리나라 코칭산업의 발전에 크게 기여할 것으로 생각된다.

(3) 연구의 대상별 연구 경향

연구의 대상별 연구 경향을 파악하기 위하여 〈표 3-9〉에서처럼 연구대상을 문헌연구, 조직원(사원, 리더, 관리자), 조직(기업, 기관), 가족(유아, 아동, 부모), 청소년(중고생, 대학생), 노인, 교사, 스포츠(지도자, 선수), 간호사, 기타 등으로 나누어 살펴보았다(이소희 외, 2014).

연구대상별 연구 경향을 분석해본 결과 몇 가지 특징적인 변화가 있음을 알 수 있었다. 먼저 2011년 이후 총 논문 수가 크게 증가하였음에도 문헌연구 수의 변화가 없다는 것은 코칭연구가 문헌고찰 중심의 초기 연구단계에서 실제적인 적용단계로 발전 확장되고 있음을 알 수 있다. 다음으로는 노인을 제외한 전 대상에서 2011년 이후 큰 폭으로 증가하였다는 것이다. 코칭이 일부 대상을 제외하고는 거의 모든 계층으로 확대되고 있음을 알 수 있다. 특히 조직원과 가족, 청소년 대상 분야가 가장 두드러지게 증가했는데, 조직원 대상의 연구가 증가한 이유로는 경영자코칭을 통해 리더십코칭의 효과를 확인한 기업들이 코칭 범위를 중간관리층까지 확대 적용하고 있다는 것과 코칭 범위가 확대되면서 코칭의 효과 검증의 필요성이 대두된 결과라고 생각된다. 이것과 똑같은 맥락으로 조직 대상 연구의 증가 요인도 해석될 수 있을 것이다. 또 가족, 청소년 대상 연구도 크게 증가했는데 이것은 인간발달 단계별 코칭 프로그램의 개발과 적용 효과에 관한 연구가 활발히 진행되고 있는 영향이라 생각된다. 그러나 증가 비율로만 본다면 청소년 대상 연구가 가장 큰 폭으로 증가하였는데 이는 청소년 시기의 특성인 진로와 관련된 코칭이 늘어난 것도 증가의 한 요인이라 할 수 있다. 교사와 간호사 대상의 연구도 괄목할 만하게 증가하였다.

〈표 3-9〉 연구의 대상별 연구 경향

구분	문헌 연구	조직원	조직	가족	청소년	노인	교사	스포츠	간호사	기타	소계
1995~1999	6							10			16
2000~2004	11	1			1		2	33			48
2005~2010	41	25	14	20	4	2	5	21	3		135
2011~2015	41	86	44	77	53	5	24	69	10	13	422
계	99	112	58	97	58	7	31	133	13	13	621
빈도(%)	15.9	18.07	9.3	15.6	9.3	1.1	5.0	21.4	2.1	2.1	99.9

이러한 코칭 대상별 연구 경향의 분석에서 알 수 있는 것처럼 코칭 관련 연구는 사회적 변화요인과 깊은 관계를 맺으면서 진행되고 있다고 생각된다. 다만 최근 근년 급속히 고령화 사회로 진입하면서 노인 인구가 급증하고 있는 것과 비교할 때 노인을 대상으로 한 연구가 아직은 미흡하다고 할 수 있겠다. 또한 최근 퇴직자들을 포함해 장년, 노년층의 문제가 주요 사회 이슈로 대두되고 있는 만큼 이들에 관한 연구가 더욱 활성화되어야 할 것이다(윤형식 외, 2016).

연구대상별로 이루어진 연구 중 유아를 대상으로 한 연구내용은 다음과 같다. 영유아에 관한 코칭연구로서 영유아 놀이 코칭(도미향 외 3인, 2013), 유아 NLP코칭 동화프로그램(박옥영 · 도미향, 2011), 코칭 기술을 적용한 유아셀프리더십(백경숙 · 이명숙, 2012), 유아를 위한 출산친화적 가치관 형성 코칭 프로그램 개발(백효숙 · 도미향, 2015), 유아의 정서조절관련 행동문제에 대한 유아교사의 인식 및 지도실제의 변화: 협력적 실행연구를 통한 탐구(남규 · 김정원, 2018), 유아의 성별, 기질 및 놀이성이 사회적 유능감에 미치는 영향(이은임 · 최경수 · 백향기, 2019), 유아의 자기조절력과 사회성이 컴퓨팅 사고력에 미치는 영향(김미정 · 박정하 · 부성숙, 2021), 감정 코칭 놀이프로그램이 유아의 사회적 기술과 자아존중감에 미치는 영향(김유미 · 부성숙, 2022) 등의 연구가 있다.

그리고 아동을 대상으로 한 코칭연구로 학습 코칭(정희정 · 김소현, 2012; 조금옥 · 도미향 · 정미현, 2012), 청소년 역량강화 코칭(배장오 · 구은미, 2013), 부모코칭(김응자, 2013), 6Y Coaching(이소희 · 송금자 · 김경미 · 박현정, 2013), 아동의 수학 자기효능감을 위한 수학적 의사소통 학습 코칭(박은경 · 도미향, 2015), 초등학생을 위한 긍정심리 기반 진로 코칭(류윤조 · 안귀여루, 2021) 등이 있다.

4. 국내외 코칭 교육과 연구를 통한 시사점

한국 사회에서 코칭문화가 확산되고 다양한 분야에서 코치들의 활동이 활발해지면서 코칭에 대한 학문적 관심이 높아지고 있는 현시점에서 교육계와 학계에서 보이고 있는 코칭의 학문적 동향과 국내외 대학의 코칭전공 교육과정을 통해 다음과 같은 시사점을 얻을 수 있다(도미향 · 정은미, 2012; 이소희 외, 2014).

1) 코칭학의 이론적 토대구축을 위한 다학제간 융·복합적 접근

대학의 코칭전공 개설 활성화를 위해서는 관련 학문분야와의 교류를 통한 실제적인 교육과정 개설과 운영이 요구된다. 코칭전공이 대학에서 학문적인 위치를 점하고 학생들에게 깊이 있는 교육과정을 제공하기 위해서는 코칭의 이론적 토대가 되는 다양한 학문 간의 융 · 복합적 접근이 필요하다. 즉, 코칭은 인간을 연구하는 학문으로써 융 · 복합 종합학문이기 때문에 코칭 전공으로 학문적 토대를 마련하기 위해서는 학제 간 연구를 통한 통섭적 관점의 접근이 필요하다.

2) 코칭에 관한 지속적 연구 및 학술발표 활성화

코칭의 학문적 정립 및 확산을 위해서는 지속적인 이론 및 실천적 접근에 관한 연구와 학술발표를 통한 체계화가 필요하다. 1980년대 미국에서 코칭이 시작된 이후 우리나라는 2000년 이전까지는 대부분 스포츠분야 연구가 주를 이루다가 2000년 초반에는 체육, 군, 관광, 호텔, 종교, 정치 등의 분야로 연구가 이어졌다. 2005년 이후에는 경영학, 심리학, 유아교육학, 아동학, 가족학, 경영학, 초등교육학 등의 분야로 확대되어갔다. 특히 석 · 박사학위 논문 및 학술지 게재 연구가 늘어난 것은 코칭에 관한 학문적 연구가 최근에 활발하게 이루어지고 있다는 증거이며, 코칭의 학문적 접근에 대한 요구가 증가하고 있음을 반영한 것이라 할 수 있다.

3) 코칭 전문 교재개발과 교수진 양성

대학에서 코칭전공을 운영하기 위해서는 교과목에 맞는 실제적인 교재개발과 전문적인 교수양성이 필요하다. 최근 국내대학에 코칭 관련 학과들이 다양하게 개설되기 시작함에도 불구하고 코칭에 관한 기초부터 전문적 기술까지 체계적으로 정리된 이론서들은 매우 부족한 실정이다. 또한 코칭전공이 개설되어 있더라도 코칭을 전공하거나 전문적 훈련이나 자격을 갖춘 교수는 많지 않다. 실제로 전문적 지식과 경험을 갖춘 코치들은 주로 현장에서 활동하고 있어서 전문적 소양을 갖춘 교수양성이 시급하다.

4) 산학 연계 코칭전문가 양성

대학과 현장 간의 긴밀한 연계를 통해 시대 변화와 요구를 반영하는 교육이 이뤄져야 한다. 코칭은 시대 흐름을 반영하여 끊임없이 변화하는 사회 요구에 발맞춰 나가야 한다. 이를 위해 현장에서 실제로 이뤄지는 코칭 동향을 신속하게 파악하고, 대학과 코칭현장이 끊임없는 교류와 연계체계를 갖춤으로써 현장 맞춤형 전문가 양성을 해나가야 한다.

5) 전문코칭의 취업의 장 개척

대학에서 배출된 전공자들이 역량을 펼칠 수 있는 전문적인 코칭 관련 취업처가 다양하게 개발됨으로써 전공과 진로가 연계될 수 있는 토대가 마련되어야 한다. 대학에서 코칭이 새로운 전공으로 기틀을 마련하고 꾸준한 발전을 하기 위해서는 전공자들이 활동할 수 있는 터전이 필요하다. 즉, 졸업자들이 전문적인 코치로 취업하고, 자신의 실력을 인정받을 수 있는 다양한 취업처가 요구된다. 이를 위해 새로운 직업군으로 코치가 인정되고, 현장에서 활동하고 있는 코치들의 확실한 자리매김이 필요하다. 코치로 활동하는 것이 단순히 부업이나 취미로 하는 것이 아니라 전문성에 맞는 적절한 처우와 전문적인 직업으로 인정받을 수 있는 터전을 개척해 가야 한다.

생각해 보기

1. 코칭 분야가 앞으로 학문적으로 발전하기 위해 필요한 요소는 어떠한 것인지 생각해 봅시다.

2. 국내 코칭연구 경향을 분석하고, 연구분야별로 그 특성에 관해 생각해 봅시다.

3. 외국대학의 코칭전공 프로그램과 운영방식을 우리나라에 적용할 수 있는 방안에 관해 생각해 봅시다.

4. 국내외 대학에서의 코칭 관련 학과 개설 및 확대를 위한 코칭전공 교육과정의 방향에 관해 토의해 봅시다.

chapter

04 코칭의 유형

다른 산업 분야처럼 코칭산업에도 다양한 분야와 전문영역들이 존재한다. 갈수록 사회가 복잡해지고 개인의 취향과 욕구가 다양해지면서 고객들이 요구하는 코칭의 목적도 다양해지고 있다. 고객의 욕구가 다양해져 가는 만큼 코칭의 분야와 전문영역들도 점점 확장될 수밖에 없다. 우리나라에 코칭이 들어온 지 20년이 넘어가고 있다. 하지만 우리나라에는 여전히 몇몇 활성화된 코칭영역 외에는 다른 전문화된 코칭영역에서 활동하는 코치들이 많지 않은 실정이다. 이는 뒤집어보면 우리나라야말로 코칭영역이 무한히 확장되고 발전할 수 있는 미지의 땅이며, 지금이 바로 새로운 가능성의 시기라고 볼 수 있다. 코칭에 입문하여 코칭을 공부하고, 전문코칭역량을 습득하여 전문코치로 활동하고 싶은 분들에게는 기회가 많은 상황이라고 할 수 있다. 이번 장에서는 코칭에는 어떤 분야와 전문영역들이 있는지, 해외와 국내를 중심으로 여러 기관과 학자들은 코칭 유형을 어떻게 분류하고 있는지를 소개하고, 현재 진행되고 있는 다양한 형태의 코칭을 소개하기로 한다.

1. 코칭 유형의 필요성

전문코치가 되기로 한 후 코칭 과정을 공부하거나 코칭을 전공하다 보면, '나는 어떤 분야의 코칭을 하면 좋을까?', '나는 어떤 분들을 대상으로 코칭을 하면 잘 어울릴까?' 이런 고민을 하게 된다. 이때 고민하는 분야와 대상과 영역이 코칭 유형의 토대다.

코칭이 전문적 직업으로 성장하는 데 필요한 조건 중 하나는 학문적 기반을 다져가는 것이다. 그 출발점은 현재 전문코치들에 의해 행해지고 있는 다양한 형태의 코칭을 객관적인 분류기준을 가지고 분류하는 일이다(박정영, 2009). 하지만 국외든 국내든 코칭의 유형 분류와 관련한 연구가 활발하게 이루어졌다고는 볼 수 없다. 해외의 경우는 1995년 ICF가 세워지면서부터, 우리나라는 2003년 한국코치협회가 세워지면서부터 기관들이 먼저 코칭 유형을 분류하였다. 연구자들은 해외의 경우 1996년, 국내의 경우 2009년에 코칭 유형 분류에 대한 논문을 찾아볼 수 있으며, 그 이후 지금까지 연구자들의 연구주제로 흥미를 끌지는 못하고 있는 실정이다(이소희 외, 2014). 그 외에는 코칭 관련 연구 논문이나 코칭 관련 서적에서 잠깐씩 언급하고 있는 정도다. 코칭 유형과 관련해서는 앞으로도 더 체계적인 연구가 필요하다고 하겠다.

2. 코칭 유형의 분류

코칭 유형을 살펴볼 때 실제 현장에서 어떤 분야의 코칭이 활성화되어 있고 그 분야에서 코치들이 실제로 활동하고 있는가를 고려해야 한다. 그러기 위해서는 ICF(International Coaching Federation)나 한국코치협회와 같은 코칭 관련 유력 기관들이 코칭의 유형을 어떻게 분류하고 있는지 살펴볼 필요가 있다. 더불어 학자들은 코칭을 어떻게 분류하고 있는지도 알아야 한다. 국제코칭연맹(ICF)과 해외의 학자들, 그리고 한국코치협회와 국내의 학자들은 어떻게 코칭 유형을 분류하는지 소개하고 다양한 코칭 형태에 따른 분류도 제시하고자 한다.

1) 외국의 분류

(1) 국제코칭연맹의 분류

국제코칭연맹(ICF)은 1995년 토머스 레너드(Thomas Leonard)를 중심으로 설립되었다. 토머스 레너드는 초기 ICF가 자신의 영향력 아래에 있거나 자신의 회사에서 배출된 코치들의 커뮤니티와 헐겁게 연결된 조직으로 함께 하기를 바랐다. 하지만 1997년 ICF 2대 회장으로 선출된 제프 라임과 새로운 이사회, 그리고 대다수 코치들이 독립된 단체로 성장하기를 원했기에 결국 토머스 레너드는 ICF를 떠나게 된다(Brock, Vikki G., 2015). 이후 ICF는 코칭역량을 비롯한 여러 가지 면에서 국제표준을 외치며 지금까지 세계 코칭시장을 이끌고 있다.

ICF에서는 코칭 유형을 비즈니스/조직 코칭(Business/Organizations coaching), 커리어 코칭(Career coaching), 임원 코칭(executive coaching), 건강과 웰니스 코칭(Health and Wellness coaching), 리더십 코칭(Leadership coaching), 삶의 비전 및 향상 코칭(Life Vision & Enhancement coaching), 관계 코칭(Relationship coaching), 소기업 코칭(Small Business coaching), 기타로 나누고 있다. 이는 코칭 영역을 중심으로 세분화한 분류라고 봐야 한다.

ICF는 전 세계적으로 코칭 직종의 규모와 범주를 파악하기 위한 목적으로

2007년, 2012년, 2016년에 이어 2020년에도 '2020 ICF Global Coaching Study'를 영국 런던에 본사를 둔 다국적 회계컨설팅기업인 PwC(Pricewaterhouse Coopers)를 통해 진행했다. 코칭의 지속적인 성장을 반영하는 이 설문 조사는 161개 국가 및 지역에서 전례 없는 22,457개의 응답을 받았는데, 이때 설문에 사용한 주요 코칭영역(Coaching Speciality)을 위와 같이 분류했다(ICF, 2020).

이같이 ICF는 전문코치들이 어떤 영역에서 활동하고 있는가 하는 실제적인 측면에서 코칭의 분야와 전문영역을 분류하고 있는 것을 알 수 있다. 특이한 점은 흔히 라이프 코칭(Life Coaching)을 삶의 비전과 향상 코칭(Life Vision & Enhancement coaching)으로 구체적으로 표현하고 있다는 점과, 관계 코칭(Relationship coaching)을 포함하고 있다는 점이다. 우리나라에서는 흔히 커플 코칭, 부부 코칭이라고 표현되는 분야다. 물론 우리나라에서도 점점 활성화되고 있는 코칭 분야이다.

(2) 비키 브록의 분류

1998년에 ICF의 MCC(Master Certified Coach)자격을 취득한 비키 브록(Vikki G. Brock) 박사는 2008년에 박사학위 논문으로 '코칭의 뿌리와 출현에 관한 근거 이론(Grounded Theory of the Roots and Emergence of Coaching)'이라는 500페이지가 넘는 방대한 분량의 논문을 썼다. 이 논문을 토대로 2012년에 800여 페이지에 달하는 『코칭 역사 자료집(Sourcebook of Coaching History)』이라는 책을 썼고, 2015년에 국내에서 『코칭의 역사』라는 책으로 번역하여 출판됐다. 이 책에서 비키브록은 코칭의 유형에 대한 흥미로운 관점을 하나 제시하는데, 초기 개별 코칭 분야 개척자들의 출신 분야의 이론적 배경을 기초하여 나눌 수 있다고 하면서 그것을 다음 〈표 4-1〉과 같이 구분했다.

〈표 4-1〉 초기 코칭 개척자들의 이론적 배경을 기초한 분류

구분	존재론적 코칭	성과 코칭	경영자 코칭	라이프 코칭
관련코치	플로레스	골웨이	킬버그	휘트워스
	올라야	휘트모어		레너드
	에체베리아	알렉산더		

출처: Brock (2008).

비키 브록(2015)은 코칭이 출현하던 때, 그들의 역할에 따라 코칭의 선구자를 3개의 그룹으로 분류했다. 첫 번째 그룹은 창시자들로 본래 코칭을 위해 만든 것은 아니나 현대 코치가 채택한 주요 이론과 도구를 만들거나 촉진한 개개인이 여기에 속한다. 위 분류에서는 플로레스가 해당한다. 두 번째 그룹은 전달자들로, 1세대 코치라고도 불리는데, 창시자의 이론과 모델을 융합하여 코칭이라는 신흥 분야를 형성한 이들이 여기에 속한다. 위 분류에서는 플로레스를 제외한 모두가 여기에 속한다. 세 번째 그룹은 후대 코치라고도 불리는데, 활동 중인 코치와 연구원이 여기에 속한다. 이들은 모두 코칭 분야가 이미 자리잡은 뒤에 이 분야에 뛰어들었다. 페르난도 플로레스(Fernando Flores)는 칠레의 철학자로 존재론적 사상가들의 철학사상과 함께 여러 사람 중 코칭 1세대 그룹에 속하면서 같은 칠레인인 올라야와 에체베리아에게 영향을 미친 인물이다. 플로레스는 존재론적 코칭(Ontological Coaching)이라는 용어와 더불어 그 분야를 만들어 냈다. 그의 제자들이었던 올라야, 에체베리아, 플래허티 등을 통해 새로운 분야를 열어가도록 영향을 미쳤다.

그러면서 비키 브록은 자신이 연구한 방대한 양의 문헌자료와 2천여 명을 인터뷰하고 10,000개 이상의 설문을 조사한 응답을 묶어 〈표 4-2〉와 같은 43개의 코칭 분야와 전문영역 목록을 만들었다. 그 어떤 사람이 분류한 것보다 배경자료가 풍부하다는 면에서 유의미하게 들여다볼 필요가 있다.

〈표 4-2〉 코칭 분야 및 전문영역

비즈니스	비즈니스 및 개인	개인
비즈니스	학술/교육/학생	중독
경력 계획과 개발	주의력 결핍 장애	진정성
경력 전환	갈등 해결	종교
다문화/다양성	의사소통	명확성
기업가	재무	창조성
임원	멘토	이혼
리더십	개인 생산성	가족
관리	스트레스 경감	게이/레즈비언
조직/팀	시간관리	성실성
업무 수행		인생의 목적
전문 세일즈		인생 전환
		인생 변화
		자율권
		자기표현
		인생 설계
		동기
		부모되기
		관계
		은퇴
		자기 돌봄
		성적인 것
		영성
		십대/자녀
		비전
		건강

출처: Brock (2008).

비키 브록(2008)에 의하면 설문 조사에서 각 응답자의 평균 응답 수는 7개였고 질문에 대한 총 10,000개 이상의 응답 중 6.5% 이상을 차지하는 코칭 분야와 전문영역은 없다고 밝히고 있다(Brock, 2008). 그래서인지 브록은 영어로 'Coaching Niches and Specializations'이라는 용어를 사용한다. 활성화된 구체적인 코칭 분야라기보다는 누군가 하고 있는 '틈새시장'이라는 의미일 것이다. 그러면서 코치는 평균 5~6개의 분야 또는 전문영역을 포함하여 활동하고 있다고 했다(Brock, 2015). 어쩌면 국내에서 앞으로 유망하게 떠오를 코칭 분야나 전문영역이 이 안에 있을 수도 있다.

(3) 패트릭 윌리엄스의 분류

패트릭 윌리엄스(Patrick Williams)는 『라이프코치가 되는 법(2008)』이라는 자신의 책에서 향후 유망한 분야가 될 코칭 분야를 다음과 같이 소개하였다.

① 경영자 코칭과 기업 코칭

"코칭은 원래 경영자 코칭과 기업 코칭으로부터 시작되었다. 많은 기업은 사업 분야에서 선도적 위치를 구축하고 최고의 경영진을 계속해서 유지하고 싶어 한다. 이를 이해 기업들은 외부 코치를 고용하여 교육이나 코칭을 하거나 아니면 관리자를 부하직원들의 감독보다는 코치의 역학을 하도록 훈련한다."

경영자 코칭(executive coaching)이라 하면 CEO 코칭과 임원 코칭을 일컫는 것이다(고현숙 외, 2011). 그리고 기업 코칭이란 개인이 아닌 기업을 고객으로 하는 코칭을 말한다.

패트릭 윌리엄스의 말대로 경영자 코칭과 기업 코칭은 현재 우리나라를 포함하여 전 세계적으로 가장 활성화된 코칭 분야다.

② 은퇴 코칭

"곧 있으면 은퇴할 나이에 이르는 베이비붐 세대들이 기하급수적으로 증가하고 있다. 사실 대부분의 영역에서 개인 코치를 고용하는 것은 이런 베이비붐 세대다. 따라서 은퇴 코칭이 조만간 특수한 전문 분야가 되리라는 것을 충분히 예측해 볼 수 있다. 사실 우리는 이 분야를 프로타이어먼트 코칭(protirement coaching. 은퇴를 뜻하는 retirement의 're' 대신에 '앞으로'를 의미하는 'pro'를 붙여 만든 조어)이라고 부르기를 더 좋아한다. 우리의 견해로, 프로타이

어먼트는 융이 인생의 후반기가 어떠해야 하는지 말한 것과 잘 들어맞는 것처럼 보인다. 의미와 목적의 추구, 그리고 후대에 어떤 유산을 남겨줄지에 관한 의식이 바로 그것이다."

우리나라의 경우, 2010년부터 베이비붐 세대의 은퇴가 시작되어 지금도 쏟아져 나오고 있다(김승준 외, 2022). 미국이 그랬던 것처럼 이런 양질의 인력들이 코칭산업 안으로 엄청 들어오기도 하고 스스로 코칭서비스를 받기도 한다.

③ 국제적 코칭

"많은 코치가 다양한 국가에 고객을 두고 있다. 이는 전화 코칭의 이점 중 하나다. 코칭에는 장기간 외국에 파견을 나가는 국제적인 기업의 직원들을 위한 전문영역까지 있다. 해외 생활이 어떤 때는 힘이 들 수가 있다. 이런 때 힘든 경험을 이해해주고 적응을 도와줄 수 있는 코치를 두면 큰 힘이 될 것이다."

요즘은 전화뿐 아니라 스카이프나 줌과 같은 화상전화 시스템이 잘 되어 있어서 국제적 코칭은 갈수록 늘어날 전망이다.

④ 관계 코칭

앞서 ICF의 분류에서 나왔던 관계 코칭(relationship coaching)을 패트릭 윌리엄스도 다음과 같이 이야기하며 소개하고 있다.

"언제나 성행하는 전문영역은 바로 관계 코칭이다. 따지고 보면, 부부나 커플 관계의 대부분은 학습과 훈련 때문에 나아지지 않던가? 관계 코칭은 커플 상담보다 훨씬 더 매력이 있고(특히 남자들에게), 오명이 따르지도 않는다. 관계 코칭은 요컨대 기술을 개발하고 스트레스를 줄이는 서비스로 볼 수 있다. 따라서 우리는 관계 코치가 더 많이 생기고 더 많이 알려지면 더 많은 커플이 관계 코치를 찾을 것이라고 믿는다."

⑤ 학생 코칭

"많은 부모가 자식들을 위해 기꺼이 코칭 비용을 지불한다. 게다가 코칭에는 심리치료에 따라오는 오명도 없다. 예컨대 우리가 아는 어떤 코치는 직업 계획, 관계, 또는 학생들이 원하는 모든 주제를 집중적으로 다루는 대학 상담 센터에서도 코칭 집단을 이끌고 있다."

우리나라도 코칭이 이미 활성화된 영역 중 하나가 학생들이 고객인 코칭 분야다.

⑥ 부모/가족 코칭

"심리치료사에서 직업을 바꾼 코치에게 적당한 또 다른 분야는 부모 및 가족 코칭이다. 심리치료라는 오명을 피해왔던 가족들은 코칭서비스에 대해서는 큰 호감을 갖게 될 것이다."

RISS(학술연구정보서비스)에 '부모 코칭'이라는 단어로 검색을 하면 국내학술 논문으로 268건, '가족 코칭'이라는 단어로 검색을 하면 161건이 검색된다. 어쩌면 우리나라에서도 가족 코칭이나 부모 코칭의 영역은 많은 연구가 이루어져 오고 있고 앞으로도 유망한 분야라 할 것이다.

⑦ 가족 사업 코칭

"체계적 사고와 전략적 접근법을 잘 알고 있는 가족 심리치료사들은 가족 소유 기업 코칭에서 매우 가치가 크다고 하겠다. 가족 기업은 가족의 역학 관계가 복잡해지고 경영의 압박이 가해지면 고유한 도전에 직면하게 된다. 가족 구성원에 대한 지나친 기대도 문제를 야기할 수 있다."

요즘 우리나라도 가족 기업을 운영하는 회사들이 2세들에게 회사를 안정적으로 승계하기 위한 승계 코칭이 활발하게 진행되고 있다.

⑧ 유형 평가 활용 코칭

"많은 심리치료사는 평가를 활용하는 방법에 대해 배웠다. 코칭에서는 진찰이나 진단이라는 꼬리표 없이 많은 평가를 활용할 수 있다. 주로 성격이나 행동에 대한 고객들의 시각을 넓히는 데 이용되는 평가들은 그들의 삶에서 효과적인 결과를 얻을 뿐만 아니라 큰 변화를 낳을 수 있다."

실제로 국내에서도 강점평가를 비롯한 각종 성격 유형 평가 도구들을 활용해 고객을 만나는 코치들이 많다.

(4) 앤서니 그랜트와 조다난 패스모어의 분류

앤서니 그랜트(Grant, A. M.)는 자기 성장과 자기계발에 관한 풍부한 배경지식을 갖고 있고, 인지심리학 교육을 받았다. 그는 '코칭 심리학'이라는 용어를 제일 먼저 만들었으며, 1999년 「코칭 심리학을 향해(Towards a Psychology of Coaching)」라는 논문으로 코칭 심리학 박사학위를 받았다. 2000년에는 호주 시드니대학에서 코칭 심리학 프로그램을 시작했다(Brock, 2015). 그리고 영국 심리학회 소속이며 여러 대학에서 강의하고 있는 조나단 패스모어(Jonathan Passmore) 박사를 포함한 네 명의 저자(Grant, Passmore, Cavanagh, & Parker, 2010)들은 2010년에 발표한 자신들의 논문에서 1996년 위더스푼과 화이트(Witherspoon & White)가 쓴 논문을 기반으로 코칭의 목적과 접근 방식에 따라 다음과 같이 세 가지로 분류하고 있다. 기술 코칭(skills coaching), 수행 코칭(performance coaching), 개발 코칭(developmental coaching)이 그것이다.

① 기술 코칭(skills coaching)

기술 코칭은 구체적이고 지정된 기술 세트를 개발하는 데 초점을 맞춘다. 코치는 종종 필요한 기술과 행동을 시연으로 보여주기도 하며, 코칭 세션에서는 고객이 시연하게 하고 피드백을 해주는 등의 프로세스가 포함된다. 예를 들어 기술 코칭은 프레젠테이션, 의사소통 및 판매 기술 또는 협상 준비와 같은 분야의 기술을 향상시키는 데 사용될 수 있다. 기술 코칭에서 강조점은 필요한 행동을 롤모델로 삼고 고객에게 지원적이고 상세한 행동 피드백을 제공하는 코치의 능력에 있을 수 있다.

② 성과 코칭(performance coaching)

성과 코칭은 특정 기간 동안 성과를 개선하는 것과 관련이 있다. 직장 환경에서 불과 몇 주에서 몇 년에 이르기까지 다양하게 진행된다. 성과 코칭은 고객이 목표를 설정하고, 장애물을 극복하고, 일정 기간 성과를 평가하고 모니터링하는 프로세스에 중점을 둔다. 성과 코칭은 기술 코칭보다 다소 전략적이며 직장에서는 성과 검토 후 또는 특정 작업 프로젝트와 관련하여 발생할 수 있다. 성과 코칭의 경우 코치는 특정 기간 고객의 성과를 관리할 수 있어야 하는 것은 물론, 근본 원인 분석, 문제 해결, 행동 계획 및 목표 설정 기술에 더 능숙해야 할 필요가 있다.

③ 개발 코칭(developmental coaching)

개발 코칭은 더욱 광범위한 전략적 접근방식을 취하며 개인의 사적 내지는 전문적 개발을 다룬다. 개발 코칭은 자신이나 타인 및 개인이 속한 시스템에 대한 점점 더 복잡한 이해의 개발을 통해 현재와 미래의 도전에 더욱 효과적으로 대처할 수 있는 개인의 능력을 향상시키는 것을 목표로 하는 코칭을 말한다. 이러한 종류의 코칭은 관점 수용 및 의미 형성 촉진, 정서적 역량 강화, 팀 구성원과 더욱 효과적으로 작업하는 데 중점을 둘 수 있다. 개발 코칭은 종종 코칭 대상자가 문제와 옵션을 탐색하고 비밀이 유지되는 지원 환경에서 실행 계획을 공식화할 수 있는 개인 성찰 공간의 생성을 포함한다. 대부분의 리더십 및 임원 코칭은 본질적으로 개발 코칭에 속한다. 개발 코칭은 코치가 개인 내적으로나 대인 관계 영역에서 더 큰 역량, 뛰어난 능동적 경청 및 성찰 기술, 고객이 자기 일이나 개인 생활의 더 개인적인 측면을 탐색하도록 도울 수 있는 능력을 필요로 한다.

2) 국내의 분류

(1) 한국코치협회의 분류

국내에서는 2003년에 설립되어 올해로 20주년을 맞이한 한국코치협회가 코칭산업을 주도하고 있다. 코치 회원수 면에서나 자격인증 면에서나 다양한 면에서 한국코치협회는 세계에 유례없이 모범적인 코칭기관으로 발전하고 있다.

〈표 4-3〉 한국코치협회의 코칭 분류

구 분	코칭 영역	내 용
코칭 영역에 따른 분류	비즈니스 코칭 (Business Coaching)	• 회사운영, 리더십, 퍼포먼스 향상, 수익률 개선 등 비즈니스 이슈에 주요 초점을 맞추는 코칭
	라이프 코칭 (Life Coaching)	• 삶에 있어서 일어나는 여러 가지 이슈들, 예를 들면, 삶의 균형, 만족감 향상, 인간관계 개선, 인생의 의미와 목적의 발견 등에 초점을 맞추는 코칭
	커리어 코칭 (Career Coaching)	• 성격, 경력, 재능 그리고 처해있는 환경 등을 고려하여 자신의 직업관에 맞는 진로를 설정하고 목표를 이룰 수 있는 방법을 찾도록 돕는 코칭
코칭 비용 지불주체에 따른 분류	기업 코칭 (Corporate Coaching)	• 코칭 비용을 회사가 지불하는 경우. • 기업 코칭을 제공하는 코치에는 내부 코치(Internal Coach: 해당 기업 내부에 소속되어 있는 코치)와 외부 코치(External Coach: 해당 기업 외부의 별도의 기관에 소속되거나 독립적으로 활동하는 전문코치)가 있다.
	개인 코칭 (Personal Coaching)	• 코칭을 받는 개인이 코칭 비용을 지불하는 경우

출처: 한국코치협회(2023).

한국코치협회는 코칭 유형을 다음과 같이 분류하고 있다. 이는 한국코치협회 홈페이지에 나와 있는 내용을 토대로 소개한 것이다.

위의 분류 외에도 더 세부적인 영역으로 구체화되어 다양한 코칭이 존재한다고 밝히고 있다. 가족 코칭, 다문화 코칭 등 코칭의 분야는 무궁무진하며 코칭이 발전해 감에 따라 보다 세분화될 수 있다고 밝히고 있다.

(2) 박정영의 분류

박정영(2009)은 코칭은 다양한 분야에서 다양한 형태로 진행되고 있기 때문에 어느 하나의 분류 기준에 의해서 분류하기보다 다양한 시각에서의 분류 기준을 사용하는 것이 더욱 바람직할 것으로 생각된다면서, 다양한 코칭 영역을 포괄하면서도 보다 명확한 분류를 위해 구조, 대상, 주제, 진행형태, 코칭하기와 코칭 접근법 활용하기의 5가지 분류 기준을 〈표 4-4〉와 같이 제시하고 있다.

〈표 4-4〉 박정영의 코칭 분류

분류 기준	코칭 분야 및 전문영역
구조상의 분류: 코칭 비즈니스가 어떠한 구조로 진행이 되는가에 따른 분류	• 기업/조직 코칭(Corporate/Organization Coaching): 기업을 대상으로 하는 코칭 – 외부 코칭: 조직 외부에 있는 전문코치를 고용해서 코칭을 진행할 경우 – 내부 코칭: 조직이 고용한 직원으로서 조직 내에서 전문코칭을 할 경우 • 개인 코칭(Personal Coaching): 개인을 대상으로 하는 코칭
대상에 따른 분류: 코칭을 받는 대상(고객)이 누구인가에 따른 분류	• CEO 코칭: 코칭 대상자가 기업의 CEO • Executive 코칭: 코칭 대상자기 기업의 임원 • 핵심인재 코칭: 기업의 핵심인재(팀장, 중간매니저) 대상으로 하는 코칭 • 청소년 코칭: 청소년을 대상으로 하는 코칭 • 가족 코칭: 코칭의 대상자가 주로 부부, 부모, 자녀로서 가족 간의 이슈를 다루는 코칭 • 크리스천 코칭: 코칭의 대상자가 기독교인으로서 하나님과의 관계에 포커싱하는 코칭

	• AD/HD 코칭: AD(Attention Deficit)/HD(Hyperactivity Disorder)를 가지고 있는 사람을 대상으로 하는 코칭
주제, 내용에 따른 분류: 코칭 세션이 주로 어떠한 내용과 주제로 이루어지고 어떠한 목표를 가지고 있는가에 따른 구분	• 리더십 코칭: 리더십 향상을 목표로 하는 코칭 • 비즈니스 코칭: 코칭의 이슈가 고객의 비즈니스와 관련된 코칭 • 성과 코칭: 성과향상을 목표로 하는 코칭 • 커뮤니케이션 코칭: 커뮤니케이션 향상을 목표로 하는 코칭 • 커리어 코칭: 전직을 하고자 하거나 취업을 목표로 하는 코칭 • 라이프 코칭: 코칭의 이슈가 인생 전반에 걸쳐 이루어지는 코칭 • 관계(Relationship) 코칭: 사람과의 관계와 관련된 이슈를 다루는 코칭 • 학습 코칭: 학생들의 학습성과를 향상시키기 위한 코칭
진행형태에 따른 분류: 코칭이 어떻게 진행되고 있는가에 따른 분류	• 인원수에 따라: 일대일 코칭, 그룹 코칭, 팀 코칭 • 진행방법에 따라: 면대면 코칭과 전화 코칭
코칭하기(doing coaching)와 코칭 접근법 활용하기(applying coaching approach)에 따른 분류: 전문코치로서 코칭 프로세스를 가지고 코칭을 하는가, 아니면 자신의 전문영역(의사, 선생님, 부모, 경영자, 기업임원 등)에서 코칭을 활용하는가에 따른 분류	• 코칭하기와 코칭 접근법 활용하기는 완전히 다른 영역 • 대표적인 예는 기업의 리더나 매니저들이 업무 성과를 높이기 위해 매니지먼트의 프레임 안에서 코칭을 부분적으로 활용하는 경우(코치형 매니저, 한국코칭센터 코칭클리닉 매뉴얼), 부모들이 아이를 양육하는 과정에서 코칭의 기술을 적용함으로써 자녀와의 관계를 개선하고 아이들이 잘 성장할 수 있도록 하는 경우

출처: 박정영(2009).

(3) 박윤희와 기영화의 분류

박윤희와 기영화(2009)는 국내외 학자들의 코칭분류를 참고하여 7가지 기준으로 코칭 유형을 제시하였는데, 다음 〈표 4-5〉와 같다.

〈표 4-5〉 박윤희와 기영화의 코칭 분류

분류 기준	코칭 분야 및 전문영역
코치의 전문성에 따른 분류: 코칭을 자신의 직업으로 갖느냐 갖지 않느냐의 차이	• 전문코치(Professional Coach) • 코치(Coach)
비용 지불주체에 따른 분류: 누가 비용 지불의 주체가 되는가	• 기업 코칭(Corporate Coaching) 혹은 조직 코칭(Coaching for Organization) • 개인 코칭(Personal Coaching)

조직에서 코치의 위치에 따른 분류: 조직을 대상으로 하는 코칭에 있어서 코치의 위치에 따른 분류	• 외부(사외) 코치(External Coach) • 내부(사내) 코치(Internal Coach/In-house Coach) • 매니저 코치(Coach as a Manager)
코칭 대상에 따른 분류: 코칭대상과 인원수에 따른 분류	• 조직 코칭(Coaching of Organization) • 개인 코칭(Individual Coaching) • 그룹 코칭(Group Coaching) • 팀 코칭(Team Coaching)
코칭의 적용 분야에 따른 분류	• 비즈니스 코칭(Business Coaching) • 개인/라이프 코칭(Personal/Life Coaching) • 스포츠 코칭(Sports Coaching) • 임원 코칭(Executive Coaching) • 커리어 코칭(Career Coaching) • 크리스천 코칭(Christian Coaching) • 가족 코칭(Family Coaching) • 부모 코칭(Parents Coaching) • 청소년 코칭(Youth Coaching) • 학습 코칭(Learning Coaching)
코칭과 다른 방법의 혼용에 따른 분류	• NLP 코칭(NLP Coaching) • 멘토 코칭(Mentor Coaching) • 동료 코칭(Peer Coaching)
코칭 진행방법에 따른 분류	• 면대면 코칭(Face-to-face Coaching) • 원격 코칭(Distance Coaching) – 전화 코칭(Tele-Coaching) – 인터넷 무료 음성 통화

출처: 박윤희 · 기영화(2009).

(4) 이소희 · 길영환 · 도미향 · 김혜연의 분류

2014년에 이소희, 길영환, 도미향과 김혜연은 국내외 협회, 학자, 코치들이 제시하고 있는 코칭 유형의 분류를 고용주체에 따라 개인 코칭(personal coaching)과 기업 및 조직 코칭(corporate/organization coaching)으로, 대상에 따라 개인은 발달단계별로, 기업/조직은 직급별로 분류하였다. 또한 영역에 따라 개인은 라이프, 건강, 학습, 결혼, 창업으로 기업/조직은 비즈니스, 직업역량, 인사관리, 관계로 분류했다. 주제에 따라서는 개인은 감정처리, 의식 성장,

대화법, 커리어, 성적 향상, 신념 확장으로 기업/조직은 대인관계 향상, 이직, 승진, 재무, 대출로 분류하고 형태를 기준으로는 개인과 조직을 개인, 그룹/교육, 코칭/면대면, 전화, 이메일/내부 코칭, 외부 코칭으로 분류했다. 마지막으로 수준별로는 전문 코칭, 일반 코칭, 코칭적 접근으로 분류했다. 이상의 내용을 정리하면 다음 〈표 4-6〉과 같다.

〈표 4-6〉 이소희 · 길영환 · 도미향 · 김혜연의 코칭 분류

구 분	코칭 유형	
고용주체	개인 코칭	기업/조직 코칭
대상	성인, 청소년, 노인, 부모	CEO, 리더, 임원, 직원, 교사
영역	라이프, 건강, 학습, 결혼, 창업	비즈니스, 직업역량, 인사관리, 관계
주제	감정처리, 의식 성장, 대화법, 커리어, 성적 향상, 신념 확장	대인관계 향상, 이직, 승진, 재무, 대출
형태	개인, 그룹/교육, 코칭/면대면, 전화, 이메일/내부 코칭, 외부 코칭	
수준	전문 코칭, 일반 코칭, 코칭적 접근	

출처: 이소희 · 길영환 · 도미향 · 김혜연(2014).

3. 다양한 코칭 형태에 따른 분류

1) 코칭 비용지불 유무

(1) 유료 코칭

고객에게 코칭에 대한 비용을 받고 코칭서비스를 해주는 것을 유료 코칭(paid coaching)이라고 한다. 처음 코칭을 배우는데 고객에게 돈을 받기가 쉽지 않을 수 있다. 그래서 코칭산업에서는 꼭 돈만이 아니라 서비스나 물품, 기타

비금전적인 것으로도 코칭에 대한 비용을 받을 수 있게 허용하고 있다. 다만, 상호 동의가 되어야 한다. 즉, 고객과 코치 간에 상호 코칭 관계를 해치지 않는 범위에서만 가능하다. 한국코치협회(KCA)도 국제코칭연맹(ICF)도 동일하다(ICF, 2023; 한국코치협회, 2023). 다만 동료들끼리 코칭(Peer-to-Peer Coaching)을 했을 때 이것은 코칭서비스의 교환(coaching in exchange for coaching)이라고 볼 수 있다. 그래서 국제코칭연맹에서는 이것을 유료 코칭으로 인정한다. 한국코치협회는 동료나 가족 간에 코칭을 해주고 비용을 받았다 하더라도 무료 코칭으로 인정하고 있다(한국코치협회, 2023). 한국코치협회의 경우 동료들 간의 코칭을 상호 코칭, 버디 코칭이라고 표현한다.

(2) 무료 코칭

고객에게 코칭에 대한 비용을 받지 않고 코칭서비스를 해주는 것을 말한다. 프로보노(pro-bono) 코칭이라고도 하며 해외의 경우 일반 고객에게도 첫 회기는 거의 무료 코칭을 해주고 다음 회기 코칭부터 비용을 청구하는 경우가 많다. 국내에서는 이런 문화가 정착되지 않았는지 일반 고객에게도 모든 코칭을 무료 아니면 유료 코칭으로 진행하는 경우가 많다. 물론, 자원봉사나 기부 코칭도 여기에 포함된다(ICF, 2023).

2) 코칭 진행 방법

(1) 일대일 코칭

코치와 고객이 일대일(one-on-one)로 하는 코칭을 말한다. 코칭을 마치고 실습시간 리스트에 국제코칭연맹에서는 개인(Individual) 코칭이라고 표기하고 한국코치협회는 1:1 코칭이라고 표기한다.

(2) 그룹 코칭

그룹 코칭(Group coaching)은 코치 한 명이 2명 이상의 고객을 동시에 코칭하는 경우를 말한다. 한국코치협회의 경우는 2명에서 9명까지를 그룹 코칭으로 인정해준다. 고객이 10명을 넘어가면 그룹 워크숍이나 그룹 교육을 했다고 보고 코칭시간으로 인정하지 않는다. 이때 그룹 코칭 시간은 실제 진행한 시간만을 인정해주고 인원수에 곱해서 인정하지 않는다. 국제코칭연맹의 경우는 그룹 코칭의 고객 인정범위가 15명까지로 비교적 많은 인원수를 인정해주고 있다(ICF, 2023).

(3) 면대면 코칭

면대면 코칭(Face-to-face Coaching)은 같은 물리적 공간에서 직접 고객을 마주보고 하는 코칭을 말한다. 일대일로 할 수도 있고, 그룹으로 할 수도 있고 팀으로 할 수도 있다. 직접 얼굴을 보면서 한다는 측면에서 면대면 코칭이라고 한다. 면대면 코칭으로 했을 때의 장단점이 있다. 장점은 고객의 비언어를 충분히 관찰하면서 진행할 수 있다는 것이다. 그리고 직접 대면했을 때 고객과의 사이에서 생겨나는 알 수 없는 에너지까지 직접 온 몸으로 체험하며 진행할 수 있다. 단점이라면 시간이 많이 들고 불필요한 것에까지 신경을 써야 하는 경우가 생긴다. 그래서 면대면 코칭이 전화 코칭과 비교해 코칭 비용도 더 청구하는 경향이 있다. '2020 ICF Global Coaching Study'에서는 '현재 코칭 고객과 코칭을 자주 또는 항상 진행하는 방법은 무엇입니까?'라는 질문에 세계 평균은 면대면이 72%, 우리나라는 80%로, 전화 코칭 세계 평균 35%, 우리나라 평균 48%에 비해 면대면 코칭을 더 선호하는 것으로 나타났다.

(4) 전화 코칭

전화 코칭(Telephone Coaching)은 말 그대로 스마트폰이나 유선 전화를 활용한 코칭을 말한다. 한국코치협회의 경우는 면대면 코칭과 전화 코칭 외에 화상전화를 이용한 코칭도 전문코치가 되기 위해 필요한 코칭실습시간으로 인정을 해주고 있다. 하지만 아직은 문자, SNS, 이메일을 활용한 코칭 등은 코칭실습 시간으로 인정하지 않고 있다. 면대면 코칭과 전화 코칭은 코칭을 진행하는 방법에 따른 분류로, 국제코칭연맹의 경우 면대면(In person), 전화(Telephone), 스카이프, 줌 등과 같은 오디오 비디오 플랫폼(Audio-video platform), 문자/즉석 메시지(SMS/Text/Instant messaging), 이메일(E-mail)로 구분하고 있다(ICF, 2020). 전화 코칭이나 음성만을 활용한 코칭은 불필요한 것에 신경을 쓰지 않고 오직 고객에게만 집중할 수 있다는 장점이 있다. 물론 시간도 절약이 된다. 더불어 고객의 비언어적 측면을 잘 관찰할 수 없다는 단점도 있다. 하지만 전화 코칭에 익숙해지다 보면 소리로 전달되어 오는 고객의 비언어만으로도 많은 정보를 얻을 수 있다. 그래서 ICF의 조사 연구에서 보면 세계적으로도 우리나라에서도 전화 코칭을 활용한 코칭이 2번째로 많음을 알 수 있다. 특히 우리나라는 세계 평균(35%)보다도 높다(48%)는 것을 알 수 있다(ICF, 2020).

3) 코칭대상

(1) 그룹 코칭

세계적인 리더십 그룹 CCL(Center for Creative Leadership)은 그룹 코칭을 다음과 같이 소개하고 있다(박정영, 2009). "전문직업인들이 그들의 일을 보다 효과적으로 하기 위해서 전문직업인들을 한데 묶어서 코칭을 하는 것이다. 공식적으로 혹은 비공식적으로 진행될 수 있으며 공통의 흥미(interest)가 있는 동료들과 함께할 수도 있으며 효과성을 증진하는 데 있어 함께 하고자 하는 사람들이 여러 조직으로부터 모일 수도 있다. 예를 들면 한 팀에서 일하고 있지는 않지만 다른 비즈니스 라인의 매니저 그룹이 서로의 배움과 베스트 프랙티스를 공유하고 공유된 지식을 통해 효율성을 만들어내고자 그룹 코칭을 받을 수 있다."

또한 동일한 조직에 속하는 다양한 부서에 있는 팀장들을 그룹으로 모아서 팀장 리더십 증진을 위한 그룹 코칭을 진행할 수도 있으며, 현재 경력이 단절되어서 취업을 하려는 경력단절 여성들을 대상으로 이들의 회복탄력성 증진을 위한 그룹 코칭을 진행할 수도 있다(탁진국, 2019).

이처럼 그룹 코칭은 우리나라의 경우 기업을 중심으로 비슷한 직급에 있는 분들을 4~8명 정도를 모아서 그룹을 만든 다음 이들에게 4~8회기 정도의 그룹 코칭 서비스를 제공하고 있다. 그룹 코칭의 경우는 참가자들은 달라도 추구하는 주제와 해결하고자 하는 이슈가 비슷하여 공통의 목표를 갖고 진행함으로써 참가자들은 역량개발을 하고, 서로 비슷한 처지에 있기에 공감과 격려를 하면서 집단지성을 활용한 아이디어 창출과 상호학습 효과가 뛰어나다는 특징이 있다.

(2) 팀 코칭

팀 코칭은 그룹 코칭과 달리 실제 조직의 한 팀이 코칭의 대상이 되는 것이다. 팀구성원들과 리더가 한 팀이 되어 코칭의 대상이 된다(박윤희 · 기영화, 2009). 그룹 코칭과 팀 코칭은 2명 이상의 고객이 동시에 코칭을 받는다는 점에서는 공통점을 가지고 있으나 각 참가자의 개별목표를 다룰 때는 그룹 코칭(코칭 주제, 영역은 비슷하거나 공통될 수 있다), 하나의 목표 달성(예: 팀 목표, 팀 프로젝트)을 위해 구성되고 진행될 때는 팀 코칭이라고 한다. 그룹 코칭보다 팀 코칭은 상호 이해관계가 복잡할 수 있으므로 하나의 유기적 개체로서의 팀 특성을 잘 활용해야 한다. 현재 국내에서는 그룹 코칭과 팀 코칭 모두 조직 내에서 대부분 진행되고 있으나 외국의 경우에 그룹 코칭은 개인 코칭의 영역에서도 진행되고 있다(박정영, 2009).

팀 코칭의 정의는 코칭의 정의만큼이나 다양하다. 데이비드 클러터벅(David Clutterbuck) 외(2019) 저자들은 '팀 코칭 이론과 실전: 팀을 넘어 위대함으로(The Practitioner's Handbook of Team Coaching)'라는 자신들의 책에서 다양한 학자들의 팀 코칭에 관한 정의를 소개하고 있다. 다음 〈표 4-7〉과 같다.

〈표 4-7〉 팀 코칭의 정의

출 처	정 의
해크먼과 웨이먼 (Hackman & Wageman, 2005)	팀원들이 팀 업무를 수행할 때 공동의 자원을 적절히 사용할 수 있도록 돕기 위한 직접적인 개입
스키핑턴과 제우스 (Skiffington & Zeus, 2000)	문제 해결과 갈등 관리, 팀 성과 모니터링, 팀과 고위 경영진 스폰서 간 조정을 촉진하는 것
호킨스와 스미스 (Hawkins & Smith, 2006)	미션을 명확히 하고 내외부 관계를 개선함으로써 팀 전체가 부분의 합보다 더 많은 기능을 수행할 수 있도록 하는 것
클러터벅 (Clutterbuck, 2009)	팀이 성찰과 대화를 통해 성과를 달성하는 프로세스를 개선하도록 지원하는 것
손튼 (Thornton, 2010)	구성원의 개별 성과와 그룹 협업 및 성과에 모두 주목하여 공동 목표를 달성할 수 있게 팀을 지도하는 것
호킨스 (Hawkins, 2011)	팀 코치는 팀 전체가 함께 있을 때와 떨어져 있을 때, 팀 전체가 함께 작업하는 과정을 통해 팀 성과와 협력 방식을 개선할 수 있도록 돕고, 또한 모든 주요 이해관계자와 더 효과적으로 협력하여 더 넓은 사업으로 혁신할 수 있게 하는 프로세스
브리튼 (Britton, 2013)	핵심 코칭 기술의 지원을 받는 지속적인 대화의 초점은 목표 설정, 인식에 따라 지원 조치 및 책임 창출에 있음. 코칭의 초점은 시스템 전체 또는 구성원 개개인에 맞춰질 수 있음. 팀 코칭은 결과와 관계에 초점을 맞춘 비즈니스 목표와 연계되어 있음

출처: Clutterbuck, D. (2019).

ICF는 팀 코칭을 "공동의 목적과 공유된 목표를 달성하기 위해 능력과 잠재력을 최대화하도록 영감을 주는 방식으로 팀과 팀의 역동성 및 관계와 함께 공동 창조적이고 성찰적인 과정에서 파트너가 되는 것"으로 정의한다(ICF,

2020). 세계적으로 기업과 조직들이 팀을 중심으로 하는 프로젝트가 진행되고 모든 조직이 위계적 조직에서 수평적 조직으로 변화해가면서 팀 코칭의 요구는 확대되어 가고 있다. 이에 발맞추어 국제코칭연맹의 경우 업데이트된 8가지 핵심역량에 이어 2020년에는 팀 코칭역량을 발표했다. 기존의 8가지 핵심 코칭역량 위에 팀 코칭에서 코치가 발휘해야 할 세부실행지침들을 추가하였고 ICF 코리아챕터에서는 팀 코칭역량을 번역하여 ICF 본부의 인증을 득한 뒤 ICF 코리아챕터 홈페이지에 업로드 하고 회원들에게 공유하고 있다.

더불어 국제코칭연맹은 기존 ICF 인증 자격이 있는 코치들을 대상으로 2023년 1월부터 ACTC(Advanced Certification in Team Coaching)라는 자격을 시험을 통해 인증해 주기 시작했다. ACTC 자격에 지원하기 위해서는 ICF의 기존 자격인 ACC, PCC, MCC 중 하나의 자격을 취득한 상태여야 하며 60시간 이상의 팀 코칭 교육을 이수(ICF 인증 또는 미인증)해야 한다. 더불어 지난 5년 동안 최소 5개의 팀을 코칭했다는 증빙을 해야 하고, 최소 5시간의 코칭 슈퍼비전을 받아야 한다. 그리고 최종적으로 ICF 팀 코칭 인증 필기시험에서 합격점수 이상이 되면 ACTC 자격이 부여된다. 물론 지원에는 약간의 비용이 들며 심사에 따른 기간이 요구된다(ICF, 2023).

(3) 내부 코칭

조직생활을 하는 사람이 자신의 부하직원들을 코칭하는 경우를 내부(Internal) 코칭이라고 한다. 한국코치협회의 경우 조직 내 내부 코칭도 코칭 시간에 포함되지만 직접 자신의 보고를 받는 부하직원의 코칭은 제외하고 있다. 코칭을 할 수는 있지만 자격시험을 위해 요구되는 실습시간에는 인정해주지 않는다. 만약 조직 내 내부 코칭을 유료 코칭으로 인정을 받기 위해서는 직무기술서(Job Description)에 코치 또는 유사한 직무가 명시되어 있어야 하고, 코칭일지에 HR(Human Resource)부서 책임자의 서명을 요구한다. HR부서가 별도로 존재하지 않을 경우 임원급 이상의 서명이 필요하다(한국코치협회, 2023). 국제코칭연맹의 경우는 클라이언트 정보 공개를 금지하는 조직의 기밀 정책이 없는 한 내부 코칭도 다른 개인 또는 그룹 코칭과 동일하게 기록하면 된다. 다만, 조직의 기밀 정책이 있다면, 코치역할을 한 자신의 업무를 잘 알고 있는 담당자의 추천서를 첨부하도록 하고 있다(ICF, 2023).

(4) 비영리기관 코칭

비영리기관(Third-Party) 코칭이란 영리를 목적으로 하는 기업이나 이익단체가 아닌 비영리기관이나 단체에 소속된 구성원을 대상으로 하는 코칭을 말한다. 비영리기관이나 단체 등을 대상으로 코칭을 했을 경우 한국코치협회는 별다른 지침이 없다. 다른 일대일 코칭이나 그룹 코칭과 동일하게 실습시간으로 인정되고 있다. 국제코칭연맹의 경우도 그 기관에 고객에 대한 기밀유지 정책 등이 없다면 개인 코칭이나 그룹 코칭과 동일하게 실습으로 인정을 해준다. 하지만 그 기관에 기밀유지 정책 등이 있다면, 역시 담당자의 추천서를 첨부하도록 하고 있다(ICF, 2023).

(5) 아동 및 가족 코칭

사람이 태어나서 가족생활을 하면서 경험하는 미혼, 결혼, 출산, 육아, 노후의 각 단계에 걸친 시간적 연속을 가족생활주기(family life cycle)라고 한다(유영주 외, 2022). 이러한 가족생활주기를 크게 나눠보면 형성기와 확대기, 축소기로 구분할 수 있다. 그리고 도미향(2008)은 이를 신혼기, 유아기, 자녀교육기, 자녀 독립기, 노부부기 5단계로 나눴다. 또한 카터(Carter, B. E.)와 맥골드릭(McGoldrick, M. E.)은 결혼하지 않은 성인, 결합을 통한 가족형성, 어린자녀 동반가족, 성인자녀 동반가족, 자녀분가, 후기가족의 6단계로 나눴다(Carter & McGoldrick, 1988). 이러한 가족생활주기별로 실제적, 정서적, 관계적 도전이 존재하며, 이를 잘 해결하지 못하면 잠재적 위기를 경험하게 된다. 그렇기에 가족생활주기에 따른 각 단계별 발달과업이 가족 코칭의 주제가 될 수 있다(도미향, 2008; 황현호, 2017).

① 아동 코칭

6세부터 11세까지 초등학교에 다니는 시기를 아동기라고 한다. 생활의 중심이 가정에서 학교로 옮겨 감에 따라, 이 시기의 발달에서는 학교생활이 중요한 역할을 하게 된다(정옥분, 2019). 이시기의 자녀를 둔 부모 중 맞벌이를 하는 경우, 아동이 학교에서 돌아온 이후에 아동을 돌보기가 쉽지 않다. 그래서 자녀가 학교에서 돌아오면 보육과 학습을 겸하여 학원에 가게 하는 경우가 많다. 지금 국내에서는 이런 아동들을 개인이나 그룹으로 맡아서 부모가 돌아올 시간 동안 아동들의 학습뿐 아니라, 코칭식 대화를 통해 아동들의 자기표현능력과 감정관리, 그리고 아동들의 다양한 요구에 부응하며 함께 해주는 코칭이 시작되고 있다(황현호, 2017).

② 청소년 코칭

청소년기는 중 · 고등학생 시기로 이성교제와 자아정체감 문제, 직업에 대한 관심이 주로 나타난다(정옥분, 2019). 물론 학습은 말할 것도 없다. 그래서 국내에서는 이런 학생들을 대상으로 진로와 학습을 동시에 돌봐주는 코칭 교육회사들도 생겨나고 있다. 더불어 이들을 대상으로 하는 진로학습코칭 시장이 활성화되어 있다.

③ 대학생 · 청년 코칭

국내에서 대학생들을 대상으로 하는 코칭도 많이 활성화되고 있다. 학사경고자를 대상으로 한 코칭뿐 아니라 대학생들의 자아정체감 확립과 진로탐색 및 설계, 대학생활 적응, 리더십 개발, 이성교제 등 다양한 주제로 코칭 요구가 높아지고 있다(남상은, 2021).

④ 예비부부 · 신혼부부 코칭

결혼을 전제로 사귀고 있거나, 이미 결혼을 결정한 예비부부, 그리고 이미 결혼하여 살고 있는 신혼부부들의 경우 사랑과 결혼의 의미, 상호만족할 만한 의사소통, 부모로부터의 독립, 배우자의 욕구와 기대 조율, 가사일의 협력을 비롯한 결혼생활에서 있을 수 있는 다양한 사례들을 미리 생각하고 준비하게 하거나 이미 벌어지고 있는 이슈들에 대해 코칭이 필요하다(황현호, 2017).

⑤ 중년부부 · 노년부부 코칭

자녀가 유학, 취업, 결혼 등으로 가정을 떠나게 되면 중년의 부부로 다시 둘이 마주하게 된다. 이때 자칫 빈둥지증후군을 앓거나 삶의 의욕을 상실하기 쉽다. 신체적으로도 아내는 폐경기, 남편은 갱년기가 나타나고 심리적으로 '중년기 위기'를 경험하게 된다(정옥분, 2019). 이때는 다시 부부관계를 재설정하고 단체활동에 적극적으로 참여하며 자녀부부와의 역할기대와 관계 조정이 필요하게 된다. 노년부부의 경우 노후생활을 재설계하고 건강과 취미를 위한 자주적 생활시간을 설계해야 하며, 사회적 활동시간 배분과 성인병 예방, 건강증진 계획, 취미활동, 문화그룹에의 참가, 노인학교나 노인그룹 참가 등의 활동을 통해 활력 있는 삶을 살 수 있도록 코칭으로 도울 수 있다(도미향, 2008).

⑥ 부모 코칭

아무도 부모가 되어 보고 부모가 되는 경우는 없다. 부모로써 어떻게 자녀를 양육하고 돌봐야 할지 전문적인 도움이 필요하다. 영아기나 유아기자녀를 둔 부모들에게는 실질적 양육방법뿐 아니라 이후 사회성 발달을 위해 부모와 애착관계를 형성하는 것을 비롯하여, 인지발달과 신체발달을 촉진시킬 수 있는 다양한 방법들에 대해 코칭 받을 수 있다. 아동기와 청소년기 자녀를 둔 부모들은 자녀들의 학습환경 설계와 학습능력 향상, 자녀들의 진로탐색, 사춘기 자녀들과의 관계맺기, 정체감 형성 등과 관련하여 코칭 요구를 갖고 있다. 청년기 자녀를 둔 부모들은 자녀들의 직업찾기, 직장 구하기, 결혼 준비, 자녀의 떠나보냄 등의 주제로 코칭을 할 수 있다(도미향, 2008).

⑦ 시니어 코칭

우리나라는 2025년이면 초고령 사회로 진입할 것으로 예상된다. 이처럼 급속하게 고령화가 진행되고 있지만, 정부나 개인의 준비는 매우 미흡하여 다양한 노인 문제에 직면하게 된다(제경자 외, 2018). 이 시기가 되면 노후의 불확실성과 경제적 불안, 의료 돌봄의 문제, 상실의 받아들임과 줄어드는 존엄성, 인생의 통합이라는 문제들이 발생한다. 한마디로 건강한 노후생활과 행복한 죽음 준비를 위한 코칭이 필요해진다(황현호, 2017).

4) 코칭역량 증진

(1) 멘토 코칭

멘토 코칭(Mentor coaching)은 한국코치협회와 국제코칭연맹이 다르게 정의하고 있다. 한국코치협회의 경우, 상위 자격이 있는 코치로부터 자신의 이슈를 내놓고 일대일로 직접 코칭을 경험해 보는 것을 의미한다. 특정 자격부터는 일정 시간의 멘토 코칭 받기를 요구하고 있다(한국코치협회, 2023). 이 경우 코칭 받을 때 주제는 어떤 것이든 제약이 없다. 국제코칭연맹에서는 멘토 코칭을 조금 다르게 정의하는데, 자격이 있는 상위 코치로부터 일대일로 코칭을 받는 것까지는 동일하다. 다만, 코칭을 받는 주제가 ICF 핵심역량 내에서 그 기술을 강화하기 위해 멘토 코칭을 받도록 요구하고 있다. 이렇게 멘토 코칭을 받게 하는 목적은 원하는 자격 수준에서 요구하는 코칭역량 및 역량 수준을 달성하고 시연하는 데 전문적인 도움을 제공하기 위해서다. 일정 자격부터는 역시 일정 시간의 멘토 코칭 받기를 요구하고 있다.

(2) 옵저브드 코칭

옵저브드 코칭(Observed coaching)은 국제코칭연맹에서 프로그램 인증을 받은 기관들이 참가자들에게 일정 횟수를 서비스해야 하는 교육시간에 포함되는 과정이다. 교육 참가자가 고객이나 다른 동료참가자 또는 다른 사람을 대상으로 코칭 기술을 연습하기 위해 코칭하는 장면을 보고 ICF 인증 자격을 갖춘 옵저버(Observers)가 구두 또는 서면으로 피드백을 제공하는 것을 말한다(ICF, 2023). 한국코치협회의 경우는 이를 '코치 더 코치'라는 이름으로 부르고 있다. 다만, 한국코치협회에서는 자격을 취득하려는 개인에게 일정자격부터는 일정 횟수의 코치 더 코치 받기를 요구하고 있다. 프로그램 운영기관들의 의무사항은 아니다.

(3) 코치 더 코치

코치 더 코치(Coach the coach)라는 개념은 한국코치협회에서 현재 사용하고 있는 용어로 국제코칭연맹의 옵저브드 코칭과 거의 같은 개념이라고 할 수 있다. 한국코치협회의 경우는 전문코치가 되기 위해 일정자격부터는 코치 더 코치를 일정시간 받기를 요구한다. 코치 더 코치는 유효한 자격을 갖춘 상위 자격의 코치가 고객역할을 하는 코치의 코칭하는 장면을 직접 관찰 후 전문 코칭역량과 기술에 대해 피드백, 코멘트, 코칭 등을 받는 슈퍼비전(supervision)을 의미하며, 동일 자격 상호간의 코치 더 코치 형태는 코치 더 코치에 해당되지 않는다고 설명하고 있다(한국코치협회, 2023). 이로써 한국코치협회의 경우 코치 더 코치를 일종의 코칭슈퍼비전과 동일한 개념으로 보고 있다는 것을 알 수 있다.

(4) 코칭 슈퍼비전

국제코칭연맹에서는 코칭 슈퍼비전(coaching supervision)을 "코치와 고객 모두의 이익을 위해 성찰적인 대화를 통해 코치의 역량을 지속적으로 구축하기 위한 협력적 실천학습이다. 코칭 슈퍼비전은 지원과 개발을 위한 더 풍부하고 광범위한 기회를 제공함으로써 코치의 역량 개발에 중점을 둔다. 코칭 슈퍼비전은 코치가 고객과 함께 일하는 방식에서 성공과 실패를 공유할 수 있는 안전한 환경을 조성한다"라고 정의한다. 그러면서 전문코치의 지속적인 전문성 개발(Continuing Professional Development: CPD)의 일환으로 코칭 슈퍼비전을 지원하는 입장을 취하고 있다. 하지만 전문코치자격을 취득하는 데 필수요구사항은 아니다. 다만 전문코치자격을 취득한 후 일정 시간이 경과하여 자격을 재갱신할 때 보수교육으로 최대 10시간까지를 코칭슈퍼비전으로 인정해주고 있다.

생각해 보기

1. 비키 브록이 분류한 코칭 분야 및 전문영역을 살펴보고 자신에게 흥미가 생기는 분야는 어디인지 토의해 봅시다.

2. 부부 코칭과 부부상담은 어떤 접근법을 사용할지 그 차이점을 토의해 봅시다.

3. 우리나라에서 앞으로 성장 가능성이 크다고 생각되는 코칭 분야나 전문영역에 대해 생각해 봅시다.

4. 코칭 유형의 분류기준에서 추가되어야 할 구성요소가 있다면 무엇일지 생각해 봅시다.

5. SNS를 활용한 문자코칭이나 이메일 코칭의 한계와 유용성에 대해 토의해 봅시다.

PART 02
코칭의 적용

05 chapter 코칭 핵심역량

코치에게 정말 중요한 역량을 잘 정리한 것이 코칭 핵심역량이다. 전문코치가 코칭역량을 잘 발휘하면 코칭의 성과는 배가되고, 그렇지 못한 경우 코칭의 성과는 미미하고, 고객의 성장과 발전을 돕지 못한다. 세계적인 코칭조직인 국제코칭연맹에서는 수백 명의 전문코치의 경험을 통해 도출한 역량을 정리하여 1998년 11가지 역량으로 제시하였으며 이는 2020년을 기점으로 8가지 핵심역량으로 변경하였다. 우리나라는 2003년에 설립된 한국코치협회를 중심으로 전문코치로서의 역량을 국제코칭연맹에서 제시한 8가지 핵심 코칭역량에 기반으로 한국형 코칭역량 모델 8가지를 제시하고 있다.

이 장에서는 코칭역량의 정의와 선행연구, 코칭 구성요소와 ICF의 핵심역량을 중심으로 살펴보고자 한다.[1)]

1) 이 글은 도미향 외(2021). 전문코치를 위한 ICF 8가지 코칭 핵심역량의 일부 내용을 발췌한 부분임.

1. 코칭역량의 정의

1) 역량의 정의

HRD용어사전에서는 역량(力量)을 '특정한 상황이나 직무에서 준거에 따른 효과적이고 우수한 수행의 원인이 되는 개인의 내재적인 특성으로 개인이 성공적인 수행을 위하여 개별적으로 결합해서 사용하는 어떤 특징들'이라고 하였다. 즉, 역량은 어떤 일을 해낼 힘이나 기량을 의미하는 것으로 어떤 역할을 수행하는데 있어 긍정적이면서도 성공적인 결과를 가져오는 내적인 특성이다(Boyatzis, 1982). 또한 리첸(Rychen)과 살가닉(Salganik, 2002)은 '역량'은 개인이 가진 심리 · 사회적 기술을 바탕으로 자신에 대한 성취와 그에 따른 효과적인 행동이 가능하도록 하는 능력을 의미한다고 하였다(황현호 · 도미향, 2017). 역량의 사전적 의미는 '어떤 일을 해낼 수 있는 힘'을 말하며 ability, capability, capacity, competences 등으로 표현하기도 한다.

2) 코칭역량의 정의

코칭역량(Coaching Core Competencies)은 코칭과 역량의 합성어이다. 전문코치들을 훈련하고 양성하는 과정에서 꼭 필요한 것이 코칭역량으로 대두되고 있다. 그러나 현실적으로는 많은 코치들이 '핵심 코칭역량'의 개념에 대해 모호한 이해와 더불어 실제적으로 코칭 상황에서 어떻게 적용해야 할지 어려워한다. 특히 ICF 인증 자격시험을 치르기 위한 준비에서는 더욱더 어려움을 호소한다(도미향 외, 2021).

코칭역량은 코치로써 어떤 일을 할 수 있는 힘인데 고객의 잠재력과 성과달성을 위하여 코치가 고객을 위하여 코칭할 수 있는 코칭력이라 할 수 있다. 코치의 역할을 성공적으로 수행하는 데 필요한 지식, 기술, 태도 및 가치 등의 내재적 특성과 이를 바탕으로 드러나는 행동을 의미한다(김정겸 · 민세홍, 2014; 이미옥 · 도미향, 2016). 즉, 핵심 코칭역량이란 전문코치로 활동하면서 필요로 하는 핵심적인 코칭역량들에 대한 지식(Knowledge)과 그것을 실제 적용할 수 있는 기술(Skill)과 이것이 숙달되어 삶의 태도(Attitude)로 나타나는 것을 말한다(황현호 · 도미향, 2017).

코치가 성장 · 발전하기 위해서는 단계적이고 체계적인 코칭역량이 필요하다. 코칭역량은 코칭 철학을 바탕으로 코칭을 능숙하게 할 수 있는 여러 가지 기술과 접근방법들을 지원하기 위해 개발되었다. 코칭역량은 코치가 따라야 할 프레임워크를 제공하며, 코칭 관계는 그러한 역량에 기초를 두고 있다. 국제코치연맹(ICF)에서 코칭역량은 코칭 상호작용을 구성하는 요소들이 포함되며 또한 효과적인 코칭을 위한 뼈대와 근간이 되고, 코치자격인증을 위한 근간이기도 하다.

코칭이 전문적, 직업적 독립분야로 발전하기 위해서는 변별력 있고 독자적인 통일된 지식과 이론적으로 정교한 연구방법이 확립되어야 하고 역량 인증을 위한 공식화된 훈련과정이 필요하다. 즉, 코치들의 전문성의 지속적인 개발이 필요하다. 코치가 세션 안에서 구현하는 역량은 비록 특정한 역량을 드러내는 경험이지만, 동시에 전체 역량이 응축된 것이다. 역량들은 서로 연결되어 있고 순환하는 비선형적 발전을 한다. 또한, 역량과 경험은 다르다. 경험은 시간과 연습으로 구성되지만, 경험이 많다고 역량이 높은 것은 아니다. 역량은 경험과 숙달을 통해 이루어지고, 역량을 위해서는 반드시 숙달의 과정이 필요하다. 실제 코칭은 다시 되풀이될 수 없고 대체하기 어려운 코칭 상황이 수시로 일어난다. 따라서 전문코치가 되기 위해서는 코칭 세션 안에서 일관되고 적절하게 코칭 기술을 적용할 수 있는 역량을 바탕으로 다양한 상황과 맥락에서 코칭역량을 활용할 수 있어야 한다.

3) 코칭역량에 관한 선행연구

2010년 이후 국내에서 코칭역량과 관련된 연구들이 꾸준히 이루어졌다. 대상별로 보면 관리자, 경영자, 리더(우수명 · 장영철, 2013; 임몽택, 2016; 도미향 · 박용권 · 최성남, 2020)의 코칭역량에 관한 연구가 있다. 그리고 아동 및 청소년 부모의 코칭역량이 다른 변인에 미치는 영향에 관한 연구(이미옥 · 도미향, 2016; 정숙희 · 도미향, 2016; 홍은영 · 도미향, 2017)와 코칭역량 구성요소를 배경으로 대상을 달리한 다양한 척도 개발에 관한 연구가 이루어졌다. 중간관리자 코칭척도 개발(도미향 · 박용권 · 최성남, 2022), 대학생 코칭역량척도(도미향, 박신후, 심정자, 2021), 유아교사(김근주 · 도미향, 2021), 아동기 및 청소년 학습코칭 척도개발(도미향 · 박은경, 2019; 도미향 · 한민아, 2019; 도미향 · 한민아 · 허윤경, 2020)에 관한 연구 등이 있다. 이들 연구는 코칭역량 척도를 바탕으로 한 실증연구이고, 코칭역량을 해석하고 그 의미를 검토한 연구는 별로 없다.

다만 최근 들어서 ICF의 11가지 역량에 대한 연구(홍삼열 · 사용석, 2017; 황현호 · 도미향, 2017; 김경미 · 정희정, 2019; 도미향 · 김수영, 2019; 정희정 · 김경미, 2020)가 이루어졌으며 최근 업데이트된 ICF 핵심역량을 기반으로 이루어진 연구로는 ICF 핵심 코칭역량의 신구 모델 비교에 관한 연구(도미향, 2022) 및 코칭 프레즌스(원경림, 권은경, 2019), 적극적으로 경청한다. 역량에 관한 연구(원경림, 2021), 코칭 질문에 관한 연구(이유경 · 이헌주, 2021) 등이 있다.

2. 코칭역량의 구성요소

1) 코칭역량 구성요소에 관한 선행연구

코칭의 정의가 다양한 만큼 효과적인 코칭을 위해 요구되는 역량 또한 학자마다 다양하게 제시되고 있다(McLean et al., 2005). 코칭역량에 대한 선행연구들을 살펴보면 역량은 크게 외현적으로 관찰할 수 있는 요소와 관찰할 수 없는 내재적 요소로 구분할 수 있다(Spencer, 1993).

코치의 내적 특성과 자세를 코칭역량으로 언급하는 연구자들은 개인적 특성 역량인 자신감, 세심함, 솔선수범, 열정, 친절한 성격, 인식능력, 긍정적 에너지가 코칭에서 겉으로 드러나는 행위와 행동뿐만 아니라 코치의 기본 성향이 고객에게 직 · 간접적으로 영향을 줄 수 있다고 하였다. 벤첼(Wenzel, 2000)은 기존의 코칭연구가 코칭 자체에만 초점을 두고 있다는 문제의식에서 효과적인 코칭에 영향을 미치는 개인의 특성요인과 관리기술을 강조하였다. 조직 중간관리자의 코칭역량에 관한 연구에서 한허정(2007)은 코치 마인드 역량에서 인간능력 및 잠재력에 대한 믿음, 부하직원 육성에 대한 사명감, 다양성 존중 등이 중요한 역량이라고 하였으며, 박근수(2012)는 중간관리자에게 있어서 업무성과와 목표 달성 추구가 구성원 코칭의 궁극적 목적일지라도 코치의 마인드가 갖춰지고 신뢰관계가 형성된 후에 효과적으로 코칭을 할 수 있다고 하였다. 즉, 코칭이 개인을 성장시키고 발전시킨다는 점에서 기술 부분이 중요한 요소이기는 하나 먼저 코치의 내재적 특성인 품성과 자질, 마음자세와 태도가 변화와 성과를 만들어 내는데 중요한 요소라 할 수 있다.

한편, 코스트레제와(Kostrzewa, 2001)는 코칭 활동의 영역을 대인관계적 행동이라 규정하고 중립적 관찰, 적극적 경청, 생각을 유도하는 질문, 협력적 분석,

숙고하여 피드백하기, 솔직하게 피드백하기, 상호작용적 아이디어 탐구, 협력적 목표 설정, 지원적인 의사소통의 중요성을 강조하였다(한허정, 2007). 그리고 효과적인 코칭을 하기 위해 코칭역량 중 코칭 기술중심으로 접근한 엘랑저(Ellinger, 2003)는 경청 기술, 분석 기술, 인터뷰 기술, 효과적인 질문 기술, 관찰, 피드백 주고받기, 기대사항 설정 및 의사소통이 중요하다고 하였다. 이러한 코칭 기술은 코칭 세션 중에 고객과 직접 대면하면서 외현적 행동으로 나타나기 때문에 코칭의 효과성에 직접적 영향을 미치는 중요한 요소임이 틀림없다.

각 학자별 코칭역량 구성요소를 살펴보면 〈표 5-1〉과 같다.

로와, 아일랜드, 후사인(Law, Ireland & Hussain, 2007)은 코칭에 필요한 역량을 공감, 친절한 성격, 모호성에 대한 인내력, 인식, 외교적 수완, 촉진 기술, 학습 기술, 인터뷰 기술, 경청 기술, 변화관리 10가지를 제시하였고, 루카스(Lukas, R. W., 1994)는 열정, 연민, 목표 및 사람 지향성, 촉진자 자세, 수용, 창조성 등 팀플레이에서 요구되는 성향이라고 보았다(도미향 · 한민아 · 허윤경, 2020). 그리고 하버라이트너(Haberleither, 2002)는 관계형성, 질문, 적극적 경청, 정보의 제공, 피드백 등의 기술을 제안하였다.

또한 에노모토 히데타케(Enomoto Hidetake, 2007)는 5가지의 핵심코칭 기술로 질문과 경청, 직관과 자기관리 및 확인기술을 제시했다. 헨리 킴지하우스(Henry Kimsey-House)와 필립 샌달(Phillip Sandahl), 로라 휘트워스(Laura Whitworth, 2016)는 코액티브 코칭에서 5가지의 주요한 구성요소를 경청, 직관, 호기심, 실행 촉진과 학습 심화, 자기관리로 제시하고 있다. 그리고 이소희와 길영환, 도미향, 김혜연(2014)은 경청과 질문, 인정과 칭찬, 피드백을 주요한 코칭의 기술로 다루고 있다.

〈표 5-1〉 학자별 코칭역량 구성요소

연구자	코칭역량 구성요소
Lukas, R. W. (1994)	열정, 연민, 목표 및 사람 지향성, 촉진자 자세, 수용, 창조성 등 팀플레이에서 요구되는 성향
Kostrzewa (2001)	중립적 관찰, 적극적 경청, 생각을 유도하는 질문, 협력적 분석, 숙고하여 솔직하게 피드백하기, 아이디어 탐구, 협력적 목표 설정, 지원적인 의사소통
Haberleither (2002)	관계형성, 질문, 적극적 경청, 정보의 제공, 피드백
Ellinger (2003)	경청 기술, 분석 기술, 인터뷰 기술, 효과적인 질문기술, 관찰, 피드백 주고받기, 기대사항 설정 및 의사소통
Hussain (2007)	공감, 친절한 성격, 모호성에 대한 인내력, 인식, 외교적 수완, 촉진 기술, 학습 기술, 인터뷰 기술, 경청 기술, 변화관리
Enomoto Hidetake (2007)	질문과 경청, 직관과 자기관리 및 확인기술
Henry Kimsey-House et al. (2016)	경청, 직관, 호기심, 실행 촉진과 학습 심화, 자기관리
ICF (2021)	윤리적 실천 보여주기, 코칭 마인드셋 구현하기, 합의 도출 및 유지하기, 신뢰와 안전감 조성하기, 프레즌스 유지하기, 적극적 경청하기, 알아차림 불러일으키기, 고객의 성장 촉진하기
이소희 외 (2014)	경청과 질문, 인정과 칭찬, 피드백
도미향 (2021)	코치로써의 윤리, 코치의 마인드, 코칭 합의하기, 경청과 질문기술, 공감 및 인정기술, 알아차림, 행동 실천관리, 코칭 프로세스 진행능력, 고객과 함께하기
한국코치협회 (2021)	윤리실천, 자기인식, 자기관리, 전문계발, 관계구축, 적극경청, 의식 확장, 성장 지원
한국코칭학회 (2022)	코칭의 철학과 윤리실천, 자기조절 능력, 코치마인드계발, 맥락적 경청하기, 존재확인, 인정하기, 학습과 성장지원하기

도미향(2017)은 학습능력, 오픈마인드, 신뢰와 친밀감, 코칭 윤리 준수, 다양한 상황에서의 협의능력, 코치로서의 태도, 코칭 철학 적용, 주제 협의 및 목표확인, 경청, 질문, 인정 기술, 피드백 기술, 패러다임 전환능력, 실행관리, 코칭 프로세스 실행, 고객에너지관리, 고객의 존재감 살리기 등을 코칭에 필요한 역량으로 제시하였다. 이상을 정리하면 핵심 코칭역량은 코치로서의 마인

드셋(성격, 자기관리, 태도 등), 코칭 기술로 질문하기, 경청하기, 실행 촉진하기 등이라 할 수 있다(도미향, 2021).

2) 코칭기관의 코칭역량 구성요소

대표적인 코칭기관으로 세계적인 코칭연맹인 국제코칭연맹이 있고, 국내에서는 한국코치협회와 학계로는 한국코칭학회 등의 기관들이 있다. 이들이 제시하고 있는 코칭역량 구성요소를 살펴보고자 한다.

우선 국제코칭연맹은 세계적으로 가장 큰 코치들의 글로벌 기구로서 전 세계에 회원들이 있으며 ICF는 2020년에 설립 25주년을 맞았다. 그리고 이름을 국제코치연맹(International Coach Federation)에서 국제코칭연맹(International Coaching Federation)으로 변경하였다. 그 취지는 ICF의 비전 추구를 가속화하면서 코칭이 번창하는 사회의 필수적인 부분이고 모든 ICF 코치가 최고 수준의 프로 코치를 대표하기 위함이다. 그리고 ICF의 비전은 모든 ICF 코치가 최고 수준의 전문 코칭을 대표하고, 번성하는 사회의 필수 부분이 되도록 코칭을 보장하는 것이다(ICF, 2021; 도미향, 2021).

ICF는 핵심 코칭역량(Core Coaching Competencies) 모델을 1998년 처음 개발하어 시행된 이래 20여년 이상이 흘러 그동안의 내용을 분석하여 11가지 역량에서 8가지 역량(Updated Core Competency)으로 변경하여 2022년부터 시행하고 있다.

한편, 한국코치협회(2023)의 코칭역량 모델을 보면 〈표 5-2〉와 같이 KCA코칭역량별 핵심요소를 코치다움과 코칭다움으로 나누었다. 코치다움 역량은 1. 윤리 실천, 2. 자기 인식, 3. 자기 관리, 4. 전문 계발의 역량을 제시하고, 코칭다움의 역량으로 5. 관계 구축, 6. 적극 경청, 7. 의식 확장, 8. 성장 지원을 제시하여 8가지 역량으로 구분하였다.

〈표 5-2〉 KCA 코칭역량별 핵심요소

구분	역량	핵심요소
코치다움	1. 윤리 실천	1. 기본윤리 2. 코칭에 대한 윤리 3. 직무에 대한 윤리 4. 고객에 대한 윤리
	2. 자기 인식	1. 상황 민감성 유지 2. 직관과 성찰 3. 자기평가 4. 존재감 인식
	3. 자기 관리	1. 신체적, 정신적, 정서적 안정 2. 개방적, 긍정적, 중립적 태도 3. 언행일치
	4. 전문 계발	1. 코칭 합의 2. 과정 관리 3. 성과 관리 4. 전문역량 계발
코칭다움	5. 관계 구축	1. 수평적 파트너십 2. 신뢰감과 안전감 3. 존재 인정 4. 진솔함 5. 호기심
	6. 적극 경청	1. 맥락적 이해 2. 반영 3. 공감 4. 고객의 표현 지원
	7. 의식 확장	1. 질문 2. 기법과 도구 활용 3. 의미 확장과 구체화 4. 통찰 5. 관점 전환과 재구성 6. 가능성 확대
	8. 성장 지원	1. 정체성과의 통합 지원 2. 자율성과 책임 고취 3. 행동 전환 지원 4. 피드백 5. 변화와 성장 축하

출처: 한국코치협회(2023).

그리고 한국코칭학회(2021)는 C-PLUS모델에서 1. 코칭의 철학과 윤리실천, 2. 자기조절 능력, 3. 코칭마인드 계발, 4. 맥락적 경청하기, 5. 존재 확인, 6. 인정하기, 7. 학습과 성장지원하기를 핵심역량으로 다루고 있다(도미향, 2022).

이상 여러 기관의 핵심역량은 거의 맥락을 같이하고 있으며, 기존 선행연구의 핵심역량과도 거의 유사함을 알 수 있다(도미향 · 김수영, 2019; 도미향 · 박은경, 2019; 도미향 · 박용권 · 최성남, 2020).

이상에서 볼 때 코치는 전문코치로써의 역량을 갖추기 위해서는 그 핵심요소를 정확히 이해하는 것이 중요하다. 고객과 나누는 대화는 일반대화와 달리 전문적인 커뮤니케이션 기술을 활용한 대화이기 때문에 전문코치가 되려고 하거나 전문코치로서의 역량을 강화하려는 경우 핵심 코칭역량의 개념과 내용을 이해하고 실제적 적용 연습을 해야 한다.

그리고 한국의 많은 코치는 한국코치협회와 한국코칭학회에서 강조하는 역량들을 코치의 기본으로 배우고 이해하고 있으나 ICF에서 전달하고자 하는 역량 내용에 대한 이해도가 다소 부족하거나 잘 전달받지 못하고 있다. 특히 영어를 한국어로 번역하여 전달하는 데는 다소 이해의 측면에서 모호하고 한국적 정서에도 그대로 적용하기에는 모호한 점들이 있다. 코칭역량은 각 기관의 실기 자격인증 시험의 중요한 요소이기에 잘 이해하여 국내자격뿐만 아니라 국제자격도 취득하고, 무엇보다도 전문코치로서 역량을 충분히 발휘하기를 바란다.

3. ICF의 핵심 코칭역량

1) ICF의 업데이트된 핵심 코칭역량의 배경[2)]

(1) 직무 분석 프로세스

ICF는 업데이트된 새로운 핵심역량 모델을 개발하기 위해 2017년 10월부터 2019년 10월까지 심도 있는 직무 분석(Job Analysis)을 수행하였다. 이 직무 분석은 코치들이 어떤 지식, 기술, 능력들을 그들의 업무에 사용하고 있는지 ICF 회원뿐만 아니라 회원이 아닌 코치를 포함하여 다양한 코칭 훈련 과정과 코칭 스타일 및 경험을 가진 전 세계 1,300명 이상의 코치로부터 수집한 자료를 기반으로 한 것이다. 더불어 전 세계 지역을 대상으로 수차례의 워크숍을 진행하여 핵심역량에 대한 의견을 나누고 분석하였다(ICF, 2020). 이러한 방대한 연구는 지금까지 코칭 인증기관 중 거의 처음이라 할 수 있다. 이상의 직무 분석 프로세스를 통해 수집한 경험적 데이터를 통해 기존 ICF 핵심역량 모델의 상당 부분이 현재 코치들이 코칭하는 내용에 맞추어져 있음을 검증하였다.

(2) 평가방법 개발

코칭 기술을 사용하는 전문코치 및 관리자, 리더를 위한 엄격한 전문 자격 인증에서 중요한 부분은 코칭 지식과 능력을 정확하고 공정하게 측정하는 평가방법을 사용하는 것이다. 현재 세계적으로 인정된 심리측정(psychometrics) 방법을 사용하여 업그레이드 된 평가방법을 개발하기 위한 작업이 진행 중이고, 특히 전문코치의 자격 인증을 위한 필기시험인 CKA(Coach Knowledge

2) 본 장은 ICF의 업데이트된 핵심역량(2021)의 ICF코리아챕터 한글 번역본, 도미향(2021), 황현호·도미향(2017)의 연구를 중심으로 수정, 보완하여 제시한 것임.

Assessment)가 새로 업데이트된 역량과 일치하도록 주력하고 있다. ICF 스텝, ICF 코치들로 구성된 전문가 그룹, 외부 전문가 파트너 등이 함께 개발에 참여하고 있다. 그리고 새로운 역량모델을 바탕으로 한 CKA는 2022년부터 시행되고 있다.

ICF는 인증코치(ACC), 전문코치(PCC), 마스터코치(MCC) 레벨에서 요구되어지는 역량을 제시하고 그 기준표도 제시하고 있는데 8가지 역량에 따른 전문코치(PCC) 녹음파일 평가를 위한 마커(Markers)를 47가지(11가지 역량)에서 37개(8가지 역량)로 줄여서 제시하였다(2020. 10. 발표, ICF, 2020d). 이 역량표는 전문코치로서의 역량을 아주 세밀하게 측정하고 평가하는 기준표가 준비되어 있는 것으로, 업데이트된 8가지 역량과 새로운 PCC Markers는 2022년부터 코칭현장에 적용되고 있다. 한편, ICF 인증자격의 가치를 더 강화하기 위해 ISO(국제표준화 기구), NCCA(the National Commission for Certifying Agencies, 국가인증기관) 표준에 맞추기 위한 작업을 진행하였다.

2) ICF의 핵심 코칭역량 그룹

ICF 8가지 핵심 코칭역량은 대표역량과 세부역량으로 나뉘는데 대표역량은 기초세우기, 관계의 공동 구축, 효과적으로 의사소통하기, 학습과 성장 북돋우기의 네 가지이며, 세부역량은 8가지로 〈표 5-3〉과 같다. 대표역량을 중심으로 살펴보면 다음과 같다.

〈표 5-3〉 ICF 8가지 핵심코칭역량

대표역량군	세부역량
기초세우기	1. 윤리적 실천을 보여준다. 2. 코칭 마인드셋을 구현한다.
관계의 공동 구축	3. 합의를 도출하고 유지한다. 4. 신뢰와 안전감을 조성한다. 5. 프레즌스를 유지한다.
효과적으로 의사소통하기	6. 적극적으로 경청한다. 7. 알아차림을 불러일으킨다.
학습과 성장 북돋우기	8. 고객의 성장을 촉진한다.

출처: https://coachfederation.org (2021).

(1) 기초세우기

이 역량군은 Setting the foundation에서 기초세우기 Foundation으로 변경되었다. 이것은 신역량 2에서 '코칭 마인드셋을 구현한다'가 추가되었고, 코칭의 시작에서 끝까지를 볼 때 코치는 코치로써의 윤리적 자세와 코칭표준을 이해하고 지속적으로 적용할 뿐만 아니라 전문코치로써 고객중심적 사고방식, 전문성을 갖추고 유지해야 함을 나타낸다. 코칭역량은 윤리에 대한 이해와 활용 없이는 불가하다고 해도 과언이 아니다. 또한 코칭 윤리는 코칭 기술과 역량 없이는 분명하게 드러날 수 없다. 코칭 윤리 역량은 윤리적 행동 차원의 역량으로 이해해야 한다. 즉, 고객 정보에 대한 비밀유지와 다른 전문 분야와의 구별을 코칭 계약 시 검토해야 할 뿐만 아니라 코칭 중에도 일관되게 유지해야 하는 코칭역량의 기본 근거이다. 코치는 윤리적 민감성을 길러 코치의 행동이 다른 사람에게 어떤 영향을 주는지 인식하고 상호 관련된 상황 안에서 다른 사람과 윤리적 요구가 생길 수 있다는 점 역시 인식해야 한다.

한편, ICF의 핵심역량에서 새롭게 추가된 기초세우기, 관계를 함께 만들어가기 '코칭 마인드셋을 구현한다'는 코치가 코칭을 위한 기본적 마음가짐의 하나로 배움과 개발, 성장에 참여함과 더불어 지속적 성찰훈련을 자기 삶의 일부로 체화시켜야 한다. 코치가 갖춰야 할 개방성, 유연성, 호기심, 고객중심의 태도는 코칭을 위해 지속적으로 개발해야 하며 코치 일상생활의 전제가 되어야 한다. 코치의 성찰에 대한 민감성은 고객의 존재에 대한 호기심을 유지할 수 있을 때 비로소 가능해진다.

(2) 관계를 함께 만들어 가기

이 역량군은 코치와 고객이 관계를 함께 만들어 가기(Co-Creating the Relationship)로써 코치가 고객과 함께 코칭 전반에 걸쳐 합의를 도출하고, 신뢰와 안전감을 조성하며, 개방적인 자세로 늘 깨어서 고객과 함께 하는 코치로서의 프레즌스를 유지하여야 한다는 것이다.

티모시 골웨이(Timothy Gallwey, 1974)는 코칭을 '성과를 최대로 끌어올리기 위해 개인이 가지고 있는 잠재능력을 발휘할 수 있도록 일깨워주는 것이며, 코치에게 의존하는 것이 아니라 스스로 주도권을 가지고 배우고 깨달을 수 있도록 도와주는 것'이라고 정의했다. 코칭에 대한 정의를 통해 코칭 과정에 있어 코치가 고객과 신뢰와 친분을 쌓는 것은 상호 존중과 신뢰를 지속해서 만드는 안전하고 지원적인 환경을 만들어 낸다는 점에서 핵심역량 요소임을 알 수 있다(김수영 · 도미향, 2017). 코치는 고객의 특성을 이해하기 위해 노력하고 고객을 존중하며 고객이 지닌 것을 인정해야 한다. 코치는 배려, 공감, 지지를 통해 고객의 삶의 맥락 안에서 각 개인이 개별적인 독특성을 지닌 고유성을 진정으로 이해하기 위해 노력해야 한다. 코치가 고객에 대한 집중을 유지하고 적절하게 반응하며 호기심을 갖고 감정을 관리하며 자신감 있는 태도로 알지 못하는 영역에서도 개방성을 갖고 침묵 및 성찰 공간을 가지는 사이 고객은 안전지대에 머물 필요를 가늠하고 새로운 도전지대로 가기 위한 준비가 가능해진다.

유능한 코치는 정기적인 코칭 세션을 함께 하는 동안 고객과 함께 순간을 춤추면서 유연한 태도로 임한다. 코치는 고객이 과거보다는 미래에 관심을 집중하도록 관점의 전환을 유도하고 고객이 자신의 강점을 극대화하여 잠재된 가능성을 발견하게 돕는다. 인간은 안녕감에 영향을 주는 목표, 특히 내재목표는 그 목표를 추구하는 것만으로도 만족감을 주는데(Deci & Ryan, 2000), 코치는 목표하는 지점에 도달할 수 있도록 여러 가지 방법을 검토하고 그 순간에 가장 효과적인 방법을 선택할 수 있도록 도울 수 있다.

(3) 효과적으로 의사소통하기

이 역량군은 효과적으로 의사소통하기(Communicating Effectively) 위해서는 알아차림을 불러일으키는 것이 중요한데 이는 강력한 질문과 직접적 커뮤니케이션, 알아차림을 통해 가능하다는 것을 나타내는 것이다. 이는 코치로써 고객의 내면에 대해 경청하고, 코칭에서 활용할 수 있는 다양한 도구와 기술을 사용하여 고객이 알아차리도록 학습과 촉진을 불러일으켜야 한다는 것이다.

효과적인 커뮤니케이션은 말하는 것에서 시작하는 것이 아니라 듣는 것에서부터 시작된다는 점에서 코칭에서의 적극적 경청은 코칭의 시작이며, 가장 기초가 되는 기법이다. 적극적인 경청이란 고객이 말로 표현하는 것뿐만 아니라 말하지 않는 내면의 욕구까지 인식하고 자기를 표현할 수 있도록 지원하는 코치의 능력을 말한다(김수영 · 도미향, 2017).

코치는 고객이 인생의 중요한 순간을 맞이할 때 고객 스스로 인생의 의미를 탐구하고 활력을 불어넣도록 돕는 역할을 한다(Law et al., 2007). 정진우(2009)는 코칭 기술 중 질문을 통해 고객의 목표를 높고, 넓고, 깊이 변화시키고 경청과 신뢰 주는 말로 용기를 북돋아 주며, 진정한 관계를 통해 동기부여를 하고, 통찰을 주어 문제를 해결하도록 안내한다고 하였다. 그리고 코치가 갖추어야 할 핵심역량 중 하나로 코칭을 통해 알게 된 고객의 다원적 정보소스를 정확하게 평가하고 통합하여 고객의 의식 확대를 도와주고 합의된 결과를 얻게 할 수 있는 능력으로 '알아차림을 불러일으킨다(Evokes Awareness)'를 꼽는다. 이 역량은 '다원적인 정보의 출처를 정확하게 평가하고 통합할 수 있는 능력과 고객이 자각을 얻을 수 있도록 도와줌으로써 합의된 결과를 성취하도록 돕는 능력'으로(황현호 · 도미향, 2017), 코칭 세션 과정 중에 고객이 자신과 자신의 행동에 영향을 미치는, 서로 다르지만 상호 연관된 요소들(사고, 감정, 신체, 배경)을 볼 수 있도록 도움을 주는 코치의 역할과 밀접한 연관성을 가진다.

(4) 학습과 성장 북돋우기

이 역량군은 학습과 성장 북돋우기(Cultivating Learning and Growth)로 신역량의 전반적인 변화 경향과도 맥락을 같이하는데 결과(Results)중심에서 성장(Growth) 및 과정중심, 행동중심에서 사람(Being)중심으로 변화된 것이다. 또한, 촉진하기(Facilitating)에서 북돋우기(Cultivating, 일구기, 경작하기)로 변경된 것은 고객의 지속적인 성장을 염두에 둔 표현이다(도미향, 2021). 코치는 고객에게 의미 있고 궁극적인 인생의 목표와 비전을 주제로 다룸으로써 고객에게 내재되어 있는 목표를 수립하게 돕는다. 더불어 이를 달성하는 과정에서 당면한 문제와 이와 관련된 외적 목표를 적정한 수준으로 세울 때 코칭의 효과는 극대화된다. 코치는 고객이 여러 가지 아이디어와 해결방안들을 탐구하고, 대안을 평가하고, 결정을 내리게 하며 새로운 아이디어를 불러오고 새로운 행동 가능성을 발견하도록 고객의 가정과 시각에 도전한다. 마무리 단계에서 고객은 스스로 성찰하고 느낀 것을 정리하고, 코치는 고객의 성찰과 성장을 알려주고 축하하며 함께 세션을 마칠 때, 고객과 코치가 진정한 파트너로서 역할을 하게 된다.

코치는 고객의 배움과 통찰을 실천행동으로 전환할 수 있도록 파트너로 협력하며, 고객이 원하는 목표를 설정하고 실행 계획을 세워 끝까지 수행하면서 스스로 책임질 수 있도록 코칭 과정에서 고객의 자율성을 높여야 한다. 코치는 세션 사이, 세션 안에서 얻은 통찰과 배움을 요약하도록 고객과 파트너로 협력하며 고객이 더 많이 노력하고 도전하도록 격려하되 고객의 자발성을 강화해야 한다.

ICF 8가지 핵심 코칭역량을 대표역량과 세부역량으로 분류하여 주요 내용을 살펴보면 〈표 5-4〉와 같다.

〈표 5-4〉 ICF 8가지 핵심 코칭역량의 주요 내용

대표역량군	세부역량	세부 항목수	주요 내용
기초 세우기	1. 윤리적 실천을 보여준다.	7	코치의 온전함을 증명하기(진실성, 정직성, 민감성, 존중하는 언어), ICF 윤리강령준수, 핵심가치 지지, 비밀유지, 다른 지원분야와의 차별성 유지
	2. 코칭 마인드셋을 구현한다.	8	코치의 지속적 학습 및 개발 참여, 고객의 자율성 인정, 성찰 훈련, 개방적 태도, 인식과 직관 활용, 감정조절능력 개발 및 유지, 세션준비, 외부자원 활용
관계의 공동 구축	3. 합의를 도출하고 유지한다.	11	코칭 관계를 위한 계약, 전반적인 코칭계획 및 목표에 대한 합의, 세션 목표 및 목적에 대한 합의, 성공척도 정의, 시간관리, 초점 유지, 코칭 경험 존중 및 관계종료
	4. 신뢰와 안전감을 조성한다.	6	안전하고 지원 가능한 환경 조성, 고객을 있는 그대로 존중하기, 프로세스 중 고객의 성취와 알아낸 것 인정하기, 공감, 관심가지기, 개방성, 투명성 보이기
	5. 프레즌스를 유지한다.	6	고객에 대한 완전 집중유지, 공감, 적절하게 반응하기, 호기심, 감정관리, 자신감 있는 태도, 알지 못하는 영역에서도 편안하게 하기, 침묵 및 성찰 공간가지기
효과적으로 의사소통하기	6. 적극적으로 경청한다.	6	총체적 경청, 고객의 상황, 정체성, 환경 등 고려하기, 반영 및 요약하기, 고객 내면 인식하고 질문하기, 고객의 감정 변화 주목하기, 고객의 언어, 음성 및 신체 언어를 통해 고객에 대한 이해통합하기
	7. 알아차림을 불러일으킨다.	11	고객의 경험 고려, 새로운 통찰력을 이끌어 내기위한 질문하기, 관찰 내용을 공유하여 새로운 학습지원, 고객의 욕구를 바탕으로 코칭접근법 조정하기, 관점 재구성 지원하기
학습과 성장 북돋우기	8. 고객의 성장을 촉진한다.	8	고객의 목표와 행동, 책임측정 방안 설계, 고객의 자율성 존중, 실행단계에서 배운 것 지지하기, 고객이 지닌 자원, 지원 고려하기, 학습 및 통찰한 것 요약, 고객의 진전 축하하기, 고객과 함께 세션 종료

출처: 도미향(2021). ICF 핵심 코칭역량 신 · 구모델의 비교연구. 코칭연구, 14(1),

3) 8가지 핵심 코칭역량의 내용

8가지 핵심 코칭역량의 실제에서는 기존 11가지 역량과 비교했을 때 변화를 가져온 역량 내용을 중심으로 살펴보고자 한다.

(1) [역량 1] 윤리적 실천을 보여준다.

[역량 1]은 첫 번째 그룹인 기초세우기(Foundation)에 속한 역량이다. 정의는 '코칭 윤리와 코칭표준을 이해하고 지속적으로 적용한다'로, 다음과 같이 7가지의 세부항목을 제시한다.

1. 고객, 스폰서 및 이해 관계자와의 상호작용에서 코치의 진실성과 정직성을 보여준다.
2. 고객의 정체성, 환경, 경험, 가치 및 신념에 민감성을 가지고 대한다.
3. 고객, 스폰서 및 이해 관계자에게 적절하고, 존중하는 언어를 사용한다.
4. ICF 윤리 강령을 준수하고 핵심 가치를 지지한다.
5. 이해 관계자 합의 및 관련 법률에 따라 고객 정보에 대해 비밀을 유지한다.
6. 코칭, 컨설팅, 심리치료 및 다른 지원 전문직과의 차별성을 유지한다.
7. 필요한 경우, 고객을 다른 지원 전문가에게 추천한다.

(2) [역량 2] 코칭 마인드셋을 구현한다.

[역량 2]는 첫 번째 그룹인 기초세우기에 속한 역량이다. [역량 2]의 정의는 '개방적이고 호기심이 많으며, 유연하고 고객중심적인 사고방식을 개발하고 유지한다'이다. 다음과 같이 7가지의 세부항목을 제시한다.

1. 코치는 선택에 대한 책임이 고객 자신에게 있음을 인정한다.
2. 코치로서 지속적인 학습 및 개발에 참여한다.
3. 코칭능력을 향상시키기 위해 성찰훈련을 지속한다.
4. 코치는 자기 자신과 다른 사람들이 상황과 문화에 의해 영향받을 수 있음을 인지하고 개방적 태도를 취한다.
5. 고객의 유익을 위해 자신의 인식과 직관을 활용한다.
6. 감정 조절 능력을 개발하고 유지한다.
7. 정신적, 정서적으로 매 세션을 준비한다.
8. 필요하면 외부자원으로부터 도움을 구한다.

(3) [역량 3] 합의를 도출하고 유지한다.

[역량 3]은 두 번째 그룹인 '관계를 함께 만들어 가기(Co-Creating the relationship)'에 속한 역량이다. 정의는 '고객 및 이해 관계자와 협력(partnering)하여 코칭 관계, 프로세스, 계획 및 목표에 대한 명확한 합의를 한다'이고 세부항목은 다음과 같다.

1. 코칭인 것과 코칭이 아닌 것에 대해 설명하고, 고객 및 이해 관계자에게 프로세스를 설명한다.
2. 관계에서 무엇이 적절하고 적절하지 않은지, 무엇이 제공되고 제공되지 않는지, 고객 및 이해관계자의 책임에 관하여 합의한다.
3. 코칭 진행방법(logistics), 비용, 일정, 기간, 종결, 비밀 보장, 다른 사람들의 포함 등과 같은 코칭 관계의 지침 및 특이사항에 대해 합의한다.
4. 고객 및 이해 관계자와 함께 전체 코칭 계획 및 목표를 설정한다.
5. 고객과 코치 간에 서로 맞는지를 결정하기 위해 파트너십을 갖는다.
6. 고객과 함께 코칭세션에서 달성하고자 하는 것을 찾거나 재확인한다.
7. 고객과 함께 세션에서 달성하고자 하는 것을 얻기 위해 고객 스스로가 다뤄야 하거나 해결해야 한다고 생각하는 것을 분명히 한다.
8. 고객과 함께 코칭 과정 또는 개별 세션에서 고객이 달성하고자 하는 목표에 대한

성공 척도를 정의하거나 재확인한다.
9. 고객과 함께 세션의 시간을 관리하고 초점을 유지한다.
10. 고객이 달리 표현하지 않는 한 고객이 원하는 성과를 달성하기 위한 방향으로 코칭을 계속한다.
11. 고객과 함께 코칭의 경험을 존중하며 코칭 관계를 종료한다.

(4) [역량 4] 신뢰와 안전감을 조성한다.

[역량 4]는 두 번째 그룹인 '관계를 함께 만들어 가기(Co-Creating the relationship)'에 속한 역량이다. 이 역량의 정의는 '고객과 함께, 고객이 자유롭게 나눌 수 있는 안전하고 지지적인 환경을 만든다. 상호 존중과 신뢰 관계를 유지한다.'이며, 16가지의 세부항목은 다음과 같다.

1. 고객의 정체성, 환경, 경험, 가치 및 신념 등의 맥락 안에서 고객을 이해하려고 노력한다.
2. 고객의 정체성, 인식, 스타일 및 언어를 존중하고 고객에 맞추어 코칭한다.
3. 코칭 과정에서 고객의 고유한 재능, 통찰 및 노력을 인정하고 존중한다.
4. 고객에 대한 지지, 공감 및 관심을 보여준다.
5. 고객이 자신의 감정, 인식, 관심, 신념 및 제안하는 바를 그대로 표현하도록 인정하고 지원한다.
6. 고객과의 신뢰를 구축하기 위해 인간으로서의 한계를 인정하고 개방성과 투명성을 보여준다.

(5) [역량 5] 프레즌스를 유지한다.

[역량 5]는 두 번째 그룹인 관계의 ~~공동구축~~(co-creating the relationship)에 속한 역량으로써, '개방적이고 유연하며 중심이 잡힌 자신감 있는 태도로 완전히 깨어서 고객과 함께 하는 것이다(Is fully conscious and present with the client, employing a style that is open, flexible, grounded and confident).'로 정의하고 있다. 이 역량은 다음과 같이 6가지의 세부항목을 제시한다.

1. 고객에게 집중하고 관찰하며 공감하고 적절하게 반응하는 것을 유지한다.
2. 코칭 과정 내내 호기심을 보여준다.
3. 고객과 프레즌스를 유지하기 위해 감정을 관리한다.
4. 코칭 과정에서 고객의 강한 감정 상태에 대해 자신감 있는 태도로 함께 한다.
5. 코치가 알지 못함의 영역을 코칭할 때도 편안하게 임한다.
6. 침묵, 멈춤, 성찰을 위한 공간을 만들거나 허용한다.

(6) [역량 6] 적극적으로 경청한다.

[역량 6]은 세 번째 그룹인 효과적으로 의사소통하기(communicating effectively)에 속한 역량으로써, 고객의 시스템 맥락에서 전달하는 것을 충분히 이해하고, 고객의 자기표현(self-expression)을 돕기 위하여 고객이 말한 것과 말하지 않은 것에 초점을 맞춘다. 이를 위해 7가지 세부항목을 제시하면 다음과 같다.

1. 고객이 전달하는 것에 대한 이해를 높이기 위해 고객의 상황, 정체성, 환경, 경험, 가치 및 신념을 고려한다.
2. 고객이 전달한 것에 대해 더 명확히 하고 이해하기 위해 반영하거나 요약한다.
3. 고객이 소통한 것 이면에 무언가 더 있다고 생각될 때 이것을 인식하고 질문한다.
4. 고객의 감정, 에너지 변화, 비언어적 신호 또는 기타 행동에 대해 주목하고, 알려주며 탐색한다.
5. 고객이 전달하는 내용의 완전한 의미를 알아내기 위해 고객의 언어, 음성 및 신체언어를 통합한다.
6. 고객의 주제(theme)와 패턴(pattern)을 분명히 알기 위해 세션 전반에 걸쳐 고객의 행동과 감정의 흐름(trends)에 주목한다.

(7) [역량 7] 알아차림을 불러일으킨다.

[역량 7]은 세 번째 그룹인 효과적으로 의사소통하기(Communicating Effectively)에 속한 역량으로써, '강력한 질문, 침묵, 은유(metaphor) 또는 비유(analogy)와 같은 도구와 기술을 사용하여 고객의 통찰과 학습을 촉진한다.'라는 정의하에 11가지의 세부항목을 제시하고 있다.

1. 가장 유용한 것이 무엇인지 결정할 때 고객의 경험을 고려한다.
2. 알아차림이나 통찰을 불러일으키기 위한 방법으로 고객에게 도전한다.
3. 고객의 사고방식, 가치, 욕구 및 원함 그리고 신념 등 고객에 대하여 질문한다.
4. 고객이 현재의 생각을 뛰어 넘어 탐색하도록 도움이 되는 질문을 한다.
5. 고객이 이 순간에 경험하고 있는 것을 더 많이 공유하도록 초대한다.
6. 고객의 발전(client's progress)을 위해 무엇이 잘되고 있는지에 주목한다.
7. 고객의 욕구에 맞추어 코칭접근법(coaching approach)을 조정한다.
8. 고객이 현재와 미래의 행동, 사고 또는 감정 패턴에 영향을 미치는 요인을 식별하도록 도와준다.
9. 고객이 어떻게 앞으로 나아갈 수 있는지, 무엇을 하려고 하고 할 수 있는지 생각해내도록 초대한다.
10. 관점을 재구성(reframing) 할 수 있도록 고객을 지원한다.
11. 고객이 새로운 학습을 할 수 있는 잠재력을 갖도록 관찰, 통찰 및 느낌을 그대로 공유한다.

(8) [역량 8] 고객의 성장을 촉진한다.

[역량 8]은 네 번째 그룹인 학습과 성장 북돋우기(Cultivating Learning and Growth)에 속한 역량으로 그 정의는 '고객이 학습과 통찰을 행동으로 전환할 수 있도록 협력한다. 코칭 과정에서 고객의 자율성을 촉진한다.'이며, 이 역량의 세부항목은 8가지이다.

1. 새로운 알아차림, 통찰, 학습을 세계관 및 행동에 통합하기 위해 고객과 협력한다.
2. 새로운 학습을 통합하고 확장하기 위해 고객과 함께 고객의 목표와 행동, 그리고 책임측정 방안(accountability measures)을 설계한다.
3. 목표, 행동 및 책임 방법을 설계하는데 있어서 고객의 자율성을 인정하고 지지한다.
4. 고객이 잠재적 결과를 확인해 보거나 이미 수립한 실행단계로부터 배운 것을 지지한다.
5. 고객이 지닌 자원(resource), 지원(support) 및 잠재적 장애물(potential barriers)을 포함하여 어떻게 자신이 앞으로 나아갈지에 대해 고려하도록 한다.
6. 고객과 함께 세션에서 또는 세션과 세션 사이에서 학습하고 통찰한 것을 요약한다.
7. 고객의 진전과 성공을 축하한다.
8. 고객과 함께 세션을 종료한다.

코치는 전문코치로써의 역량을 갖추기 위해서는 그 핵심요소와 역량을 정확히 이해하는 것이 중요하다. 고객과 나누는 대화는 일반대화와 달리 전문적인 커뮤니케이션 기술을 활용한 대화이기 때문에 전문코치가 되려고 하거나 전문코치로서의 역량을 강화하려는 경우 앞서 살펴본 핵심 코칭역량의 개념과 내용을 이해하고 실제적 적용 연습을 해야 한다.

생각해 보기

1. 코치에게 코칭 핵심역량이 중요한 이유에 대하여 생각해 봅시다.

2. 코칭 실습과 코칭 사례를 통해 자신이 가진 코칭역량의 강점과 더 보완해야 할 역량에 관해 생각해 봅시다.

3. 코칭역량의 구성요소 중 각 연구자와 코칭기관마다 코칭역량 구성요소에 공통점과 상이점에 관해 생각해 봅시다.

4. ICF의 8가지 역량의 실행지침에 따른 적용 사례를 생각해 봅시다.

chapter

06 코칭의 환경과 대화모델

코칭이 이루어지는 데는 기본적인 배경과 기반이 있다. 코칭을 담고 있는 환경을 그 배경이라고 한다면 그 배경 안에서 코칭 대화모델이 기반이 될 수 있다. 코칭은 기본적으로 5가지 환경 안에서 행해진다. 이 환경들은 그대로 코칭의 특징이 될 수 있는데 코칭의 5가지 환경은 코칭의 바탕이 될 뿐만 아니라 코칭에 녹아 있는 특징적 요소다. 이 다섯 가지 환경과 특징은 서로 유기적으로 연결되어 있으며 코칭 전체 시스템의 일부이며 전체로서 작동된다.

코칭 대화모델은 위의 환경 안에서 코칭의 기반이 된다. 코칭은 기능적인 대화이기에 기본적인 구조가 필요하며 그 구조란 구성요소와 순서를 말하며 프로세스라고 할 수 있다. 코칭 대화의 효과성을 높이기 위해 개발된 구조적 프로세스를 코칭 대화모델이라고 한다.

이에 따라 본 장에서는 코칭의 환경과 대화모델에 관하여 살펴보고자 하며 각각의 개념과 특징을 그리고 코칭환경에서는 5가지 요소를, 코칭 대화모델에서는 그 종류를 다룬다.

1. 코칭의 환경[1)]

1) 코칭환경의 개념

코칭의 환경은 언어, 관계, 시스템, 심리, 학습 등 5가지 특징적 요소로 이루어져 있다. 코칭 대화는 이 5가지 환경 안에서 행해지고 있고 5가지 특징을 지니고 있다. 코칭은 이 5가지 환경을 인식하고 그 특징을 온전히 지닐 때 제 기능을 다 한다고 할 수 있다. 코칭 대화의 현장 환경을 고려할 경우, 다시 말해서 코칭 대화가 일어나는 환경적 조건을 다룰 경우 5가지 환경을 강조해서 살펴볼 필요가 있다([그림 6-1] 참조).

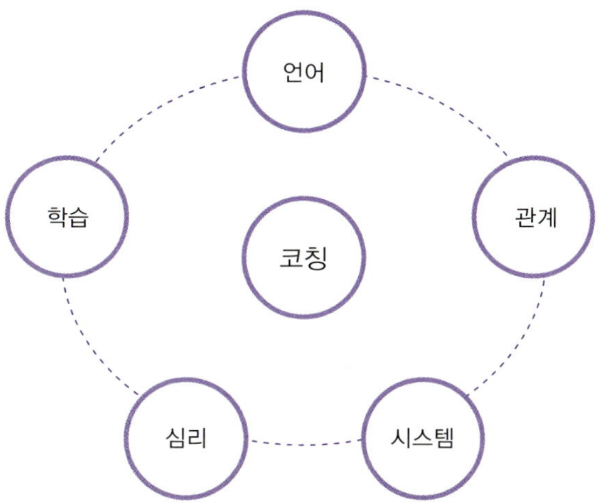

[그림 6-1] 코칭의 환경

1) 이 장은 도미향 외(2021). 전문코치를 위한 ICF 8가지 코칭 핵심역량의 내용 중 최동하가 집필한 내용의 일부를 발췌하여 수정한 것임.

2) 코칭환경의 특징

코칭 대화의 현장에서 코칭 대화가 본격적으로 시작되기 전에 코치는 먼저 기능적 환경인 관계적 환경과 시스템적 환경을 점검하고 최적화해야 할 의무가 있다. 현실적으로 고객 자신은 이러한 환경을 능동적으로 구축할 수 있는 경험이 없을 가능성이 크고, 코칭이 진행되는 동안 고객은 코치가 구축한 환경의 영향을 받기 때문이다. 또한 코치는 코칭 대화를 가능하게 하는 조건적 환경인 언어, 학습, 심리적 환경을 고려하여 고객에게 맞는 코칭 서비스를 제공할 수 있어야 한다.

관계적 환경은 고객과의 라포와 관련이 깊고, 시스템적 환경은 코칭 대화모델이 기본이며, 언어적 환경은 코칭의 인간관의 배경이고, 학습적 환경은 코칭의 효과로 이어지며, 심리적 환경은 코칭의 심리적 접근법을 지원한다. 이처럼 코칭의 5가지 환경은 코칭의 바탕이 될 뿐만 아니라 코칭에 녹아 있는 특징적 요소이기도 하다.

3) 코칭환경의 5가지 요소

(1) 학습적 환경

학습적 환경은 코칭의 목적인 변화와 성장에 관한 것이다. 코칭 활동을 통해서 자연스럽게 학습이 일어나는 효과는 있겠지만, 일반적으로 말하는 공부와는 거리가 있다. 어떤 분야의 역량(지식, 기술, 태도)을 계발하는 것을 학습이라고 한다면 그건 여기서 말하는 학습과 매우 가깝다. 흔히 자기개발이라고 하는 것도 학습의 범주에 속할 수 있고, 조직에서 업무와 관련된 능력을 향상시키고자 노력하는 것도 그러하다. 교육학 용어 사전에서는 “학습이란 행동의 변화이며, 이러한 변화는 연습과 훈련 또는 경험에 의한 변화로서 성숙에 의한 변화는 학습으로 간주되지 않으며 이러한 변화는 비교적 영속적이어야 한다."라고 정의한다.

학습과 교육의 차이를 말하면서 학습은 배움이고 교육을 가르침이라고 한다면 코칭은 스스로의 배움을 촉진하는 것이라 할 수 있다. 코칭을 제공한다는 개입 행위가 있지만 거기에 가르침의 개념은 포함되어 있지 않다. 코칭은 철저히 배움의 영역이고 코치는 돕는 역할을 한다. 더욱이 코치가 일방적으로 돕는 것도 아니고 쌍방향 도움의 메커니즘을 가지고 있다. 상호 도움의 결과, 학습이 일어난다고 할 수 있다. 동기부여도 마찬가지다. 코치가 일방적으로 고객의 행동 동기를 유발하는 것이 아니라, 고객도 코치의 동기를 유발한다. 다만 그 행동 양식이 다를 뿐이다. 코치가 경청, 질문, 피드백 등으로 고객에게 동기부여 한다면, 고객은 적극적인 반응과 내적 탐구, 과감한 행동, 실천 등으로 코치에게 동기부여한다.

관계적 측면에 있어서도 학습적 관계라는 개념이 가능하다. 상호 발전적 관계를 구축하고 정보의 공유, 피드백 교환 등을 통해 서로의 학습을 촉진한다. 이렇게 해서 일어나는 학습 행동을 '관계적 학습(Relational Learning)'이라고 한다(Parker, 2020). 관계적 학습은 소위 동료코칭(Peer Coaching)에 의해 촉진되는데, 주로 학습조직에서 많이 활용되고 있다. 여기서 학습조직이란 학습을 위한 별도의 조직(학교, 교육센터, 학습 공통체 등)뿐만 아니라 일반적인 조직으로서 학습의 개념을 일상화하는 조직을 뜻한다(Senge, 2006).

우리는 인간의 수명이 늘어나고 4차 산업혁명이 진행되고 있는 지금, 과거에 배운 지식과 기술만 가지고 100세 이상을 살아가기엔 뭔가 부족하다는 생각을 하고 있다. 따라서 요즘 성인 학습 시장이 매우 빠르게 성장하고 있는 것도 다 이런 이유를 포함하고 있을 것이다. 변화와 성장 욕구는 본능에 가깝다. 매슬로의 5단계 욕구 모델에서도 상위 단계로 올라갈수록 자기계발에 대한 욕구가 증가한다. 코칭은 이러한 진보된 욕구를 충족시키는 매우 잘 구조화된 학습 방법론이다.

이처럼 코칭은 학습적 환경에서 매우 중요한 역할을 하고 있다. 개인의 생활에 있어서 전반적인 혹은 특정한 영역의 변화와 성장을 돕는 코칭을 라이프 코칭이라고 하고, 조직의 구성원으로서 직업적 역량 향상을 돕는 코칭을 비즈니스 코칭이라고 하는 것을 보면 코칭은 학습적 환경에서 발전해 왔고, 학습적 특징을 지속적으로 발전시켜 나가고 있음을 알 수 있다. 코칭의 영역은 지금도 확장되고 있다(도미향 외, 2022).

(2) 심리적 환경

심리적 환경은 코칭이 마음과 깊은 관계가 있음을 말하고 있다. 마음은 심리학의 영역이고 상담과 더 관련이 있어 보일 수 있으나, 인문학적 차원에서 보면 인간의 모든 생각과 행동의 기저엔 마음이 있음을 알 수 있다. 최근엔 물리학과 뇌과학에서도 마음의 문제를 다루고 있으며, 변화와 성장을 다루는 코칭에서 마음을 생각하는 것은 당연한 일이다.

물론 강박증이나 편집증(편중되어 집중하는 정신병리적 증상) 같은 증상만을 놓고 코칭이 이루어지지 않는다. 뭔가 하고 싶거나 하고 있는 일상에서, 뭔가 잘해야 하는 조직 상황에서 심리적인 어려움 때문에 전진이 안 되는 경우는 병리적 문제라기보다 인지적 차원 혹은 마음의 치우침에서 비롯된 것일 가능성이 높다. 이런 경우에 코치의 깊은 경청과 공감 그리고 감정 코칭을 통해 효과적으로 해결할 수 있다. 그러나 코칭은 이 자체가 목적은 아니다. 다만 변화와 성장을 향해서 이룩을 해야 하는데 발목을 잡고 있는 마음의 문제를 털어 내야 할 때 코치가 심리적 도움을 줄 필요가 있는 것이다.

또한, 언어적, 관계적, 학습적 환경은 심리적 환경과 완전히 연결되어 있다. '구글(Google)'이라는 세계적인 IT 기업이 2012년부터 2015년까지 회사의 모든 팀을 대상으로 성과가 좋은 팀의 성공 요인을 분석한 결과 오랜 연구 끝에 찾아낸 첫 번째 요인이 바로 심리적 안전감(Psychological Safety)이다(re:Work 홈페이지, Google). 심리적으로 안전함을 느끼고 있는 팀원들이 자유롭게 토론하고, 피드백 교환을 하면서 창의적인 결과를 생산해 낸다는 것이다. 이런 결과를 놓고 모두 심리상담을 받아야 한다고 생각하는 사람은 없을 것이다. 이것이 바로 코칭리더십의 필요성과 심리적 환경의 단면이고, 코칭의 심리적 특징이 또 다시 부각되는 측면이다.

코치의 심리적 환경도 중요하다. 코칭 세션이 시작되면 일단 코치로서의 역할을 잘 해야 한다는 생각으로 고객의 입장이 아닌 코치의 입장에서 질문에 급급하기 쉽다. 뭔가 해결해 주고 싶은 심정에 열심히 듣고 열심히 질문하지만 코칭의 질적인 측면에선 그리 만족스럽지 못함을 곧 알게 된다. 이런 경우엔 코치는 더욱 질문에 날을 세우려고 의식적으로 노력하게 되고 그럴수록 코칭 세션은 경직되고 만다. 무슨 일이 생긴 걸까? 코치의 마음이 먼저 고객에게 열려 있지 않았기 때문이다. 이 모든 과정은 질문의 내용을 포함한 몸의 언어와 말의 어조가 그 느낌을 만들어 낸 것이며 이것들은 모두 코치의 마음에서 비롯된 것이다. 철저하게 고객을 신뢰하고, 코치는 마음을 내려놓아야 한다.

코칭은 온전히 고객 주도의 흐름으로 진행되어야 고객의 탁월성이 발휘될 가능성이 높아진다. 이를 위해 코치는 고객이 이야기의 흐름을 바꾸고 있을 때에도 일단은 마음을 내려놓고 따라가는 것이 좋다. 코치의 마음과 태도가 안정되어 있지 않으면 고객도 부정적인 영향을 받기 쉽다. 고객을 만나기 전에 마음을 가다듬어야 하고 고객을 구체적으로 어떻게 돕겠다는 생각도 가급적 하지 않는 것이 좋다. 코칭의 흐름을 코치가 주도하게 될 우려가 있기 때문이다. 오로지 고객의 상태와 목표에 의식을 집중해야 한다(도미향 외, 2022).

(3) 언어적 환경

코칭은 외형적으로 언어적 소통의 모습을 갖는다. 언어는 사람들 간의 소통에 있어서 가장 기본적인 수단이며, 코칭에서 기능적 대화를 하기 위해 언어를 사용하는 것은 당연한 일이다. 개인과 개인, 개인과 집단, 집단과 집단 간의 의사소통 혹은 문제해결부터 서로를 위해 감사하고 축하하고 격려하는 행위까지 언어를 사용하는 것이 우리 사람들의 모습이다. 이렇게 언어는 우리가 살고 소통하는 데 도움이 되는 필수적인 수단인 것이다.

그런데 한편으로는 개인과 개인, 개인과 집단, 집단과 집단 간의 불화 역시 언어에 의해 발생되고 있는 것이 현실이다. 사소한 말실수 혹은 오해로 인해 상대에 대한 적개심이 생기고 부정적인 감정이 촉발되며 나중엔 서로 내뱉은 말(어휘)만을 가지고 대립하고 싸우게 되는 상황도 종종 발생한다. 언어는 우리를 소통하도록 돕는 좋은 도구이지만 우리를 힘들게 하는 나쁜 도구이기도 한 것이다.

코칭은 긍정적이든 부정적이든 고객이 처해 있는 언어적 환경 속에서 원하는 결과를 성취하도록 돕는 일이다. 모국어의 경우 따로 배우는 것이 아니라 성장 과정 속에서 습득되는 것이어서 자신도 모르게 언어적 습관이 만들어지며, 사회생활을 하면서 다른 사람들로부터 크게 영향을 받는다. 가족과 조직엔 그 집단의 특징적 언어가 있고, 그것이 무의식적으로 정착되면 그 집단의 문화의 일부가 된다. 이것은 소통 방식에 결정적으로 영향을 미치면서 그 구성원들의 정체성을 결정하기도 한다. 언어적 문화가 긍정적인 상황으로 정착되면 다행이지만, 부정적으로 정착되면 그 집단의 구성원은 스스로 알아차리지 못하는 한 자기도 모르게 부정적 언어의 문화 속에 있는 자신을 당연한 자아상으로 받아들인다.

철학자 하이데거는 언어를 '존재의 집'이라고 했다(Heidegger, 2008). 우리는 언어로 말을 하고, 언어로 생각을 한다. 생각은 행동으로 이어지고 그 사람의 전체적인 모습으로 나타나기 때문에 언어는 곧 그 사람의 존재성을 표상한다. 그 사람의 언어 안에 그 사람이 있는 것이다. 그 사람이 말을 하는 것을 보면 그 사람의 인격을 알 수 있는 것도 같은 이치이다. 무서운 것은 그 사람의 언어가 다른 사람의 존재를 흔들 수 있다는 사실이다. 왜냐하면 존재는 언어 속에 살고 있으니까 언어를 건드리면, 다시 말해 그 사람의 언어를 건드려서 생각까지 흔들리게 하면 결과적으로 존재가 흔들리게 된다.

여기서 흔든다는 것은 긍정적인 영향을 줄 수도 있고 부정적인 영향을 줄 수 있음을 의미한다. 부정적인 언어 환경 속에 속한 사람은 부정적인 영향을 주는데 아무렇지도 않게 생각할 수 있다. 자신도 피해자라는 생각조차 못하는 경우도 있다. 이러한 언어적 특성은 코칭 언어가 중요한 역할을 할 수 있음을 시사한다.

코칭의 언어적 특징은 기본적으로 존중의 언어이다. 그리고 따듯하고 친근한 언어다. 물론 중립적 언어, 긍정적 언어, 열린 질문 등 코칭 언어를 특징짓는 다양한 언어가 있다. 톰 크레인(Crane, T. G.)은 자신의 저서 『코칭의 핵심』에서 코칭언어에 대해 '해야 한다'보다 '할 수 있다', '그러나'보다 '그리고', '해보겠다'보다 '하겠다', '할 수 없다'보다 '하지 않을 것이다', '잘못'보다 '배움' 등의 언어 전환을 강조했다(Crane, 2007). 이러한 코칭 언어는 얼어붙은 혹은 손상된 존재성을 언어를 통해 흔들어 깨우게 된다. 코칭 대화를 하는 과정 속에서 고객은 다른 언어를 경험하고 그 언어를 사용하게 되고 그러는 가운데 생각이 변하고 존재가 회복되는 것이다. 그래서 전문코치들은 '코칭은 존재를 깨운다'는 말을 공유한다(도미향 외, 2022).

(4) 관계적 환경

언어는 혼자만의 말과 생각에도 사용되지만, 다른 사람들과의 관계 속에서 공감과 소통의 도구로 사용된다. 코칭이 언어를 사용하기에 관계적 환경은 언어와 연결된 코칭의 기본적인 환경이다. 관계에 있어서 양측의 소통을 위해서는 일단 언어를 사용하지만 그것은 의사소통이 대부분이고 관계를 규정하고 유지하고 개선하고 혹은 악화시키는 것은 언어 이외에 상호 관계 설정이 큰 몫을 한다.

특히 우리나라는 관계 설정에 매우 민감하다. 쉽게 말해 서열이다. 몇 학번이냐, 몇 년생이냐, 언제 졸업했느냐, 누구와 동기냐 등 일단 서열을 정해야 마음이 편하다. 윗사람으로 모시든, 친구로 사귀든, 아래 사람으로 보살피든 서열 안에서 행동할 때 뒤탈이 없는 편이다. 서열이 확인되면 바로 존댓말을 하든, 반말을 하든 언어 행동이 결정되기도 한다. 서열과 관계없이 꼬박꼬박 존댓말로 대하는 사람도 많다. 그래도 일단 서열을 확인하고 나서 그렇게 하는 편이다. 이것을 서열관계라고 한다. 우리는 소통을 할 때 그 사람과 소통을 하는 것이 아니라 서열관계와 소통을 한다. 그 사람 자체를 보는 것이 아니라, 서열관계를 통해서 그 사람을 보고 소통을 하는 것이다. 우리 사회는 오래도록 이 서열관계 속에서 발전해 왔다. 물론 후퇴한 부분도 많이 있을 것이다. 부작용도 많고 갈등도 많았다. 그러나 수직적 구조가 효과적인 사회에서는 매우 생산적인 관계 설정인 것은 사실이다. 최근 들어 날이 갈수록 이러한 서열관계는 부정적인 측면이 다양하게 드러나면서 사회 각계에서 수평적인 파트너십을 많이 강조하고 있다. 그러나 아직도 가정과 조직 속에서 이 서열관계는 엄연히 존재하고 있고 이 파트너십이라는 개념도 허울만 좋은 추상적인 언어로 사용되는 경우도 많다. 갑을 관계만 봐도 그렇다. 많이 좋아졌다지만 아직도 멀었다. 의식이 변화하지 않으면 불가능하다.

이러한 환경 속에서 코칭 고객은 자신의 변화와 성장을 위해 코치와 함께 노력을 한다. 코칭은 새로운 관계를 제시함으로써 우리가 소망하는 수평적 파트너십을 경험하게 한다. 그것은 바로 코칭 관계의 수평성이다. 수평적 코칭 관계를 통해서 서로를 바라보고 소통하는 것이다. 코칭 관계 안에서 우리는 서로를 있는 그대로 바라보게 되고 그 사람 자체를 볼 수 있게 된다. 코칭을 통해서 수평적 관계를 경험하면 의식의 변화가 일어날 수 있다. 코칭 관계는 서열관계를 극복할 수 있는 하나의 의식 훈련의 기능을 제공한다.

코칭 대화에 필요한 기능으로서의 관계적 환경은 다음과 같다(도미향 외, 2022).

① 코치와 고객 간의 신뢰 관계

이 부분은 저절로 이루어지는 관계가 아니다. 전문가인 코치가 먼저 신뢰를 획득하기 위해 노력해야 하며 고객도 신뢰를 기반으로 코칭에 참여한다. 또한 코치는 코칭의 기본적인 철학에 의거해 고객의 가능성에 대한 우선적인 신뢰를 가지며, 그가 스스로 해결책을 찾을 수 있다는 것을 믿어야 한다.

② 코치와 고객 간의 협력 관계

코칭은 코치가 주도적으로 이끌어 가는 과정이 아닌 고객이 주도적으로 진행할 수 있도록 돕는 과정이다. 그래야 코칭에서 다루어지는 모든 내용에 대한 자각과 실천을 고객의 책임하에 둘 수 있다. 이것은 전문가로서 개입하는 코치를 뭔가 지도하거나 이끌어가는 사람이 아닌 협력 관계의 파트너로 인식하는데 매우 중요한 관점이다. 코치는 이러한 협력적인 관계를 코칭 기간의 처음부터 끝까지 일관되게 유지해야 한다.

③ 고객만을 위한 안전한 장소

코칭고객은 코칭 관계가 '자신만을 위한' 시간과 공간 속에서 유지되는 것에 진심으로 고마워한다. 고객은 자신을 위해 마련된 공간을 음미하고 자신의 성장을 향유할 수 있게 된다(Williams, 2002). 코칭 장소는 가급적 고객의 전용 공간(집, 사무실 등)이 아닐수록 좋다. 코칭은 늘 새로운 생각과 관점을 추구하기 때문에 과도하게 낯선 장소 혹은 불편한 장소가 아니라면 새로운 장소를 제공하는 것이 바람직하다.

④ 준비된 코칭공간

코칭 대화가 시작되기 전에 코치와 고객은 사전에 합의한 원칙과 조건을 충분히 숙지하고 있으며, 그 안에서 안전하고 편안한 대화를 경험한다. 준비된 코칭공간은 코치와 고객이 코칭 관계라는 특별한 관계를 심화하면서 변화와 성장의 산실이 된다. 코치는 이러한 코칭공간을 조성하고 유지하기 위해 코칭 세션이 시작되기 전에 고객과 함께 시간과 장소를 확인하고 코칭 대화를 위한 준비를 점검해야 한다.

(5) 시스템적 환경

인간은 모두 사회적 시스템 안에 있다. 그리고 우리는 모두 그 시스템 안에서 변화하고 성장하기를 원한다. 간혹 그것이 나를 제약하는 시스템으로 존재하기도 하고, 나를 심리적으로 혹은 신체적으로 소외시키는 시스템으로 존재하기도 한다. 나는 시스템 안에 있으면 그 시스템 자체를 탓하며 나의 상태를 합리화하고 싶어 한다. 그러나 내가 느끼는 제약과 소외는 모두 나의 생각이 만들어 낸 시스템의 그림자일 뿐이다. 우리는 우리의 생각으로 시스템을 인지하고 있는 것이다.

그러나 우리는 여전히 시스템 안에 있다. 언어시스템, 관계시스템, 학습시스템, 심리시스템, 그밖에 또 무수히 많은 시스템이 존재하고 우리는 그 안에서 활동하고 그것들을 이용하고 활용한다. 동시에 그러한 시스템에 의해 크게 영향을 받고 있는 것도 사실이다. 다시 말하지만 그것은 시스템이 하는 일이 아니고 나의 생각이 하는 일이긴 하다. 코칭은 이러한 시스템적 환경에서 변화를 모색하는 고객을 향해 시스템에 예속되지 말고 시스템을 활용하고 시스템을 변화시키라고 주문한다. 물론 가르치지 않고 함께 생각하고 탐구하며 만들어 내야 한다. 그래야 고객의 생각이 되고, 학습이 일어나고, 변화가 일어나고, 지속적으로 유지된다.

코칭은 고객의 시스템적 환경뿐만 아니라 고객 자신의 시스템에 관심을 둘 것을 코칭 질문을 통해 생각하게 할 수 있다. 자신이 취하고 있는 모든 생각과 행동은 그 사람의 시스템이다. 그 생각과 행동을 만들어 내는 패턴과 구조를 가지고 있기 때문이다. 구조가 행태를 결정한다고 할 때, 여기의 행태는 반복되는 행동 유형(pattern of behavior)을 가리킨다. 행태는 일시적인 사건(event)과 반복적인 패턴(pattern)으로 구분할 수 있다(김동환, 2004). 그것들은 자신이 만든 것이고 그것이 반복되고 유지되면서 지금 그 사람의 생각과 행동을 만들고 있는 것이다. 그리고 거기에 예속되어 있는 상태다. 변화를 원한다면 패턴과 구조, 즉 시스템을 바꾸어야 한다. 의식적으로 생각을 바꾸면 패턴과 구조가 바뀌고 그 결과 다른 생각과 행동을 하게 된다. 이것은 개인의 시스템적 환경이 변화한 것이지만 조직도 마찬가지다.

코칭 안에도 시스템이 있는데 바로 코칭 프로세스이다. 코칭 프로세스란 코칭을 진행하는 즉, 고객을 만나는 준비부터 마무리까지 전체 과정을 의미하기도 하는데 여기서는 코칭 대화의 논리적 순서를 의미하는 코칭 대화 프로세스를 말한다. 코칭 대화 프로세스를 위한 대화모델이 있는데 이는 코칭문제 해결을 위한 아주 단순한 논리적 구조로 보이지만 그 안에서 돌아가는 시스템은 아주 작은 이슈부터 지구를 구할 거대한 프로젝트까지 모든 걸 담을 수 있을 정도로 넓고 깊다. 이러한 시스템은 코칭을 효과적이게 하고 기본적인 역할을 한다. 그러나 코치는 코칭 대화모델이라는 시스템에 지나치게 의존하면 안 된다. 일반적으로 검증된 시스템이라 하더라도 고객의 상황에 맞게 효과적으로 활용하고, 생각의 유연성을 극대화하여 창조적 결과를 만들어 내기 위해선 언제든지 기존의 시스템을 변경할 수 있어야 한다. 이 또한 코치와 고객이 함께 만들어 가는 신세계이다. 생각 파트너로서 해낼 수 있는 멋지고 가슴 뛰는 일이 아닐 수 없을 것이다. 생각 하나로 모든 것을 바꾸는 일이 코칭에서 일어나고 있는 것이다. 이것이 코칭의 시스템적 특징이다.

2. 코칭의 대화모델

1) 코칭 대화모델의 개념

코칭의 대화모델은 코칭을 효과적으로 하기 위한 구조화된 대화 프로세스이다. 구조화되었다는 것은 논리적인 순서를 중요하게 여긴다는 의미다. 코칭 세션에서 일어나는 대화는 고객의 기대와 목적을 지닌 대화이기에 기능적이야 한다는 차원에서 개발된 것이 코칭 대화모델이라고 할 수 있다. 코칭에서 요구하는 전문지식과 훈련의 과정을 전부 거치지 않더라도 이 코칭 대화모델을 활용하면 코칭의 효과를 경험할 수 있다. 또한 전문코치들은 이 대화모델을 통해 훈련하고 실습하고 있으며, 실제 코칭 현장에서도 그 양상의 차이가 다소 있겠지만 전체적으로 코칭 대화모델을 사용한다.

코칭 대화모델은 기본적으로 문제해결의 논리적 프로세스를 기반으로 하고 있다. 가장 보편적으로 알려져 있는 GROW 모델부터 개인적으로 개발한 코칭 대화모델까지 그 내용은 결국 문제를 해결하거나 목표 달성을 위한 논리적 접근법이 아닐 수 없다.

따라서 코칭 대화모델은 각 국가별로 그리고 각 코칭 프로그램 개발자별로 실로 다양하지만 크게 보면 큰 차이가 없고 부분적으로 강조하는 부분이 있는 정도다. 문제를 정의하거나 목표를 설정하고 그것의 현재 상황을 점검하고 목표를 달성할 수 있는 방안을 수립한 후 실천 계획을 세우는 것은 모든 사람이 이해하고 적용할 수 있는 논리적 프로세스다.

다만 코칭의 효과를 위해 어떤 부분을 더욱 강조하고 어떤 부분을 우선시하는 가는 코칭의 대상과 코치의 개인적 판단에 따라 다소 차이를 보일 수 있을 것이다. 이는 코칭 대화모델의 구조화적 특성과 코칭의 실제적 적용의 차이를 뜻하기도 한다. 코칭 대화모델은 논리적 프로세스를 제시하는 것이고 실제 코칭은 고객의 생각을 따르고 돕는 일이다. 코치는 코칭 대화모델에 고객을 생각을 끼워 맞추면 안 된다. 논리의 흐름일 뿐 정해진 공식은 아니다.

어떤 코칭 대화모델을 사용하는 것이 가장 바람직한 가는 코치의 판단과 고객의 상황에 따라 유연하게 대처해야 할 것이다. 경우에 따라서는 다양한 코칭 대화모델을 종합해서 자기만의 대화모델로 만들어서 사용하는 것도 가능하다.

2) 코칭 대화모델의 특징

코칭 대화의 프로세스는 주로 구조화적인 차원에서 이루어지는데 간혹 비구조화적 프로세스로 진행되기도 한다. 구조화적 프로세스는 고객의 이슈에 대해 논리적으로 편안하게 다가갈 수 있도록 '기승전결'의 구조를 따른다. 비구조화적 프로세스는 코칭 대화의 순서를 바꾸거나 생략하면서 진행하며 주로 고객의 특성에 맞추어 코칭 대화를 하다 보면 예기치 않게 비구조화적 코칭 프로세스를 경험하기도 한다. 코칭 시간이 매우 짧은 경우 혹은 코칭 대화가 횡보를 하고 있을 때 혹은 고객의 요구에 의해 코치는 비구조화적 코칭을 의도적으로 시도할 수 있으며 그로 인해 코칭 대화가 다시 활기를 띨 수 있다. 하지만 큰 틀에서는 논리를 지킨다.

코칭 대화모델에 필요한 구조에는 기본적으로 문제점 확인 또는 핵심과제 선정, 해결방안 도출 등이 포함되어 있는데 고객의 사고를 돕는 방법으로 [그림 6-2]와 같이 수렴적 사고와 확산적 사고를 단계적으로 이행하는 것이다. 수렴적 사고는 여러 가지 사안 중에 정말 중요한 것이 무엇인지에 초점을 맞추는 것이고 확산적 사고는 정해진 핵심 포인트에 대해 구체적인 전개 방안을 확산적으로 펼치는 것이다. 그렇게 펼쳐진 방안들에 대해 중요도와 순서를 따져서 하나의 최우선 방안을 선정하는 것은 다시 수렴적 사고에 해당된다. 그리고 또 다시 확산적 사고가 이어질 수 있다. 코칭 대화에서 고객은 문제와 과제를 정하면서 수렴적 사고를 하게 되며 해결방안이나 달성방안을 살피면서 확산적 사고를 하게 된다. 그리고 최종적으로 지금 당장 실천할 것을 정하는 과정은 다시 수렴의 과정이다. 이와 같이 코칭 대화모델은 수렴적 사고와 확산적 사고의 반복으로 이루어진다고 보면 이해하기 쉽다.

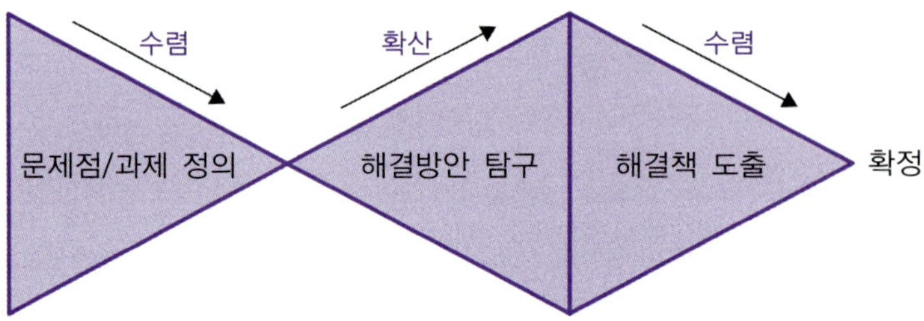

[그림 6-2] 수렴적 사고와 확산적 사고

코칭 대화를 본격적으로 시작하기 전에 일반적으로 워밍업 타임을 갖는데 이는 코칭 대화에서 가장 중요한 절차이기도 하다. 이 부분을 라포(Rapport)라고 하며 코칭 대화를 위한 준비 작업이라고 할 수 있다. 특히 코칭 첫 회기엔 가장 중요한 과정이기도 하다. 고객이 스스로 코칭을 요청했다지만 자신의 이야기를 타인과 마음 편하게 공유한다는 것이 그리 쉬운 일만은 아니다. 더구나 누군가의 권유로 코칭을 받게 되는 경우 이 워밍업 과정을 소홀히 했다가는 코칭 내내 힘들어질 수도 있다. 마음의 벽을 허무는 과정이 반드시 필요하다. 한편, 코칭에 대한 기대가 큰 상태로 코칭을 받는 고객에게는 코칭 과정 내내 잊지 말아야 할 마음의 준비도 확인한다.

〈워밍업을 위한 기본 질문〉

- 먼저 제 소개를 간단히 해드려도 될까요?(프로필을 미리 제출했더라도)
- 코칭에 대해 어떤 생각이나 기대를 하시는지요?
- 요즘 다들 힘들어 하는데… 하시는 일은 어떠세요?
- 최근에 즐거웠던 일이 있었다면 얘기해 주실 수 있을까요?
- 최근에 본 영화나 읽은 책이 있으면 소개해 주시겠어요?
- 제가 질문을 좀 자주하게 될 텐데 괜찮을까요?

〈안정감이 없는 고객을 위한 질문〉

- 제가 어떻게 하면 고객님이 편하게 말씀하실 수 있을까요?
- 조금 불편해 보이시는데 지금 어떠세요?
- 가장 편하게 대화하는 상대는 누구세요?
- 어떤 면에서 그분과의 대화가 가장 편하신가요?
- 표정이 아까보다 많이 밝아지셨는데 지금 기분은 어떠세요?

〈동기부여가 된 고객을 위한 질문〉

- 코칭 기간이 다 끝나면 가장 크게 기대하는 것은 무엇입니까?
- 코칭 기간 동안 스스로에게 할 약속 3가지는 무엇입니까?
- 코칭 기간 동안 고객님이 세운 실행 계획은 반드시 지킨다고 믿어도 될까요?
- 코칭 기간 동안 코칭 시간을 가장 우선시하실 수 있을까요?

3) 코칭 대화모델의 종류

코칭 대화모델은 유연성이 중요하다. 이 장에서 살펴볼 코칭 대화모델은 크게 세 가지 유형이다. 첫 번째 유형은 가장 전통적인 코칭 대화모델로서 GROW 모델과 Coaching Conversation 모델인데 이 모델들은 공히 코칭 주제와 목표를 가장 먼저 함께 다루고 그와 관련된 현실적 상황을 검토하는 것으로 되어 있다. 두 번째 유형은 The Achieve 모델로서 첫 번째 유형과 달리 주제 설정 이후 현실적 상황을 먼저 다룬 다음 코칭 목표를 설정하는 것으로 되어 있다. 세 번째 유형은 위 두 가지 유형을 혼합한 유형인데 코칭모델을 개발하는 기관이나 전문가에 따라 다양하게 제시되고 있다. 여기서는 한국코칭학회의 Active 코칭 대화모델을 소개한다.

(1) GROW 모델

GROW 모델은 전 세계에서 가장 많이 사용하고 있는 대화모델이다. 구조와 요소가 간단하고 문제해결중심의 논리적 프로세스를 가지고 있기 때문이다. 이 대화모델은 영국의 존 휘트모어의 저서『성과향상을 위한 코칭리더십』(Whitmore, 2019)에 처음 소개되었고 그 이후 많은 코칭 관련도서와 코칭훈련 현장에서 다루고 있다. GROW 모델은 4단계로 구조화되어 있으며, 해결과제를 정하고 현재상황을 살펴서 해결방안을 모색하고 최종적으로 실행 계획을 세우는 순서로 이루어져 있다([그림 6-3] 참조). 이러한 GROW 모델은 그 구조가 스토리텔링에서 많이 쓰는 '기승전결(起承轉結)'과 유사하다. 기승전결(起承轉結)은 원래 한시(漢詩)의 서사 구조(Narrative Structure)이다. 기본적으로 극적 반전이 있어서 소위 이야깃거리를 만들어 낸다. 코칭 대화모델인 GROW는 Option 단계를 여는 '그럼에도 불구하고'라는 말을 사용하여 극적 전환을 도모한다. 어떻게 보면 코칭은 대화를 통해 고객의 변화 스토리를 만들어 가는 과정이기도 하다. 고객으로 하여금 자신만의 성공 스토리를 만들어 내도록 순서에 맞게 질문을 제공하는 것이 바로 코칭 대화인 것이다.

G	• 주제, 목표(Goal) • 코칭 주제는 무엇입니까?	起	• 제기 • 시간관리를 하고 싶습니다.
R	• 현실, 현재 상태(Reality) • 현재 상태는 어떻습니까?	承	• 계승 • 일이 너무 많습니다.
O	• 해결방안 검토(option) • 그래도 해결할 수 있는 방안은?	轉	• 전환: 많다 → 정리, 계획 • 일정표, 알람, 일 정리…
W	• 실행 계획(Will) • 무엇을 실행하겠습니까?	結	• 마무리 • 일정표를 작성하겠습니다.

[그림 6-3] GROW 모델과 기승전결
출처: KBC파트너스, 코칭 질문의 원리와 기술(2017).

코칭 대화에서 가장 주의해야 하는 것은 흐름과 맥락이다. 고객이 원하는 바 그 목적지에 다다를 수 있도록 하기 위해서는 고객의 진술과 대답이 극적인 스토리로 엮어져야 한다. 이것을 가능하게 하는 것이 코치의 적절한 질문이다. 대화의 흐름과 맥락을 잘 살펴서 '기승전결'의 구조를 벗어나지 않도록 해야 한다. 한 개의 주제에 대해 한 회차(세션)에서 마무리가 안 되더라도 전체적인 흐름과 맥락은 일관성이 유지되어야 한다. 간혹 흐름에서 벗어나는 경우가 있더라도 결과적으로 본래의 프로세스로 돌아와야 스토리가 만들어진다(KBC파트너, 2017).

① 목표 설정

GROW 모델의 첫 단계는 목표 설정(Goal Setting) 단계이며 코칭 부제와 목표가 포함되어 있다. 코칭 주제와 목표는 온전히 고객이 정하는 것이다. 고객이 꺼낸 주제는 그 속에 고객만의 사연이 있고 그와 관련되어 이루고자 하는 목적과 욕구가 있다. 그 욕구를 구체화하면 '목표'가 되는 것이다. 코칭 주제는 무엇을 해결할 것인가 혹은 무엇을 변화시킬 것인가 혹은 무엇을 달성할 것인가에 대한 것이다. 이 중에 어떤 것이 고객의 주제인지는 코치의 질문에 따라 명확해진다. 간혹 처음에 말한 주제가 진짜 주제가 아닌 경우도 있는데, 이는 코칭 대화가 진행되면서 자연스럽게 드러난다. 단, 코치가 이를 알아차릴 수 있어야 한다. 드러난 부분에 대해 고객과 나누는 것이 코치의 임무이다. 질문하고 확인하고 조정하는 과정을 통해 'Goal' 단계가 코칭 대화 전체를 진실하게 만드는 역할을 할 수 있다.

〈코칭 주제를 정하기 위한 기본 질문〉

- 오늘 코칭 대화의 주제는 무엇으로 하시겠습니까?
- 해결하고 싶은 문제나 변화하고 싶은 게 있다면 무엇입니까?
- 지금 마음속에 지니고 있는 이슈가 있다면 무엇입니까?

〈주제를 구체화하는 질문〉

- 좀 더 구체적으로 말씀해 주시겠습니까?
- 지금 말씀하신 부분을 한 문장으로 요약하면 어떻게 할 수 있을 까요?
- 여러 가지 주제(issue)를 말씀하셨는데… 가장 다루고 싶은 주제(topic)는 무엇입니까?

〈주제의 이면을 탐구하는 질문〉

- 이 주제는 고객님에게 왜 중요한가요?
- 이 주제와 관련해서 마음속에 있는 어떤 것이 있다면 무엇일까요?
- 이 주제와 관련해서 궁극적으로 해결하고 싶은 것은 무엇입니까?

〈주제가 바뀌는 질문〉

(주제를 정했는데 이야기의 내용이 다르게 전개되면)

- 지금 말씀하시는 내용과 조금 전에 고객님이 정한 주제는 어떤 연관 관계가 있나요?
- 말씀을 들어보니 진짜로 하고 싶은 말씀은 다른 데 있는 것 같은데, 어떠신지요?
- 주제를 바꾸신다면 어떻게 바꾸고 싶으신가요?

〈주제와 관련된 목표를 정하는 질문〉

- 이 주제와 관련된 목표는 무엇입니까?
- 이 주제와 관련해서 어떤 상태가 되면 만족하시겠습니까?
- 목표가 이루어졌음을 무엇을 보고 알게 될까요?
- 목표와 관련해서 지금 상태를 1~10으로 봤을 때 몇 점인가요?
- (추가 질문)지금의 (   )점을 몇 점까지 올리시면 만족하시겠습니까?
- (추가 질문)올라간 (   )점의 상태를 설명해 주실 수 있을까요?

〈동기부여를 위한 목표와 관련된 추가 질문〉

- 이 목표를 이룬다는 것은 고객님에게 어떤 의미입니까?
- 이 목표가 이루어지면 고객님은 어떤 변화가 생길까요?
- 이 목표를 이루게 되면 고객님 스스로에게 어떤 선물을 해주시겠습니까?
- 이 목표는 고객님의 어떤 가치와 연결되어 있습니까?
- 이 목표를 이룬 고객님은 누구입니까?
- 이 코칭 대화가 끝나고 어떤 결과나 변화가 있으면 좋겠습니까? (세션 목표)

② 현실 점검

GROW 모델의 2번째 단계는 현실 점점(Reality)이며 Reality(현재상황)과 Recognition(gap 인식), 그리고 Resources(내적 자원)을 다룰 수 있다. 먼저 주제와 목표가 정해지면 그와 관련된 현재의 상황에 대해 살펴본 후 달성해야 할 목표와 현재 처해 있는 현실과의 차이(gap)를 인식할 수 있도록 돕는다. 이것이 고객의 변화의 첫 출발점이다. 현재 서 있는 곳을 분명히 보고 가야 할 곳을 다시 한번 분명하게 바라보며 그 차이를 확인하고 원인과 당면 과제를 생각한다. 여기서 바로 해결책을 찾아 나서지 않고 그를 위한 내적 자원을 탐색하는 것이 좋다. 현실과 직면하는 과정에서 에너지가 떨어져 있을 수 있기 때문에 고객의 내적 역량을 최대한 발휘할 수 있는 환경을 구축하는 것이 매우 중요하다.

〈Reality에 대한 질문〉

- 목표와 관련해서 현재 상황은 어떻습니까?
- 이런 상태가 계속된다면 결과적으로 어떻게 될까요?
- 목표와 관련해서 지금까지 시도해 본 것은 무엇입니까?
- (추가 질문) 그러한 시도는 어떤 효과와 배움이 있었습니까?

〈Recognition에 대한 질문〉

- 지금의 상태와 아까 말씀하신 목표와는 어떤 차이가 있습니까?
- 현 상태를 벗어나는 데 어려움이 있다면 어떤 부분입니까?
- 생각만 하고 시도하지 않았다면 실행하지 못한 이유는 무엇입니까?

〈Resource에 대한 질문〉

- 혹시 과거에 이와 유사한 상황을 극복해서 성공한 경험이 있습니까?

- (있다면) 그때 발휘했던 고객님만의 강점이나 비결이 있었다면 무엇입니까?
- (없다면) 이 상황을 극복하고 성공할 수 있는 고객님만의 강점은 무엇입니까?

③ 대안 선택

GROW 모델의 세 번째 단계인 대안 선택(Option)에서는 이전 단계에서 정리된 과제에 대한 해결방안을 모색한다. 여기서는 일단 대안의 '질'보다 '양'이 중요하다. 모든 가능성을 열어두고 자유롭게 탐색할 때 창의성이 발휘될 수 있기 때문이다. 코치는 최대한 고객이 생각의 범위를 확장할 수 있도록 다양한 질문을 할 필요가 있다. 고객이 대안 개발에 코치의 도움을 요청할 경우, 코치가 아이디어 개발의 틀을 제공할 수도 있다.

〈대안 탐색을 위한 기본 질문〉
- 강점과 자원을 활용해서 목표를 달성할 수 있는 방법은 무엇입니까?
  (더 이상 대안이 나오지 않을 때까지 탐색하고 마지막으로 한 번 더 시도)
- 지금까지 한 번도 시도하지 않았던 대안이 있다면 무엇일까요?
- 지금까지 한 번도 생각하지 않은 새로운 아이디어를 떠올린다면 무엇일까요?

〈다양한 관점으로 생각하게 하는 질문〉
- 향후 목표를 이룬 고객님이 지금의 고객님에게 대안을 가르쳐 준다면?
- 전지전능한 존재가 나타나서 대안을 일러 준다면 어떤 말을 해줄까요?
- 모든 것이 가능하다면 어떤 대안을 세워보겠습니까?

〈아이디어의 틀을 제공하는 질문〉
- 목표 달성을 위한 핵심 단어 5가지를 떠올린다면 무엇이 생각납니까?

- 그 5가지 핵심 단어를 중심으로 각각 5가지 관련 단어를 떠올린다면?
- 지금까지 나온 25가지 단어를 활용해서 대안을 만들어 보시겠습니까?
- 지금 정리된 대안을 보고 새롭게 떠오르는 대안이 있다면 무엇입니까?

④ 실천 계획

GROW 모델의 마지막 단계인 실천 계획(Will)에서는 'Option' 단계에서 개발된 대안 중에 가장 먼저 실행에 옮길 효과적인 대안을 선택하고 그것을 어떻게 구체적으로 실행에 옮길 것인가에 대해 코칭 대화를 진행한다. 목표를 설정하고 현실을 점검하고 대안을 생각하고 최종안을 결정하는 과정에서 고객은 이번에는 반드시 실행하겠다는 각오를 다지게 된다. 그러나 실제 행동이 수반되지 않으면 코칭은 실패한 것이나 다름없다. 따라서 이 'Will' 단계에서는 무엇보다 고객의 실행을 위한 여러 가지 확인(약속)을 해야 한다. 이는 실행의 가능성을 높이기 위해서이다.

〈최종적인 대안을 선택하는 질문〉

- 지금까지 살펴본 대안 중 우선순위를 정한다면 어떻게 할 수 있을까요?
- 지금까지 살펴본 대안들을 분류한다면 어떻게 분류할 수 있을까요?
- 목표 달성에 결정적으로 도움이 되는 대안은 무엇입니까?
- 가장 먼저 무엇을 실행하겠습니까?

〈구체적인 실행 계획과 상호책임을 위한 질문〉

- 구체적인 실행 계획은 무엇입니까?
- 실행 계획에 대한 관리는 어떻게 하겠습니까?
- 언제부터 실행하겠습니까?
- 실행을 위해 주위에서 확인해줄 사람은 누구입니까?

- (추가질문) 어떤 방법으로 실행 여부에 대해 확인받겠습니까?
- 실행을 도와줄 사람은 누구이며 어떤 도움을 받겠습니까?
- 코치인 제가 확인할 수 있는 방법은 무엇입니까?
- 코치인 저에게 어떤 도움을 받고 싶습니까?
- 실행을 하는데 혹시 예상되는 어려움이 있다면 무엇입니까?
- (추가질문) 그 부분은 어떻게 제거될 수 있을까요?
- 실행을 위해 지금 당장 그만두어야 할 것은 무엇입니까?
- 실행을 위해 기꺼이 포기할 것이 있다면 무엇입니까?
- 반드시 실행하기 위해 잊지 말아야 할 자신만의 '슬로건'은 무엇입니까?

(2) Coaching Conversation 모델

Coaching Conversation 모델은 현대적 의미의 코칭을 창안한 사람 중의 한 명인 토마스 레너드(Thomas J. Leonard)에 의해 1992년에 설립된 미국의 Corporate Coach U에서 만든 코칭 대화모델이다. 이 모델은 5단계로 이루어

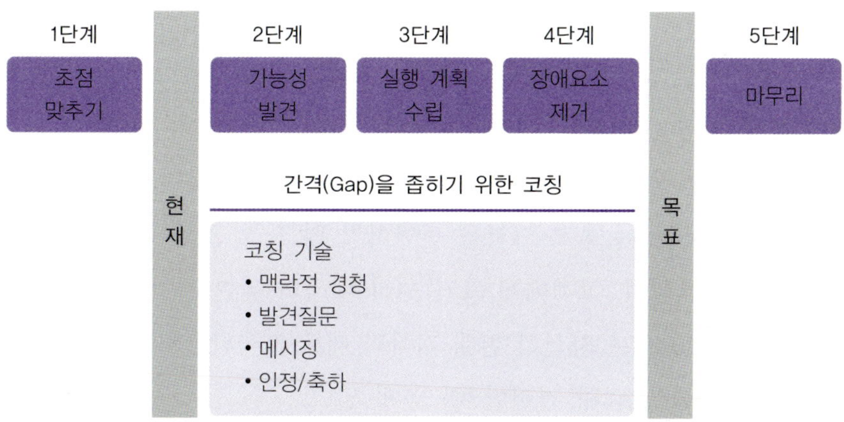

[그림 6-4] 코칭 대화모델(coaching conversation model)
출처: CCU(Corporate Coach University)

지는데 [그림 6-4]와 같이 초점 맞추기-가능성 발견-실행 계획 수립-장애요소 제거-마무리의 순서로 되었으며 논리의 전개는 GROW 모델과 유사하다. 실행 계획 수립을 위한 가능성 발견 단계와 실행 계획 수립 후 예상되는 장애요소에 대한 고려가 별도의 단계로 포함되어 있다.

① 초점 맞추기 단계

이 단계는 코칭의 시작 단계로서 코치가 고객에게 대화의 초점을 맞추는 단계이며, 고객이 코칭 대화의 주제를 분명하게 정하도록 하는 과정이다. 여기서는 고객이 현재의 상황과 달성 목표와의 차이(gap)를 분명하게 한다.

- 오늘 어떤 이야기를 나누기 원하십니까?
- 당신은 우리가 대화를 마쳤을 때 어떤 구체적인 성과를 얻고 싶습니까?
- 당신이 해결하고자 하는 문제는 무엇입니까?
- 그것이 중요한 이유는 무엇입니까?
- 구체적으로 무엇을 변화시키고 싶습니까?
- 현재의 상황과 원하는 목표 사이의 차이는 어떻습니까?

② 가능성 발견 단계

이 단계에서 가장 중요한 것은 코칭이 가능한 순간을 찾기 위한 공감적 경청이다. 여기서 코치는 옳고 그름을 판단하지 않고, 발전적인 피드백을 위해 효과적인 질문을 하며, 고객에게 그가 원하는 것의 실현 가능성을 갖도록 독려한다. 이럴 때 고객은 자신의 현재 지식과 태도에 국한하지 않고 그의 사고를 확대면서 변화를 위해 전진할 수 있게 된다.

- 그것을 달성하기 위해 무엇을 할 수 있습니까?

- 다른 방법은 무엇이 있겠습니까?
- 과거에는 어떻게 해 보았습니까?
- 그것들을 달성했을 때 어떤 변화가 있었습니까?
- 실패하지 않는다면 무엇을 해 보겠습니까?

③ 실행 계획 수립 단계

기대하는 성과에 초점을 맞추고 고객으로 하여금 해결방안을 실천할 수 있게 하는 과정이다. 이 과정에서 코치는 고객과 함께 큰 과제를 작게 분할해서 탐구하며, 해결 방안 또한 매우 구체적으로 수립한다. 이때 주로 SMART 기법(Specific, Measurable, Attainable, Relavant, Time-limit)을 사용하여 실행 가능성을 높인다.

- 무엇을 가장 먼저 하시겠습니까?
- 그것을 위해 첫 달에는 무엇을 하시겠습니까? (분기별로 질문 가능)
- 목표를 위한 중간 목표는 무엇입니까?
- 목표가 잘 진행되고 있는지 어떻게 알 수 있을까요?
- 어떻게 하면 실행력을 높일 수 있겠습니까?
- 언제부터 실행에 옮기겠습니까?

④ 장애요소 제거 단계

코칭 후 실행의 성공률을 높이기 위해 예상되는 장애요소를 제거하는 과정이다. 이를 위해 장애요소가 무엇인지 심층적으로 탐구하고, 제거 계획을 구체적으로 수립한다.

- 예상되는 장애요인은 무엇입니까?

- 또 다른 장애요소가 있다면 무엇입니까?
- 장애요소를 제거하기 위해 구체적으로 무엇을 하겠습니까?
- 장애요소 제거를 위해 당신이 하지 말아야 할 것은 무엇입니까?
- 누구의 협조를 받을 수 있습니까?
- 코치가 도와주어야 할 사항은 무엇입니까?
- 장애요소가 없어졌다는 것을 어떻게 알 수 있습니까?

⑤ 마무리 단계

지금까지 과정에 대한 요약과 성찰의 단계이다. 실행에 대한 의지를 다지고 다음 코칭 시간에 검토할 사안에 대해 의견을 나누고 약속시간을 잡는다.

- 오늘 대화는 어떤 의미가 있었나요?
- 이제 무엇을 하기로 했는지 정리해 주시기 바랍니다.
- 오늘 대화가 어떤 점에 도움이 되었는지요?
- 오늘 대화 중에 무엇이 가장 자신을 움직였다고 보십니까?
- 다음 코칭 시간은 언제가 좋을까요?

(3) The Achieve 코칭모델

The Achieve 코칭모델은 GROW 모델의 후속 모델로서 사빈 뎀브코스키(Sabine Dembkowski) 박사와 피오나 엘드리지(Fiona Eldridge)가 「Beyon GROW: A New Coaching Model」이라는 논문을 통해 발표한 코칭 대화모델이다(Dembkowski & Eldridge, 2003). 이 모델은 GROW 모델을 제창한 존 휘트모어도 지지한 모델이며 주로 유럽에서 많이 알려졌는데 비즈니스 코칭환경에서 실질적으로 작동되도록 고안되었다. 전술한 두 개의 모델과 달리 이 모델은 목표 설정 전에 현재 상황에 대해 상세하게 다루는 것이 특징이다.

이는 비즈니스 코칭 상황에서 고객의 상황과 개선의 의도를 더욱 분명하게 하기 위한 과정을 강화한 것으로 보인다. 그런 과정을 통해 수립된 목표가 코칭에 힘을 실어 줄 수도 있다. GROW 모델이 4단계인 것에 비해 이 모델은 7단계로 이루어져 있고 피드백 과정이 포함되어 있으며 마지막 7단계는 코칭 후 고객에게 지속적인 동기부여를 제공하는 것으로 되어 있다.

〈표 6-1〉 The Achieve 코칭모델

A	Assess current situation	현재 상황 검토
C	Creative brainstorming	창의적 브레인스토밍
H	Hone goals	목표 세우기
I	Initiate option generation	옵션 만들기
E	Evaluate options	옵션 평가
V	Valid action programme design	실천 계획
E	Encourage momentum	지속적인 격려

① 1단계: 현재 상황 검토(Assess current situation)

이 단계에서는 고객이 겪고 있는 현재 상황을 분석하고 앞으로 나아가기 위해 현재 위치에 있는 이유를 이해하도록 돕는다. 코치는 호기심을 갖고 고객의 말을 주의 깊게 경청하며 고객이 스스로 현재의 상황을 명료하게 정리할 수 있도록 열린 질문을 제공한다.

- 현재 상황은 어떻습니까?
- 지금 당신의 일에서 무슨 일이 일어나고 있는지 말씀해 주시겠습니까?
- 그 일은 어떤 이유와 배경에서 발생되었습니까?
- 당신은 어떤 도전에 직면하고 있습니까?
- 현재 귀하에게 잘 맞는 것이 무엇인가요?

- 무엇이 달라져야 한다고 생각하십니까?

② 2단계: 창의적 브레인스토밍(Creative brainstorming)

이 단계는 고객이 생각을 다양하게 할 수 있도록 돕는 단계이다. 꽉 막혀 있는 현실에 대해 해결의 실마리는 찾아보는 과정으로서 코치는 고객의 생각과 다양한 관점을 자극하고 생각 파트너로서의 역할을 강화한다.

- 상황을 어떻게 다르게 처리할 수 있었습니까?
- 발생된 상황을 통해 새롭게 배우게 된 것은 무엇입니까?
- 상황을 개선하기 위해 취할 수 있는 행동은 무엇입니까?
- 상황을 개선하게 되면 어떤 결과가 만들어질까요?
- 이 상황을 바라보는 다른 관점이 있다면 그것은 무엇일까요?

③ 3단계: 목표 세우기(Hone goals)

1단계와 2단계를 통해 강화된 의도와 방향성을 통합하여 목표를 설정하는 단계이다. 이 단계에서 설정한 목표는 고객이 진정으로 달성하고자 하는 목표임이 잘 드러나 있어야 한다. 그리고 이 목표는 현실화할 수 있도록 구체적이고 측정 가능하게 SMART(Specific, Measurable, Achievable, Realistic, Time-bound) 목표로 설정되어야 한다.

- 상황에 대한 목표는 무엇이며 무엇을 달성하고 싶습니까?
- 구체적으로 어떤 목표를 향해 노력하고 싶습니까?
- 이 목표에 대한 절실함의 정도는 얼마만큼입니까?
- 목표를 어떻게 정의할 수 있습니까?
- 생각하고 있는 타임라인(목표 달성 시점 또는 단계별 기간)이 있다면 어떤

내용입니까?

- 결과 목표를 어떤 과정으로 나누고 과정별 목표를 설정하겠습니까?
- 결과 목표와 과정 목표를 어떻게 측정하겠습니까?

④ 4단계: 옵션 만들기(Initiate option generation)

이 단계에서 목표를 달성하기 위한 다양한 옵션을 만들어 낼 수 있다. 옵션에 대한 평가는 다음 단계에서 이루어지기 때문에 이 단계에서는 목표를 달성하기 위해 가능한 옵션을 다양하게 펼쳐내어야 한다. 이 단계 역시 코치는 고객의 다양한 관점을 자극할 필요가 있고 모든 가능성을 열어놓고 옵션을 탐색하는 것이 바람직하다.

- 이러한 목표를 달성하기 위해 어떤 옵션이 있습니까?
- 솔루션을 다른 방식으로 본다면 어떤 추가 옵션을 사용할 수 있습니까?
- 다른 사람들이 당신의 목표 달성을 어떻게 도울 수 있습니까?
- 더 많은 시간이 주어지면 어떻게 목표를 달성하겠습니까?
- 가능한 모든 방법을 찾아본다면 어떤 방법들이 있을까요?
- 강점을 최대한 활용한다면 어떤 옵션이 만들어질까요?

⑤ 5단계: 옵션 평가(Evaluate options)

다양한 옵션을 중요도와 우선순위를 고려해서 정리하고 분류하는 단계이다. 이 단계는 신중하게 진행하며 결코 서두르지 않도록 한다.

- 각 옵션의 이점은 무엇입니까?
- 각 옵션과 관련된 리스크는 무엇입니까?
- 가장 강력한 옵션은 무엇입니까?

- 가장 시급하게 사용할 옵션은 무엇입니까?
- 장기적 관점에서 가장 유용한 옵션은 무엇입니까?
- 가장 전략적인 옵션은 무엇입니까?

⑥ 6단계: 실천 계획(Valid action programme design)

이 단계는 구체적인 실천 계획을 세우는 단계이다. 코치와 함께 조직적이고 실천 가능하도록 짜임새 있게 계획을 수립하는 것이 핵심이다. 가능하다면 문서화할 수 있도록 하고 성과지표를 만들어 실천 계획을 점검할 수 있도록 디자인해야 한다.

- 목표를 달성하기 위한 구체적인 단계는 무엇입니까?
- 과정 목표를 달성할 수 있는 과정별 실천 계획은 무엇입니까?
- 목표 달성을 알 수 있는 측정 방안은 무엇입니까?
- 시작일과 종료일은 언제입니까?
- 각 단계에 필요한 리소스는 무엇입니까?
- 실천 계획을 관리할 수 있는 도구는 무엇입니까?

⑦ 7단계: 지속적인 격려(Encourage momentum)

목표 달성을 위한 실천을 모니터링하고 격려하는 단계이며 이 단계는 코치가 고객의 실천을 위해 지속적으로 행하는 동기부여와 격려의 과정이다. 다회기 코칭의 경우 각 세션마다 실천 사항에 대한 격려를 잊지 말아야 하며, 세션과 세션 사이에 고객이 노력하고 실천하는 사항에 대해 응원과 격려를 제공한다.

- 과정별 목표를 달성한 기분이 어떻습니까?
- 무엇이 잘되고 있으며 앞으로 이를 어떻게 활용할 수 있습니까?

- 혹시 방해물이 있다면 무엇입니까?
- (추가 질문) 그 방해물을 어떻게 자원으로 만들 수 있을까요?
- 이번 단계에서 어떤 진전이 있었습니까?
- 앞으로 나아갈 수 있도록 무엇을 도와드릴까요?
- 매순간 당신을 힘나게 하는 그것은 무엇입니까?
- 목표를 이루어가는 당신은 누구입니까?

(4) Active 코칭 대화모델

Active 코칭 대화모델은 한국코칭학회의 공식 코칭 프로그램인 "CPA 코칭"에 포함되어 있는 코칭 대화모델로서 남서울대학교의 도미향 교수가 만들었다. Active 코칭 대화모델은 [그림 6-5]와 같이 6단계로 이루어지며, 코칭 대화의 방향과 목적을 설정해 주고 목표중심의 보다 효과적인 대화가 이루어질 수 있도록 설계되어 있다(이소희 외, 2014).

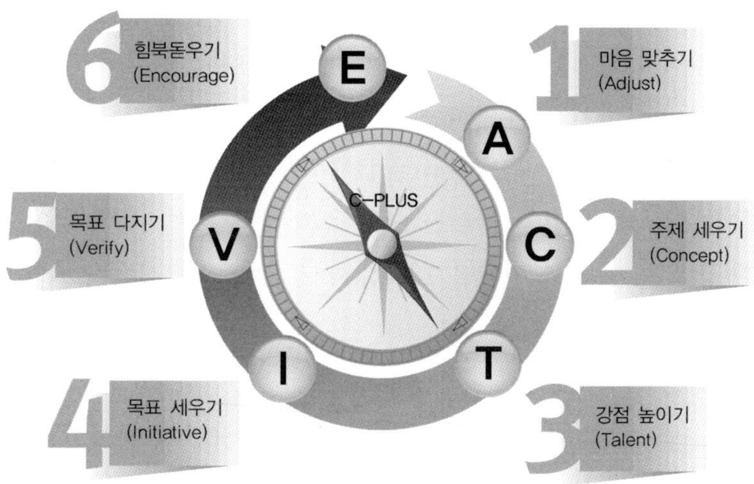

[그림 6-5] ACTIVE 코칭 대화모델
출처: 도미향(2019).

① 1단계: 마음 맞추기

이 단계는 코치와 고객이 마음을 맞추고(Adjust) 라포를 형성하는 단계로 서로의 마음을 통하여 하나가 되는 단계이다. 이 단계를 통해 편안하게 코칭 대화로 들어갈 수 있다.

- 지금까지 어떤 이야기를 나누었는지 정리해 보시겠습니까?
- 오늘 코칭은 어떤 기대를 가지고 오셨습니까?
- 지난번 코칭을 받고 어떤 변화가 있으셨습니까?
- 그럼, 이제 코칭을 시작하겠습니다. 편하게 이야기해 주세요.

② 2단계: 주제 세우기

이 단계는 고객이 원하는 상태를 찾는 단계(Concept)로 현재 상태에서 원하는 목표를 명료화하는 단계이다. 특히 고객이 변화하고자 하는 것에 초점을 맞추는 단계이다.

- 오늘 코칭에서 어떤 이야기를 나누고 싶으세요?
- 그 이야기를 하시는 배경에 최근 어떤 일이 있으셨어요?
- 구체적으로 어떤 결과를 얻고 싶습니까?
- 원하는 대로 이루어진 상태는 어떤 상태입니까?
- 현재 상황과 원하는 상황을 비교해서 표현해 주시겠습니까?

③ 3단계: 강점 높이기

고객의 내면과 경험의 탐색을 통해 강점을 찾아 변화 가능성을 찾아가는 단계(Talent)이다.

- 이 코칭 주제는 당신에게 어떤 의미이신지요?
- 그것이 당신에게 왜 중요한가요?
- 그 목표가 이루어졌을 때 느낌은 어떨까요?
- 원하는 목표 달성이 삶의 다른 측면에는 어떤 영향을 미칠 것 같습니까?
- 원하는 목표 달성을 위해 필요한 것은 무엇입니까?

④ 4단계: 목표 세우기

고객의 강점을 생각하며 고객의 강점의 가능성을 열 수 있도록 명확한 목표를 수립하고, 실행 계획을 세우는 단계(Initiative)이다.

- 목표를 이루기 위해 무엇을 해야 한다고 생각하십니까?
- 그것을 위해 지금까지 시도해 보신 것이 있으세요?
- 그 실천은 언제 하시겠습니까?
- 지금의 계획대로 한다면 어떤 결과가 나올 것 같습니까?
- 지금 여기서 해야 할 가장 중요한 것은 무엇이라고 생각하십니까?
- 목표 달성을 위한 실행 계획을 구체적으로 세워 보실까요?
- 그 계획은 어떤 방법으로 실행하시겠습니까?

⑤ 5단계: 목표 다지기

목표와 구체적인 계획을 실행하는 것을 이미지화 또는 구체화하여 빠진 곳이 없는지를 점검하는 단계(Verify)이다.

- 계획을 실행하는 데 예상되는 어려움이 있다면 무엇이라고 생각하십니까?
- 문제점을 해결하기 위해 어떤 자원이 필요합니까?
- 우리가 원하는 결과를 얻으려면 당신 삶의 어느 부분이 바뀌어야 한다고

생각하십니까?

- 당신의 강점은 어떤 것이지요? 실행을 잘하기 위해 그 강점을 활용하신다면 어떻게 하실 수 있을까요?

⑥ 6단계: 힘 북돋우기

계획된 목표를 잘 실행할 수 있도록 고객을 격려하고 지지하는 것으로 코치가 지원할 수 있으며, 직접 개입할 수도 있는 단계(Encourage)이다.

- 오늘 코칭을 요약해 보시겠습니까?
- 오늘 코칭에서 새롭게 알게 된 것이나 느낀 점을 말씀해 주시겠습니까?
- 그 목표를 달성했다는 것을 제가(코치) 어떻게 알 수 있을까요?
- 실천하신 것을 제가(코치) 어떻게 확인할 수 있을까요?
- 고객님께서 그것을 꼭 성공적으로 이루실 것을 믿습니다.
- 코칭을 마치겠습니다. 수고 많으셨습니다.

생각해 보기

1. 5가지 코칭의 환경은 각각 5가지 코칭의 특징이라고 할 수 있다고 설명했는데 그 이유가 무엇인지 생각해 봅시다.

2. 코칭의 환경은 어떤 면에서 서로 연결되어 있는지 생각해 봅시다.

3. 나의 생각과 행동을 만들어 내는 패턴과 구조, 즉 나의 생활 시스템은 무엇인지 생각해 보고 변화할 수 있는 부분에 대해 생각해 봅시다.

4. 두 가지 유형의 코칭 대화모델은 어떤 면에서 차이가 있는지 그리고 그 차이를 어떻게 구별해서 사용할 수 있는지 생각해 봅시다.

5. 나에게 잘 맞는 코칭 대화모델은 무엇이며 왜 그런지 생각해 보고 나만의 코칭 대화모델을 만들어 봅시다.

chapter 07 코칭의 과정

코칭은 고객과 코치가 만나서 고객의 이슈를 해결해 나가는 과정이다. 이 과정에서 코치는 코칭에 필요한 전문적인 기술이 필요할 뿐만 아니라 고객이 코칭 과정에 있음을 알 수 있도록 코칭 과정을 관리할 수 있어야 한다. 고객이 코칭 과정을 인식하는 것은 코칭 기간 중 가장 중요한 코칭 관계를 형성하는 데 필수적이기 때문이다.

코칭의 과정은 간단히 말하자면 코칭이 이루어지는 시작부터 끝을 의미하며 코칭이 진행되는 순서를 말하기도 한다. 따라서 코칭을 하기 위해서는 고객을 만나서 어떻게 시작하고 어떻게 진행하고 어떻게 마무리하는지를 파악하고 있어야 한다. 따라서 본 장에서는 코칭 과정의 개념과 특징, 코칭 과정의 단계별 전개에 대하여 살펴보고자 한다.

1. 코칭 과정의 개념과 특징

코칭의 과정은 고객이 코칭에 대해 알아보는 단계를 거쳐 코칭을 받기로 합의하는 단계로 시작된다. 이때 코칭을 받을 대상자(고객)에 따라 코칭의 형태가 여러 가지로 결정되고 코칭 합의의 과정도 다양하게 전개된다. 고객이 조직의 구성원일 경우 주로 비즈니스 코칭의 형태가 되고, 고객이 학생일 경우엔 학습 코칭이나 진로 코칭의 형태가 되며, 고객이 일반인일 경우엔 주로 라이프 코칭의 형태가 된다. 이외에도 다양한 코칭의 형태가 있지만 여기서는 전체적인 모습을 조망하면서 그 흐름을 파악하는 데 초점을 두겠다.

코칭의 과정은 크게 아래 [그림 7-1]과 같이 3단계로 나누어 볼 수 있다.

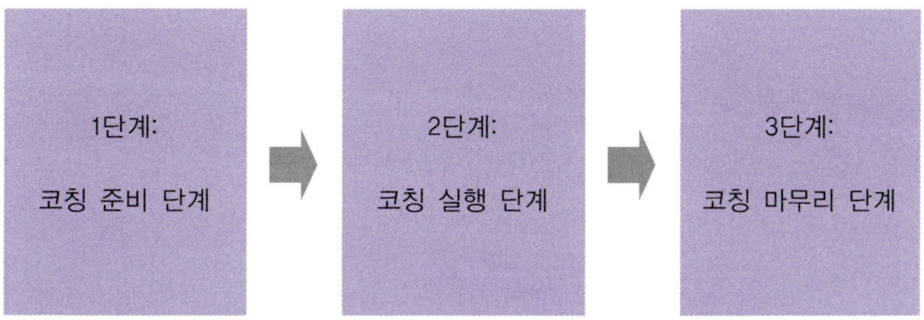

[그림 7-1] 코칭의 과정 3단계

1단계 코칭 준비 단계는 코칭이 본격적으로 시작되기 전 단계로서 성공적인 코칭을 위한 준비를 하는 과정이다. 고객에 따라 공식적으로 계약을 추진하는 경우도 있고 개인적으로 소개를 받고 오리엔테이션 미팅을 하는 경우도 있고 특별한 사전 단계 없이 바로 코칭 실행 단계로 시작하는 경우도 있다. 2단계 코칭 실행 단계는 실제 코칭이 이루어지는 단계인데 이 부분은 코칭 준비 단계에서 고객과 코치가 합의한 내용을 바탕으로 진행된다. 3단계 코칭 마무리 단계는 합의된 코칭이 완료된 후 코칭 과정에 대한 전체적인 피드백 또는 고객의 평가가 이루어지며 후속 코칭에 대해 논의하는 단계이다.

2. 코칭 과정의 단계별 전개

1) 1단계: 코칭 준비 단계

(1) 고객과 코치의 만남

코칭의 고객을 크게 일반 개인과 조직(회사, 기관, 단체 등)으로 나눌 수 있는데 일반 개인의 경우 주로 소개로 만나는 경우가 많고 인터넷 블로그, 유튜브, 책을 통해 만나기도 한다. 고객이 소개로 코치를 만나는 경우는 학생은 부모의 지인(코칭을 경험했거나 특정 코치를 알고 있는)을 통해, 성인은 직업이나 일하는 분야에서 역시 지인을 통해 만난다. 인터넷 등을 통해 만나는 경우는 고객 본인이 의도를 갖고 적극적으로 코치를 찾고 만나게 된다. 원하는 코치를 만나게 해주는 매칭 서비스도 인터넷 안에서 이루어지고 있다.

조직의 경우, 인사 · 교육 담당자가 코치 또는 코칭 회사에게 코칭을 의뢰한다. 반대로 코치 또는 코칭 회사가 조직의 인사 · 교육 담당자에게 코칭을 제안하기도 한다. 이때 실제 코칭 고객은 코칭이 필요한 조직의 구성원(코칭 대상자)이고 인사 · 교육 담당과 의사결정자(코칭 서비스 구매 결정자)는 코칭 관련 이해관계자이다. 코칭을 제공받는 조직은 고객사라고 칭한다.

(2) 코칭 합의

코칭은 교육이나 컨설팅이 아니고 스스로 자신의 변화와 성장을 만들어 가야 하기 때문에 고객 자신의 자발성과 주체성이 매우 중요하다. 간혹 이러한 점에 고객의 오해가 생겨서 코칭 중에 문제가 되는 경우도 있다. 따라서 코칭을 시작하기 전에 반드시 코칭에 대해 오리엔테이션을 해야 하고 코칭 진행 시 참고해야 하는 사항에 대해 상호 합의하고 문서화하는 것이 안전하다. 일반 개인 코칭 고객과는 간단하게 코칭 일정과 코칭 비용 지급에 관한 조건들을 명시하고 코칭에서 다루게 될 이슈를 합의하고 다루지 못하는 범위(치료가 필요한 상황 등)에 대해 미리 고지하고 합의한다. 학생이 실제 코칭 고객인 경우는 코칭 대금을 지급하는 부모나 스폰서가 이해관계자가 되는데 이들 역시 함께 참여하여 합의해야 한다.

고객사와의 합의는 실제 코칭 고객을 포함하여 이해 당사자(주로 인사 · 교육 담당자)와 코치가 합의서를 작성한다. 다음은 코칭 합의에 포함되어야 할 내용들이다.

① 코칭 진행에 필요한 기본 사항 합의

코칭 진행 방법(Logistics, 총무지원), 비용, 일정, 기간, 종결, 비밀 보장, 다른 사람의 포함 등과 같은 코칭 관계의 지침 및 특이사항에 대해 합의한다(ICF의 8가지 코칭 핵심역량의 세 번째 역량인 '합의를 도출하고 유지한다.'의 세 번째 항목).

코칭 진행 방법은 코칭을 진행하는데 필요한 물자들이 있을 때, 그 부분에 대한 담당을 어느 쪽에서 할 것인가를 정하는 것이다. 거기엔 물자들의 목록이 나와야 하고 일정과 장소 그리고 물류의 수단 등이 포함된다. 도구나 장비의 규모가 크면 이 부분이 매우 중요하다. 개인 코칭보다 조직에서 큰 규모로 코칭을 한다든가 그룹 코칭이나 워크숍 규모의 코칭 교육이 진행될 경우 해당되는 사항이다. 비용은 선불, 중도금, 후불 등 여러 가지 경우가 있고 사전에 정하는 것이 좋다. 기간과 일정은 가장 기본적인 조항이며 횟수도 포함하여 합의하게 된다.

종결은 소위 '납품 완료'와 같은 개념이다. 종결의 기준을 무엇으로 할 것인가 하는 부분이다. 기업이나 조직에서 코칭이 이루어질 경우 이 종결은 고객의 만족에 영향을 미친다.

합의된 최종 리포트라든가 코칭 만족도 평가라든가 코칭 후 변화에 대한 진단이라든가 비용을 들여서 코칭을 구매한 고객에게 만족할 만한 '납품 완료'가 이루어져야 한다. 종결 시 고객이 만족하는 조건으로 합의를 하는 것이 고객 관리에 유리할 것이다.

비밀 보장은 코칭 윤리에서도 매우 중요하게 다루는 부분이다. 비밀 보장에 문제가 생기면 코칭은 그 기본 취지가 무너지기 때문에 회복이 불가능하다. 요즘엔 특히 개인정보에 관한 사회적인 중요성도 심화되고 있기에 개인정보는 물론이고 코칭 대화의 내용도 절대적으로 비밀이 유지해야 한다. 다만 연구 목적이라든가, 책에 게재를 한다든가, 공개 슈퍼비전을 한다든가 하는 경우엔 개인정보와 대화 내용 일부가 공개되기도 하는데, 이런 경우엔 반드시 사전 동의를 얻어야 하고 합의 사항에도 포함되어야 한다. 이를 위해 녹취를 하거나 촬영을 하게 되는 경우에도 사전에 합의된 대로 절차를 지켜야 한다.

기업이나 조직에서 코칭을 할 때 인사 담당은 코칭 내용을 가급적 자세히 받아보길 원하는 경우가 있을 수 있다. 코칭 내용 그 자체보다는 코칭이 제대로 이루어지고 있는지를 알고 싶어 하는 요구 사항인 것이다. 이런 경우라 하더라도 고객의 입장에서 비밀 유지에 해당되는 사항은 리포트에 포함하지 말아야 한다. 여기에 대해서도 사전 합의 과정에서 확인해야 한다.

다른 사람의 포함은 코칭 대상자의 추가 혹은 코치의 보강 등 코칭 기간 중 발생할 수 있는 다른 사람의 포함에 관한 합의라고 볼 수 있다. 또한 코칭 현장에 관찰자가 참여하는 경우도 있을 수 있다. 매우 특별한 경우지만 그룹 코칭의 경우 보조 코치가 참여한다든가, 고객 측의 관계자가 참관을 한다든가, 연구 목적으로 학생이 참관을 한다든가 하는 경우도 있을 수 있는데, 예측되거나 예측되지 않는 예외의 경우에 대해서도 미리 합의를 해둘 수 있는 것이다. 물론 기본 합의 내용에서 변경되거나 추가되는 내용에 대해서 코칭이 진행되는 도중이라도 양방의 합의에 의해 수정되고 보완될 수 있음은 일반적으로 사회에서 이루어지는 계약에서와 마찬가지다. 양방 간의 계약이지만 사회적 법 테두리 안에서 이루어진다(도미향 외, 2021).

② 코칭 계획 및 목표 설정

고객 및 이해관계자와 함께 전체 코칭 계획 및 목표를 설정한다(ICF의 8가지 코칭 핵심역량의 세 번째 역량인 '합의를 도출하고 유지한다.'의 네 번째 항목).

전체 코칭 계획 및 목표를 설정한다는 것은 코칭이 본격적으로 시작되기 전에 코치와 고객 그리고 이해관계자가 코칭 계획과 목표를 함께 설정한다는 것이다. 개인이든 조직이든 이해관계자가 있는 경우 코칭 계획과 목표 설정에 대한 합의에 그를 포함시킨다. 이는 코칭 목표를 달성하기 위해 이해관계자와 함께 협력해야 하는 부분이 있을 수 있고, 코칭 서비스 구매 결정자가 이해관계자인 경우, 구매의 동기와 목적을 충족하는 방안이기도 하다.

코칭 계획의 근거는 수집된 고객 정보의 통합, 고객의 배움과 성장을 위한 주요 영역의 설정 그리고 고객의 관심사이다. 코칭 계획은 SMART(Specific, Measurable, Attainable, Relative, Time-limit) 원칙에 의거해서 수립한다. 코칭 진행 과정에서 합의한 기준, 상황과 조건의 변화를 충분히 감안하여 언제든 조정하고 수정할 수 있다. 코칭 내용과 관련하여 고객의 이해와 학습을 도울 수 있는 자료(책, 동영상, 논문 등)는 고객이 소화할 수 있는 범위 내에서 제공하는 것이 좋다. 자료 제공자의 이미지가 코치의 역할의 중요 부분으로 인식되는 것은 바람직하지 않다.

코칭은 처음 시작할 때 초기 성공이 중요한데, 초기 성공이 무엇인지 확인하는 것은 코칭 초반에 성공을 할 수 있는 포인트를 확인하고 그 동력으로 전체 코칭 목표를 어렵지 않게 달성할 수 있도록 하는 것이다. 따라서 초기 성공은 결과 목표(최종 목표)를 향한 과정 목표 달성으로 생각할 수 있다. 초기 성공은 두 번째 세 번째 성공으로 이어질 수 있고 그러한 과정상의 작은 목표 달성이 결과 목표 달성을 가능하게 한다.

코칭에서 목표 설정은 코칭 계획을 완성하는 가장 중요한 요소이다. 코칭 계획 자체가 코칭 목표 설정을 위한 것이기도 하다. 목적을 가지고 코칭을 의뢰하는 고객과 이해 당사자는 코칭 목표가 얼마큼 현실적으로 잘 설정되는가에 따라 코칭 전체 기간에 영향을 받는다. 코치는 고객이 해결하고자 하는 혹은 이루고 싶어 하는 것이 무엇인지를 고객의 입장에서 신중하고 심도 있게 이해하고 그 이해한 사항을 대화를 통해 확인한다. 그다음, 확인된 내용을 어떻게 코칭 목표로 명료하게 만들어 내는지가 핵심이다.

코칭 목표는 크게 두 가지 요소로 구성된다. 첫째, 해결하거나 달성하고 싶은 과제를 간단한 문장으로 정하는 것과 둘째, 이루어진 것을 측정하고 확인할 수 있는 기준을 정하는 것이다. 즉 정성적 목표와 정량적 목표가 동시에 설정되어야 하는 것이다. 예를 들어 개인 코칭의 경우, 살을 빼고 싶은 고객은 "체중 감량: 몸무게를 5개월 안에 5kg 빼기" 같은 방식으로 코칭 목표를 설정할 수 있다. 기업의 리더를 코칭하는 경우, 업무와 관련해 성과를 내고 싶은 고객은 "2분기 수주 목표 조기 달성: 5월 말까지 목표의 80% 이상 달성"이 코칭 목표가 될 수 있다. 여기에 기간이 명시되는데, 이 기간은 코칭 기간 내에 포함될 수도 있고 그렇지 않을 수도 있다.

고객의 입장에서 현재 가장 중요한 사안에 대해 코칭을 통해서 어떤 방안을 마련하거나, 목표를 향해서 긍정적으로 전진하는 과정으로서 코칭 기간을 활용할 수 있다. 상기와 같이 코칭 목표를 설정했는데 코칭 기간을 넘어선 기간

일 경우에는 코칭 기간 안에 달성하고자 하는 목표치를 별도로 설정해야 한다. 또한 코칭 기간을 과정 목표(결과 목표를 위한 과정상의 기간별 목표)를 달성하는 기간으로 정렬하여 매 코칭 세션마다 소위 세션 목표를 정해서 진행할 수도 있다(도미향 외, 2021).

③ 목표 설정에 관한 코칭 합의 시 유의할 점

위에서 살펴본 대로 코칭 시작 전에 코치는 고객과 이해당사자와 함께 코칭 계획을 수립하고 코칭 목표를 설정하는 것이 바람직하지만 현실적으로 이 모든 것을 사전에 완료하기엔 어려움이 있다. 코칭 계획에 있어서 기본적인 사항인 코칭 주제(이슈) 또는 목적은 이해관계자의 요구 사항에 포함되어 있기 때문에 어렵지 않게 합의할 수 있으나, 코칭 대상자(실제 고객)가 코칭을 통해 달성하고 싶은 코칭 목표는 사전에 설정하기 쉽지 않다. 따라서 본격적인 코칭이 시작되는 첫 회기에서 코치와 고객이 코칭 대화를 통해 코칭 목표를 설정하는 것이 현실적이며, 그렇게 합의한 코칭 목표에 대해 이해당사자들의 합의를 받아서 진행하게 된다. 물론 이 과정에서 다소 수정이 생길 수 있으며 그것까지 반영해서 최종 합의하게 되는 것이다.

이 밖에 코칭 시작 전에 이메일로 간단한 설문을 통해 코칭 기간에 기대하는 사항과 코칭에서 다루고 싶은 주제와 이루고 싶은 목표 등을 받아 볼 수 있다. 이 설문은 주관식 항목으로 제공되며 코칭 경험 유무, 성격 유형(진단 결과), 조직에서의 이슈, 직무 만족도, 역할에 대한 자기 평가, 직업적 비전, 커리어 개발 계획, 자아 정체성 등 향후 코칭에서 다룰 내용에 대한 사전 설문도 포함된다.

(3) 사전 인터뷰 및 진단

① 사전 인터뷰

코칭 대상자(고객)를 중심으로 상사, 동료, 부하들을 코칭 시작 전에 만나서 인터뷰를 한다. 직접 만나거나 전화 등 온라인으로 만나서 코칭 대상자의 조직 내 전반적인 행동과 강점 및 개선점을 인터뷰하여 향후 코칭 목표 설정 및 코칭 포인트 수립에 도움을 받는다. 이때 사용할 수 있는 인터뷰 질문 항목은 다음과 같다.

- 현재 코칭 대상자가 처해 있는 조직 상황(환경)은 어떻습니까?
- 코칭 대상자가 맡고 있는 역할에 대해 어떻게 생각하고 계십니까?
- 코칭 대상자의 역할에 대한 행동 특성은 어떻게 보여집니까?
- 코칭 대상자가 조직에 기여하는 강점은 무엇입니까(관계, 직무역량, 성과, 리더십 등)?
- 코칭 대상자가 향후 더욱 성장하기 위해 무엇을 보완하면 좋겠습니까?
- 이번 코칭을 통해 코칭 대상자가 변화하면 좋을 부분이 있다면 무엇입니까?
- 코칭 대상자의 역할과 관련해서 도움이 될 만한 조언이 있다면 무엇입니까?

② 사전 진단

조직에서 일반적으로 리더들을 대상으로 매년 리더십 다면진단을 실시하는데 코칭을 앞두고 코치는 코칭 대상자의 기존 진단 결과를 제공받기도 하고 인사 · 교육 담당자로부터 진단 결과에 대한 브리핑을 받기도 한다. 코칭의 효과와 관련하여 코칭 전 다면진단 결과와 코칭 후 다면진단 결과를 비교하는 경우도 있는데 이는 진단 시점이 코칭 기간과 어떻게 매칭되는가에 따라 상관관계가 결정된다. 코칭이 종료된 후 수개월이 지난 상태에서 진단이 이루어지면 다른 변수가 작용할 가능성이 크기 때문에 직접적인 상관성을 부여하기엔 무리가 있으며 기업에서도 크게 의미를 두지 않는 편이다. 그러나 기업 입장에선 예산을 들여 코칭을 제공했는데 아무런 변화가 없거나 오히려 악화되는 경우엔 코칭의 효과에 대해 의심을 하게 되는 상황이 발생하기도 할 것이다.

이와 관련하여 코칭을 단기적 차원에서 6회~8회기(일반적으로 2주 간격)만 하고 종결했을 때 그 효과가 감소되거나 사라지는 것을 방지하기 위해 후속 코칭을 실시하기도 한다. 후속 코칭은 코칭 종결 후 2개월 정도 후에 2회 정도 후속 코칭을 하는 것인데 변화의 내재화라는 측면에서 긍정적으로 받아들여지고 있다.

기존에 이루어진 고객의 다면진단 외에도 재직 중에 실시한 성격 검사나 기질 검사, 업무 적성 검사 등 진단 결과가 있으면 코칭 대상자의 동의하에 코치가 제공받을 수 있으며 코칭에 도움이 된다. 물론 이러한 사전에 이루어진 진단 결과가 고객의 모든 것을 설명할 순 없으며 코치도 지나치게 진단 결과에 의존해서 고객을 바라보면 안 된다. 오히려 선입견을 갖게 되어 온전한 코칭이 이루어지지 않을 수 있기 때문이다. 이를 방지하기 위해선 진단 결과에 대해 고객과 자유롭게 대화를 나누고, 진단 결과 그 이상의 것을 고객이 발견할 수 있도록 코치가 도와야 한다. 고객의 존재는 결코 진단 결과에 나와 있지 않다.

이와는 별도로 사전에 진단이 필요한 경우엔 고객과 이해관계자가 합의하여 사전 진단을 실시한다. 평소에 다면진단을 실시하지 않은 조직의 고객은 사전에 다면진단을 실시하기도 하고 비교적 간단한 진단(DISC, MBTI, 애니어그램, 에고그램 등)을 실시하거나 유명 진단 기관의 검사(갤럽 강점검사, 버크만검사, HOGAN 리더십검사 등)를 실시한다. 이러한 검사나 진단은 코칭 대상자의 현재 상황을 고려하여 신중하게 결정되어야 하며 반드시 해야 하는 사전 준비 사항은 아니다.

2) 2단계: 코칭 실행 단계

코칭 실행 단계는 고객의 이슈와 필요에 따라 입체적으로 이루어지며 사전에 합의한 주제와 목표를 중심으로 진행하되 상황의 변화에 따라 유연하게 대처하며 진행하게 된다. 물론 이러한 변화는 절대적으로 고객과 고객사에게 유익한 방향으로 나아가는 것이며 결코 코치 또는 코칭 회사의 필요에 의해서 조정되거나 제시되어선 안 될 것이다. 또한 코칭 진행 중에 당초 합의된 부분과 다르게 진행되는 경우 반드시 이해관계자에게 통보하고 협의해야 한다.

(1) 코칭 실행 단계를 위한 기본 지침

사전 준비가 완료되면 2단계인 코칭 실행 단계로 이어진다. 이 단계는 실제로 코칭이 이루어지는 과정인데 준비 단계에서 고객과 합의된 대로 짧게는 6회 길게는 10회 정도 이루어진다. 전술한 바와 같이 코칭이 끝난 후 2개월 있다가 후속 코칭이 이루어지기도 한다. 이 또한 사전에 합의에 의해 실시되는 것이다. 코칭은 기본적으로 일대일 코칭으로 행해지는데 조직의 경우 일대일 코칭을 하다가 고객과의 합의에 의해 팀코칭을 추가하기도 한다. 이런 경우엔 바로 이해관계자에게 제안을 하고 합의를 통해 실시한다. 예컨대 팀장을 코칭하는데 있어서 팀장이 팀 운영에 어려움을 겪고 있으며 팀원들 간의 업무적 소통을 강화하고 팀장과 팀원의 대화 분위기를 자연스럽게 조성하기 위해 팀코칭을 추가로 계획하게 되는 경우이다. 이렇게 추가로 편성된 팀코칭의 경우 2회 정도로 전체 회기와 별도로 회기 중반에 삽입하여 일정을 따로 정해서 추진한다.

이와 같이 코칭 실행 단계는 고객의 이슈와 필요에 따라 입체적으로 이루어지며 사전에 합의한 주제와 목표를 중심으로 진행하되 상황의 변화에 따라 유연하게 대처하며 진행하게 된다. 물론 이러한 변화는 절대적으로 고객과 고객사에게 유익한 방향으로 나아가는 것이며 결코 코치 또는 코칭 회사의 필요에 의해서 조정되거나 제시되어선 안 될 것이다. 또한 코칭 진행 중에 당초 합의된 부분과 다르게 진행되는 경우 반드시 이해관계자에게 통보하고 협의해야 한다.

코칭 실행 단계는 고객의 이슈 또는 목표에 따라 그 진행 방식이나 다루는 내용이 다르다. 크게는 리더십 전반에 걸친 이슈들을 회차별로 다루게 되기도 하고, 조직 내 갈등 이슈에 대해 코칭 기간 내내 다루기도 하고, 고객의 성과 향상을 위해 함께 뛰는 과정을 겪게 되거나, 회기 중에 주제와 목표가 변경되기도 하거나, 고객의 소통 방식의 변화를 중점적으로 다루기도 한다. 이런 다양한 주제와 목표를 특별히 정해진 틀을 가지고 대응을 하는 것은 고객중심이 되어야 할 코칭의 기본적 양식에 위배되는 것이며 실제로 정해진 틀에 적용이 될 수 없다(최동하, 2018).

물론 최소한의 논리적 흐름을 제공하는 코칭 대화모델을 사용하고 코칭 대화기술을 통해 고객의 잠재성과 탁월성을 극대화하고 고객 주도의 솔루션을 이끌어 내지만 이것은 절대적으로 고객의 상황을 따라가면서 유연하게 협력하는 것이지 결코 정해진 틀에 적용하는 것이 아니다. 다시 말하면 1차에는 무엇을 하고 2차에는 무엇을 하고 다음 차수엔 무엇을 하는지 같은 회차별 계획을 세우는 것은 애초에 불가한 것이다. 단 1회차는 목표를 확인하거나 확실하게 설정하는 회차가 되어야 하고(이 부분도 사실 코칭 목표를 나중에 설정하는 것이 좋은 경우도 많이 있다.) 마지막 회차는 종합적으로 정리하고 소감을 나누고 향후 내재화 계획을 세워보는 내용이 포함되겠지만 전반적으로 코칭 회차의 내용을 미리 정하는 것은 불가능할 뿐만 아니라 비합리적이다. 조직의 리더십 코칭의 경우, 회기 초반에 코칭 목표를 설정하도록 HR 담당자들이 요청하는 경우가 많은데 프로세스상 필요한 부분이긴 하지만 고객의 상태에 따라 유연하게 대처해야 한다.

앞의 코칭 준비 단계에서 다룬 코칭 계획이라는 것도 코칭 내용을 계획하는 것이 아닌 전체적인 프로세스를 계획하는 것이다. 바로 이 부분이 코칭을 싱겁게 하기도 하고 어렵게 하기도 한다. 코칭에서 무엇을 할 건가에 대해 뾰쪽하게 대답을 못하는 것은 할 것이 없어서 못하는 것이 아니라 무엇을 하게 될지 몰라서 못하는 것이다. 코칭은 변화와 전환을 모색하고 창조적 발상을 경험하며 달성이라는 결과를 향한 도전의 과정이다. 고객과 손을 잡고 목표를 향해 뛰어야 하는 코치에게 뛰어가는 길바닥에 대해 설명하라고 하면 낭패인 것이다.

고객의 상황과 필요에 따라 회차별로 고객의 이슈와 목표 달성에 도움이 될 수 있는 정보를 제공할 수 있다. 예컨대 코칭리더십 함양을 원하는 고객에게 회차별로 코칭 기술 관련 정보를 제공하고 필요하면 실습을 할 수 있다. 또한 관련 서적을 소개하고 책의 내용을 놓고 코칭 대화를 할 수도 있다. 이러한 과정 역시 고객중심의 코칭 안에서 이루어지는 것이지 코치가 별도로 계획하는 것이 아니다.

단, 코칭 준비 단계에서 고객(코칭 대상자)과 이해관계자가 특정 주제를 정하고 그에 대한 코칭을 요구했을 때 별도의 정보 제공이 필요한 경우엔 사전에 코칭 회차별 계획을 세우면서 코칭 내용을 미리 정해 놓을 필요가 있다. 예컨대 고객이 OKR로 팀을 운영하고 있는데 그 부분을 활성화할 수 있도록 코칭을 요구하는 경우 OKR에 필요한 기본 양식과 틀을 가지고 진행해야 할 것이며 OKR을 잘 운영할 수 있는 도구를 소개하고 연습하는 과정을 함께 할 수 있을 것이다. 이런 경우에도 코칭의 기본 양식은 유지하면서 고객 스스로 학습하고 역량개발을 할 수 있도록 도와야 함은 물론이다. OKR은 기업에서 KPI의 문제점을 보완하고 목표관리를 더욱 효율적으로 하기 위해 도입하고 있는 성과 관리 기법이다. 회사 전체가 도입하기도 하고 팀 별로 시행하기도 한다(장영학 외, 2022).

다음은 코칭 실행 과정에서 고객의 코칭 목표 달성을 위해 어떻게 코칭 실행 과정을 관리하는 것이 좋은지 살펴보겠다.

(2) 세션 목표 설정하기

고객과 함께 코칭 세션에서 달성하고자 하는 것을 찾거나 재확인한다(ICF의 8가지 코칭 핵심역량의 세 번째 역량인 '합의를 도출하고 유지한다.'의 여섯 번째 항목).

코칭 계획과 목표를 설정했으면 그다음 본격적인 코칭 세션에서는 세션별 목표를 설정해야 한다. 전체적인 코칭 목표와 세션별 목표는 기본적으로 정렬되어야 하며 최종목표, 즉 결과 목표의 과정에 해당하는 중간 목표들로 설정된다. 이때 중간 목표를 달성하기 위한 별도 주제를 정할 수 있고 그와 관련된 목표를 설정한다. 한편 코칭 전체 목표와 정렬된 주제 및 과정 목표 외에 해당 세션에 필요한 별도의 주제 혹은 목표를 설정할 수도 있다. 이것이 코칭 계획의 합의 사항과 동떨어진 전혀 별개의 사항이라면 수정과 관련된 별도의 협의와 합의가 필요하겠지만, 크게 벗어나지 않으면 결과적으로 연결되어 있을 수 있으므로 고객과 코치의 협력으로 당초의 코칭 계획과 목표의 내용으로 수렴하게 된다.

여기서 재확인이 필요한 이유는 해당 코칭 세션이 코칭 전체 과정에 어디에 해당되고 어떻게 흘러가고 있는지 그 맥락을 파악할 필요가 있기 때문이다. 그래서 코치는 고객으로 하여금 합의된 세션 목표를 다시 한번 정리해서 요약하도록 요청하고, 수시로 현재의 느낌과 생각을 물어보고 지금의 상태가 전체의 어느 부분에 해당되는지를 점검하도록 돕는다. 그렇게 하는 동안 고객은 동기부여가 이루어지고 앞으로 전진할 의도를 강화한다(도미향 외, 2021).

〈사례 1〉 세션 목표를 설정하는 대화

코치: 오늘 첫 번째 회차에서 중점적으로 다루고 싶은 사항은 무엇입니까?
고객: 코치님이 준비하신 대로 해주시면 됩니다.
코치: 아 저는 지난 코칭 준비 과정에서 합의한 코칭 주제와 코칭 목표는 잘 알고 있습니다. 잠시 후 다시 한번 확인할 예정이구요, 제가 조금 전에 질문 드린 것은 전체 코칭 목표와 관련해서 오늘 코칭이 끝나고 나면 어떤 부분이 진전이 있었거나 해결이 되었으면 좋겠는지를 여쭈어본 겁니다.
고객: 아 네 그거라면, 오늘은 미리 합의한 코칭 목표를 점검하고 그 목표와 관련하여 제가 해야 할 구체적인 부분들을 생각해 보면 좋겠습니다.
코치: 네~ 코칭 목표를 세부적으로 나누어서 하위 목표로 점검하시고 싶은 건가요?
고객: 네 그렇습니다. 그래야 구체적으로 해야 할 것들이 정리가 될 것 같아서요.
코치: 이미 실행 의지가 강하신 것 같아서 향후 과정이 기대가 됩니다.

(3) 세션 목표 유지하기

고객과 함께 세션에서 달성하고자 하는 것을 얻기 위해 고객 스스로가 다뤄야 하거나 해결해야 한다고 생각하는 것을 분명히 한다(ICF의 8가지 코칭 핵심 역량의 세 번째 역량인 '합의를 도출하고 유지한다.'의 일곱 번째 항목).

세션 목표는 전체 목표 안에서 현재 세션부터 다음 세션까지 달성하고자 하는 목표 혹은 중간 달성 목표(세션 고객 목표)를 설정하면서, 세션 그 자체에서 해당 코칭이 끝났을 때 어떤 결과가 있기를 원하는지를 목표(세션 코칭 목표)로 설정하는 것이다. 이를테면, 전체 목표가 2사분기 5월 안에 80% 이상의 조기 달성이라고 했을 때, 중간 달성 목표를 3월까지 35% 이상 달성 혹은 다음 세션까지 25% 달성으로 설정하면서, 오늘 코칭이 끝났을 때 그러한 목표를 달성할 수 있는 방안을 찾아내는 것이 세션 목표인 것이다.

이것을 정리하면, '다음 세션까지 25%를 달성할 수 있는 방안 찾기'로 할 수 있겠다. 이렇게 해야 코칭이 끝났을 때 그 결과를 확인할 수 있다. 방안이 제대로 안 나왔으면 고객과 코치가 해당 세션을 성공적으로 진행하지 못한 셈이다. 이런 경우 어떻게 보완할 수 있는지를 협의하고 실행할 수 있어야 한다. 하다가 안 되면 그만이라는 생각은 고객이나 코치가 취할 책임 있는 태도가 아니다. 방안을 찾는다는 것은 목표치를 달성할 수 있도록 현재 상황을 리뷰하고 해결 방안을 다양하게 탐구하고 달성 가능한 실천 계획을 세우는 것을 말한다. 그리고 그것을 잘 실천하기 위해 고객이 직접 해야 하는 행동 계획을 구체적으로 세우고 스스로 관리할 수 있는 방안도 실행 계획에 포함할 수 있도록 도와야 한다.

세션 목표는 철저하게 고객 자신이 주체가 되어 스스로 추진할 수 있는 과정과 결과로 이루어진다. 이것이 분명하게 인식되어야 자신의 일로 온전히 받아들이고 해결 방안을 적극적으로 모색하게 된다. 코칭 세션이 끝나면 나타날 결과에 대해 그 책임을 고객 스스로 떠맡을 때 코칭세션 동안 고객 주도의 대화가 가능해지고, 코칭 세션 이후의 실행에 대한 책임도 마찬가지로 고객 주도의 계획수립에 의해 이루어진다. 이것이 바로 '자기결정성'의 위력이며, 그렇게 자신에 의해 생산된 아이디어와 수립된 계획이어야 온전히 자신의 일로 인식되면서 생각과 행동이 지속된다(도미향 외, 2021).

〈사례 2〉 하위 목표로서의 세션 목표 설정하고 유지하는 대화

코치: 고객님은 리더십 역량을 현재 5점(10점 만점)에서 코칭 기간인 4개월 안에 8점 이상으로 끌어 올리는 것을 코칭 전체 목표로 설정했습니다. 고객님이 보완하고자 하는 리더십 역량은 구체적으로 무엇입니까?

고객: 네 팀원들과 면담을 해본 결과 직무 배분의 명확성과 개별 면담 강화(애로 사항 경청) 그리고 업무 소통 방식 개선 등이 필요한 것으로 파악되었습니다.

코치: 네~ 그 밖에 고객님의 생각에 조금 더 잘 했으면 하는 부분이 있다면 무엇입니까?

고객: 아~ 제가 감정 조절이 안 되는 경우가 있거든요. 얼굴에 바로 나타나서… 말

투도 그렇구….
코치: 네 알겠습니다. 그런 부분이 업무 소통 방식에도 영향을 미칠 것 같습니다. 어떠세요?
고객: 네 정확하게 그렇습니다.
코치: 그럼 말씀하신 세부 목표들은 어느 정도 수준으로 향상되면 만족하시겠습니다?
고객: 모두 8점 이상 되어야 될 것 같습니다. 제가 봐도 그렇구 팀원들이 봐도 그렇구요….
코치: 네 알겠습니다. 향후 코칭에서 세부 목표들과 관련하여 어떤 순서로 진행하면 좋을까요?

(4) 세션 목표 달성 확인을 위한 척도 정하기

고객과 함께 코칭 과정 또는 개별 세션에서 고객이 달성하고자 하는 목표에 대한 성공 척도를 정의하거나 재확인한다(ICF의 8가지 코칭 핵심역량의 세 번째 역량인 '합의를 도출하고 유지한다.'의 여덟 번째 항목).

목표에 대한 성공 척도를 정의한다는 것은 앞에서도 언급한 것처럼 목표가 이루어졌음을 측정하고 확인할 수 있는 기준을 정하는 것을 말한다. 목표의 내용 에 따라 그 기준이 여러 가지로 설정될 수 있다. 달성할 목표를 계수화하기 쉬운 기간이나 양적 수치는 목표값을 명확하게 하고, 계수화하기 어려운 질적 목표는 스케일로 환산해서 설정한다. 예를 들어 양적 수치는 중량, 금액, 거리, 분량 등 수치로 측정할 수 있는 것들이고, 질적 스케일은 1~10점의 척도를 제시하고 그 정도를 측정할 수 있다. 관계에 대한 만족도를 제고한다거나, 시간 활용의 효율성을 강화한다거나, 어떤 작업에 대한 완성도를 높인다든가 하는 목표는 질적 스케일로 성공 기준을 정할 수 있는 것이다.

이런 방식으로 목표에 대한 성공의 기준을 정하면 코칭 세션이 끝나고 나서 코칭의 결과를 측정할 수 있으며 코칭 후 수행 목표에 대한 부분도 그 달성도를 스스로 측정하여 다음 회차에 코치와 함께 확인할 수 있다. 이를테면, 코칭 세션 자체의 목표에 대한 결과를 측정하는 경우, 코칭 시작 시 설정한 목표 즉, 어떤 방안을 고안하고 실행 계획을 세운다고 했을 때 그 산출된 내용에 대한 충실도나 완성도를 측정할 수 있으며, 코칭 세션 완료 후 실천 사항에 대한 목표치를 코칭 시작 시 설정하는 경우, 정해진 기간에 그 달성도를 고객 스스로 측정할 수 있고 그 결과를 다음 코칭 회차에 코치와 함께 점검할 수 있다(도미향 외, 2021).

〈사례 3〉 세션 목표 달성을 위한 척도를 정하는 대화

고객: 오늘은 직무 배분에 관해 도움을 받고 싶습니다.
코치: 네~ 조금 더 자세하게 말씀해주시겠습니까?
고객: 팀원들이 소위 R&R(Role and Responsibility, 역할과 책임)에 대해 불만이 있는 것 같고, 저의 업무 지시가 조금 더 구체적이었으면 하는 바람을 가지고 있는 것으로 압니다.
코치: 네 그렇군요. 이 부분에 대한 팀장님 자신의 만족도를 8점 이상으로 높이고 싶다고 하셨는데 향후 8점이 되었다는 것은 무엇을 보면 그렇게 되었다고 알 수 있을까요?
고객: 아 그것은 팀원들의 만족도이기도 합니다. 저의 노력과 변화에 대한 팀원들의 만족도죠.
코치: 그럼 오늘의 코칭에서 어떤 결과가 나오길 원하십니까?
고객: 팀원들의 R&R 관련 만족도를 8점 이상 올릴 수 있는 방법을 찾고 싶습니다.
코치: 팀원들의 R&R 관련 만족도가 8점 이상 되었음을 어떻게 알 수 있을까요?

(5) 세션 시간 관리와 초점 유지하기

고객과 함께 세션의 시간을 관리하고 초점을 유지한다(ICF의 8가지 코칭 핵심역량의 세 번째 역량인 '합의를 도출하고 유지한다.'의 아홉 번째 항목).

코칭 시간은 사전에 합의한 내용을 기준으로 고객과 함께 준수한다. 정해진 시간 안에 필요한 사항을 충분히 다룰 수 있도록 서로 노력하며, 예외의 상황

이 발생하면 양측의 합의하에 시간을 신축성 있게 운용할 수 있다. 정해진 시간 안에 효과적으로 코칭을 진행하려면 해당 코칭 세션에서 다루는 주제와 목표에 집중해야 한다. 대화를 나누다 보면 주제와 목표에서 벗어나는 경우가 있는데, 고객의 말을 경청하고 따라가다 보면 코칭 시간 운영에 차질이 생기기도 한다. 적절한 시기에 고객이 본래의 주제와 목표를 향해 대화의 방향을 조정할 수 있도록 도와야 한다.

초점을 유지한다는 것은 코칭 대화의 흐름을 일관성 있게 유지한다는 의미도 있다. 코칭 프로세스상, 주제와 목표는 명료하게 설정되었는데 그 이후에 해결 방안을 모색하고 실행 계획을 수립하는 단계에서 앞뒤가 정렬이 안 되는 경우가 있다. 코치는 이런 상황에서는 대화를 통해 고객에게 사실을 알리고 주제와 목표에 부합하는 내용으로 정리하고 수정하도록 돕는다. 코치는 항상 열린 마음으로 고객의 상태를 관찰하고 피드백을 하며 생산적인 대화가 유지될 수 있는 분위기를 만들어야 한다(도미향 외, 2021).

〈사례 4〉 세션의 시간을 관리하고 초점을 유지하는 대화

코치: 네, 잘 들었습니다. 그런 일들로 마음이 많이 불편하셨을 것 같습니다. 지금까지 말씀하신 여러 가지 사항들을 한 문장으로 요약하신다면 어떻게 말씀하시겠습니까?

고객: 한마디로 억울하고 다들 너무 이기적이란 생각이 듭니다.

코치: 네 알겠습니다. 그런 마음속의 감정과 생각들이 어떻게 변하길 원하시나요?

고객: 서로 이해하고 신뢰하는 관계가 회복되길 원합니다.

코치: 원하시는 게 분명해지는 것 같아서 다행입니다. 오늘 남은 시간 동안 이 부분에 대해 중점적으로 대화를 나누면 될까요?

고객: 네. 마음이 격해져서 말이 조금 길게 나온 것 같습니다. 결국엔 잘 지내자는 생각인데.

코치: 속마음을 풀어내시는 것도 좋은 방법입니다. 잘 하셨어요~ 조금 전에 억울하다고 말씀하셨는데…. 어떤 때 가장 크게 그런 생각이 드시는지요?

(6) 대화의 흐름에 고객과 함께하기

고객이 달리 표현하지 않는 한 고객이 원하는 성과를 달성하기 위한 방향으로 코칭을 계속한다(ICF의 8가지 코칭 핵심역량의 세 번째 역량인 '합의를 도출하고 유지한다.'의 열 번째 항목).

코칭 대화는 기본적으로 고객이 주도한다. 질문은 주로 코치가 하지만 그 질문의 주인은 고객이다. 다시 말하면 코칭 질문은 고객으로부터 나온다. 고객에게 필요한 질문을 제공하는 것이므로 대화의 주도권은 고객에게 있는 것이다. 코치는 이끌면서 질문하는 것이 아니라 따라가면서 질문하는 것이다. 따라서 고객이 별도의 요청을 하지 않는 한 고객과 합의한 코칭 목표를 향해 대화의 방향을 유지한다. 그러나 고객의 요청은 없었는데 대화의 내용상 방향성에 문제가 발생하기도 한다.

당초의 주제와 목표를 벗어났는데 사안이 중요한 것으로 보일 경우, 고객에게 이후 대화의 방향을 선택할 수 있도록 기회를 제공한다. 이런 경우 본래의 주제와 목표가 다루어지지 않는 부분에 대해 고객이 감수할 수 있는지 확인해야 하고, 새로운 방향을 선택할 경우 어떤 상황이 전개되는지에 대해 충분히 검토하고 선택할 수 있도록 도와야 한다. 그러나 겉으로는 다른 주제와 목표로 보이지만 내적으로 혹은 다른 관점으로 볼 때 동일한 범주에 속하는 사안인 경우도 많다.

코치가 그 부분에 관한 연관 관계에 대해 질문을 함으로써 고객은 자신도 몰랐지만 같은 주제의 다른 표현임을 알아차리게 된다. 이런 과정을 통해 코칭 대화의 깊이가 더해지고, 고객의 내면에 대한 성찰이 심화된다. 코칭이 진행되는 동안 각 세션별로 목표를 정하고 그 결과를 점검하지만, 세션에서 설정한 주제와 목표가 해당 세션에서 충분히 다루어지지 못하는 경우도 있다.

위에서 언급한 상황들을 성실하게 챙기고 다지다 보면 부득이 시간이 모자랄 수 있다. 코치와 고객은 차수를 변경해서 동일한 주제와 목표를 다루기로 합의할 수 있다. 코칭의 전체적인 품질을 높일 수 있다면 고객과 코치의 합의에 의해 필요한 부분을 수정해서 적용할 수 있지만, 가급적 사전에 합의된 사항들에 의해 코칭의 내용과 진행 방향이 관리될 수 있도록 함께 노력한다(도미향 외, 2021).

〈사례 5〉 대화의 흐름을 상호 협동하면서 발전시키는 사례

고객: 그리고 저의 R&R 관련 관리 역량도 문제지만 요즘 구성원들은 일을 피하는 경향이 있고 시키는 일만 하겠다는 의도를 가지고 있는 것 같아서 걱정됩니다.

코치: 아 뭔가 생각의 차이에서 발생되는 소통의 문제가 있다고 보이는데 어떠신가요?

고객: 네 그래요~ 제가 실무자일 땐 안 그랬거든요…. 요즘엔 너무 이기적이에요. 사실 이 문제가 가장 심각한 것 같습니다.

코치: 음 그렇게 생각하시는군요. 오늘은 R&R 관리에 대해 초점을 맞추기로 했는데 지금은 팀원들과의 생각 차이를 강조하고 계시네요. 이 부분은 어떻게 조정하면 좋을까요?

고객: 아 그렇네요. 그게 서로 연결되는 것 같아서 그랬나 봅니다. 우선 R&R에 대해 점검하고 해결 방안을 찾아보고 싶습니다.

코치: 네 저도 그런 생각이 들었습니다. 결국 연결되어 있을 겁니다. 일단 말씀하신 대로 R&R을 먼저 다루고 다음으로 소통 문제를 다루면 입체적으로 해결 방안이 나올 수 있겠네요. 어떠세요?

고객: 네 그렇겠네요~ 하나 하나 생각하고 나중에 통합한다는 말씀이시죠?

코치: 네, 이번 코칭 대화는 매우 생산적일 거란 생각이 듭니다.

(7) 목표 달성을 위한 과정을 중요시하기

첫 회차 이후 회차와 회차 사이에 실천할 실행 과제를 고객 스스로 정할 수 있도록 돕고 매 회차 시작 부분에 실천 여부를 확인한다. 이 과정에서 고객이 실천을 못 했다면 그 이유를 따져 묻기보다 그로 인해 목표 달성에 어떤 영향이 있을지를 생각하도록 돕고 향후 어떻게 보완하거나 개선할지에 대해

코칭 대화를 한다. 실천을 잘 하고 있는 경우엔 반드시 축하하고 격려해야 한다. 작은 성공의 연속이 결국 목표 달성으로 이어지기에 노력하는 과정을 즐기고 추진 동력을 유지하기 위해선 인정과 칭찬이 필요하기 때문이다.

이러한 파트너십은 코칭 기간 내내 지속되어야 한다. 조직의 리더들은 누구라도 시간이 넉넉하지 않기 때문에 자신이 코칭을 받고 있다는 사실을 잊기도 하며 코치를 만나는 시간만 겨우 기억하는 경우가 적지 않다. 코치 역시 여러 명을 코칭하다 보면 각 고객에게 신경을 쓰지 못하게 되기도 한다. 사실 코칭에 있어서 주인공은 고객이기에 고객이 주도적으로 실천을 하지 않으면 코치도 딱히 강제할 수 있는 방법은 없다.

코칭의 완성도를 높이기 위해 고객과 코치는 상호 책임의 관계가 있음을 확실하게 할 필요가 있다. 코칭 전 준비 단계 또는 코칭 시작 초기에 소위 둘만의 그라운드룰을 정하는 것도 좋은 방안이 될 수 있다. 고객의 실천과 관련해서 회차와 회차 사이에 실천 상황을 모니터링할 수 있는 장치(전화, 이메일, 메신저 등)를 합의하거나 진행 상황을 함께 볼 수 있는 양식(구글 Docs 등)을 공유할 수 있다. 이렇게까지 하는 이유는 자칫 코칭 과정이 가끔 만나서 하소연하거나 편안한 대화 상대가 되어주는 기능으로 끝나는 경우를 방지하기 위함이다. 그렇다고 너무 강하게 실천을 강조하면 자발성이 감소되고 강제성을 느끼게 되어 오히려 역효과가 날 수 있으므로 오로지 고객의 목표 달성을 돕고 동기부여를 하는 목적으로 상호책임 시스템을 활용해야 할 것이다.

〈사례 6〉 목표 달성을 위한 과정을 응원하고 격려하는 대화

코치: 지난 회차에서 세우신 실행 계획에 대해 실천 상황은 어떠셨는지요?
고객: 읽기로 한 책의 목표 분량은 다 읽었구요, 개별 면담 3명은 바빠서 1명만 했습니다.
코치: 많이 바쁘실 텐데 책을 읽으셨군요. 어떠셨어요?

고객: 코치님과 나눈 대화도 생각나고 코칭에 대한 이해가 많이 깊어지고 있습니다.
코치: 네 감사합니다. 다 읽고 나서 전체적으로 말씀을 나누면 더욱 유익할 것 같습니다. 그리고 개별 면담을 덜 하셨는데 향후 면담 계획에 어떤 영향이 있을까요?
고객: 조금 밀리겠고, 면담 일정 조정을 해서 오늘 새롭게 계획을 세워야겠습니다. 이렇게 자꾸 밀리면 안 되니 긴장감을 가지고 면담 일정을 소화해야겠습니다.
코치: 네 좋습니다. 고객님의 실천 의지에 감사드리고 응원하겠습니다. 계획한 대로 면담을 하실 수 있는 구체적인 장치를 하나 한다면 어떤 게 가능할까요?
고객: 면담 일정을 표로 만들어 팀원들과 개별적으로 공유하면 서로 일정을 맞추기 위해 노력할 것 같구요, 면담일 전에 카톡으로 확인하면 되겠습니다.
코치: 혹시 제가 도울 수 있는 부분이 있다면 말씀해주시겠어요?
고객: 면담 현황 표를 만들어 코치님과 공유하겠습니다. 격려해 주시면 좋겠습니다.
코치: 물론입니다. 면담 시에도 마음으로 함께 하겠습니다.

3) 3단계: 코칭 마무리 단계

코칭의 마무리 단계는 코칭 목표의 달성 여부를 확인하고 코칭 과정에 대한 평가를 하는 단계이며 향후 내재화를 위한 고객의 계획을 확인하는 단계이다. 사전에 합의한 코칭 기간과 피드백이 마무리되면 코칭 관계를 종료한다. 코칭 관계는 코칭과 직접적으로 관련된 관계를 말하며 고객과의 관계가 완전히 종료되는 것은 아니다. 이해관계자를 포함한 고객과의 관계는 다음에 추가적인 코칭 관계를 맺을 수 있기 때문에 항상 열린 상태를 유지한다. 코칭 관계는 고객과 코치가 코칭을 진행하는 동안 파트너십을 발휘하면서 서로에게 동기부여를 하는 관계를 의미하기도 한다. 동기부여를 한다는 것은 코칭의 매 순간 상대방의 존재를 알아차리고 감사하며 축하하고 격려하는 것이다.

특히 코칭을 마무리하는 시점엔, 그동안 함께했던 시간과 노력에 대해 함께 기억하고 감사하고 축하하고 격려한다. 그렇게 주고받은 긍정적이고 생산적인 에너지가 각자의 마음속에 깊이 스며들면 각자는 양측의 코칭 관계를 떠나서 다른 사람과도 동일한 에너지 교환을 하게 될 가능성이 커진다. 이것은 코칭이 가지고 있는 하나의 큰 그림 중 하나이며 코칭의 사회적 기능이기도 하다(도미향 외, 2021).

다음은 마무리 단계에서 다루는 내용을 항목별로 살펴보겠다.

(1) 마지막 회차

- 코칭 목표 달성 확인: 고객과 함께 사전에 설정한 코칭 목표가 달성되었는지 확인하고 코칭 과정에서 변동된 사항에 대해서도 확인함. 성공적인 달성을 축하하고 격려함
- 코칭 피드백: 코칭 기간 동안 새롭게 알게 된 것과 코칭 과정에 대한 상호 피드백. 아쉬운 부분에 대한 피드포워드(개선 방안 탐구)
- 후속 코칭에 대한 계획 검토: 후속 코칭에서 다룰 추가적인 주제 또는 코칭 목표 확인

(2) 마지막 회차 직후

- 코칭 과정 평가 실시: 코치의 전문성과 성실성, 고객의 충실도, 코칭의 효과 등 설문(코치가 설문서를 제공할 경우 고객의 응답은 코치와 이해관계자가 동시에 볼 수 있어야 하며, 고객사에서 별도로 평가할 수 있으며 코치는 고객사로부터 피드백을 받아보는 것이 유익함)
- 코칭 종합 리포트: 회차별 리포트 외에 종합 리포트를 작성하여 이해관계자에게 제출(비밀보장 원칙에 위배되지 않는 범위 내에서 목표 달성 상황 등 진행 결과 공유)
- 이해관계자 미팅: 코칭을 의뢰한 당사자(고객의 상사 또는 인사 · 교육 담당)와 코칭 결과에 대해 공유하고 향후 추가 코칭 및 내재화 계획 협의

생각해 보기

1. 코칭 과정 3단계의 기본 요소가 무엇인지 기억하고 그 흐름을 그려 봅시다.

2. 1단계 코칭 준비 단계에서 코칭을 계획하고 코칭 목표를 설정하는데 있어서 이해관계자를 포함하여 진행하는 이유가 무엇인지 생각해 봅시다.

3. 2단계 코칭 실행 단계에서 코칭 목표 달성을 위해 진행하던 중 고객이 코칭 초기와 다른 이슈를 중요시하고 있을 때 코치가 어떻게 대응해야 하는지 생각해 봅시다.

4. 3단계 코칭 마무리 단계에서 코칭 결과가 기대보다 미흡하다고 판단될 때, 고객과 고객사의 이해관계자와 어떻게 마무리하는 것이 바람직할지 생각해 봅시다.

5. 고객의 이해관계자인 코칭계약 담당자가 코칭의 진행 내용을 공유해 줄 것을 요청할 경우, 고객의 비밀보장과 관련하여 어떻게 대응해야 하는지 생각해 봅시다.

08 chapter 코칭의 도구

코칭을 더욱 효과적으로 수행하기 위해 전문코치는 코칭에 필요한 다양한 도구를 사용한다. 기본 도구로는 코칭 프로세스에 직접적으로 필요한 각종 양식이 있고, 응용 도구로는 코칭 사전 혹은 실행 단계에 필요한 각종 진단 도구가 있고 코칭 후 평가 도구가 있다.

응용 도구의 경우 코치가 일방적으로 정해서 사용하는 것이 아니고, 고객의 동의하에 이루어지며 코치는 반드시 도구 사용의 이유와 목적에 대해 설명해야 한다. 특히 진단 도구의 검사 결과는 자기 보고식 작성에 의한 것이기 때문에 객관성이 약한 점을 인식하고 코칭 과정에 참고 자료로만 사용하는 것이 좋다. 자칫 고객에 대한 선입견이나 판단의 근거로 사용되면 중립적이어야 하는 코치의 위치에 편향성이 생길 수 있기 때문이다.

이 장에서는 기본 도구로 코칭 시작에 필요한 코칭 합의서, 코칭 목표 합의서, 코칭을 위한 기초 질문지 그리고 이해관계자에게 보내는 코칭 보고서와 코칭 평가서 등을 소개하고, 응용 도구로 강점 진단, DISC, 애니어그램, MBTI 등에 관하여 살펴보겠다.

1. 코칭의 기본 도구

1) 기본 도구의 개념과 특징

기본 도구는 코칭 프로세스에서 고객과 이해관계자와 함께 하는 관계를 설정하는 기본적인 문서를 의미한다. 성공적인 코칭을 위해 합의된 내용을 서면으로 작성하고 공유하는 것이며 코칭 과정에 문제가 생겼을 때 해결의 기준이 될 수 있다.

한편, 코칭의 효과성을 높이기 위해 고객에게 작성을 요청하는 여러 가지 양식이 있을 수 있으며 코치도 자신의 코칭 과정을 기록하며 분석하는 창의적인 문서를 작성하고 관리할 수 있다. 예컨대, 고객의 주제와 관련된 사전 설문을 작성하여 제시할 수 있고, 코칭 과정에서 고객이 하기로 한 실천 사항을 작성하고 관리할 수 있는 문서를 고객에게 제공할 수 있다. 코치 역시 코칭 진행 사항을 기록하는 일지를 작성할 수 있고, 자신의 코칭에 대해 스스로 피드백할 수 있는 문서를 만들어서 관리할 수 있다. 이는 코칭의 품질을 제고하기 위해 슈퍼비전을 받을 때에도 유용하게 사용될 것이다.

여기서는 기본 도구로 코칭 합의서, 코칭 목표 합의서, 코칭을 위한 기초 질문지 그리고 이해관계자에게 보내는 코칭 보고서와 코칭 평가서, 코치 자기평가서를 소개한다.

2) 기본 도구의 종류

(1) 코칭 합의서

코칭 합의서는 코칭 계약서라고도 하는데 다음과 같은 내용을 포함하며, 합의 당사자들의 합의에 따라 추가하거나 생략할 수 있다.

- 코치와 고객의 이름과 연락처
- 코칭 기간과 횟수
- 코칭 비용: 회당 시간, 회당 단가, 총 비용, 지불 조건
- 코칭 방법: 면대면(오프라인), 온라인(화상통화, 전화 등)
- 비밀 유지 조항
- 코칭의 범위 및 관련 전문영역 고지(전문 심리 치료, 정신의학 분야 코칭 불가)
- 상호 의무 조항
- 코칭 중단 조건
- 코칭 평가 방법
- 코칭 보고서 제공

코칭 합의서의 예시는 다음과 같다.

◆ 코칭 합의서(예시)		
코치	(이름)	(연락처)
고객	(이름)	(연락처)

※ 000(이하, 코치)와 000(이하, 고객)은 국제코칭연맹(ICF) 또는 (사)한국코치협회(KCA)의 윤리규정에 의거하여 코칭에 대한 상호이해를 바탕으로 코칭이 이루어짐을 확인합니다. 상호 성실한 자세로 코칭에 임하고 본 계약 내용을 성실히 이행함으로써 코칭이 진행되는 동안 서로에게 소중한 시간이 될 수 있도록 최선을 다할 것을 약속합니다.

1. 코치는 ____ 년 ____ 월 ____ 일부터 ____ 년 ____ 월 ____ 일까지 고객에게 1회당 1시간의 코칭을 (   )회 실시하며 협의에 의해 연장 실시한다.
   - 코칭료는 시간당(회당)   원으로 하고   회 단위로 코칭 완료 전 일괄 지급한다.
   - 본 코칭은 면대면(face to face) 코칭을 기본으로 하되 양자의 협의에 의해 전화 혹은 온라인 코칭도 가능하다.

2. 코치는 코칭 과정에서 이루어지는 모든 대화에 대해 비밀을 보장해야 한다.
   단, 고객에게 긴급한 도움이 필요하다고 판단되는 경우는, 전문기관 또는 주변에 알리어 도움을 청해야 하므로 비밀보장 원칙에서 제외된다.
3. 코치와 고객은 상호 이해에 기초하여 코칭 과정이 순조롭게 진행되도록 각종 상호 지원을 아끼지 않는다.
4. 코치와 고객은 코칭이 정신과 전문의, 심리치료사(psychotherapist)들이 행하는 의료적 정신적 문제에 관한 상담이나 치료를 포함하지 않는다는 것에 동의한다.
5. 코치는 고객이 코칭 과정을 통해 목적하는 바를 달성할 수 있도록 그 의무와 책임을 다하며 지속적인 역량개발에 힘써야 한다.
6. 고객은 코칭을 통한 결정과 행동에, 비록 코치의 지원하에 이루어진 결정이라 하더라도, 모든 책임을 가지게 된다.
7. 고객은 코칭에 성실하게 임하지 않거나, 코치가 본 계약의 성실 이행을 해치는 상황이 발생할 경우 코칭을 중단하거나 상호 대상을 변경할 수 있다.
8. 코치 혹은 고객의 요청에 의거 계약기간 중이라도 양자가 합의하여 코칭을 중단할 수 있다.
9. 본 계약서는 2부 작성하여 코치, 고객이 각 1부씩 보관한다.
10. 위 항목에 정하지 않은 것은 국제코칭연맹(ICF) 또는 (사)한국코치협회(KCA)의 통상 관례와 양자간의 필요에 따라 협의하여 정한다.

작성일: 년 월 일

고 객 : (서명/인)

코 치: (서명/인)

(2) 코칭 목표 합의서

코칭 목표 합의서는 코칭의 목적과 주제 그리고 코칭을 통해 이루고 싶은 목표를 정하고 확인하는 문서다. 일반적으로 조직구성원을 상대로 코칭을 하게 되는 경우, 코치와 코칭을 의뢰한 이해관계자와 코칭 대상자가 합의를 통해 코치 시작 전에 작성하게 되는데 코칭 목표는 첫 회기를 마치고 확정하기도 한다. 코칭 목표 합의서 역시 고객의 상황 및 코칭 주제에 따라 다양하게 작성할 수 있으며 일반 개인을 상대로 코칭을 하는 경우 구두로 합의하고 진행하는 사례가 많은데 간단하게라도 서면으로 작성하고 공유하는 것이 바람직하다. 코칭 목표 합의서의 예시는 다음과 같다.

◆ 코칭 목표 합의서(예시)

생활 문화/환경:
- 대학교 2학년을 마치고 군대를 다녀와서 본인의 전공에 대한 재검토를 하고 있는 상황
- 현재 전공은 국어국문학인데 IT 계열의 일을 하고 싶어 함.

코칭 배경/목적:
- 대학 2년의 학력을 포기하고 전공을 바꾸고 싶은 마음
- 어떤 경로로 전공을 바꿀 수 있는지 고민 중
- 과연 이것이 맞는 건지 확신이 안 섬

코칭 주제:
- 전공 변경과 관련된 진로 문제

코칭 목표(달성 목표):

코칭을 통해 이루고 싶은 목표:
- 결과적으로 IT 계열로 전공을 변경

코칭 세션에서 얻고 싶은 결과:
1. 전공 변경에 대한 확신
2. 전공 변경 방안

목표 달성 확인 지표:

코칭을 통해 이루고 싶은 목표:
- 1년 안에 IT 계열로 전공을 변경

코칭 세션에서 얻고 싶은 결과:
1. 전공 변경에 대한 확신의 정도(현재: 6/10 → 결과: 10/10)
2. 전공 변경 방안 및 추진 계획에 대한 구체적 문서 작성

년　　월　　일　　위와 같이 합의함.

(코치:　　　　　　고객:　　　　　　스폰서:　　　　　　)

(3) 코칭을 위한 기초 질문

코칭 시작 전에 고객이 코칭에 대해 준비하도록 도울 수 있으며, 코치에겐 고객이 무엇이 필요한지를 미리 생각하게 할 수 있는 도구이다. 아직 라포가 형성되기 전이라 개인적으로 깊은 질문은 피하는 것이 좋으며 고객이 불편함을 표현하면 생략할 수 있다. 코칭을 위한 기초 질문의 예시는 다음과 같다.

◆ 코칭을 위한 기초 질문(예시)
코칭 시 다루는 모든 정보는 비밀이 유지되며 섬세한 주의를 기울여 다루게 될 것입니다. ■ 고객님 이름 ■ 코칭 혹은 컨설팅을 받아보신 경험이 있으십니까? 있다면 어떤 효과가 있었는지 간단히 설명해 주십시오. ■ 이번 코칭 대화에서 다루고 싶은 주제는 무엇입니까? ■ 고객님의 성격의 유형은 무엇입니까?(강점, DISC, MBTI, 에니어그램 등) ■ 고객님이 생각하시는 가장 바람직한 삶은 무엇입니까? ■ 고객님의 꿈은 무엇입니까? ■ 혹시 포기했던 혹은 잊혀진 꿈이 있다면 그것은 무엇입니까? ■ 현재 조직에서의 역할에서 어려움이 있다면 무엇입니까? ■ 고객님에게 가장 소중한 가치는 무엇입니까? ■ 그 가치를 실현하기 위해 고객님이 취하는 행동은 무엇입니까? ■ 고객님의 어떤 강점이 지금의 고객님을 있게 했을까요? ■ 혹시 고객님을 힘들게 하는 심리적인 어려움이 있다면 그것은 무엇일까요? ■ 고객님의 삶에서 가장 궁극적인 목적(혹은 사명)은 무엇입니까?

■ 고객님의 10년 후는 어떤 모습(상태)이 되어 있기를 원하십니까?

■ 고객님은 무한한 가능성의 소유자이며 그 자체로 완전하다는 말에 얼마나 동의하십니까?
(1.전혀 동의 안 함~10.완전히 동의함: 수치로 적어 주십시오)

■ 이 글을 작성하면서 드는 생각이나 느낌을 말씀하신다면?

■ 다음은 일반적인 상황의 삶의 중요 요소입니다. 각 항목의 주관적인 중요도와 만족도를 표기해 주시기 바랍니다.

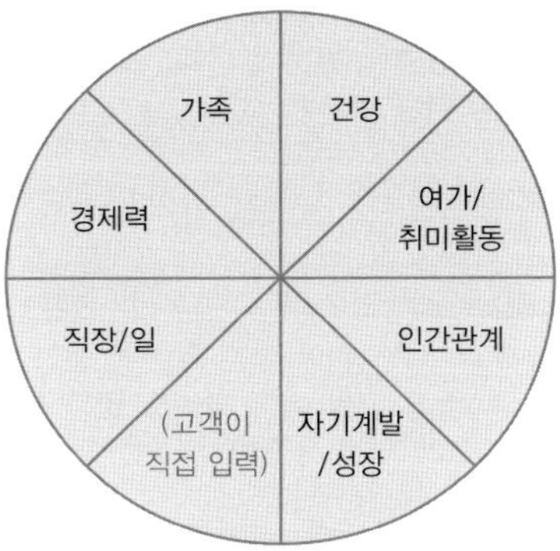

	가족	건강	여가 취미활동	인간관계	자기계발/ 성장	직장/일	경제력	직접입력 ( )
중요도								
만족도								

(최저 1점에서 최고 10점으로 자신의 주관적 점수를 기재)

(4) 코칭 보고서

코칭 보고서는 코칭 후 고객에게 코칭 내용을 공유하고 다음 코칭 회차를 준비할 수 있게 돕는 문서다. 기업이나 조직의 인사·교육 담당자의 요청에 의해 이루어지는 코칭 보고서는 코칭의 기본 윤리 규정에 의거 비밀이 보장되어야 하기에 최대한 간략하게 작성되며 코칭의 진행 사항을 확인하는 목적으로만 사용되어야 한다. 다음 양식은 일반 개인을 상대로 한 코칭 보고서 사례이다.

<table>
<tr><th colspan="6">◆ 코칭 보고서(예시)</th></tr>
<tr><td>코 치</td><td>000 코치</td><td colspan="2">코칭 유형</td><td colspan="2">1:1 면대면</td></tr>
<tr><td>코칭 일시
진행시간</td><td>년 월 일 (시간)</td><td>회차</td><td>2</td><td>코칭 장소</td><td>000센터</td></tr>
<tr><td>고 객</td><td>000</td><td colspan="2">연락처</td><td colspan="2">000-0000-0000
이메일 주소</td></tr>
<tr><td>실행 점검</td><td colspan="5">지난 회기 과제: 강점 검사 및 직업 적성 검사하기
실행: 검사 완료 및 검사 결과지 검토</td></tr>
<tr><td>코칭 주제
및 목표</td><td colspan="5">주제: 전공 변경 적절성 검토
목표: 전공 변경 확신도 제고(9/10 이상)</td></tr>
<tr><td>코칭 내용</td><td colspan="5">- 2가지 검사 결과 내용 검토 및 고객 소감 경청
- 논리적 추론 등 IT 직무 적성 하위 항목에 대한 고객 본인 평가 및 대안 탐구
- IT 관련 직종 중 중점 관심 분야 리스트 업
- 향후 진로 관련 고객 비전 세우기
- 코칭 결과: 확신도 상승(9/10)</td></tr>
<tr><td>과제 및
차후계획</td><td colspan="5">- IT 관련 관심 직종 자료 검색(인터넷 중심)
- IT 관련 관심 직종 근무자 소개받기(고교 선배에게 부탁)
- 가능하면 현재 근무 중인 분과 만나보기
- 논리적 추론 역량 개발을 위한 방안 생각해 보기</td></tr>
<tr><td>코치의
고려사항</td><td colspan="5">현재 고려 중인 빅데이터 관련 직무는 향후 발전 가능성에만 초점이 맞추어져 있으며 오직 도전해 보겠다는 열정으로 전공 변경과 진로 설계를 추진하고 있는 건 아닌지 스스로 돌아볼 수 있는 코칭 대화 필요
→ 확신의 마침표를 찍을 수 있는 최종 점검</td></tr>
<tr><td>추가질문</td><td colspan="5">(이메일로 답변 바랍니다.)
- 코칭 대화 중에 수학을 싫어해서 걱정이라고 했는데, 그것과 빅데이터 관련 직무와는 어떤 관련이 있을까요?
- 빅데이터 관련 직무에 필요한 역량 중 현재 자신에게 있는 부분은 무엇인가요?</td></tr>
</table>

(5) 코칭 평가

코칭에 대한 평가는 코치 자기 평가와 고객의 평가로 나눌 수 있다. 코치 자기 평가는 코칭 기간 동안 수시로 이루어지며 코칭에 대한 점검 차원으로 다음과 같은 항목을 사용할 수 있다. 또한 전문코치는 자신의 코칭 내용을 슈퍼바이저 코치로부터 평가받고 지도를 받을 수 있다. 이때 코치는 코칭 내용의 제한적 공개에 대해 반드시 고객으로부터 허가를 받아야 한다.

◆ 코치 자기 평가 항목

① 코칭 세션 시작 전
- 지난 회기에서 고객이 약속한 실천 사항은 무엇인가?
- 그 실천을 돕는 상호 책임과 관련해서 코치로서의 역할을 다 했는가?
- 지금 나는 충분히 안정된 상태인가?
- 혹시 오늘 코칭 세션에 대해 어떤 의도된 계획을 가지고 있나?
- 지금 나는 고객을 충분히 신뢰하며 그를 만나려 하고 있나?

② 코칭 세션 중
- 고객의 언어적, 비언어적 표현에 집중하고 있는가?
- 고객과 대화하며 내 판단을 근거로 무엇인가 정리하고 있지 않는가?
- 코치에게 필요한 질문이 아닌 고객에게 필요한 질문을 하고 있는가?
- 고객의 온전성과 고객이 답을 가지고 있음을 신뢰하고 있는가?
- 고객이 이 대화의 주도권을 유지하고 있는가?
- 코치로서의 정체성을 유지하고 있는가?

③ 코칭 세션 후
- 세션 후의 고객의 변화는 무엇인가?
- 세션 후의 코치의 변화는 무엇인가?

- 코치로서 이번 세션에 대한 만족도는 1~10점 사이 몇 점인가?
- 그 만족도의 근거는 무엇인가?
- 다음 코칭 세션을 위해 필요한 준비가 있다면 무엇인가?
- 고객의 실천을 위한 상호책임을 어떻게 강화할 것인가?
- 고객(고객사)와의 파트너십 관계는 잘 유지되고 있는가?

고객의 평가는 주로 기업/조직을 고객사로 코칭을 할 때 실시하며 코칭 완료 후 고객에게 설문이 주어지는데 코치의 전문성과 성실성, 고객의 충실도, 코칭의 효과 등의 내용이 포함된다. 코치가 설문을 제공하기도 하고 고객사에서 직접 평가서를 만들어서 사용하기도 한다.

◆ 고객의 평가 항목 : 5점 척도로 측정

① 코치의 전문성과 성실성

- 코치는 코칭을 안전하고 편안한 환경에서 진행했다.
- 코치는 전문성을 바탕으로 코칭을 진행했다.
- 코치는 코칭 시간을 지키고 성실하게 진행했다.
- 이 코치를 다른 사람에게도 추천하고 싶다.

② 코칭의 효과

- 이번 코칭에 대해 전반적으로 만족한다.
- 조직 내 역할을 수행하는 데 도움이 되었다.
- 실무에 활용할 수 있는 새로운 것들을 알게 되었다.
- 조직에 코칭이 필요하다고 생각하게 되었다.

③ 고객의 충실도

- 코칭 과정에 성실하게 참여했다.
- 코칭 중 설정한 과제를 충실하게 실행했다.
- 코칭 기간 중 원하는 목표를 달성하기 위해 노력했다.
- 코칭 과정을 설명할 수 있다.

2. 코칭의 응용 도구

코칭을 위한 응용 도구는 코칭의 효과성을 높이기 위한 수단으로서 주로 고객의 성격이나 기질을 알 수 있는 진단 도구를 가리키는데 여기서는 강점 진단, DISC, MBTI, 에니어그램을 소개하겠다. 전술했듯이 이 도구들은 모두 자기 보고식 진단이기 때문에 그 결과에 대한 맹신을 경계해야 한다. 코칭에서 무엇보다 중요한 것은 코치와 고객의 관계이며 고객에 대한 신뢰를 바탕으로 고객의 존재 그 자체를 수용해야 한다. 고객의 성격이나 기질적 특성 그리고 강점과 약점 등은 고객의 일부로서 고객 전체를 표상할 수 없는 것이다. 코치는 고객을 전인적 존재로 바라보는 관점을 놓치지 않도록 노력해야 한다.

1) 강점 진단

(1) VIA 성격 강점 검사

긍정심리학으로 유명한 마틴 셀리그먼(Martin Seligman)이 분류한 성격 강점 24가지를 기반으로 성격적 강점을 파악하는 검사로서 VIA 성격 연구소(VIA Institute of Character)에서 전 세계를 대상으로 서비스하고 있으며 기본 검사는 무료이고 자세한 리포트는 유료다.

마틴 셀리그먼은 강점 검사를 통해 자신의 강점 순위를 알았으면 그 중에 상위 5개의 강점에 주목하라고 안내한다. 사람은 저마다 서너 가지의 대표 강점을 지니고 있다. 이러한 강점은 본인 스스로 인정하고, 자부심을 느끼며, 일 · 사랑 · 자녀 양육에서 날마다 발휘하는 특성인 셈이다. 아래 기준을 참고해서 대표 강점을 파악해 보라.

- 진짜 나다운 것이라는 자신감이 생긴다.
- 발휘하는 순간 흥분의 도가니에 휩싸인다.
- 처음 습득한 이후부터 급속하게 발전한다.
- 꾸준히 계발하기 위해 새로운 방법을 계속 익히고 싶다.
- 그 강점을 활용할 수 있는 방법을 이모저모로 궁리한다.
- 그 강점을 활용할 때 자신을 제어하기 힘들다.
- 그 강점을 발휘하는 동안 피곤하기는커녕 의욕이 솟는다.
- 그 강점을 밑천 삼아 창업이나 개인 사업을 하고 싶다.
- 그 강점을 활용할 때 황홀경에 빠지기까지 한다.

마틴 셀리그먼은 진단 결과 나온 상위 강점들 중에서 이 조건에 부합되는 한두 개 정도가 바로 대표 강점들이며 강점들을 되도록 많이 사용하라고 한다. 만일 상위 강점들 중에서 이 조건을 충족시키는 것이 하나도 없다면 일, 사랑, 여가 활동, 자녀 양육에 활용한다고 해도 큰 효과를 얻기 힘들 것이라고 밝히고 있다(Seligman, 2002).

다음은 VIA 강점 진단의 24가지 강점 리스트와 간단한 설명이다. 각자의 검사는 www.viacharacter.org/character-strengths에서 무료(한글 지원)로 받아볼 수 있으며 여기서는 아래 24가지 강점 중 자신에게 어울리는 항목을 중심으로 위에 열거한 9가지 항목에 적합한 핵심 강점을 찾아봐도 좋을 것이다.

◆ 성격 강점의 VIA 분류 체계

① 지혜(wisdom)

- 창의성(creativity): 어떤 일을 하면서 새롭고 생산적인 방식으로 생각하는 능력으로서 참신한 사고와 생산적인 행동 방식을 포함한다.
- 호기심(curiosity): 한 개인이 겪는 모든 경험에서 별다른 이유 없이 신기함, 다양성, 도전을 추구하는 것이다.
- 개방성(open-mindedness): 사물이나 현상을 다양한 측면에서 철저하게 생각하고 검토하는 능력으로서 모든 증거를 동등하게 취급하고 새로운 증거에 따라 신념을 수정하는 태도를 포함한다.
- 학구열(love of learning): 새로운 기술과 주제, 지식을 배우고 숙달하려는 동기와 능력을 의미한다.
- 지혜(wisdom): 사물이나 현상을 전체적인 관점에서 생각하고 다른 사람에게 현명한 조언을 제공하는 능력을 말한다.

② 자애(humanity)

- 사랑(love): 다른 사람과의 친밀한 관계를 소중히 여기고 실천하는 능력을 뜻한다. 즉, 다른 사람을 사랑할 수 있고 다른 사람으로부터 사랑을 받을 수 있는 능력을 의미한다.
- 친절성(kindness): 다른 사람을 위해 호의를 보이고 선한 행동을 하려는 동기와 실천력으로서 다른 사람을 돕고 보살피는 행동을 포함한다.
- 사회 지능(social intelligence): 자신과 타인의 동기와 감정을 아는 것으로서 새로운 사회적 상황에 적응하기 위해 어떻게 행동하는 것이 적절한지를

아는 능력을 의미한다.

③ 용기(courage)

- 용감성(bravery): 위협, 도전, 난관, 고통으로부터 위축되지 않고 이를 극복하는 능력을 의미하며, 저항이 있더라도 무엇이 옳은지 이야기하고 인기가 없을지라도 신념에 따라 행동하는 것을 포함한다.
- 끈기(persistence): 시작한 일을 마무리해 완성하는 능력을 말하며, 난관을 딛고 일련의 계획된 행동을 지속하거나 과업을 성취하는 과정에서 기쁨을 느끼는 것을 포함한다.
- 진실성(authenticity): 진실을 말하고 자신을 진실한 방식으로 제시하는 능력으로서 자신을 거짓 없이 드러내고 자신의 행동이나 감정을 수용하고 책임지는 것을 포함한다.
- 활력(vitality): 활기와 에너지를 가지고 열정적으로 삶과 일에 임하는 태도를 의미하며, 생기와 생동감을 느끼고 삶을 도전적으로 사는 것을 포함한다.

④ 절제(temperance)

- 용서(forgiveness): 나쁜 일을 한 사람들을 용서하는 능력으로서 잘못을 행한 자를 용서하고, 사람들에게 다시 기회를 주며, 앙심을 품지 않는 것을 포함한다.
- 겸손(modesty): 자신이 이룬 성취에 대해 불필요하게 과장된 허세를 부리지 않는 태도로서, 자신의 성취나 업적을 떠벌리지 않고, 세인의 주목을 구하지 않으며, 스스로를 특권적인 존재로 생각하지 않는 것을 포함한다.
- 신중성(prudence): 선택을 조심스럽게 함으로써 불필요한 위험을 초래하지 않으며 나중에 후회할 일을 말하거나 행하지 않는 능력을 말한다.

- 자기 조절(self-regulation): 자신의 다양한 감정, 욕구, 행동을 적절하게 조절하는 능력을 의미한다.

⑤ 정의(Justice)

- 시민정신(citizenship): 자신이 속한 집단의 이익을 추구하고자 하는 책임의식으로서 사회나 조직 속에서 자신에게 주어진 임무와 역할을 인식하고 부응하려는 태도를 뜻한다.
- 공정성(fairness): 편향된 개인적 감정의 개입 없이 모든 사람을 동등하게 대하고 모두에게 공평한 기회를 주는 태도를 의미한다.
- 리더십(leadership): 집단 활동을 조직화하고 그러한 활동이 진행되는 것을 파악하여 관리하는 능력으로서 구성원을 고무해 좋은 관계를 창출하고 사기를 진작해 각자의 일을 해내도록 지휘하는 것을 포함한다.

⑥ 초월(transcendence)

- 감상력(appreciation of beauty and excellence): 다양한 삶의 영역에서 나타나는 아름다움, 수월성, 뛰어난 수행을 인식하고 평가하는 능력을 의미한다.
- 감사(gratitude): 좋은 일을 잘 알아차리고 그에 대해 감사하는 태도를 뜻한다.
- 낙관성(optimism): 최선을 예상하고 그것을 성취하기 위해 노력하는 태도를 의미한다.
- 유머(humor): 웃고 장난치는 것을 좋아하며 다른 사람에게 즐거움을 선사하는 능력을 말한다.
- 영성(spirituality): 인생의 궁극적 목적과 의미에 대한 일관성 있는 신념을 가지고 살아가는 태도를 보인다(권석만, 2010).

(2) 갤럽 강점 진단

갤럽에서 약 30년 동안 각 분야에서 가장 뛰어난 200만 명을 인터뷰한 결과를 바탕으로, 자신의 타고난 재능과 강점을 찾을 수 있도록 도와주는 자기발견 프로그램이라고 관련 서적 『위대한 나의 발견 · 강점혁명(Strengths Finder 2.0)』에서 밝히고 있다. 이 책의 소개에 의하면 1998년 강점 심리학의 아버지 도널드 클리프턴(Donald Clifton) 박사가 스트렝스 파인더 진단과 34개 재능 테마를 창시했다. 2004년에는 진단의 공식 명칭이 창시자를 기려 '클리프턴 스트렝스 파인더(Clifton Strengths Finder)'로 변경되었다고 한다.

갤럽의 강점 검사는 재능을 발견하는 것이다. 이 재능으로 강점을 만드는 것이며 재능을 기반으로 만들어진 강점이 일생을 통해 도움이 되는 강점이라는 것이다. 그리고 바로 이 해당 재능을 알고 있어야 적은 노력으로 자신만의 강점을 만들 수 있다. 이 검사는 34개의 테마로 분류되어 있는데 여기서도 상위 5개의 테마를 중요시하고 있다. 이 검사의 목적은 새로운 강점을 부여하는 것이 아니라 잠재력이 가장 큰 영역을 발견하는 데 도움을 주는 것이라고 한다(Rath, 2007).

갤럽의 강점 진단은 www.gallup.com/cliftonstrengths에서 유료로 검사할 수 있으며 상위 5가지 또는 34가지 전체를 선택적으로 제공하고 있다. 이 검사의 특징으로는 상위 5가지 테마가 재능이지만 지나칠 경우엔 오히려 맹점이 될 수 있음을 강조하고 있다는 것이다.

다음은 갤럽 강점 진단의 34가지 테마이다. 크게 4가지 영역으로 분류되어 있다.

◆ 갤럽 강점 진단의 분류 체계

① 전략적 사고: 더 나은 결정을 위해 정보 분석력 강함
미래지향 Futuristic / 수집 Input / 발상 Ideation / 전략 Strategic / 배움 Learner / 지적사고 Intellection / 분석 Analytical / 회고 Context

② 실행력: 추진력이 강함
공정성 Consistency / 정리 Arranger / 복구 Restorative / 집중 Focus / 성취 Achiever / 책임 Responsibility / 신념 Belief / 체계 Discipline / 심사숙고 Deliberative

③ 영향력: 책임감이 있고 표현력이 강함
자기 확신 Self-Assurance / 주도력 Command / 승부 Competition / 최상화 Maximizer / 사교성 Woo / 커뮤니케이션 Communication / 존재감 Significance / 행동 Activator

④ 대인관계 구축: 관계역량이 강함
개발 Developer / 적응 Adaptability / 개별화 Individualization / 절친 Relator / 공감 Empathy / 포용 Includer / 긍정 Positivity / 화합 Harmony / 연결성 Connectedness

(3) VIA 성격 강점 진단과 갤럽 강점 진단의 차이

VIA 성격 강점 진단은 일반적인 성격의 강점을 측성하는 데 초점을 둔 반면, 갤럽 강점 진단은 직장에서의 재능과 기술에 초점을 둔다. VIA는 기본적으로 무료 검사이기 때문에 매년 수백 명의 과학자, 학생 및 사람들이 동료

리뷰를 하면서 과학적으로 검증하는 데 개방적이다. 한편 갤럽 강점 검사는 강점을 재능의 확장으로 보았고 재능이 지식 및 기술과 일관되게 결합했을 때 개인은 거의 완벽한 수행을 보인다고 했다. 갤럽의 많은 과학자들은 수십 년 동안 강점을 가지고 선구적 연구를 계속해 왔다(Niemice, 2018).

2) DISC 성격 유형 진단

DISC 성격 유형은 인간행동을 설명하는 이론으로서 컬럼비아대학교의 심리학과 교수인 윌리엄 몰튼 마스톤(William Moulton Marston)에 의해 처음으로 소개되었다. 그는 1928년 저서 『보통 사람들의 정서(Emotions of Normal People)』에서 감정이 행동에 미치는 영향과 행동양식에 따른 유형화, 시간에 따른 행동의 변화에 대하여 기술하고, 정서의 표현방식에 따라 사람들을 4가지 유형으로 분류하였다. 관찰 및 측정 가능한 심리적 현상에 관한 연구를 통하여 그는 사람들이 경험과 관계를 다루는 데 있어서 도움이 될 수 있을 만한 실제적인 설명을 제공하고자 하였다(두산백과).

DISC 성격 유형은 그리스 시대의 의학자인 히포크라테스(Hippokrates)의 4기질론에 근원을 두고 있다. 즉 히포크라테스는 인간의 성격 유형이 인체 내의 분비액, 구체적으로는 황담즙, 혈액, 점액, 흑담즙에서 비롯된다는 이론을 정립했다. 이러한 히포크라테스의 4기질론의 특징처럼 1928년 마스톤(Marston)은 인간이 환경을 어떻게 인식하고 또한 그 환경 속에서 개인의 힘을 어떻게 인식하는가에 따라 네 가지 형태, 즉 주도형(Dominance), 사교형(Influence or Interaction), 안정형(Steadiness) 및 신중형(Consciousness)으로 성격을 구분하였다.

한편, 로버트 롬(Robert A. Rohm) 박사는 내향형과 외향형 그리고 업무 지향형과 인간 지향형의 두 가지 기준으로 DISC 유형을 간단히 구별하여 제시하였다(Rohm, 2005). 이러한 구별 이외에 내향/외향성과 의사결정 혹은 일처리 및 행동의 빠른 정도의 기준을 포함하여 유형의 특징을 도식화하였고, [그림 8-1]과 같다(이소희 외, 2014).

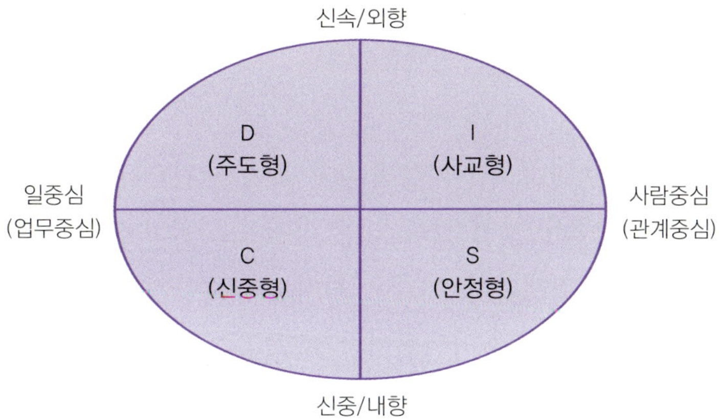

[그림 8-1] DISC 성격 유형

DISC 성격 유형 진단은 인터넷에서 쉽게 접할 수 있으며 일반적으로 네 가지 유형이 선명하게 구분지어 나타나지 않고 두 가지 유형이 비슷하게 나타난다. 예컨대 D와 C가 비슷하게 나오기도 학고 I와 D가 비슷하게 나오기도 한다. 이런 경우 조금이라도 높게 나온 유형이 주된 유형이고 그다음 유형이 보완적 유형이라고 생각하면 된다. 동일한 수준으로 나온 유형이 두 개라면 본인의 느낌으로 판단할 수 있다. 다음은 유형별 특징에 대한 요약이다.

① 주도형(D형)

주도형은 강한 의지의 소유자로 단호하고 독립적인 성향을 지니고 있어서 자신이 할 일에 대해 남에게 지시받는 것을 좋아하지 않는다. 또한 주도형은 단호한 의사결정자이며 실용적인 것을 추구한다. 그리고 말보다 행동으로 실천하며 자신감에 차 있다. 자신의 판단이 틀렸을 때라도 그것을 좋은 학습경험으로 받아들인다. 주도형은 하고자 하는 일과 성취하고자 하는 과업을 우선시하므로 주변 사람들이나 그들의 생각에 관심을 갖지 않는 경향이 있다. 따라서 공감적 표현과 배려가 부족하다고 느껴질 수 있다.

② 사교형(I형)

사교형은 활동적이면서 인간지향적이다. 특히 낙천적이고 말을 잘하며 좋은 화술과 유머감각을 가지고 있다. 많은 사람들을 알고 있고 사교적인 모임을 즐기며 친화력이 뛰어나다. 이들은 듣기보다 말하기를 더 잘하고 때로는 허풍을 떨기도 한다. 감성과 아이디어가 풍부하고, 늘 새롭고 변화를 추구한다. 이는 감정의 기복과 충동으로 연결되는 경우도 있게 된다. 특히 일보다는 인간관계에 초점을 두는 사교형은 지속적인 업무에 싫증을 쉽게 느끼고, 일을 완수하려는 의지와 책임이 약할 수 있다.

③ 안정형(S형)

안정형은 내성적이면서도 인간지향적으로 안정, 평화, 협력 등을 중시한다. 한 번에 한 가지씩 처리하는 것을 좋아하며, 틀에 박힌 시스템이나 과정을 지루하게 여기지 않는다. 그래서 익히 아는 예상 가능한 것에서 편안함을 느끼므로 같은 방식으로 일하고, 같은 레스토랑에서 식사를 하며, 같은 음식을 주문하고 이미 두 번이나 본 영화를 또 볼 수 있다.

안정형은 '안 돼'라는 말을 힘들어 하며, 자신이 '필요한 존재'임을 느끼고 싶어하므로 늘 남을 돕고 지원하는 길을 찾는다. 이러한 안정형은 새로운 도전을 꺼리는 경향이 있기 때문에 모든 것이 안정을 기초로 한 보수적인 방식으로 이루어진다. 또한 질문을 받으면 2~3개의 대답으로 반응하게 되는데, 틀리는 것도 싫고, 불화를 빚는 것도 원치 않기 때문이다.

④ 신중형(C형)

신중형은 내성적이면서도 업무지향적으로 계획을 세워서 일하며, 계획한 대로 일을 한다. 지시사항을 철저히 준수하고 잘 나서지도 않으며, 신중하게 심사숙고한다. 분석적이고 지적인 신중형들은 세부 사항에 대해서 주의를 기울이며 세심하고 구체적인 사항에 답할 수 있도록 준비한다. 자기 자신이나 타인에 대한 기준이 높아 칭찬에 익숙하지 않으며, 받아들이지도 않는 경향을 보인다. 이러한 높은 기준은 항상 올바른 것에 대한 높은 열망으로 연결되어 부정적이며 비판적인 시각과 관점을 가져온다. 이로 인해 신중형은 정확하기도 하지만, 자기중심적이기 쉽고 융통성이 필요한 판단과 결정을 내리기가 쉽다(이소희 외, 2014).

DISC 성격 유형은 유형별로 상호 맞는 유형이 있고 맞지 않는 유형이 있다. 그것은 성격의 특성상 상황에 따라 차이가 있다. 일반적으로 같은 유형끼리는 대인 관계에 있어서 양호하다고 생각하면 되고, D형과 S형, D형과 C형, I형과 S형, I형과 C형은 대인 관계에 있어서 상호 이해하기 힘든 부분이 적지 않을 것이다. 그러나 업무적 파트너 관계일 경우엔 정반대의 상황이 나타날 수도 있다. 같은 유형끼리는 편향된 판단을 할 수 있고 다른 유형은 상호 보완하는 판단을 내릴 수 있는 것이다.

주변 인물들의 DISC 성격 유형을 파악하기는 그리 어렵지 않다. 마치 혈액형처럼 4가지로 비교적 간단하고 조금만 관심 있게 관찰하면 그 특성을 어렵지 않게 알 수 있다. 내가 아닌 그들의 특성을 이해하고 숙지하고 있으면 평소에 상대를 대하는 태도와 말을 가려서 할 수 있을 것이다. 소통이란 내 마음대로 하는 것이 아니라 상대방의 마음을 봐가며 하는 것이다. 상대가 들어 주어야 소통이지 상대가 듣지 않거나 불편해하면 곧바로 불통이 되는 것이다. 가정에서든 직장에서든 DISC를 활용해 상대를 존중하면서 대하게 되면 결국 자신에게 도움이 될 것이다. 아래의 유형별 행동 특성의 차이를 참고하면 도움이 될 것이다.

[표 8-1] 유형별 행동 특성의 차이

유형 / 행동 특성	D형	I형	S형	C형
의사소통(1)	말하기	말하기	듣기	듣기
의사소통(2)	핵심을 직선적으로 말함	생생하고 설득력 있게 말함	공감해 줌	분석적이며 세부 사항에 관심
싫어하는 것	우유부단	지나친 격식 차림	갑작스러운 놀라움	민감하지 못함
의사 결정	핵심사항에 근거, 빠름	즉흥적	관계를 반영한 의사 결정	많은 자료를 심사숙고 후 결정
안정감 얻는 상황	누군가를 통제할 때	유연성과 다양성이 풍부할 때	대인관계에서 신뢰성이 확보될 때	미리 준비할 시간이 충분할 때
스트레스 재충전	육체적 활동, 운동	수다 등 사교 활동	개인적 휴식시간	독서 등 간섭받지 않는 개인 시간

출처: 김영회 외(2012).

3) 에니어그램 성격 유형 진단

사람들이 느끼고 생각하고 행동하는 유형을 9가지로 분류할 수 있으며 이 중 하나의 유형을 타고난다고 설명하는 행동과학이다. '에니어그램(Enneagram)'이란 말은 그리스어의 '아홉(ennea)'이란 단어와 '모형(gram)'이란 단어의 조합이며, 기원전 2500년경부터 중동아시아에서 유래한 고대의 지혜로 알려져 있다. 에니어그램에는 9가지 유형이 있고 각각 독특한 사고방식, 감정, 행동을 표현하며, 서로 다른 발달행로와 연결된다(HRD 용어사전, 2010).

에니어그램은 흔히 '자기 자신을 찾아 떠나는 내적 여정(itinerary)'이라는 부제가 붙어 있다. 이는 에니어그램이 세 가지 중심 에너지로 파악하는 기본 성격 유형, 바로 옆에 있는 날개의 성격 유형, 그리고 활력을 느낄 때(순방향의 화살표 유형)와 스트레스를 느낄 때(역방향의 화살표 유형) 나타나는 각 성격 유형에 이르기까지 정적인 것이 아니라 역동적인 측면에서 인간의 성격 유형을 접근하는 데 따른 것이다. 이러한 역동성과 함께 많은 지침서들이 제시하고 있는 각 성격 유형별 근원적 욕구와 성장에 대한 이해는 성격 유형 검사에서 에니어그램의 특별한 부분이다. 따라서 에니어그램은 특히 고객의 변화와 성장과 관련된 개인 코칭에 있어서 코칭의 방향과 목표를 잡는데 효과적인 도구로 활용될 수 있다.

에니어그램은 우선 모든 사람을 세 가지 중심 에너지, 즉 머리, 가슴, 배(장)로 구분하고([그림 8-2] 참조), 그 각각에 세 개씩의 성격 유형이 있는 것으로 분류하였다. 배(장)중심에는 8번, 9번, 1번, 가슴중심에는 2번, 3번, 4번, 그리고 머리중심에는 5번, 6번, 7번이 포함되어 있다(이소희 외, 2014).

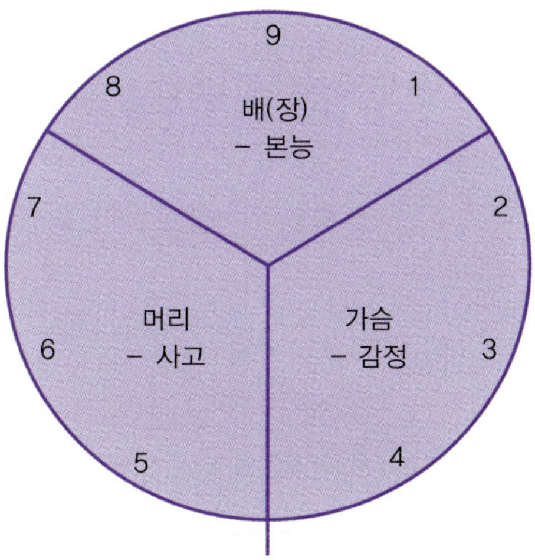

[그림 8-2] 세 가지 중심 유형

배(장)중심은 본능 위주의 특성이, 가슴중심은 감정 위주의 특성이, 머리중심은 사고중심의 특성이 나타난다. 각 유형은 그 중심을 특징짓는 각 이슈들과 관련이 되어 있다. 이들 이슈는 자신이 참 자아에 이르지 못하게 하는 강력하고, 아주 무의식적인 감정적인 반응을 야기한다. 배(장)중심에서는 분노나 분개가, 가슴중심에서는 수치심이, 머리중심에서는 불안과 두려움이 일어난다. 물론 9가지 유형은 이들 감정 모두를 포함하고 있지만, 각 중심 안에 있는 각 유형별 성격은 각 중심의 감정적인 주제에 의해 특히 영향을 받는다.

다음은 각 유형별 명칭과 간단한 특징이다(Howe-Murphy, 2007).

- 1번 유형(완벽주의자, 개혁가, 순수주의자, 판단자): 원칙적인, 목표지향적인, 자기 통제적인, 완벽주의적인
- 2번 유형(조력자, 보호자, 베푸는 자, 이타주의자): 감정을 잘 드러내는, 친절한, 즐겁게 해주는, 소유욕이 강한
- 3번 유형(성취자, 생산자, 실천가, 소통자): 적응적인, 탁월한, 추진력이 있는, 이미지를 의식하는
- 4번 유형(심미가, 개인주의자, 독특한 사람, 낭만주의자): 표현력이 있는, 극적인, 자기 몰입, 감정 기복이 있는
- 5번 유형(관찰자, 탐구자, 현자, 사색가): 지각력이 있는, 혁신적인, 비밀스러운, 고립된
- 6번 유형(해결사, 충성가, 준비자, 기병대): 헌신적인, 책임감 있는, 불안한, 의심하는
- 7번 유형(열정가, 몽상가, 낙관주의자, 비전제시자): 자발적인, 다재다능한, 산만한, 분산된
- 8번 유형(승리자, 도전자, 보스, 권력자): 자신감 있는, 결단력 있는, 고급스러운, 도전적인

- 9번 유형(중재자, 평화주의자, 중립자, 치유가): 수용적인, 타인을 안심시키는, 동조하는, 안주하는

에너지가 수축되거나 스트레스를 받을 때 유형별로 나타나는 특성이 다르며 이에 대한 치유의 방법도 차이가 있게 마련이다. 이것을 〈표 8-2〉와 같이 수축과 유턴이라는 용어로 설명한 사례가 있어서 소개한다(Howe-Murphy, 2007). 이를 활용해서 코칭에 적용해도 유익할 것이다.

〈표 8-2〉 유형별 수축과 유턴의 예

유형	수축의 특징적 패턴	실제적 유턴의 예
1번	무엇인가를 지속적으로 고치려 함	고쳐야 할 부분을 그대로 두고 그 자체로 즐기거나 다른 경험을 즐기기
2번	다른 사람을 돕는데 있어 지나칠 정도로 무리함	먼저 자신의 필요를 인정하고 그것에 전념하기
3번	삶의 모든 부분에서 경쟁을 하고 자신의 성과에 대해 알아줄 사람을 필요로 함	결과나 성과 없이 그 자체를 경험하기/자신의 경험에 대해 다른 사람에게 말하지 않기
4번	이상적인 삶을 그리는 꿈의 세계에서 살아감	실형 가능한 결과에 대한 구체적인 단계 수립
5번	정신적 준비 모드로 움츠림	자신의 신체와 직접적으로 접촉하기/몸으로 들어가기
6번	수많은 외적 근원으로부터 의사결정을 위한 정보를 찾음	자신의 내면 안내를 따르기
7번	모든 것을 가지려 하고 모든 것을 행하려 함	활동 수준을 늦추고 한 번에 한 가지씩만 경험하기
8번	지나치게 자신을 신뢰하고 지나치게 굳건함	돌봄과 상처 입기 쉬운 감정을 경험하고 표현하기
9번	가신의 마음속에서 모든 것을 이해하려고 노력하여 갈등을 회피	결정된 해결책이 없더라도 어려운 상황을 나누는 대화에 머물기

출처: Howe-Murphy (2007).

4) MBTI 성격 유형 진단

MBTI(Myers-Briggs Type Indicator)는 개인의 심리 유형의 차이를 연구하던 캐서린 C. 브릭스(Katharine Cook Briggs)와 딸인 이사벨 B. 마이어스(Isabel Briggs Myers)가 1920년대 중반 칼 G. 융(Carl Gustav Jung)의 저서 『심리 유형론(Psychological Types)』을 접하고 20여 년간 융의 이론을 연구하여 1940년대 중반에 성격적 선호지표와 유형을 측정할 수 있는 MBTI의 검사 문항을 완성해서 지금에 이르고 있는 자기 보고식 성격 유형 지표이다.

그들이 중점을 두었던 융의 관점은 '개별화된 인간' 혹은 '개성화된 인간'이었다. 융은 인간이 태어나 신체의 유기체가 처음 전체의 모양을 갖추고 점차 세분화되어 발달해 가는 과정을 거치는 것처럼, 인간도 자신의 내면에 심리 체계가 형성되면서 성격이 점점 세분화되고 다시 하나의 전체로 통합되는 과정을 반복하면서 고유한 자기의 정체성을 점진적으로 완성한다고 보았다.

MBTI는 융이 말한 개별화된 인간, 자아 분화와 통합의 과정을 거쳐 자기를 건강하게 완성한 인간으로 우리를 안내하기 위해 그 출발점을 제공한다. MBTI를 통해 자신이 어떤 유형인지 알았다면 그 수준에 영원히 머물러 있지 말고 자신의 열등하고 취약한 점을 찾아, 자신이 선호하는 성격에 취해 타인을 괴롭히는 존재가 되기 않도록 의식적인 노력을 해야 할 것이다(김성환, 2022).

MBTI는 기본적으로 네 가지 선호지표가 있는데 다음과 같은 구조와 특성이 있다.

① 주의와 에너지의 방향성(Extraversion, 외향형 – Introversion, 내향형)

질문	외향성(E)	내향성(I)
나의 심리적 에너지가 어디로 흐르는가?	외부, 사람	내부, 자기 자신
나를 활력 있게 만드는 것은 무엇인가?	다른 사람과의 교제	혼자만의 사색
어디에 에너지를 집중하는가?	사람을 향한 외부 세계	생각을 향한 내부 세계
사람들 서게 될 때 얼마나 편안한가?	편안한 편	불안한 편

② 정보 인식의 방식(Sensing, 감각형 – iNtuition, 직관형)

질문	감각형(S)	직관형(N)
정보를 어떻게 인식하는가?	오감으로	육감으로
정보의 무엇이 중요한가?	사실(Fact)	이면, 의도
정보를 어떻게 관찰하는가?	구체적이고 세부적(나무)	전체적 맥락, 흐름(숲)
정보를 통해 무엇을 보는가?	현실을 봄	미래 가능성, 이상적

③ 의사 결정과 판단의 도구(Thinking, 사고형 – Feeling, 감정형)

질문	사고형(T)	감정형(F)
의사 결정을 어떻게 내리는가?	논리적이고 객관적으로	내부, 자기 자신
의사 결정을 할 때 고려 사항은 무엇인가?	옳고 그름, 객관적 사실	혼자만의 사색
문제가 생기면 무엇에 집중하는가?	문제 해결에 집중	관계에 집중
갈등이 있을 때 어떻게 해결하는가?	원리와 원칙, 분석	나와의 관계, 인정

④ 외부 세계에 대해 적응하는 태도(Judging, 판단형 – Perceiving, 인식형)

질문	판단형(J)	인식형(P)
생활 습관이 어떠한가?	계획을 충실하게 세움	개방적으로 받아들임
이행 양식이 어떠한가?	계획한 대로 밀고 나감	상황에 따라 맞춤
결론을 어떻게 내리는가?	신속하게 빠르게 결론	판단을 계속 유보함
무엇을 존중하는가?	권위, 규칙성, 통제	자율성, 융통성, 수용

출처: 김성환(2022).

〈표 8-3〉은 상기 선호 지표를 조합하여 만들어진 16가지 성격 유형과 특징이다. 나열된 순서는 일정한 패턴으로 되어 있는데, 세로 열은 심리 기능의 조합으로 ST(문제 해결 지향), SF(사람 관계 지향), NF(인간 탐구), NT(지식 탐구)를 나타내고, 가로 열은 태도의 조합으로 IJ(보수적 성향), IP(아이디어 수집, 저장), EP(아이디어 실천, 소비), EJ(이끄는 에너지, 속도)를 나타내고 있으며, 4분면 분할은 IS(과거 경험 중시), IN(내적 가치 추구), ES(현재 경험 중시), EN(새로움, 변화를 추구)을 나타낸다(김성환, 2022). 이 16가지 유형으로 성격의 개별성을 온전히 구별할 수는 없다. 임상심리학적으로도 신뢰도와 타당도에 있어서 한계가 있는 것이 사실이다. 개인적 선호와 경향성을 파악하는 정도로 생각하고 자신에게 없는 선호지표는 개발해야 하는 성장 포인트로 활용해야 할 것이다.

〈표 8-3〉 MBTI 성격 유형과 특징

ISTJ 세상의 소금형	ISFJ 임금 뒤편의 권력형	INFJ 예언자형	INTJ 과학자형
한번 시작한 일은 끝까지 해낸다.	성실하고 온화하며 협조를 잘한다.	사람과 관련된 뛰어난 통찰력을 가졌다.	전체적인 부분을 조합하여 새로운 비전을 제시한다.
ISTP 백과사전형	ISFP 성인군자형	INFP 잔다르크형	INTP 아이디어 뱅크
논리적이고 뛰어난 상황 적응력을 가지고 있다.	따뜻하고 감성을 가지고 있으며 겸손하다.	이상적인 세상을 만들어간다.	비평적인 관점을 가지고 있는 뛰어난 전략가
ESTP 수완 좋은 활동가형	ESFP 사교적인 유형	ENFP 스파크형	ENTP 발명가형
친구, 운동, 음식 등 다양한 활동을 한다.	분위기를 고조시키는 우호적인 성향을 가졌다.	열정적으로 새로운 관계를 만든다.	풍부한 상상력을 가지고 새로운 것에 도전한다.
ESTJ 사업가형	ESFJ 친선도모형	ENFJ 언변능숙형	ENTJ 지도자형
사무적, 실용적, 현실적으로 일을 많이 한다.	친절과 현실감을 바탕으로 타인에게 봉사한다.	타인의 성장을 도모하고 협동한다.	비전을 가지고 사람을 활력적으로 이끌어간다.

출처: 이경희 외(2010).

생각해 보기

1. 코칭의 도구 중 기본 도구와 응용 도구의 차이점을 확인하고 이 책에 소개된 도구 이외의 것에 대해 알아봅시다.

2. 기본 도구를 자신의 스타일과 고객의 상황에 맞게 수정해 봅시다.

3. 응용 도구 중 각종 진단을 직접 경험하고 그 특성과 차이를 생각해 봅시다.

4. 나에게 잘 맞는 진단은 무엇이며 왜 그런지 생각해 보고 더욱 자세한 내용을 학습해 봅시다.

PART 03
코칭의 역량

chapter

09 코칭의 언어와 적극적 경청역량

코칭에서는 코칭언어라는 말을 사용한다. 코칭을 언어라고 표현하는 이유는 우리가 영어를 수년간 배웠어도 막상 외국인을 만나면 영어를 자연스럽게 구사하기가 어려운 것처럼 코칭도 코칭의 이론과 방법 등을 배웠다 하더라도 코칭언어를 자연스럽게 구사하기가 쉽지 않아서이다. 즉, 코칭을 해야 할 기회가 생겼을 때 코칭이 생각나지 않거나 체질화가 되지 않아 생각이 났어도 어떻게 반응할지를 잘 모르는 경우가 생긴다.

이처럼 코칭을 잘하기 위해서는 부단한 노력이 필요하며, 우리가 자연스럽게 운전을 하듯이 무의식적인 단계까지의 숙련이 필요하다. 이에 기초가 되는 것은 코칭언어에 대한 이해이며, 적극적 경청역량이다. 적극적 경청은 국제코칭연맹과 한국코치협회의 핵심역량으로 코치로서 반드시 갖추어야 할 기본적이고 필수적인 역량이다. 본 장에서는 커뮤니케이션의 구성과 코칭의 언어, 적극적 경청의 개념과 원리 및 적용에 관해 살펴보고자 한다.

1. 코칭의 언어

1) 커뮤니케이션의 구성

(1) 커뮤니케이션의 본질

현대사회에서 인간관계는 최고의 경쟁력이 될 수 있다. 그렇기 때문에 효과적인 커뮤니케이션을 하려면 상대의 이야기를 잘 들어 주고, 상대의 말을 이해하려고 노력해야 하며, 상대가 이해할 수 있는 단어나 개념을 사용해야 한다.

우리는 자신이 중요하다고 생각하는 사람이 자신의 말에 귀를 기울이고 자신이 하는 말을 이해하려고 노력할 때 만족스러운 커뮤니케이션이 되었다고 생각한다. 그리고 상대가 자신의 이야기에 관심을 가져줄 것이라고 느낄 때 상대는 자신에게 중요하고 의미 있는 이야기를 하기 시작한다.

'Communication'은 라틴어의 communis라는 말에서 유래되었으며, communis는 공유 또는 공통의 뜻을 지니고 있다. 그러면 커뮤니케이션의 의미는 무엇인가? 어떤 개념을 정의할 때 그 개념이 내포하고 있는 모든 속성을 완전하게 정의하기는 매우 어렵다. 또한 학자가 의사소통에 관한 개념 정의를 할 때 개념의 속성들 가운데 어떤 속성을 중요시하며, 더 많은 관심을 가지는가에 따라 그 정의가 달라질 수 있다(이소희 외, 2014).

커뮤니케이션은 인간이 생존하고 바람직한 사회생활을 영위하기 위해 타인에게 나타내는 의사표시라고 할 수 있다. 이러한 커뮤니케이션은 전달과 수용, 또는 반응을 하는 주체와 교류할 때 연결하는 신호(Signal)가 필요하다. 이것은 의미를 전달하기 위해 사용된 눈짓, 몸짓, 표정 등의 비언어적 요소와 언어적 요소인 음성언어 모두를 포함한다. 다시 말해 커뮤니케이션은 인간이 사회의 일원으로 삶을 살아가는데 있어 필수 불가결한 것이며 인간답게 사는

데 가장 중요한 수단이다. 지구상에서 자유롭게 언어 · 비언어를 구사할 수 있는 것은 인간만이 가진 유일한 능력이다. 커뮤니케이션이란 사람들끼리 언어의 말과 글, 표정, 소리, 몸짓 등으로 이루어진 서로의 느낌과 생각, 정보를 주고받는 일로 정의 되는데, 이것은 인간이 이루는 모든 사회조직과 사회현상의 기본을 형성한다(주성완, 2021). 그리고 지금까지 대부분의 학자들은 주로 인간 커뮤니케이션 또는 대인간 커뮤니케이션에 초점을 두고 커뮤니케이션을 연구하고 있다. 그러나 커뮤니케이션이란 인간 커뮤니케이션뿐만 아니라 동물 커뮤니케이션, 기계적 커뮤니케이션도 있다.

최근에는 텍스트, 목소리, 제스처, 안면 움직임(facial cues) 등 비정형 데이터(unstructured data)를 활용한 데이터 기반 커뮤니케이션으로 확장되고 있으며, 자연어 처리(Natural Language Process) 기술을 활용한 사례 등이 보고되고 있다(Saura, Ribeiro-Soriano,& Palacios-Marqués, 2021). 이상으로 볼 때 커뮤니케이션이란 어떤 추상적 사고를 나타내 보이기 위해 이용되는 대상 또는 기호인 상징(symbol)을 통하여 의미를 전달하는 현상, 즉 정보(information)전달과 상호성, 소통의 현상이라고 할 수 있다.

(2) 커뮤니케이션의 목적

커뮤니케이션은 개인과 조직의 목표를 달성하고 비전을 만들어가는 데 필수적인 요소이다. 의사소통은 개인 간에 정보를 교환하는 것뿐 아니라 또래, 학우, 부모-자녀, 스승과 제자 간의 커뮤니케이션과 정보전달을 의미하고, 특히 내부갈등이 발생되는 구조형성에 중요한 영향을 미친다.

커뮤니케이션의 주요 목적은 구성원들로 하여금 조직 목표 달성의 동기유발로 생각이나 감정을 변화시키고 임파워링을 하며 의사결정에 필요한 각종 정보를 제공하고 이들의 과업과 책임범위를 통제하는 등과 같은 각종 기능을 결합하여 조직 목표를 보다 효율적으로 달성하는 데 있다. 조직 내 커뮤니케이션은 문제해결, 정보공유, 갈등해소, 업무조정에 직접적인 영향을 미친다. 조직 내 커뮤니케이션의 목적은 다음과 같다.

〈표 9-1〉 조직 내 커뮤니케이션의 목적

감정의 유발	감정	구성원들로 하여금 조직과업을 자발적으로 수행할 수 있게 한다.
사기의 진작	영향력	구성원들로 하여금 조직목표에 대하여 동일시할 수 있게 한다.
정보의 전달	기술능력	구성원들의 의사결정에 필요한 각종 자료를 최대한 제공한다.
과업의 통제	구조	구성원들로 하여금 그들의 과업과 권한을 명확하게 인식할 수 있게 한다.

출처: 도미향 외 (2012a).

조직에서의 커뮤니케이션은 조직구성원들 간에 연결 작용을 해주면서 그들 간의 역할관계와 상호간의 관계를 유지해주는 집단행동의 중요한 요소이고 조직의 의사결정과 성과에도 많은 영향을 주는 집단의 중요한 과정이다. 따라서 커뮤니케이션은 조직의 목표 달성을 위한 핵심적이고 실질적인 요소이다. 즉, 조직은 원활한 커뮤니케이션을 통해 조직목표 달성을 위한 여러 구성원들의 활동을 서로 조정하고 통합될 수 있게 하며, 각 개인이나 단위부서는 동료나 다른 부서와의 의견을 조정하기도 하고 조직 외부에 대한 정보나 자체 상황을 경영층에 보고하기도 한다. 조직 내 커뮤니케이션이 원활하게 이루어질수록 구성원 간에 정보를 효과적으로 공유할 수 있으며, 조직의 목표 달성에 도움이 되는 아이디어가 나올 수 있는 환경을 마련해 줌으로써 조직의 지속가능한 경영을 가능하게 하는 핵심적인 요인이 되기도 한다(박영용, 2020).

2) 의사소통의 방법

의사소통은 적극적인 언어적 상호작용과 비언어적 상호작용 두 가지로 나눌 수 있는데 편안하고 활기찬 분위기 속에서 화제를 계속 자유롭게 변화시켜 나가면서 자신의 생각을 말로 표현하는 언어적 상호작용 커뮤니케이션과 참여한 사람의 표정, 목소리, 자세, 제스처 등을 통한 비언어적 상호작용으로 메시지가 전달되는 상태가 있다. 이 두 가지는 동시에 이루어지는 경우가 대다수이다.

(1) 언어

우리는 매일 정신적 · 심리적 전달교류를 통해 자신의 개인적 느낌이나 생각 등을 타인과 나누며 살아가는데, 이 과정에서 상호 간에 소통되는 긍정적인 경험을 할 수도 있고, 의사 전달 방법과 맥락상의 문제로 서로 소통이 잘 안 되는 부정적인 경험을 할 수도 있다.

언어 커뮤니케이션의 언어적인 요소로는 이해하기 쉬운 설명, 친절한 표현, 희망을 북돋아주는 표현, 편안한 이야기, 상세한 설명 등이 있고(김보민, 2019), 공감성, 대응성, 신뢰성의 세 가지 요소로 나눌 수도 있다. 공감성 언어에는 환영인사, 감사인사, 반응, 관심의 표현 등이 있고, 대응성 언어로는 정확한 정보, 명확한 설명, 편안한 말, 이해하기 쉬운 설명 등이 있다. 그리고 신뢰성을 주는 언어는 더 좋은 서비스에 대한 약속, 객관적인 정보의 제시, 적절한 서비스의 권유 등이 해당된다(노수화, 2019).

그리고 커뮤니케이션 행위는 송신자(source)의 의도와 수신자의 인식 여부에 따라 그 결과가 달라질 수도 있다. 다시 말해 동일한 언어로 전달해도 표현하는 사람에 따라, 또 듣는 사람에 따라 전달 내용이 달라질 수도 있다. 이처럼 언어로 표현하더라도 다양한 요인에 영향을 받고, 단순하게 한 가지 요인으로 설명하기는 어렵다.

(2) 비언어

효과적인 커뮤니케이션은 말하는 것에서 시작하는 것이 아니라 듣는 것에서부터 시작될 뿐만 아니라 효과적인 커뮤니케이션이 이루어지느냐, 그렇지 않느냐 하는 것은 주로 듣는 사람의 태도에 달려 있다고 해도 과언이 아니다. 사람들은 상대방의 이야기를 듣는 것보다 자신의 생각을 주장하고 싶어 하는 속성을 가지고 있다. 자신의 유능함을 내세우고 상대방이 모르는 듯하면 빨리 답을 알려 준다. 그런데 누군가 내 이야기를 진지하게 들어주고 맞장구쳐 주면 저절로 신명이 나서 이야기를 하게 된다.

그러나 커뮤니케이션이 효과적이지 못할 때 일상생활의 다양한 영역이 연결되지 못하고 단절되거나 고립되는 여러 가지 문제를 겪는다. 따라서 생활을 활력 있게 만드는데 효과적인 커뮤니케이션은 중요하다. 이처럼 중요한 커뮤니케이션을 구성하는 대화는 언어로만 이루어지는 것은 아니다.

심리학자이자 UCLA의 교수였던 메라비언(Albert Mehrabian)의 연구에 의하면 [그림 9-1] 대화의 구조처럼 사람과 사람이 대화할 때는 상대방에게 느끼는 전체 인상 중 그 사람이 하는 이야기로 인한 것은 7%에 불과하다. 대신 말하는 사람의 목소리의 음조(38%)나 몸짓(55%) 등 비언어적인 표현에서 받는 인상이 훨씬 크다. 이 말의 의미는 언어적인 것 외에 비언어적인 것도 큰 의미를 지닌다는 것이다. 즉, 말에 담긴 내용뿐만 아니라 화자의 목소리의 톤이나 말의 속도, 그리고 말과 말 사이의 침묵이나 손동작 등 다양한 요소들을 포함한다. 물론 이 연구 결과와는 다르게 회의를 한다든지, 토론, 발표, 교육, 훈련 등 어떤 경우에는 언어적인 것이 상당수의 비중을 차지하는 경우도 많다. 다만 메리비언의 연구에서처럼 비언어적인 부분을 간과하면 안 된다는 것이다. 비언어적인 몸짓, 어조 한 가지만으로도 상대와의 관계가 틀어지고, 비난 또는 무시당했다고 느끼기도 하고, 때로는 따듯한 눈빛과 행동, 손잡기 등의 반응을 통하여 신뢰가 더욱 깊어지거나 관계가 더욱 좋아지고, 커뮤니케이션도 더욱 원활하게 이루어지기도 하기 때문이다.

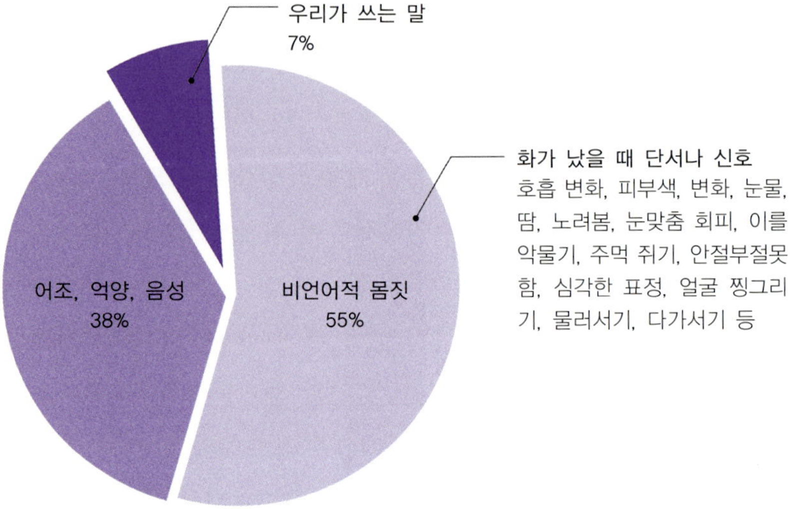

[그림 9-1] 대화의 구조

이러한 대화의 구조를 토대로 효과적인 커뮤니케이션이 되기 위해서는 필수적으로 구성되는 듣기-말하기라는 기본적 요소가 있는데, 이것이 잘되기 위해서 갖춰야 하는 지식은 훈련 또는 기술로 습득될 필요가 있다. 기본기술로는 듣는 방법, 자신의 사고의 느낌을 노출하는 방법, 진실을 표현하는 방법이다. 고급기술로는 신체적 언어를 이해하고 활용하기, 준 언어와 메타 메시지 해석하기, 숨겨진 의도를 발견하기, 자신 및 타인의 언어를 분명히 하기, 문화적 차이와 성적 차이 이해하기이다.

성공적인 커뮤니케이션은 파트너가 자신의 요구와 감정을 명확하게 표현하고 전달할 수 있도록 해야 하고, 스스로도 자신의 감정을 명확하게 인식하면서 서로가 가지고 있는 특성과 차이를 인정하고 수용함으로써 만들어진다. 자신의 관점에 대해 유연하고 수용적일 때 서로의 차이를 인식하고 차이를 긍정적인 요인으로 활용할 수 있는 역량이 생긴다.

한편, 효과적인 커뮤니케이션을 방해하는 요인으로 커뮤니케이션 필터를 들 수 있다. 커뮤니케이션 필터들은 프리즘이나 카메라 필터가 빛을 굴절시키거나 왜곡하듯이 메시지의 선명도를 왜곡시킨다. 커뮤니케이션 필터들은 전달자와 수신자 양자에게 작용한다. 즉, 커뮤니케이션 필터들은 고객이 말하는 내용과 말하는 방식, 그리고 말을 듣는 방식에 영향을 끼친다. 코치로서 분명하게 커뮤니케이션을 할 수 있는 능력은 자기 자신의 필터와 다른 사람들이 가진 필터들을 정확하게 이해하는 코치의 능력에 크게 영향을 받는다(Creane, 2011).

(3) 중립적 언어

코칭언어는 코칭에서 사용하는 언어로 비언어와 언어를 모두 포함한다. 특히 코칭에서는 비언어가 미치는 영향이 크며, 언어의 사용에서도 중립적 언어(Neutral centered)를 사용할 것을 권장하고 있다. 중립적 언어는 코치가 자기중심성(ego-centered)을 버리고, 사실에 입각하되, 코치의 가치와 판단이 배제된 언어, 즉 섣부른 해석과 판단, 지시, 충고, 비평, 비난, 불평, 가정, 제언하지 않는 언어를 말한다. 다시 말해 주관적이지 않고 객관적이며 중립적인 입장, 사실에 입각하되 긍정의 관점에서 이루어지는 언어를 말한다. 이러한 중립적 언어는 코칭의 꽃이라고 할 수 있는 질문에서 특히 중요하게 고려되어야 하며, 고객으로 하여금 고객의 성장 과정과 생활 배경에 초점을 맞추어 고객 스스로 문제를 해결하고 목표를 성취할 수 있도록 이끄는 언어를 말한다.

중립적 언어를 잘 사용하는 방법은 다음과 같다.

- 코치는 고객의 이슈, 미래, 결과 등을 스스로 해결하도록 한다.
- 코치는 말, 단어의 의미를 고객의 언어로 명확히 한다.
- 코치는 기본적으로 간단, 명료하게 질문한다.

- 코치는 판단을 배제한 채 중립적인 입장을 견지하여 말한다.
- 코치는 어느 한쪽의 의견에 치우치지 않는 제3의 입장에 선다.
- 코치는 자기의 의견이나 주장을 강하게 하지 않는다.
- 코치는 중요단어를 중심으로 질문한다(예: 고객이 반복하거나 강조하는 특별한 언어를 중심으로 질문한다).
- 코치는 고객이 말한 것을 재해석하여 변형한 언어가 아닌, 고객이 말한 내용을 토대로 요점 정리한다.

〈표 9-2〉 중립적 언어의 사용 예

Oh, No 사례	Oh, Yes 사례
부 장: 김대리 왜 맨날 늦게 오고 그래? 뭘 제때 맞추어 내지도 않고…. 김대리: 죄송합니다.	부 장: 김대리! 무슨 일이 있나요? 이번 주에 두 번 지각했네요. 어제 보고서도 좀 늦게 제출한 것 같고. 김대리: 부장님! 집안에 일이 좀 생겨서 늦었습니다. 그 일 때문에 보고서도 늦었고요.

〈표 9-2〉의 중립적 언어의 사용의 예를 보면 Oh, No 사례의 경우 맨날, 뭘 제때 내지도 않고, 라는 단어들을 통해서 상대를 비난하고, 판단하는 것이 보이며, 중립적이지 않다. 이런 경우 상대는 입을 닫게 되고, 이해받지 못함을 느끼게 된다. 이에 반대 Oh, Yes 사례의 경우 질문을 통해 관심을 표명하고, 판단이나 비난이 없는 사실 위주로, 중립적으로 접근하고 있어서 상대가 입을 열게 만들고, 스스로 상황을 자각하게 만든다.

2. 적극적 경청의 개념과 특징

1) 적극적 경청의 개념

커뮤니케이션의 가장 기본이 되는 것은 경청이다. 무엇을 어떻게 듣는가에 따라 무엇을 어떻게 전달하는가가 달라지기 때문이다. 통할 수 있는 내용과 방식이 공유되지 않으면 소통은 단절된다. 이 때문에 의사소통의 가장 토대가 되는 기술은 듣는 능력을 키우는 것이다(도미향 외, 2012a).

인간의 행동 동기 가운데 이해받고자 하는 욕구만큼 강렬한 것도 없다. 내 말에 귀 기울인다는 것은 상대가 나를 진지하게 받아들이고 생각과 감정을 알아주며 무엇보다 내 말을 중요하게 여긴다는 뜻이다. 이렇게 마음과 생각이 맞았다면 경청을 통해서 발전적 상호작용을 이끌 수 있다. 경청은 상대의 말을 잘 들음으로써 실제 말 뒤에 숨어 있는 의도나 실제적인 관점, 말하는 사람의 삶 속에 들어 있거나 삶을 배경으로 나타난 사실들을 듣고 보기 위해 전후 관계의 실마리를 놓치지 않고 문맥의 내용을 이해하는 것이다. 경청을 통해서 상대의 현재 욕구를 제대로 이해할 수 있고, 상대가 존중받고 있음을 느낄 수 있도록 한다.

대화와 커뮤니케이션에 있어 '듣기(hearing)'는 '말하기(speaking)'와 함께 매우 중요한 기능을 한다. 이처럼 '듣기'는 상대방을 이해할 수 있는 중요한 수단 중의 하나이다. 우리가 흔히 말하는 '듣기'는 'hearing'에 가깝다. 여기서 듣는다는 것은 듣는 사람의 입장에서 듣는 것이다. 즉 '듣기'는 나를 기준으로 상대방이 하는 말에만 초점을 맞추는 것이다. 따라서 상대방이 전하려는 의미가 왜곡될 가능성이 항상 존재한다.

경청(listening courteously)이란 단어에는 '듣다, 귀를 기울여서 듣는다. 집중하다, 주의하다, 관찰하다, 초점을 맞추다'라는 의미가 모두 포함되어 있다. 다시 말하면 마음을 다해 집중하여 듣는 것이며, 고객의 언어적 표현과 함께 그 말 속에 함축된 의미까지 듣고 이해하는 수준을 말한다(이소희 외, 2014).

경청이란?

傾(경) 기울 경	聽(청) 들을 청
1. 기울다. 2. 기울어지다. 3. (마음을) 기울이다.	1. 듣다. 2. 들어주다. 3. 기다리다.

출처: 도미향 외(2020).

- 몸과 마음을 다해 주의 깊게 집중해서 듣는 것이다.
- 경청은 듣기뿐 아니라, 귀를 기울이는 자세와 이해하고 해석하는 것을 모두 포함한다.
- 진정한 경청은 듣거나 보지 못해도 마음으로 경청하는 것을 말하며, 다른 사람이 말하지 않아도 그 사람의 마음을 읽어주는 것이다.

흔히 커뮤니케이션에서 문제가 발생하는 데는 여러 가지 이유가 있지만 대개 대화에 참여하는 사람들이 상대방의 이야기를 경청하는 것이 아니라 그저 듣기만 하기 때문이다. 그러나 상대방의 이야기를 경청하면 그가 전달하고자 하는 내용을 왜곡해서 듣거나 오해하는 경우가 별로 없다. 사실 인간의 행동 동기 가운데 이해받고자 하는 욕구만큼 강렬한 것도 없다. 내 말에 귀 기울인다는 것은 상대가 나를 진지하게 받아들이고 생각과 감정을 알아주며 무엇보다 내 말을 중요하게 여긴다는 뜻이다.

이렇게 마음과 생각이 맞았다면, 경청을 통해서 발전적 상호작용을 이끌 수 있다. 경청은 상대의 말을 잘 들음으로써 실제 말 뒤에 숨어 있는 의도나 실제적인 관점, 말하는 사람의 삶 속에 들어 있거나 삶을 배경으로 하여 나타난 사실들을 듣고 보기 위해 전후관계의 실마리를 놓치지 않고 문맥의 내용을 이해하는 것이다. 경청을 통해서 상대의 현재 욕구를 제대로 이해할 수 있고, 상대가 존중받고 있음을 느끼게 한다.

경청의 중심을 어디에 두느냐에 따라서도 소통의 결과가 달라질 수 있는데 듣는 사람중심 경청은 내가 가장 높은 곳에 있어서 매우 적게 들리는 것으로 많은 사람이 자신이 듣고 싶은 내용만 듣는 경우가 이에 해당된다. 그리고 말하는 사람중심으로 듣는 경우 그만큼 상대는 신뢰감을 느끼면서 더 잘 소통하게 된다.

2) 적극적 경청의 특징과 원리

(1) 적극적 경청의 특징

경청은 코치가 특별히 염두에 두어야 하고 지속해서 발전시켜야 하는 코칭 기술이다. 경청이 잘 되면 질문으로 고객의 생각을 깨우고, 행동에 대한 결단을 끌어낼 수 있다. 코치는 경청 훈련을 해야 하고 경청능력을 지속해서 발전시켜야 한다. 코칭에서 의미하는 '듣기'는 그저 열심히 듣는 것(hearing)이 아니라 고객의 입장에서 그와 공감하면서 듣는 '경청(listening)'을 뜻한다.

일반적인 '듣기'가 상대방의 말에만 초점을 맞추는 데 비해 코칭에서 말하는 경청은 고객의 말은 물론 사실과 감정의 구분, 그리고 고객의 표정에 숨어 있는 의미까지 함께 읽는 것을 말한다(한국코칭학회, 2020).

① 상대의 말이나 행동을 통하여 표현하는 것 외의 것도 잘 보고 듣는다.
② 상대의 말이나 행동에 초점을 두기보다는 함께한다는 느낌을 갖는다.
③ 단순히 잘 듣는 것이 아니라 듣고 본 내용을 이해함과 동시에 숨어 있는 의도, 내용, 감정, 느낌 등을 함께 공유한다.

(2) 적극적 경청의 원리

효과적인 코칭을 위해서는 상대방의 이야기에 적절히 공감하고 반응해야 한다. 공감과 반응은 상대방이 내 얘기를 진심으로 경청하고 있다는 것을 확인시켜 주는 신호이기 때문이다. 아무리 집중해서 듣고 있어도 적절한 공감과 반응을 보이지 않으면, 상대방은 자신의 의사가 제대로 전달되고 있다는 느낌을 충분히 받지 못하게 된다. 좀 더 정확히 파악하기 위해서는 오히려 적절히 공감하고 반응하면서 상대방이 효과적으로 이야기할 수 있도록 배려하는 것이 중요하다. 경청을 위해서는 무엇보다도 상대방이 자신의 문제를 스스로 해결할 능력을 갖추고 있다는 것에 대한 깊은 신뢰감을 가져야 하고 상대방이 표현하는 감정을 진지하게 받아들일 수 있어야 한다.

코치는 고객이 하는 말과 행동을 통해서 그의 비전과 가치관에 대한 열정 그리고 목적에 대해서 듣는다. 이렇게 경청하는 것은 무엇인가를 찾기 위한 것이다. 코치는 의식적으로 또 목적의식과 집중력을 가지고 고객의 모든 것에 대해 듣는다. 코치는 자신이 고객을 위해 정한 행동지침이 아니라 고객의 행동지침에 대해서 듣는다.

적극적 경청은 '고객이 말하는 것과 말하지 않는 것에 온전히 집중하고, 고객의 욕구를 고려하여 말의 의미를 이해하고, 고객의 자기표현을 지원할 수 있는 능력'을 말한다. '적극적으로 경청하기(active listening)'는 한마디로 말하면 '고객이 말하지 않은 것까지도 듣는 것'을 의미한다. 잭 캔필드(Jack Canfield)와 피터 치(Peter Chee, 2013)는 "사람들이 하는 말의 '행간', 즉 말로 언급되지 않은 부분을 파악하고 상대방에게 반응하도록 하라. 그렇게 하면 상대방의 말뿐만 아니라 감정까지도 이해할 수 있다."라고 했다. 또한 피터 드러커(Peter F. Drucker)는 "상대방이 말하지 않은 것을 듣는 능력"이 가장 중요한 커뮤니케이션 능력이라고 하였다. 이는 상대방이 하는 말의 언어적인 요소는 물론 음성적, 비언어적인 요소까지도 함께 이해해야 한다는 점을 요구하는 것이다. 말을 들을 때 표면에 주고받는 말만 듣지 않고 말 속에 담긴 의미와 배경, 감정을 인정하고 사려 깊게 듣는 것이 좋은 경청이다.

적극적 경청의 효과

- 고객의 내면 욕구를 이해할 수 있다.
- 코치의 경청은 고객에게 코치에 대한 신뢰를 높인다.
- 고객이 코치에게 존중받고 있음을 느낄 수 있도록 한다.
- 경청은 고객의 마음을 이해하고 공감함으로써 고객의 내면의 깊은 이야기를 할 수 있도록 한다.

출처: 도미향(2020).

적극적 경청은 '고객이 말하지 않은 것까지도 듣는 것'이라고 했다. 고객이 직접 말하지는 않았지만, 코치가 행간을 통해 들었거나 알아차린 고객의 감정, 욕구, 의도, 사실, 열정, 비전, 꿈, 야망, 가치, 신념, 기대, 열망, 습관, 패턴, 강점, 탁월함, 성품, 인품, 존재 등을 헤아려서 말로 표현해 주거나 질문을 통해 고객이 그것에 관해 이야기하게 함으로써 결과적으로 코치는 고객의 심중에 품고 있던 말하지 않은 다양한 것들을 경청하게 된다.

3. 적극적 경청역량

1) 적극적 경청역량의 의미

적극적 경청역량은 상호대화를 함에 있어서 듣기에 관련된 역량으로 리더의 잠재력을 발견하는 데 가장 중요한 요소이다. 그래서 경청을 효과적으로 하기 위해서는 내 몸을 상대와 맞추고 내 마음을 상대와 맞추고 내 생각을 상대와 맞추어 상대가 말하는 것을 읽지 않고, 상대의 말을, 상대의 마음을, 상대의 생각을 있는 그대로 듣는 것이다. 경청을 통해 서로를 이해하고 감정을 이입하게 되면 코치와 고객 사이에 결속력이 생기게 되고 고객의 자아의식과 자존감을 높여줄 수 있다(이소희 외, 2014).

진정한 경청이 되기 위해서는 상대방을 이해하기, 돕기, 위로하기, 대화 즐기기, 배우기 등 어떤 이유가 있어야 한다. 진정한 경청을 방해하는 걸림돌 중 대표적인 것이 충고, 해석, 비교, 판단, 자기주장이다. 효과적인 경청이 되기 위해서는 명료화하기와 피드백, 바꾸어 말하기 등을 중심으로 한 적극적 경청, 인식하면서 경청하기, 개방적 경청하기, 공감하기 등을 들 수 있다.

한국코치협회에서 제시한 적극적 경청역량의 정의는 다음과 같다(한국코치협회, 2023). 고객과의 수평적 파트너십을 기반으로 신뢰감과 안전감을 형성하며 고객의 존재를 인정하고 진솔함과 호기심을 유지한다. 고객이 말한 것과 말하지 않은 것을 맥락적으로 이해하고 반영 및 공감하며, 고객 스스로 자기의 생각, 감정, 욕구, 의도를 표현하도록 돕는다.

- 맥락적 이해: 고객이 말한 것과 말하지 않은 것을 맥락적으로 헤아려 듣고 표현한다.

- 반영: 눈 맞추기, 고객 끄덕이기, 동작 따라 하기, 어조 높낮이와 속도 맞추기, 추임새 등을 하면서 경청한다. 그리고 고객의 말을 재진술, 요약하거나 직면하도록 돕는다.
- 공감: 고객의 생각이나 감정을 이해하며, 이해한 것을 고객 표현한다. 그리고 고객의 의도나 욕구를 이해하며, 이해한 것을 고객에게 표현한다.
- 고객의 표현 지원: 고객이 자기 생각, 감정, 의도, 욕구를 표현하도록 돕는다.

2) ICF의 [역량 6] 적극적으로 경청한다

ICF의 8가지 핵심 코칭역량(Core Coaching Competencies) 모델에서 보면 효과적으로 의사소통하기(Communicating Effectively) 위해서는 적극적으로 경청하는 것(역량 6)과 알아차림을 불러일으키는 것이 중요하다(역량 7)라고 제시하고 있다(도미향, 2021).

(1) [역량 6]의 정의와 실행지침

[역량 6] '적극적으로 경청한다(Listens Actively)'는 세 번째 그룹인 효과적으로 의사소통하기(communicating effectively)에 속한 역량으로써, 고객의 시스템 맥락에서 전달하는 것을 충분히 이해하고, 고객의 자기표현(self-expression)을 돕기 위하여 고객이 말한 것과 말하지 않은 것에 초점을 맞춘다. 이를 위해 7가지 세부항목을 제시하면 다음과 같다.

1. 고객이 전달하는 것에 대한 이해를 높이기 위해 고객의 상황, 정체성, 환경, 경험, 가치 및 신념을 고려한다.
2. 고객이 전달한 것에 대해 더 명확히 하고 이해하기 위해 반영하거나 요약한다.

3. 고객이 소통한 것 이면에 무언가 더 있다고 생각될 때 이것을 인식하고 질문한다.
4. 고객의 감정, 에너지 변화, 비언어적 신호 또는 기타 행동에 대해 주목하고, 알려주며 탐색한다.
5. 고객이 전달하는 내용의 완전한 의미를 알아내기 위해 고객의 언어, 음성 및 신체 언어를 통합한다.
6. 고객의 주제(theme)와 패턴(pattern)을 분명히 알기 위해 세션 전반에 걸쳐 고객의 행동과 감정의 흐름(trends)에 주목한다.

(2) [역량 6]의 적용

[역량 6]의 역량은 한마디로 말하면 '고객이 말하지 않은 것까지도 듣는 것'을 의미한다. 사람들이 하는 말의 '행간', 즉 말로 언급되지 않은 부분을 파악하고 상대방에게 반응하도록 하면 상대방의 말뿐만 아니라 감정까지도 이해할 수 있다(Jack Canfield & Peter Chee, 2013). 코치의 질문과 관찰은 고객이 누구인지 또는 고객의 상황에 따라 코치가 배운 내용을 활용하여 맞춤화된다.

에노모토 히데타케(Enomoto Hidetaka, 2007)는 경청을 세 단계로 나누면서 1단계는 '귀로 듣는다', 2단계는 '입으로 듣는다', 3단계는 '마음으로 듣는다'로 분류했는데, 몸과 마음으로 경청하는 것이 필요하다. 몸으로 하는 경청은 고객이 말할 때 코치가 눈을 맞추고 고개를 끄덕이면서 몸을 고객 쪽으로 기울이며 경청하는 것을 말하며 이는 코치가 기본적으로 갖춰야 할 태도다. 적극적 경청은 '고객이 말하지 않은 것까지도 듣는 것'이라고 했다. 고객이 말하지 않은 감정, 욕구, 의도, 사실, 열정, 비전, 꿈, 야망, 가치, 신념, 기대, 열망, 습관, 패턴, 강점, 탁월함, 성품, 인품, 존재까지도 경청하는 것이다.

그리고 마음으로 하는 경청은 두 가지 접근법이 있다(황현호 · 도미향, 2017). 첫 번째는 고객의 이야기 중에 고객이 느꼈을 듯한 감정이나 욕구, 의도 등을 헤아려서 코치가 말로 표현해 주는 방법이다. 두 번째 방법은 고객이 그 상황이나 이야기 속에서 느꼈을 듯한 감정이나 가졌을 것 같은 욕구 등을 질문하고, 고객이 직접 자신의 감정이나 욕구를 표현하게 한 다음 고객이 표현한 감정이나 욕구에 공감을 해주면 된다. 이상을 좀 더 명료화하여 코치가 해야 할 일을 정리하면 다음과 같다.

① 코치는 고객의 감정에 대해 질문하거나 탐구하고, 고객이 사용하는 단어에 대해 질문을 하거나 더 깊이 탐색한다.
② 코치는 고객의 에너지 변화, 비언어적 단서 또는 기타 행동을 탐구하고, 명확한 목적이 있지 않은 한 고객의 말을 끊지 않고 끝까지 말하도록 기다려 준다. 또한 코치는 고객의 명확성과 이해를 보장하기 위해 고객이 전달한 내용을 간결하게 반영하거나 요약한다.
③ 코치는 고객이 현재 자신이나 자신의 세계를 어떻게 인식하고 있는지를 묻거나 탐구한다. "지금 저와 이야기를 나누어보니 자신(혹은 자신의 상황, 현실 등)이 어떻게 느껴지시나요?"라는 질문으로 고객 자신을 탐구하도록 질문한다.

3) 적극적 경청을 위한 맥락 경청

(1) 맥락적 경청의 의미

맥락적 경청은 코치의 판단이나 충고 없이 고객이 표현하는 말, 행동, 표현 속에 숨겨진 감정이나 사고까지 경청하는 것이다. 말해지는 모든 것은 그 사람의 인생과 그 인생의 경험과 삶을 통해서 나온 것으로써 의미를 숨기고 있을 수도 있다. 따라서 맥락적 경청은 고객이 말하는 언어적인 표현뿐만 아니라 비언어적인 표현까지도 이해하고 경청하는 것을 말한다. 대부분의 경우 코칭에서 고객이 전하는 단어와 말로만 코치가 모든 정보를 받아들이는 데는 한계가 있으며 오히려 비언어적 표현을 통해 더 많은 정보를 전달받고, 비언어적으로 전달되는 메시지를 통해 고객의 감정, 정서, 숨은 의도뿐만 아니라 고객의 성품과 성격까지도 알 수 있다. 따라서 맥락적으로 경청한다는 것은 고객이 자발적으로 표현하는 언어적 메시지뿐만 아니라 비자발적으로 표현하는 비언어적 메시기까지 경청함으로써 고객을 여러모로 이해하는 것이다.

한편, 이러한 맥락적 경청을 잘하기 위해서는 맥락적 경청 기술이 필요하다. 이는 1940년대에 인간중심 치료(Person-centered therapy: PCT)를 창시한 칼 로저스(Carl Rogers)가 제창한 청취의 기본 태도인 동시에 기법으로 상대방의 생각과 감정을 이해할 마음으로 경청하는 것을 말한다. 즉, 고객이 표현한 것 이상의 의도, 감정, 정황까지도 듣는 것으로 고객의 마음을 여는 기술을 말한다. 코치는 고객의 이야기를 판단이나 비판 없이 있는 그대로 수용하고, 고객이 경험한 사실과 감정, 정서, 생각 모두를 진심으로 이해하려고 노력하는 태도를 보임으로써 고객에게 잘 경청하고 있다는 확신을 주어야 한다. 이는 [그림 9-2]의 경청 매트릭스를 통해서도 알 수 있다.

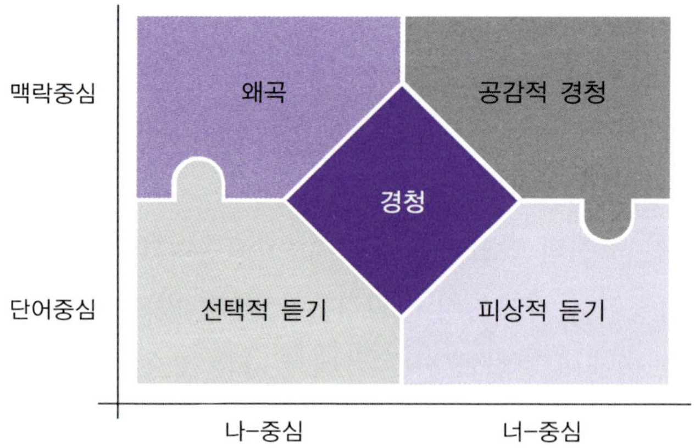

[그림 9-2] 경청 매트릭스

경청에는 여러 종류가 있는데 왜곡이나 듣고 싶은 것만 듣는 선택적 듣기는 나의 관점에서 주로 해석하고 듣는 것을 말하고, 상대 관점에서 듣더라도 거의 몰입하지 않고 단어중심으로 듣는 피상적 듣기가 있고, 맥락중심으로 들으면서 상대의 입장에 들어가서 공감하면서 듣는 공감적 경청이 있다. 코치로서 갖추어야 할 자세는 바로 맥락을 이해하면서 공감하는 것이다. 맥락적으로 경청하고 있음을 고객이 느낄 때 고객은 자신이 이해받고 있다고 생각하여 마음을 열 수 있으며, 자신의 방식으로 문제를 탐색하고 코칭에 대한 책임감을 느끼게 된다.

(2) 맥락적 경청의 반응양식

맥락적 경청의 반응양식은 명료화하기, 바꾸어 말하기, 반영하기, 요약하기 등이 있다.

- 명료화하기(clarification): 고객이 한 이야기를 잘 경청하고 "…라는 뜻인가요?"라고 질문하는 것을 말한다. 이를 통해 고객의 말을 정확하게 들었는지 확인할 수 있고, 모호하고 혼동되는 내용을 명료하게 할 수 있다.
- 바꾸어 말하기(paraphrasing): 자신이 이해한 것을 확인하기 위해 들은 것을 말하는 것이다. 고객이 한 말을 코치 자신의 말로 바꾸어 표현하는 것으로, 이를 통해 객관적인 내용을 확인하고 강조할 수 있다.
- 반영하기(reflection): 고객의 말 중에서 감정과 관련된 부분을 바꾸어 말하는 것을 말하는 것이다. 이를 통해 고객은 자신 속에 내재하고 있는 감정이나 표현한 감정을 더 잘 지각할 수 있다.
- 요약하기(summarizing): 고객의 말을 압축하여 그 핵심을 두세 문장으로 말하는 것이다. 이를 통해 고객이 지나치게 반복적으로 말하는 것을 막을 수 있고, 진행된 대화 내용을 검토할 수 있다.

(3) 긍정의 수용하기

긍정의 맞장구치기의 가장 쉬운 방법은 상대편의 말을 그대로 반복하는 것이다. 사람은 자신의 희로애락에 공감하는 이들에게서 안정감과 친근감을 느낀다. '긍정의 기술'도 필요하다. 그때그때 적절한 감탄사, 맞장구와 조심스러운 의견 제시는 상대방에게 당신이 자신의 말을 경청하고 있다는 느낌을 갖게 한다.

'듣기를 잘하는 사람'은 '맞장구를 잘 치는 사람'이라고 할 수 있을 정도로 맞장구를 치면서 수용하는 것은 매우 중요하다. 상대가 어떤 이야기를 하든지 화제를 잘 끌어낸다.

〈긍정적 맞장구치기의 예시〉

"예, 그렇군요!"	"역시!"	"맞아!"	"그래!"
"맞아 맞아!"	"그렇죠!"	"좋습니다."	"역시!"
"정말이에요?"	"네에!"		

남의 말을 잘 듣는 사람일수록 이런 말들을 적절하게 구분해서 사용한다.

(4) 적극적 경청지수

고객의 경청 능력을 파악하기 위하여 경청지수로 확인할 수 있다. 〈표 9-3〉에서는 학습에서의 경청능력을 확인하기 위한 경청지수(Listening Quantity)로서 각각의 질문에 대한 점수를 높이는 훈련을 한다면 더욱 경청을 잘하게 될 것이고 학업에서도 상당한 효과를 볼 수 있다.

다음 각 질문을 읽고, 그 내용이 자신에게 해당하는지를 판단하여 자신에게 해당된다면 ○, 해당되지 않는다면 ×에 체크한다.

〈표 9-3〉 고객과의 대화에서의 경청지수

질문 내용	체크하기
1. 나는 고객이 하는 말에 집중한다.	(○, ×)
2. 나는 고객의 말에 공감해 준다.	(○, ×)
3. 나는 고객의 입장에서 경청한다.	(○, ×)
4. 나는 고객이 말할 때 고객을 똑바로 응시한다.	(○, ×)
5. 나는 고객의 말에 호기심을 가지고 듣는다.	(○, ×)
6. 나는 고객이 말하는 것의 의미가 무엇인지 이해한다.	(○, ×)
7. 나는 고객의 몸짓이나 억양의 변화에 집중한다.	(○, ×)
8. 나는 고객의 언어를 사용하여 질문한다.	(○, ×)
9. 나는 고객의 말을 요약, 정리하여 반응한다.	(○, ×)
10. 나는 고객의 말을 방해하거나 끼어들지 않는다.	(○, ×)
11. 나는 고객이 말하는 내용에 관해 잘 알고 있더라도 경청한다.	(○, ×)
12. 나는 고객의 말할 때 딴생각을 하지 않고 정신을 집중하여 듣는다.	(○, ×)
13. 나는 고객에 대한 감정을 이해하려고 노력한다.	(○, ×)
14. 나는 고객이 말할 때 고개를 끄덕이거나 비언어적인 반응을 한다.	(○, ×)
15. 나는 경청할 때 주제와 목표, 방향을 잃지 않으려고 집중한다.	(○, ×)
16. 나는 고객의 말에 온전히 집중하고 나의 판단을 배제한다.	(○, ×)
17. 나는 고객이 말하면서 느끼는 감정은 어떠한지 알려고 한다.	(○, ×)
18. 나는 고객이 완전히 말을 끝낼 때까지 기다렸다가 나의 의견을 말한다.	(○, ×)
19. 나는 고객에게 그동안의 대화내용에 관해 잘 이해했는지 알아보기 위해 다시 한번 질문하거나 정리하게 한다.	(○, ×)
20. 나는 고객이 말하고자 하는 바가 명료하지 않을 때는 나름대로 들은 내용을 고객에 들려주고 확인한다.	(○, ×)

모두 표시했으면, 'ㅇ'라고 답한 것이 몇 개인지를 세어본다. 'ㅇ'라고 답한 것이 19개 이상이면, 경청능력이 대단히 뛰어나며, 17~18개이면 뛰어나고, 12~15개면 평균 이상이다. 10~12개이면 평균이다. 그리고 9개 이하이면 경청능력을 향상하기 위해 정신집중과 훈련이 필요하다. 효과적인 경청기술 없이는 고객이 말하는 내용을 충분히 이해할 수 없고, 고객과 함께 춤추는 프레즌스를 발휘하기가 어렵다. 이런 코치는 체계적인 경청 훈련을 받아야 할 필요

가 있다.

경청은 고객의 코칭효과를 높이기 위해 가장 기본적으로 배워야 할 필수적인 기술이다. 경청은 매우 어려운 학습 과정이지만 능동적으로 대처할 수 있으며, 효과적인 경청을 하겠다고 각오하며 실제로 경청 훈련을 한다면 경청능력이 향상되고 그에 따라 코칭효과와 코칭역량도 높아질 것이며, 대인관계에도 탁월한 성과를 나타낼 것이다.

4) 경청의 방해요소

(1) 경청 걸림돌의 의미

경청의 걸림돌이란 코치가 경청하는 것을 방해하는 요인을 말한다. 경청의 걸림돌은 코치가 가지고 있는 패러다임을 들 수 있다. 이 패러다임은 코치가 그동안 살면서 부모로부터 물려받은 가치관이나 경험, 학교에서 받은 교육, 선입견, 편견 등을 통해서 말하는 사람을 판단함으로써 있는 그대로 듣지 못하고 코치 위주로 걸러서 듣는 것을 의미한다. 경청의 걸림돌은 크게 외부적 요인과 내부적 요인으로 구분할 수 있다. 외부적 요인은 외부의 소음으로 전화 소리나 말소리, 문을 여닫는 소리, 발소리 등 외부에서 나는 다양한 소리를 말한다. 이 외부의 소음은 통제가 가능하지만 문제가 되는 것은 내부의 소음이다. 내부의 소음은 코치가 경청하면서 코치 자신의 내면에 드는 생각 때문에 고객에게 집중하지 못하는 것을 의미하는 것으로 고객의 언어나 행동에 대하여 성급한 가정이나 결론을 내리거나, 고객이 말을 하는 동안 어떻게 반응할지 생각한다거나, 고객이 하는 행동이 도덕적 · 윤리적으로 옳다. 그르다고 평가하거나, 고객의 말이 맞다. 틀리다고 비판하는 것을 들 수 있다. 이와 같은 내면의 소리를 잘 관리하는 것이 경청의 걸림돌을 제거하여 경청을 잘하는 방법이 될 것이다(이소희 외, 2014).

(2) 경청을 방해하는 요소

경청을 방해하는 요소는 여러 가지가 있지만, 대부분은 복합적이고 거의 동시에 발생하는 경우가 많다. 실제 상황에서 자주 발생하는 경청의 방해요소들을 살펴보면 다음과 같다.

- 충고하기: 고객이 전하고자 하는 내용이나 상황에 관해 코치가 자신이 가진 지식이나 관점을 가지고 섣부른 충고나 조언을 하는 경우를 말한다.
- 해석하기: 고객의 의도를 지나치게 깊게 파악하려는 욕심에서 비롯되는 현상인 마음읽기이다. 고객의 직접적인 메시지보다 고객의 마음을 읽으려고 하는 사람들은 정작 메시지에 집중하지 못하는 경우를 말한다.
- 단정하기: 고객이 하는 말을 끝까지 주의 깊게 들은 후 반응을 나타내지 않고 고객의 말이 끝나기도 전에 자신의 반응과 자신이 할 말의 내용을 생각하는 경우가 있는 경우를 말한다.
- 판단하기: 어떤 사람들은 고객의 말을 다 듣기도 전에 자신이 듣고자 하는 내용인가를 판단하고, 자신이 듣고자 하는 내용이 아니라면 걸러서 듣는 경우를 말한다.
- 선입견 가지기: 대화가 시작되기도 전에 그 대화에 관해 미리 판단하거나 메시지와 직접적인 상관이 없는 전달자의 인격이나 외부 환경 등에 대한 선입견을 가지는 경우를 말한다.
- 다른 생각하기: 고객이 하는 말 중 어떤 단어나 상황 등이 개인의 기억이나 감정을 자극하게 되는 경우가 발생하기도 하는데, 이런 개인적인 상상이나 연상에 빠지는 경우를 말한다.
- 끼어들기: 고객의 말이 끝나기 전에 자신의 말을 시작하는 것으로 현재 논점이 되고 있는 주제에서 벗어나는 말로 고객의 말을 끊는 행위를 말한다.
- 비교하기: 전하고자 하는 메시지와는 상관없이 고객의 상황이나 인적 사

항 등을 비교하는 것을 말한다.

- 자기주장하기: 자신만 옳다고 주장한다거나 언쟁을 하는 것으로 이는 고객의 인격이나 환경 등에 대한 좋지 못한 선입견이나 평가를 전제로 시작하는 것을 말한다.

생각해 보기

1. 커뮤니케이션의 본질을 이해하고 효과적인 커뮤니케이션을 위한 방안에 대해 생각해 봅시다.

2. 중립적 언어의 의미와 이를 잘 사용할 수 있는 방법에 관해 생각해 봅시다.

3. ICF의 적극적으로 경청한다. 역량을 적용해서 맥락적 경청을 했을 때의 결과를 생각해 봅시다.

4. 경청을 방해하는 요소를 찾아보고 본인의 경청지수에 관해 생각해 봅시다.

5. 나의 경험을 바탕으로 경청을 하지 않아 상호작용이 잘 안 된 경우는 어떤 경우였는지, 더 잘 경청한다면 어떻게 할 것인지에 관해 생각해 봅시다.

chapter 10 알아차림과 질문역량

알아차림은 코칭에서만이 아니라 오늘날 인간개발을 돕는 모든 지원 전문 직군에서 중요한 개념 중의 하나다. 자신과 상황을 있는 그대로 인식하는 것이 알아차림이다. 인식한다는 것은 안다는 것이다. 그러니 알아차림을 한다는 것은 안다는 것이다. 알면 이해가 되고 이해가 되면 이를 바탕으로 앞으로 나아갈 수 있다. 그래서 코칭에서 중요한 핵심 요소가 알아차림과 질문이다. 고객의 변화와 성장의 출발은 알아차림에서 시작된다. 이런 알아차림은 고객이 스스로 하기도 하지만 코치가 도와줄 수도 있다. 이것을 가능하게 해주는 것이 질문이다. 코치의 가장 강력한 도구가 질문이기 때문이다. 질문은 고객 내면에 잠재된 가능성과 해결책을 끌어내는 도구다. 이번 장에서는 이런 알아차림과 질문하기의 개념과 특징, 원리, 적용에 대해 살펴보려고 한다.

1. 알아차림

1) 알아차림의 개념

알아차림은 영어로 'awareness'를 의미한다. awareness는 초기에 자각, 인지, 지각, 인식, 자각인식, 알아차림 등 다양하게 번역되어 사용되었다.

코칭에서도 awareness를 알아차림으로 통일하여 사용하는 경향이다. 이는 국제코칭연맹(ICF)에서 2019년에 발표한 업데이트된 8가지 코칭역량을 한국어로 번역할 때 ICF 코리아챕터 번역팀에서 'awareness'를 '알아차림'으로 번역하기로 했고, 이를 ICF 본부에서 승인하면서부터라고 볼 수 있다(도미향 외, 2021). 그 이전의 코칭 관련 번역서들을 보면 awareness를 위에서 언급했듯이 다양한 용어로 혼용하여 사용해왔음을 알 수 있다.

Awareness를 일반적인 용어로 본다면 그냥 인식, 인지 등의 활용이 대부분이다. 예를 들어, '결혼에 대한 인식' 하면 'awareness of marriage'라고 표현할 수 있다. 또 '환경문제에 대한 인식' 하면 'awareness of environmental issues', '브랜드 인지도' 하면 'brand awareness'라고 표현한다. 이처럼 awareness를 사회 일반에서 사용하는 개념으로 생각하면 한계가 있다. awareness가 코칭에서 활용될 때는 이와 같은 일반적인 개념이라기보다는 좀 더 전문적인 개념으로 봐야 한다.

원래 알아차림(awareness)은 게슈탈트 치료를 창시한 프리츠 펄스(Fritz Perls)에 의해 정립되고 확산하였다. 국내에 게슈탈트 치료를 소개하고 보급한 김정규(2015)는 알아차림의 원어인 'awareness'는 감각적 · 감정적 · 인지적 · 지각적 그리고 행동적 차원들을 모두 포함하는 다차원적인 지각을 뜻한다고 했다. 다시 말해서 알아차림이란 개체가 자신의 삶에서 현재 일어나고 있는 모든 현상을 방어하거나 피하지 않고, 있는 그대로 지각하고 체험하는 행위를 뜻한다. 더불어 알아차림은 누구나 갖고 있는 능력이며, 또한 자연스러운 상태에서는 누구나 사용하고 있는 유기체의 고유한 능력이라고 소개한다.

ICF에서는 알아차림과 관련하여 8가지 역량 중 7번째 역량으로 '알아차림을 불러일으킨다(Evokes Awareness)'라는 역량이 있다. 이 역량의 정의는 '강력한 질문, 침묵, 은유(metaphor) 또는 비유(analogy)와 같은 도구와 기술을 사용하여 고객의 통찰과 학습을 촉진한다'라고 되어 있다. 코칭 대화를 통해 고객이 새롭게 통찰한 것이 무엇인지 질문하고 고객의 새로운 학습을 지원하기 위해 코치가 관찰한 것을 공유한다. 또한 고객이 스스로 성찰하고 재구조화할 수 있도록 지원하는 역량이다(도미향 외, 2021). 다시 말해 알아차림을 불러일으키는 역량은 지금 이 순간 고객의 내면에서 일어나고 있는 심리역동, 즉 감정, 생각, 욕구, 의도, 원함, 기대, 관점, 이미지, 가치, 신념, 불일치 등과 신체감각 및 외부에서 일어나고 있는 환경이나 상황, 관계, 그리고 자신의 행동, 잠재력과 성장 가능성, 미래 비전 등에 대해 알아차리도록 돕고 자신의 의식을 무한히 확장하여 목표 달성에 활용하도록 돕는 능력이다(황현호, 2020).

2) 알아차림의 특징과 원리

(1) 알아차림의 특징

코칭에서 알아차림은 크게 두 가지 특징이 있다(황현호, 2020). 첫째는 고객이 이야기 중에 스스로 알아차림을 하는 경우다. 고객은 어떤 주제에 관해 이야기하는 동안 자신 안에서 이미 다양한 알아차림이 생긴다. 즉, 어떤 것에 관해 이야기하는 동안 자신 안에서 감정의 변화나 생각, 욕구나 의도, 기대 등이 일어난다. 다만 이것을 인식하지 못하고 있을 뿐이다. 이때 코치가 고객에게 이것을 표현해 보도록 질문이나 요청을 함으로써 고객은 자신 안에 이미 일어난 알아차림을 표현하게 된다.

두 번째는 코치가 적절한 질문을 해줌으로써 비로소 알아차림이 생기는 경우다. 고객이 어떤 이슈에 관해 이야기는 하고 있으나 아직은 그것에 대해 어떤 알아차림이 생기지 않을 수 있다.

(2) 알아차림의 원리

고객이 스스로 알아차림을 할 때, 코치는 고객이 스스로 알아차림 한 것을 표현해 보도록 질문을 통해 도와줄 수 있다. 그리고 더욱 중요한 것은 고객이 자신에게 일어난 알아차림을 스스로 표현하는 경우다. 존 휘트모어(John Whitmore, 2019)는 코칭에서 가장 중요한 순간을 알아차림(awareness)과 책임(responsibility)이라고 했다. 그러므로 고객이 스스로 알아차림을 했다고 표현하는 순간이야말로 코칭장면에서 가장 중요한 순간이다. 이때 코치는 인정하고 축하하는 반응을 해줘야 한다. 고객이 스스로 이뤄낸 알아차림에 대해 코치가 인정하고 축하를 해주면, 고객은 자신이 코칭 대화를 통해 뭔가 진보하고 성취해나가고 있다는 것을 다시 한번 인식하게 된다.

또한 코치가 질문을 함으로써 고객에게 새로운 알아차림이 생기도록 지원할 수 있다. 질문 외에도 코치는 자신 안에서 일어나는 느낌, 생각, 감정, 의견, 직관 등을 개방적으로 나눔으로써 새로운 알아차림이 생기도록 도와줄 수 있다. 특히 ICF에서는 고객이 자신의 관점을 재구성(reframing)할 수 있도록 지원하는 코치의 역량을 요구한다(ICF, 2020). 고객의 알아차림을 지원하는 가장 좋은 방법은 역시 질문이다. 하지만 질문이나 개방적 나눔만이 아니라 코치는 스토리텔링을 할 수도 있고 다양한 시도를 통해 고객이 자신이나 자신이 처한 상황, 관계, 이슈, 생각하고 있는 결과 등에 대해 새로운 관점을 갖도록 도와줄 수 있다.

3) 알아차림의 적용

(1) 알아차림을 표현해 보도록 코치가 지원하기

〈사례 1〉 체중감량을 원하는 30대 여성 고객과의 대화: 느낌이나 감정 알아차림

코치: 원하시는 만큼 체중을 감량했다고 생각해 보세요. 어떤 삶이 펼쳐질 것 같으세요?
고객: 원하는 만큼 체중감량을 했다면요? 그러면 정말 제 삶이 확 달라질 것 같아요.
코치: 어떻게요?
고객: 뭐랄까. 사람들 만날 때도 빨리 만나고 싶을 것 같고, 옷도 더 자신 있게 입을 것 같고, 무엇보다 저 자신에게 만족스러울 것 같아요.
코치: 네, 그렇게 체중을 감량한 모습에 대해 말씀하고 나니 지금 기분이 어떠세요? (이미 일어난 기분이나 감정, 느낌에 대해 표현해 보도록 질문으로 도와주기)
고객: 대개 행복하고 편안해졌어요. 이전에는 체중감량 생각을 하면 답답했거든요. 그런데 이미 체중감량을 한 모습을 상상해보고 나니까, 체중감량에 대한 기대감이 느껴지고 빨리 체중감량을 위해 뭐라도 해보고 싶은 생각이 들어요.
코치: 와~ 정말 그 말씀을 하시면서 목소리 톤도 올라가고 표정도 밝아지고 그러셨거든요.

〈사례 1〉을 통해 알 수 있듯이, 코치는 고객이 대화 중에 이미 일어난 감정의 변화를 표현할 수 있도록 질문을 통해 지원함으로써 고객은 자기 안에 이미 일어난 감정이나 느낌 등을 표현할 기회를 얻게 되었다.

〈사례 2〉 자신의 진로에 대해 고민하는 대학생 고객과의 대화: 생각 알아차림

코치: 고객님이 생각하고 있는 취업 가능한 업종이나 회사들에 관해 이야기해 보시겠어요?
고객: 공무원은 사실 경쟁률이 높고 된다고 해도 제가 그다지 좋아할 것 같지는 않아요.

코치: 그렇군요. 그리고요?
고객: 대기업도 몇 군데 생각은 해봤는데, 여기도 내가 시간을 들여서 노력한다고 해도 거기에 맞게 결과가 나오리란 보장이 없는 것 같고요, 중소기업은 또 이직률도 높다고 하고 나라고 진득하게 일할 수 있을 것 같지 않고 그래요.
코치: 네, 이렇게 자신의 진로 탐색 노력에 관해 이야기하고 나서 정리된 생각은 무엇인가요? (이야기하는 중에 이미 알아차림이 생긴 고객의 생각을 표현해 보도록 질문해주기)
고객: 글쎄요, 그러고 보니 내가 진짜 취업을 하고 싶은 건가? 생각도 들고, 내가 진짜 좋아하는 것이 무엇인지 난 진지하게 고민을 해보지 않았구나 하는 생각이 드네요.

〈사례 2〉에서 보듯이 고객은 이야기하는 중에 이미 어떤 생각들이 정리되고 떠오르게 되어 있다. 다만 표현할 기회를 얻지 못해서 인식하지 못하고 있을 수 있다. 그래서 코치가 이것을 표현해 보도록 질문을 통해 지원함으로써 고객은 자신의 정리되고 알아차려진 생각에 대해 표현할 수 있게 된다.

〈사례 3〉 부하직원을 돕고 싶어 하는 상사와의 대화: 욕구나 기대, 원함에 대한 알아차림

코치: 어떤 상황이었는지 좀 더 나눠주시겠어요?
고객: 요즘 우리 회사에서 별난 프로젝트가 하나 있었거든요.
코치: 뭔데요?
고객: '일하기 좋은 직장 만들기'라는 프로젝트 준비를 해서 부서별로 발표하는 게 있어요.
코치: 그런데요?
고객: 우리 부서에서는 저랑 제 밑에 직원인 홍길동 씨가 맡아서 하기로 했는데, 저는 이미 다른 프로젝트로 바쁜 상황이어서 홍길동 씨가 전적으로 맡아서 진행하기로 했거든요.
코치: 네, 그랬었군요. 그래서요?

고객: 그런데, 이제 발표일이 2주 정도 남았기에, 지난주에는 제가 어떻게 되어가는지 궁금도 하고 해서 물었거든요.
코치: 그랬군요.
고객: 근데 이 친구 뭐라고 한 줄 아세요?
코치: 뭐라고 했는데요?
고객: "왜요? 이제 맡아서 해보게요?" 이러는 거 있죠.
코치: 그런 말을 듣고 어땠어요?
고객: '뭐 이런 사람이 다 있어.' 이런 생각이 들더라고요. 조직이라는 게 혼자서 일하는 것은 아니잖아요.
코치: 정말 그런 말 들었을 때, 아주 속상했겠네요.
고객: 정말 속상하더라고요.
코치: 고객님, 지금 생각해 본다면 우리 고객님이 그 직원에게 기대하거나 원하고 있었던 것은 무엇인 것 같으세요? (고객 내면에서 이미 일어나고 있는 욕구나 기대에 대해 표현해 보도록 질문해주기)
고객: 그러게요, 저도 준비상황에 대해 상사에게 보고해야 하는 처지다 보니까, 현재 진행 상황을 좀 상세하게 듣고 싶었던 것 같습니다.
코치: 네, 그런 고객님의 원함이나 욕구를 알아차림 하신 것 축하드립니다.
고객: 네, 그랬네요.
코치: 그럼 그것을 직접 한 번 표현해 본다면 어떻게 말해보고 싶으세요?

〈사례 3〉에서는 고객이 이야기하는 중에 자신 안에서 이미 일어난 욕구나 기대를 표현해 보도록 질문해 주고 있다.

〈사례 4〉 사람 앞에 나서기를 두려워하는 고객과의 대화: 의도에 대한 알아차림

고객: 요즘 들어 부쩍 사람들을 만나는 것이 두렵게 느껴지고, 다른 사람들 보면 어쩌면 저렇게 잘 어울리고 자기 자랑을 잘하는지 부럽기만 해요.
코치: 방금 말씀하시면서 '자기 자랑'이라는 표현을 하셨는데 어떤 의미인지 궁금하네요.
고객: 아, 자기 자랑일 수도 있고 자기표현일 수도 있겠네요. 자기가 하는 일이라든지, 자기가 앞으로 하고 싶어 하는 일이라든지 이런 것을 잘 표현하는 것을 말

한 겁니다.

코치: 네, 그런 의미였군요. 이해가 됩니다. 그러면 고객님은 그 사람들 보면서 어떤 생각을 하세요?

고객: 저러다가 사람들 후리고 다치게 하고 상처 주고 그러면 안 될 텐데, 이런 생각이 들어요.

코치: 그런 생각이 드는 배경이 있을 것 같은데, 좀 들려주시겠어요?

고객: 제가 전에 사람들한테 많이 사기 당했다고 해야 하나, 좀 많이 당했어요. 그러다 보니까 막 자기 자랑하고 그러는 사람들을 보면 걱정스러운 마음이 들더라고요.

코치: 그런 사연이 있었군요. 잠깐이지만 이렇게 이야기하고 나니 고객님이 사람들과 만남에서 가진 긍정적 의도는 뭐라고 생각되세요?

고객: 나는 다른 사람처럼 사기 치지 말아야겠다. 진정성 있게 말하고 사람들한테 뭔가 도움이 되는 그런 사람이 되어야겠다. 이런 생각이 드네요.

코치: 와, 그런 긍정적 의도가 있었군요.

고객: 네, 그렇게 물어봐 주시니까 정말 내가 왜 사람들 앞에 나서기가 두렵게 느껴지는지 이해가 되네요. 사실 내가 다른 사람들에게 뭔가 도움을 진짜 주고 싶고 기여하고 싶은 그런 마음이 있어서 다른 사람들과는 다르게 하고 싶었던 것 같아요. 그게 진짜 의도였네요.

〈사례 4〉에서 보듯이 고객은 자신의 두려움에 관해 이야기하는 동안, 사람들과의 관계에서 자기 내면의 긍정적 의도를 알아차림하고 있었고, 다만 그것을 인지하지 못하고 있었는데, 그것을 표현해 볼 기회를 얻게 되니까 비로소 말하게 되는 것을 볼 수 있다. 물론 코치가 질문해줌으로써 그런 알아차림이 생겼다고 볼 수도 있다. 하지만 엄밀히 말하면 고객은 이미 말하는 동안에 자기 안에 긍정적 의도를 알아차림 한 것이다. 그것을 표현할 기회를 얻지 못하고 있었던 것이라고 봐야 한다.

〈사례 5〉 40대 남성 고객과의 대화: 이미지에 대한 알아차림

고객: 코치님, 지난주에 부장 승진을 했습니다.
코치: 와~ 부장으로 승진하셨군요. 축하드립니다.
고객: 감사합니다.
코치: 그런데 표정은 그리 밝아 보이지 않습니다. 무슨 일 있으세요?
고객: 그러게요. 그렇게 보이나요?
코치: 네, 지금 부장 승진과 관련해서 혹시 뭔가 떠오르는 이미지가 있다면 들려주시겠어요?
고객: 이미지요. 맞아요. 전에 모시던 우리 부장님이 이사님께 맨날 깨지고 풀이 죽어서 한숨 쉬시던 모습이 떠오르네요.
코치: 아, 그 이미지 때문에 마음껏 기뻐하지 못하고 계셨군요.
고객: 그러고 보니 정말 그런 것 같습니다.
코치: 그럼, 그 이미지 대신에 어떤 이미지를 갖고 싶으세요?
고객: 이사님께 인정받고 저도 기분 좋아하는 이미지요.
코치: 그럼 그 이미지를 한 번 상상해볼까요?

〈사례 5〉에서 볼 수 있듯이 고객은 이야기하는 동안 어떤 이미지 때문에 기분이 지배를 받았다는 것을 알아차림하고 있으면서도 그것이 무엇인지 인식하지 못하다가, 코치가 질문으로 도와주자 자신에게 떠오른 이미지에 관해 이야기하고, 그것이 내 기분에 영향을 미치고 있다는 사실을 표현하고 있다.

〈사례 6〉 50대 남성 고객과의 대화: 가치(관)에 대한 알아차림

고객: 제가 가장 후회가 되는 일이 한 가지 있어요.
코치: 그게 뭔가요?
고객: 젊었을 때, 저한테 잘 해 주신 사장님이 계셨어요. 뭐가 예뻤는지 모르지만, 어쨌든 그분은 저에게 양복을 한 벌 사 입으라고 돈도 주시고 새로운 기회도 많이 만들어 주셨던 분이세요.
코치: 와, 그런 분이 계셨군요. 그런데 어떤 점이 후회된다는 것일까요?

고객: 제가 그 회사를 나오게 될 때, 왜 나가야만 하는지 그 정확한 이유나 상황에 대해 말씀을 드리지 못하고 나왔어요.
코치: 그렇군요. 어떤 사정이 있었던 것 같은데, 무슨 일이 있었나요?
고객: 뭐, 길게 이야기하고 싶진 않지만 어쨌든 그게 가장 후회가 돼요.
코치: 그렇군요. 그 후회되는 사건을 통해 우리 고객님이 삶에서 중요하게 여기는 가치가 있다면 그것은 무엇일까요?
고객: 맞아요. 나는 '관계'를 중요하게 여기는 것 같아요. 그래서 그 사건만 생각하면 지금도 그때 왜 그랬을까 후회가 돼요.

〈사례 6〉에서 볼 수 있듯이 고객은 이야기하는 도중에 이미 자기 안에 자기가 중요하게 여기며 사는 삶의 가치관, 즉 가치를 알아차림하고 있다. 그런데 코치가 그것을 질문으로 표현할 기회를 주자 비로소 자신의 가치를 표현하고 있다.

(2) 질문을 통해 알아차림을 불러일으키기

〈사례 1〉 30대 여성 고객과의 대화: 관점에 대한 알아차림

고객: 제가 왕따를 당하고 있는 것 같아요.
코치: 저런~그렇다면 많이 힘드실 텐데요. 무엇을 보니 왕따 당하는 것 같다는 생각이 들던가요?
고객: 자기들끼리만 커피 마시고 자기들끼리만 밥 먹으러 가고 하니까 나를 왕따시키는 거죠.
코치: 그렇네요. 그런 상황이라면 왕따라고 생각이 들겠어요. 제가 우리 고객님의 상황을 더 잘 이해하고 싶어서 그러는데요, 회사에 출근해서 어떻게 지내시는지 제가 그려볼 수 있게 쭉 한번 말씀해주시겠어요?
고객: 제가 아침에 출근하잖아요. 그러면 사람들이 몇 명 모여서 커피 마시면서 드라마가 어떻고 이런 이야기를 하고 있어요.
코치: 그러면 그때 어떻게 하세요?

고객: 저는 드라마 같은 것 관심 없고 보지도 않으니까 그냥 제 책상으로 가서 노트북을 켜고 일할 준비를 하죠.
코치: 그렇군요. 그리고요?
고객: 지난주에는 인턴사원이 한 명 우리 팀에 배치가 되고 나니까, 무슨 서울대 출신이네, 뭐네 하면서 추켜 세워주고 난리더라고요. 요즘 그 정도 스펙은 보통 아닌가요?
코치: 네, 그렇게 생각하셨군요. 그러면 제가 이렇게 한 번 질문 드려 볼게요. 그분들 입장에서 보면 우리 고객님이 출근하시더니 자기들 쪽으로는 눈길 한 번 주지 않고 자기 책상으로 가서 노트북 켜고 자기 할 일만 하는 고객님에게서 어떤 메시지를 받았을까요?
고객: (잠시 침묵 후) 제가 왕따시켰나요?
코치: 그렇게 생각이 드세요?
고객: 네, 그 질문을 받고 보니까 그들이 나를 왕따시키기 전에 내가 그들을 왕따시킨 점도 있다고 생각되네요.
코치: 와, 그런 새로운 관점을 갖게 되셨군요.

〈사례 1〉에서 보듯이 고객은 코치의 질문을 통해 이전에 갖지 못했던 새로운 관점을 갖게 되었다. 그야말로 알아차림을 불러일으킨 것이다.

〈사례 2〉 30대 남성 고객과의 대화: 고객의 잠재력과 성장 가능성, 미래 비전 등에 대한 알아차림

코치: 이번 프로젝트를 잘 해내셨다니 다시 한번 축하드립니다.
고객: 감사합니다.
코치: 이번 일을 통해 고객님의 어떤 점이 성공적인 프로젝트를 가능하게 했다고 생각하세요?
고객: 제가 프로젝트 매니저를 하면서 그래도 다른 부서들과 이익이 상충할만한 것이 나오거나 그러면 그쪽 부장님을 찾아뵙고 전후 사정을 이야기해서 이해를 시키고 했던 이런 노력이 조금 생각나네요?
코치: 고객님의 그런 강점을 한마디로 표현하면 뭐라고 할 수 있을까요?

고객: 그러게요. 음…. '관계역량'이라고 할 수 있을 것 같아요.
코치: 제가 봐도 우리 고객님은 '관계역량'이 뛰어나신 것 같네요. 더불어 '부서 간 조정능력'도 탁월하신 것 같습니다.
고객: 그렇게 말씀해주시니 감사합니다.
코치: 이번 프로젝트의 성공적인 수행과 관련하여 고객님의 잠재력이나 가능성에 대해 알아차린 것이 있다면 나눠주시겠어요?
고객: 제 잠재력이나 가능성이라면, 음…. 글쎄요, 저는 나중에 본부장이 되고 싶기는 한데, 그때 어쩌면 여러 부서 간 업무조정이나 관계를 잘할 수 있지 않을까 생각이 되긴 합니다.
코치: 네, 제가 봐도 우리 고객님은 이미 그럴 가능성을 충분히 갖고 계신 것 같습니다.

〈사례 2〉에서 볼 수 있듯이 코치의 질문에 의해 고객은 자신이 갖고 있는 잠재력과 성장 가능성, 미래 비전 등에 대해 새로운 알아차림을 하고 있다.

〈사례 3〉 60대 남성 고객과의 대화: 자신의 관점을 재구성할 수 있도록 지원하기

고객: 5년 전에 친구에게 돈을 빌려줬는데 갚는다고 하더니 결국 떼였어요. 이 일만 생각하면 속이 상해요.
코치: 저런, 그런 일이 있었군요. 그 일을 생각하면 어떤 생각이 떠오르세요?
고객: 어떻게 친구가 그럴 수가 있지? 자기 어렵다고 할 때 사정을 봐줬는데, 이렇게 배신할 수가 있어? 하면서 아주 분하고 속상해요.
코치: 그런 생각과 더불어 분하고 속상한 감정도 경험하고 계시군요.
고객: 네.
코치: 그런 감정이 생기면 이후에 어떻게 하세요?
고객: 친구에게 욕을 하기도 하고, 나도 모르게 몸에 힘이 들어가요.
코치: 그리고요?
고객: 어떨 때는 다른 친구들한테 하소연하기도 하죠. 못된 놈이라고.
코치: 그럴 만하시겠어요. 얼마나 분하고 속상하면 그렇게까지 하시겠어요.
고객: 이해해 주셔서 고맙습니다.
코치: 당연히 속상하지요. 그럼, 그 감정을 조금 해결한 다음에 코칭 대화를 계속 이

어가도 괜찮을까요?

고객: 네, 좋아요.

코치: 그럼 잠시 눈을 감아보시겠어요? 심호흡을 깊이 들이쉬고 내셔보세요. 그 일을 생각하면 주로 신체의 어느 위치에서 분하고 속상함이 느껴지는지 알아차려 보세요.

고객: 글쎄요. 명치가 아리는게 이 부분인 것 같아요.

코치: 그렇군요. 그 부분을 생각하면서 우리 고객님의 따뜻한 에너지를 보낸다고 상상해 보세요.

고객: 네. 명치 부분이 따뜻해지고 있는 것 같아요.

코치: 그러시군요. 잘하고 계시네요. 자, 이제는 저 높은 위치에서 그때 그 친구가 돈을 빌려 간 그 상황을 내려다 보세요. 그리고 몇 년이 지나도 돈을 갚지 않는 그 친구를 주변 상황과 함께 떠올려 보세요. 그리고 거기서 어떤 교훈을 얻으면 이 속상함과 분함을 내려놓을 수 있겠는지 고객님의 존재에게 물어보세요. 교훈을 얻으시면 저에게 신호를 주세요.

고객: …….

코치: 어떠세요?

고객: 네, '친구 사이에는 돈거래는 하지 않는 것이 좋겠다.'

코치: 네, 그런 교훈을 얻으셨군요. 한 번 더 고객님의 존재에게 물어보세요. 혹시 나를 좀 더 고양시키고, 의식적으로 성숙하게 할 수 있는 더 좋은 교훈이 있는지 물어보세요.

고객: ……. '무슨 사정이 있었겠지.'

코치: '무슨 사정이 있었겠지.' 그런 교훈을 얻으셨군요.

고객: 네.

코치: 그럼 이제 그 친구를 떠올리면서 방금 얻은 교훈을 함께 떠올려 보시겠어요?

고객: 네.

코치: 어떤 경험을 하고 있나요? 그 분함과 속상함이 어떻게 느껴지나요?

고객: ……. 이제는 느껴지지 않아요.

코치: 와~느껴지지 않는군요. 축하합니다. 그럼 심호흡을 깊게 한 번 들이쉬고 내쉰 다음 편안하게 눈을 떠보세요.

고객: (심호흡 후 눈을 뜬다.)

코치: 축하합니다. 어떻게 된 건가요?

고객: 글쎄요. 신기하네요. 정말 편안해졌어요. 그리고 정말 '무슨 사정이 있었겠지'라고 생각하니까 정말 그렇게 생각이 들어요.

코치: 지금 감정은 어떠세요?
고객: 편안해요.
코치: 몸은 어떠신 것 같아요? 명치요.
고객: 정말 편안해요. 전에는 그 생각만 하면 여기가 쓰라렸는데, 지금은 괜찮아요.
코치: 와~ 잘 되셨네요. 이제는 그 일로 다른 친구들과 통화를 하게 된다면 뭐라고 말할 것 같으세요?
고객: 다를 것 같아요. 전에는 못된 놈이라고 했는데, 뭔 사정이 있겠지. 하면서 측은지심까지 들 것 같아요.
코치: 와~ 측은지심까지. 그러면 이제부터는 그 친구가 생각날 때마다 그 교훈을 함께 떠올릴 수 있으시겠어요?
고객: 네. 그럴 수 있을 것 같아요. 정말 편안해요.

〈사례 3〉에서 보듯이 고객은 코치가 해준 질문들에 의해 자신이 전에 경험했던 사건과 그 사건으로부터 오는 감정, 그 감정 때문에 했던 행동과 결정들이 새로운 생각과 감정, 새로운 행동으로 재구조화(reframing)되고 있다.

2. 질문하기

1) 질문하기의 개념

질문하기의 사전적 정의는 알고자 하는 것을 얻으려고 묻는 것이다(국립국어원 표준국어대사전). 하지만 코칭에서 질문하기는 일반대화에서 질문하기와 다르다. 일반대화는 질문하는 사람이 궁금해하고 얻고 싶은 답을 얻으려고 질문한다. 하지만 코칭에서 질문하기는 고객이 그 대답을 했을 때 고객에게 유익이 생기는 질문이다. 훌륭한 질문이 훌륭한 인생을 만든다(Robbins, 2008).

물론 코칭 대화도 기본적으로는 두 사람 간의 의사소통이기 때문에 대화의 진행을 위해서는 코치가 알아야 하는 정보를 얻기 위해 질문을 하기도 한다. 하지만 대체적으로는 코치가 궁금해하는 질문보다는 고객에게 유익이 되고, 고객이 목표하는 것을 위해 앞으로 나아가게 하며, 고객이 자신의 것을 발견하도록 돕기 위해 질문한다. 이런 점에서 차이가 있다.

코칭은 질문을 많이 사용한다. 그렇기에 고객들은 코칭 대화를 처음 경험하면 의아해하고 신비로워한다. 일상에서는 질문보다는 충고나 조언, 지시, 해답을 주기 때문이다. 그런데 코칭은 자신이 계속해서 뭔가 말을 하도록 코치가 질문해준다. 그래서 처음에는 생소하고 대답하기 어렵다고 느낄 수도 있다. 하지만 이내 이 경험이 좋다고 느낀다. 왜냐하면, 사람들은 원래 자기표현을 하기 위해 태어났다. 살아간다는 것이 어쩌면 자기를 표현하는 여정이지 않겠는가. 그런데 질문이 이것을 가능하게 해준다. 그래서 질문은 코칭의 꽃이다.

코칭에서 질문은 특별히 강력한 질문이라고 한다. 왜냐하면, 질문을 받은 후에 고객에게 새로운 변화가 일어나기 때문이다(도미향 외, 2021). 전 세계에서 가장 큰 코칭회사 중 하나인 CCU(Corporate Coach University)의 대표적 프로그램 CEP(Core Essential Program)에서는 강력한 질문하기는 효과적인 코칭의 핵심이라고 말한다. 더불어 모든 질문의 의도는 기본적으로 고객의 자기발견이라고 주장한다. 또한, 질문 스타일이나 형태와 관계없이, 공통된 기본 목적은 발견이라고 한다. 여기서 발견이란 알아차림이라고 봐도 좋다. 그렇기에 질문하기는 알아차림 역량과 연결되어 있다. 알아차림, 즉 발견을 위한 도구가 질문이다. 그래서 ICF는 2019년 11가지 역량을 8가지 역량으로 업데이트하면서 질문역량을 알아차림 역량에 흡수 통합시켰다(도미향, 2021).

2) 질문하기의 특징과 원리

(1) 질문하기의 특징

질문하기에는 몇 가지 특징이 있다. 그것은 상대중심적이어야 하며, 타이밍이 맞고 적절해야 한다. 더불어 탐색과 연결성이라는 특징이 그것이다. 이제부터 그 특징을 하나씩 살펴보고자 한다.

① 상대중심적 질문

코칭을 처음 접하면 질문이 참 어렵다고 한다. 우리말인데 외국어처럼 어렵다. 일상에서는 그저 내가 알고 싶은 것이 있을 때만 질문한다.

- 밥 먹었니?
- 몇 시까지 가야 하는데?
- 어디 회사 다니세요?
- 직원이 몇 명이나 돼요?
- 출퇴근 시간이 어떻게 되나요?

자기중심적이다. 그래서 질문이 어렵다는 생각을 안 한다. 하지만 코칭에서의 질문은 그 초점이 고객에게 있다. 상대중심적이다. 코치를 위해서가 아니라 고객을 위해 질문한다. 질문을 받은 고객이 자신이 숙고해오던 이슈에 대해 새로운 통찰이나 해결책을 발견할 수 있어야 한다. 자신이 추구하는 목표로 나아갈 수 있어야 한다. 한 번도 생각해 보지 않았던 새로운 인식과 통찰이 일어나야 한다. 다른 사람의 관점에서 생각할 수 있어야 한다. 그러다 보니 코치가 하는 질문은 지극히 고객중심이다. 고객과 코칭 관계 모두에 유익해야 한다(김상복, 2017). 그래서 코칭 질문은 상대중심적이다.

- 이 문제가 갖는 좋은 점은 뭐라고 생각합니까?
- 이 상황이 주는 기회는 무엇일까요?
- 지금 상황에서도 교훈을 얻을 것이 있다면 그것은 무엇일까요?
- 고객님의 목표가 성취된다면 고객님의 삶이 어떻게 달라질까요?
- 말씀하신 그런 특성을 다른 긍정적인 말로 표현해 본다면 뭐라고 할 수 있을까요?
- 그 분은 우리 고객님을 어떤 분이라고 평가해 줄까요?

② 시의적절한 질문

코칭 질문의 종류는 많다. 『질문의 7가지 힘』에서 도로시 리즈는 질문이 인간의 언어만큼 복잡하고 인간의 생각만큼 포괄적이라고 한다. 질문을 어떻게 구조화하고 분류하느냐의 차이일 뿐 질문은 다양하다. 다만, 어떤 상황에서 어떤 종류의 질문을 할 것인지, 그 타이밍과 적절함을 고려해야 한다. 예를 들어, 코칭 대화는 라포형성부터 시작하고, 라포형성은 고객을 대면하는 순간부터 시작된다. 다음과 같은 질문을 할 수 있다.

- 어서 오세요. 혹시 오면서 차가 밀리지는 않았어요?
- 지하철 타고 오셨나요?
- 얼마나 걸리던가요?
- 지금 바깥 날씨는 어떤가요?
- 식사는 하셨어요?

대부분 편안하고 대답하기 쉬운 질문이다. 이런 질문은 고객이 이미 답을 가지고 있다. 그래서 정보질문이라고 한다. 그러면서도 닫힌질문이다. 토니 스톨츠푸스(Tony Stoltzfus, 2010)는 이런 질문을 폐쇄형 질문이라고 했다. '예'

나 '아니오', 또는 단답형으로밖에 대답할 수 없는 질문이다. 일반대화에서처럼 말이다.

대화가 시작되면 대체로 라포형성 초반에는 특정질문을 한다.

- 지난 한 주 보내시면서 행복했거나 감사했던 일이 있다면 한 가지 나눠주시겠어요?
- 지난 한 주 동안 성취한 일이 있다면 나눠주시겠어요?
- 가장 기억에 남는 즐거웠던 일은 어떤 거였어요?

위와 같은 특정 질문은 이미 고치가 행복했던 일, 감사했던 일, 성취한 일, 즐거웠던 일에 특정하고 한정한다. 그래서 고객은 코치가 특정한 주제 외에는 다른 대답을 할 수 없다. 그래서 라포 형성 질문으로 초보 단계일 때 이런 질문을 한다. 고객이 이런 질문을 받으면 이런 일에 초점을 맞춰서 생각하고 대답을 하게 된다. 그러다 보면 대화 분위기가 자연스럽게 긍정적이고 에너지 넘치는 분위기가 된다. 하지만 점차 실력이 향상되면 라포 형성 질문으로 편안하고 자연스럽고 개방적이고 열린 질문을 한다. 고객이 어떤 이야기를 해도 거기에 대해 공감하고 고객과 머물러 줄 수 있으며 분위기를 전환할 수 있기 때문이다.

그렇다면 코칭 대화에서는 이런 닫힌 질문이나 정보질문, 특정 질문을 해서는 안 될까? 그렇지 않다. 이런 질문들은 라포 형성 단계에서 고객이 말문을 열고 대화의 시동을 걸기 위해 마중물을 부어주는 것이다. 첫 만남부터 개방형의 열린 질문을 하면 고객은 무슨 말을 해야 할지 오히려 어려워한다. 그러면서 필요하다면, 대화 중이나 대화를 마무리할 때 다시 닫힌 질문이나 특정 질문을 할 수 있다. 고객이 선택의 순간에 있다든지, 다짐을 끌어낼 때라든지, 실행 계획을 구체화할 때 등의 경우에 다음 질문을 할 수 있다.

- 두 가지 사항 중에 어떤 것을 선택하실 건가요?
- 말씀하신 것을 반드시 해보시겠습니까?
- 나온 대안 중에서 어떤 대안부터 실천해 보고 싶습니까?
- 언제부터 시작할 수 있나요?

대화가 진행되면 필요에 따라 정보질문이나 닫힌 질문, 특정 질문을 하고 대체로는 열린 질문과 호기심 질문을 많이 한다. 열린 질문이란 어떤 대답이든 가능하도록 그 가능성을 열어둔 질문이다. 열린 질문은 고객의 사고력과 상상력을 자극하여 독특하고 다양한 답을 내놓도록 돕는다(우수명, 2019). 호기심 질문은 뭘까? 호기심 질문을 오해하면 안 된다. 내가 궁금해서 하는 질문은 호기심 질문이 아니다. 고객도 한 번 생각해 봐야 대답할 수 있는 질문이 호기심 질문이며, 그 결과로 고객에게 유익이 생기는 질문이 호기심 질문이다.

- 가족과 나들이를 했는데 행복하셨다고 했어요. 무엇이 그렇게 행복하게 했던 걸까요?
- 그렇게 다정다감하게 챙겨주셨다니, 아이들은 고객님께 어떤 아빠라고 해줄 것 같으세요?

이런 질문은 정해진 답이 없다. 고객도 한 번 생각해 봐야 대답할 수 있다. 그리고 대답을 하고 나면 고객에게 유익이 생긴다. 이런 질문을 개방형 질문, 열린 질문, 호기심 질문이라고 한다. 그래서 코칭 대화에서는 어떤 질문이든 그 시기와 적절함이 요구된다.

③ 탐색적 질문

코칭에서 질문하기는 탐색으로 시작한다. 탐색(explore)은 더 깊이 있는 수준으로 들어가는 것이다. 그리고 거기서 어떤 의미 있는 것을 찾아내는 것이다. 국립국어원 표준국어대사전에 보면 '탐색(探索)'을 '드러나지 않은 사물이나 현상 따위를 찾아내거나 밝히기 위하여 살피어 찾는 것'이라고 정의한다. 고객은 삶 속에서 오랫동안 숙고했지만 해결하지 못한 문제나 추구하는 목표를 대화 주제로 내놓는다. 그러면 코치는 질문을 통해 고객이 주어진 시간 동안 나누고 싶은 주제가 무엇인지를 구체화한다. 이때 고객이 사용한 단어나 표현에 대해 질문해주고 탐색한다(ICF, 2020). 고객의 언어를 내 언어로 바꾸면 안 된다. 고객이 사용하는 의미와 내가 알고 있는 의미가 다를 수 있기 때문이다. 논문에서 저자가 사용하는 단어에 대해 먼저 조작적 정의를 하는 것과 같다. 고객의 조작적 정의를 알아야 한다. 그래야 대화하는 내내 상호 커뮤니케이션에서 오해가 생기지 않는다. 그리고 코칭 대화가 표면에서만 흐르지 않고 깊은 수준까지 내려가려면 고객이 사용한 특정 단어, 즉 키워드나 비언어적인 것을 관찰하여 이것을 토대로 질문하고 탐색한다. 그렇기에 코칭 질문은 탐색이라는 특징을 갖는다.

- '자기다움'을 찾고 싶다고 하셨는데, 이때의 '자기다움'이란 어떤 것일까요?
- '시간 활용'이라고 말씀하셨는데, 조금 더 구체적으로 말씀해주시겠어요?
- '주도적'이라고 하셨는데, 본인이 주도적일 때는 어떤 상황에서인가요?
- 그 말씀 하시면서 살짝 웃으셨던 것 같은데, 그 웃음의 의미는 무엇일까요?

④ 맥락적 질문

코칭은 질문의 나열이 아니다. 코치가 하는 질문 하나하나는 앞뒤 맥락과 연결성이 있어야 한다. 이는 고객의 말을 맥락적으로 경청함으로써 가능하다.

그러니 질문역량과 경청역량이 별개가 아니다. 서로 연결되어 있다(박창규 외, 2021). 질문역량과 알아차림 역량이 연결되어 있듯이 말이다. 한편, 코칭 언어는 외국어와 같다. 그래서 초기에는 질문을 많이 외워야 한다. 외국어를 문장으로 많이 외워두면 그 상황이 되면 나도 모르게 튀어나온다. 그래서 원하는 것을 얻게 된다. 하지만 이것은 나중심이다. 내가 필요한 것을 얻으려고 질문한 것이다. 그러다 보면 코칭에서도 외운 질문을 프로세스상에서 하게 된다. 초기에는 그럴 수 있다. 하지만 맥락 없이 질문하다 보면 고객의 의식의 흐름이 코치의 질문에 의해 정해져 버린다. 고객이 이야기하고 싶은 것을 따라가면서 고객 스스로 문제해결을 찾아가도록 해야 한다. 코치가 질문으로 고객을 주도하면 안 된다. 그렇기에 코칭 질문은 앞뒤 맥락의 연결성 속에서 해야 한다.

- '주도적인 삶을 살아갈 방법'을 찾고 싶다고 하셨는데, 이를 위해 우리가 대화 중에 꼭 이야기 나눠야 하는 것이 있다면 무엇일까요?
- 방금 말씀하신 내용은 아까 우리 고객님이 나누고 싶어 하셨던 '주도적인 삶'과는 어떤 연관이 있는 것일까요?

(2) 질문하기의 원리

질문을 잘 하려면 몇 가지 원리를 따라 하면 된다. 즉, 경청 후에 질문하고, 간결하고 명확하게 질문하며, 한 번에 하나씩 질문한다. 더불어 비판단적 · 비해답적으로 질문하고, 스페이스를 갖고 질문하며, 비언어를 활용하여 질문한다. 마지막으로 방향성을 활용하여 질문하고, 다양한 질문을 시의적절하게 활용하여 질문한다. 이제부터 하나씩 살펴보고자 한다.

① 경청 후에 질문하기

『성경(현대인의 성경)』 잠언 18장 13절에 사연을 들어보지도 않고 대답하면 어리석은 사람으로 무시당한다는 내용이 있다. 코칭에서도 질문은 반드시 고객의 말을 들어본 후에 한다. 이때도 들은 말을 토대로 질문을 한다. ICF 전문코치평가지표인 PCC 마커에 보면 코치의 질문과 관찰은 고객이 누구인지 또는 고객의 상황에 대해 코치가 배운 내용을 사용하여 맞춤화된다고 제시한다. 그러니 경청을 잘하는 것이 질문을 잘하는 방법이다.

- 우리 고객님이, 자신은 내향적이고 말을 잘하지 못한다고 하셨어요. 말을 잘 하는 것과 주도적인 삶을 사는 것과는 어떻게 연결이 되나요?
- 고객님은 다른 사람이 하는 말이나 주변의 사소한 사건을 통해서도 하나님의 음성을 듣는다고 하셨는데, 방금 그 상황에서도 하나님이 하시는 말씀을 들어본다면 어떤 말씀을 해주실 것 같으세요?
- 우리 고객님은 시각적인 정보를 통해 많은 것을 배운다고 하셨는데, 이 상황은 어떻게 보이시나요?

② 간결하고 명확하게 질문하기

질문은 간결하고 명확하게 한다. 때로 가장 훌륭한 질문은 가장 간결한 것이다(Stoltzfus, 2010). 군더더기나 중복되는 언어, 중언부언하는 언어, 의미가 많이 나열되는 질문은 고객에게 강력하게 다가가기 어렵다. 무슨 의미인지 모르게 여러 포인트를 섞어서 질문하면 고객은 어려워한다. 전문용어를 사용하기보다는 고객의 수준에 맞는 언어를 사용한다. 그리고 질문하는 의도를 분명히 한다. 그러면 명확하게 고객에게 질문이 전달된다. 질문은 짧고 간결하게 할수록 임팩트가 있다. 자신의 질문을 부연하여 설명하지 않는다. 비슷한 다른 말로 다시 질문하지 않는다. 그저 간결한 한 문장이면 된다. 공감의 말이나 인정의 말과 연결하여 질문하지 않는다. 공감이나 인정의 말은 정확하게 전달한다. 그 이후에 하고 싶은 질문을 한다. ICF 전문코치평가지표 PCC마커에도 코치는 일반적으로 명확하고 간결한 언어를 사용한다고 되어 있다.

- 어떤 사람에게 가장 매력을 느끼세요?
- 리더로 산다는 것은 고객님께 어떤 의미인가요?
- 향후 계획에 대해 들려주시겠어요?
- 고객님이 중요하게 여기는 삶의 가치는 무엇인가요?

③ 한 번에 하나씩 질문하기

질문은 한 번에 하나씩만 한다. 기자회견장에서 기자들이 발표자에게 질문할 때 보면 동시에 여러 가지 질문을 한다. 그럴 때 발표자는 앞에 질문은 답하지만, 뒤에 했던 질문은 다시 묻게 된다. 코칭에서도 고객에게 질문할 때 한 번에 하나의 질문만 한다. ICF 전문코치평가지표 PCC마커에도 코치는 고객에게 생각, 느낌 또는 성찰을 허용하는 속도로 한 번에 하나씩 명확하고 직접적이며 주로 개방형 질문을 한다고 되어 있다.

- 고객님은 그때 어떤 생각이 들었나요? 그리고 느낌은요? (한 번에 두 가지 질문)
- 고객님은 그때 어떤 생각을 했나요? (한 번에 한 가지 질문)
- 그때 느낌은 어떠셨어요? (한 번에 한 가지 질문)

④ 비판단적으로 질문하기

질문으로 고객을 판단하거나 깎아내려서는 안 된다. 이런 질문을 부정 질문, 책임추궁 질문이라고 한다. 질문에 부정어를 넣어서 고객을 판단하거나 비판하거나 조종하려는 목적으로 사용한다. 더불어 코치 자신의 해결책을 실어서 질문해서도 안 된다. 이런 질문이 유도 질문이다. 판단이 없는 중립적인 언어를 사용해서 질문한다.

- 어려움이 없을까요?
  vs 혹시 예상되는 어려움이 있다면 뭘까요?
- 방법이 그렇게 생각나지 않으세요?
  vs 해결할 수 있는 방법에는 어떤 것이 있을까요?
- 상사하고 상의해볼 생각은 안 해보셨어요?
  vs 함께 상의해볼 사람이 있다면 어떤 분이 떠오르세요?
- 이번 주에 진행하면 되겠네요. 그렇죠?
  vs 언제부터 시작해볼 생각이세요?

⑤ 스페이스를 갖고 질문하기

대답과 질문 사이에는 스페이스를 갖는 것이 좋다. 고객의 대답을 듣자마자 질문하는 것은 여유가 없어 보인다. 그리고 고객을 재촉하게 된다. 스페이스를 갖고 질문을 하면 고객이 자신이 한 말을 성찰하게 하거나 스며들게 하는 효과가 있다. 코치 자신도 다음에 할 질문을 생각할 여유를 갖게 된다.

⑥ 비언어를 활용하여 질문하기

같은 내용의 질문이라도 비언어를 어떻게 하느냐에 따라 다르게 전달된다. 질문의 내용을 담아내는 목소리 톤이나 속도, 높낮이, 질문할 때 코치의 눈빛, 표정, 제스처 등을 활용하면 고객의 훨씬 더 깊은 곳에 있는 뭔가를 끌어낼 수 있다.

- 체중감량을 통해 진짜 얻고 싶은 것은 무엇인가요? (그냥 해본다.)
- 체중감량을 통해 진짜 얻고 싶은 것은 무엇인가요? (비언어를 활용해서 질

문해 본다.)

⑦ 방향성을 활용하여 질문하기

코칭 질문은 방향성을 갖는다. 전 · 후 · 좌 · 우 · 상 · 하 · 안에서 밖으로 · 밖에서 안으로 등의 방향이다. 전은 앞으로 나아가게 하는 미래 질문이고 후는 과거 질문으로 과거의 원인을 파악하거나 이유를 알아내려는 의도가 아니라 과거 경험에서 교훈이나 의미, 강점이나 자원을 발견하게 하는 질문이다. 좌는 현미경처럼 세밀하게 보게 하는 마이크로(micro) 질문이라면, 우는 망원경으로 멀리 보게 하는 매크로(macro) 질문이다. 상은 의미와 목적을 생각하게 하는 청크 업(chunk up) 질문이라면, 하는 구체화하는 청크 다운(chunk down) 질문이다. 안에서 밖으로는 영향력이나 파급효과를 다루는 확장 질문이고 밖에서 안으로는 집약하고 단순화하는 수렴 질문이다.

⑧ 다양한 질문을 시의 적절하게 활용하기

질문의 종류는 많다고 했다. 열린 질문, 닫힌 질문, 특정 질문, 개방 질문, 탐색 질문, 호기심 질문, 긍정 질문, 부정 질문, 가능성 발견 질문, 책임추궁 질문, 유도 질문, 중립 질문, 핵심 질문, 관점 전환 질문, 행동 질문, 정체성 질문(Being 질문), 척도 질문, 독립 질문, 후속 질문, 연결 질문, 꾸러미 질문(패키지 질문), 시간선 질문, 미래 질문, 과거 질문, 마이크로 질문, 매크로 질문, 청크 업 질문, 청크 다운 질문, 확장 질문, 수렴 질문, 기적 질문, 가정형 질문, As if 질문 등이 그것이다. 질문을 받는 입장에서 가장 의미 있는 질문 유형이 무엇인지에 대해 코칭수업을 듣는 대학생들을 대상으로 연구한 이송이와 김경미(2019)는 비전설정 질문형, 정체감 형성 질문형, 실행 계획수립 질문형, 삶의 가치추구 질문형 순으로 의미를 매긴다고 밝혔다.

• 비전 설정 질문
- 당신이 정말로 원하는 것은 무엇인가요?
- 인생을 살아가는 원동력은 무엇인가요?
- 10년 뒤 나는 어떤 모습일까요?

• 정체감 형성 질문
- 인생에 있어서 가장 중요한 세 가지는 무엇인가요?
- 자신에게 영향력을 미치는 사람은 누구인가요?
- 가장 행복했던 순간은 언제인가요?

• 실행 계획 수립 질문
- 구체적으로 어떤 계획을 세울 건가요?
- 현재와 목표의 갭은 무엇인가요?
- 목표 달성을 위해 당장 할 수 있는 일은 무엇인가요?

• 삶의 가치 추구 질문
- 하고 싶은 일과 해야 하는 일 중 선택해야 할 때 결정 기준은 무엇인가요?
- 안정적인 직업과 꿈 중 무엇이 우선순위에 있나요?
- 본인이 생각하는 이상적인 삶의 기준은 무엇인가요?

가장 중요한 것은 이런 질문을 때에 맞게 사용하는 것이다. 물론 코칭에서 해서는 안 되는 질문도 있다. 부정 질문, 책임추궁 질문, 유도 질문이나 판단·해석형 질문, 원인파악이나 진단을 위한 과거 질문 등이 그렇다.

3) 질문하기의 적용

다음에 제시한 코칭 대화 사례를 보고 코치가 하는 질문이 위에서 소개한 다양한 종류의 질문 중 어떤 질문에 해당하는지 적용해 보기 바란다.

〈사례 1〉 건강관리를 목표로 하는 50대 남성 고객과의 대화

코치: 지난 한 주 감사했거나 행복했던 일이 있다면 한 가지 나눠주시겠어요? (특정 질문)

고객: 네, 지난주에 가족들과 벚꽃 나들이를 다녀왔는데, 그게 행복했던 것 같네요.

코치: 와, 벚꽃 나들이를 다녀오셨군요. 축하합니다. 어디로 다녀오셨어요? (닫힌 질문)

고객: 네, 모처럼 여의도 벚꽃축제에 다녀왔습니다.

코치: 그랬군요. 정말 행복하셨을 것 같습니다. 행복했다고 하셨는데, 무엇이 우리 고객님을 그렇게 행복하게 했을까요? (호기심 질문, 열린 질문)

고객: 글쎄요…. 아마, 다 큰 애들이 그래도 우리랑 함께하겠다고 나서주고, 그래서 모처럼 가족들이 모두 함께했던 점이 행복하지 않았나 싶네요.

코치: 아, 가족들이 모두 함께해서였군요. 이해가 갑니다.

고객: 네, 애들이 중학생이 딱 되니까 우리랑 어디를 안 가려고 하더라고요. 그러더니 이제 직장 다니고 결혼을 앞두게 되니까, 자기들도 이제 부모랑 함께할 시간이 많지 않다고 느끼는 건지, 요즘은 함께 해 주려고 하는 것을 느낄 수 있겠더라고요.

코치: 정말 우리 고객님 자녀분들은 속이 깊네요.

고객: 그런가요. 감사합니다.

코치: 그리고 그것을 고마워하시고 행복하다고 말씀하시는 우리 고객님은 가족을 많이 사랑하시는 참, 따뜻한 분이시고요.

고객: 아이고, 그렇게 봐주셔서 감사합니다. 맞아요. 저는 가족들을 사랑하지요.

코치: 그래요, 그 말씀 하실 때 목소리 톤이나 표정이 정말 그래 보이십니다.

고객: 네, 감사합니다.

코치: 그러면 그런 행복한 마음을 가지고 우리 코칭 대화를 본격적으로 나눠 볼까요? (닫힌 질문)

고객: 네, 좋습니다.

코치: 우리가 고객님의 진로 탐색과 관련하여 계속 이야기를 해오고 있는데, 오늘이 3회기입니다. 오늘은 진로 탐색과 관련하여 어떤 이야기를 해보고 싶으세요? (열린 질문)

고객: 건강관리에 관해 이야기하고 싶어요.

코치: 건강관리요. 건강관리에 관해 이야기하고 싶은 계기가 있다면, 좀 나눠주시겠어요? (마이크로 질문)

고객: 지난주에 건강관리 결과가 나왔는데, 대사증후군이라고 관리를 좀 해야 한다고 그러더라고요.

코치: 아, 그래서 건강관리에 관해 이야기를 나누고 싶어 하셨군요. 이해가 됩니다.

고객: 네, 맞아요.

코치: 그럼 오늘은 건강관리에 관해 이야기를 나누면 될까요? (닫힌 질문)

고객: 네, 좋아요.

코치: 건강관리를 한다는 것은 고객님께 어떤 면에서 소중한 것일까요? (청크 업 질문)

고객: 그래야 내가 앞으로 하고 싶은 일들도 계속해서 할 수 있고 남들에게 피해도 주지 않겠지요.

코치: 그런 면에서 소중하겠네요. 그러면 건강관리를 주제로 대화를 마치고 나면 어떤 결과를 원하세요? (수렴 질문)

고객: 글쎄요, 건강관리를 잘할 수 있는 방법을 찾으면 되지 않을까요?

코치: 그래요, 그럼 우리 대화의 목표는 건강관리를 잘할 수 있는 방법 찾기가 되겠군요? 제가 잘 이해했나요? (닫힌 질문)

고객: 네, 그렇습니다.

코치: 건강관리를 잘하는 방법을 찾기 위해 우리가 대화 중에 꼭 다뤄야 하는 것이 있다면 무엇일까요? (특정 질문, 마이크로 질문, 독립 질문)

고객: 그러게요, 아마 저의 습관에 대해 다뤄야 할 것 같아요.

코치: 습관, 습관 중에서도 어떤 습관을 말씀하시는 걸까요? (마이크로 질문, 후속 질문)

고객: 아, 운동습관입니다.

코치: 그렇군요. 그러면 한 가지만 더 질문하고 싶습니다. 건강관리와 관련하여 우리 고객님이 중요하고 의미 있게 생각하는 것은 무엇인가요? (특정 질문, 마이크로 질문, 독립 질문)

고객: 중요하게 생각하는 것…. 음, 삶의 활력과 행복 같습니다.

코치: 네, 삶의 활력과 행복을 중요하게 생각하시는군요.

고객: 네, 좋은 질문을 해 주셨네요

코치: 어떻게 해서 그런 생각을 하셨나요? (청크 다운 질문)

고객: 어쩌면 건강관리를 제가 그동안 한다고 하면서도 잘 못해왔는데, 이제는 제대로 할 수 있을 것 같다는 생각이 드네요. 질문받으면서요.

코치: 그런 생각이 드셨다니 고객님께 잘된 일이네요. 저도 우리 고객님이 원하시는 건강관리에 대한 방법을 찾을 수 있도록 최선을 다해 대화에 임해보겠습니다.

고객: 네, 그렇게 말씀해주시니 감사하네요.

코치: 그럼, 우선 꼭 다뤄야 할 것이 운동습관이라고 하셨는데, 그 이야기를 좀 더 들려주시겠어요? (키워드를 활용한 탐색 질문)

고객: 제가 아침에 1시간 정도씩 집 앞 공원을 걷는데요, 1주일 정도 잘하다가 비가 오거나 하면 그날부터 2주 정도를 운동을 안 하게 돼요. 그리고 또 어떤 자극이 오면 1주일 정도 하다가 또 지방 출장을 간다든지 하면 또 2주 정도를 쉬게 돼요. 이런 게 반복되고 있어서 문제입니다.

코치: 그래도 자신의 운동과 관련된 습관이나 패턴을 잘 알아차림하고 계시네요.

고객: 하하 그런가요?

코치: 그럼요, 자신의 패턴을 알고 있다는 것이 고객님께는 어떤 도움이 될 것 같으세요? (확장 질문)

고객: 글쎄요, 알고 있으니까 수정할 수도 있지 않을까 생각되네요.

코치: 그런 생각이 드셨군요, 저도 그렇게 생각됩니다. 고객님은 분명히 수정할 수 있을 것입니다.

고객: 감사합니다.

코치: 그런데 궁금하네요, 고객님이 말씀하시는 운동습관과 우리가 나누려고 하는 건강관리와는 어떤 연관이 있는 것일까요? (연결성 질문)

고객: 아 습관이 수정되지 않으면 건강관리를 잘 못 하게 되는 거죠.

코치: 어떻게 해서 그렇게 생각하세요? (청크 다운 질문)

고객: 건강관리에 있어서 저는 운동이 제일 중요하다고 생각하거든요.

코치: 좀 더 들어보고 싶은데요? (청크 다운 질문)

고객: 제가 50이 넘어가니까요, 몸에 활력도 떨어지고 자꾸 졸음이 오고 피곤하고 그래요. 다른 사람들이 볼 때 생기 없게 보이는 것도 싫고요.

코치: 그러시군요. 그렇게 말씀하시는 것을 듣다 보니까 아까 우리 고객님이 건강관리에서 중요하게 여기는 것이 활력과 행복이라고 했던 말이 생각납니다. 결국, 이렇게 연결이 되는 거였군요. 이해가 됩니다. 말이 나온 김에 행복에 대해서도 들어보고 싶은데요? (키워드를 활용한 탐색 질문)

고객: 저는 정말 행복하게 살고 싶어요.

코치: 고객님이 말씀하시는 행복은 어떤 것을 염두에 두고 하시는 말씀일까요? (탐색 질문, 구체화 질문)

고객: 그야 남에게 피해를 주지 않고 내 할 일 하면서 건강하게 사는 것이 행복이죠.

코치: 남에게 피해를 주지 않고라는 말씀을 좀 전에도 하시고 지금도 하시고, 두 번 정도 반복하고 계시는데, 혹시 이 부분에 대해서도 좀 더 이야기해주시겠어요? (탐색 질문)

고객: 내가 건강하지 못하면 당장 집 식구들에게 민폐잖아요. 내가 건강해야 가족도 챙기고 다른 사람들도 돕고 내가 하고 싶은 일도 하죠.

코치: 그렇게 말씀하시고 나니까, 나는 어떤 사람인 것 같으세요? (청크 업 질문, 정체성 질문)

고객: 나요? 나야, 음… 가족을 사랑하는 사람?

코치: 그렇네요. 우리 고객님은 정말 가족을 사랑하는 분이네요. 결국, 건강관리를 잘하고 싶은 것도 나 혼자 잘살자는 것이 아니라 가족과 더불어 다른 사람도 돕고, 하고 싶은 일도 하고 싶어서라는 거잖아요.

고객: 듣고 보니 그렇네요.

코치: 고객님은 정말 그런 분입니다. (인정의 말을 표현한 후 고객이 반응할 시간을 주어서 고객이 반응하고 나면 하고 싶은 질문을 한다.) 그리고 궁금해서 그러는데요, 건강관리를 잘하고 싶은 것은 '하고 싶은 일을 잘할 수 있어서'라고 하셨는데, '하고 싶은 일'이라는 게 어떤 걸까요? (키워드를 활용한 탐색 질문)

고객: 아, 제가 하고 싶은 거요? 저는 은퇴하면 한국에 와있는 영어가 가능한 외국학생들을 돕고 싶어요. 이역만리 남의 나라에 와서 얼마나 고생이 많겠어요. 그런 친구들 도와주면서 봉사하면서 살고 싶어요.

코치: 와, 멋진 비전을 갖고 계시군요. 축하합니다.

고객: 감사합니다.

코치: 건강관리를 잘해서 외국 학생들을 돕게 된다면, 그것을 토대로 또 어떤 도전을 해볼 수 있을까요? (가정 질문, 미래 질문, 가능성 발견 질문)

고객: 그러게요. 아마도 외국 학생들과 함께 봉사단체도 만들어 볼 수 있지 않을까요? 우리나라에서 영어권으로 유학 가고 싶어 하는 학생들과 매칭을 시켜줘서 영어도 가르쳐주고 멘토, 멘티 관계로 이어갈 수도 있게요.

코치: 와, 그 말씀 하시면서 정말 행복해 보이시네요. 그렇게 말씀하고 나니 지금 기분이 어떠세요? (기분에 대해 알아차림 질문)

고객: 진짜 행복하고 하늘을 나는 기분인데요.

코치: 정말 축하드립니다. 이렇게 미래 비전에 대해 잠시 이야기하고 나니 자신에 대해 어떤 잠재력이나 가능성이 정리되세요? (잠재력과 가능성에 대한 알아차림 질문)

고객: 그러게요. 이런 비전을 위해서라도 이번 건강관리를 위해서 그동안 운동에 대해 제가 갖고 있던 습관을 깨고 규칙적인 운동을 해야겠구나! 결심되네요.

코치: 와, 그런 결심을 하신다니 축하드립니다.

고객: 감사합니다. 코치님 덕분입니다.

코치: 그렇게 말씀해주시니 저도 감사하네요. 혹시 전에 건강관리를 잘 하셨던 경험이 있다면, 좀 나눠주시겠어요? (과거 질문, 독립 질문)

고객: 전에라… 아, 제가 부장 승진 앞두었을 때, 그때는 아침마다 40분씩 수영을 3개월 정도 했었지요.

코치: 와, 3개월 동안이나 수영을 꾸준히 하신 경험이 있으시군요.

고객: 네, 그때는 승진 앞둔 터라 정신력도 필요했고 체력도 필요했어요.

코치: 네, 그랬겠네요. 우리 고객님이 3개월 동안이나 그렇게 꾸준히 할 수 있었던 것은, 우리 고객님이 가진 어떤 강점이나 성품 때문일까요? (마이크로 질문, 특정 질문, 후속 질문)

고객: 네, 저는 한 번 목표가 정해지면 꾸준히 하는 면이 있어요.

코치: 그런 점을 한마디로 표현한다면 어떤 특성이라고 할 수 있을까요? (수렴 질문, 후속 질문)

고객: 목표집중력이라고 할까요?

코치: 네, 우리 고객님은 목표집중력이라는 강점을 갖고 계신 분이네요. 축하합니다.

고객: 그렇게 말씀해주시니 감사합니다.

코치: 여기까지 이야기 나누면서 오늘 우리 주제였던 '건강관리'와 관련하여 새롭게 인식한 것이나 알아 차려진 것이 있다면 나눠주시겠어요? (주제에 관한 알아차림 질문)

고객: 제가 건강관리를 잘하게 되면 그것을 토대로 외국 학생들과 봉사단체도 만들 수 있겠구나 하는 생각을 하게 된 것이 가장 큰 알아차림 같습니다.

코치: 와, 그랬었지요, 다시 한번 축하드립니다.

고객: 네, 감사합니다.

코치: 그럼 우리 고객님 자신에 대해 새롭게 알아차린 것이 있다면 무엇인가요? (자신에 대한 알아차림 질문)

고객: 네, 제가 목표집중력의 탁월함을 갖고 있다는 것을 알게 되어 기쁘고, 감사했습니다.

코치: 네, 우리 고객님이 자신의 탁월함을 발견하신 것도 다시 한번 축하드립니다.

고객: 우리 코치님 덕분입니다. 감사합니다.

코치: 그렇게 말씀해주시니 저도 감사하네요. 그런 알아차림을 토대로 오늘 목표였던 '건강관리를 잘하는 방법'을 생각해 본다면, 어떤 아이디어가 떠오르세요? (행동 질문, 연결성 질문)

고객: 우선 멈췄던 아침 걷기를 다시 시작해야겠어요.

코치: 아침 걷기를 다시 시작한다. 그런 아이디어를 떠올리셨군요, 축하합니다. 만약에 이미 건강관리를 잘 하고 있는 3년 후의 우리 고객님이 건강관리를 잘하기 위해 고민하고 있는 지금의 고객님께 '이렇게 해봐'라고 말해준다면, 어떻게 하라고 할 것 같아요? (시간선 질문, 가정형 질문)

고객: 3년 후의 제가요? 음… 먹는 것을 가려 먹으라고 할 것 같아요.

코치: 어떻게요? (청크다운 질문)

고객: 제가 기름기 있는 음식 중에 삼겹살, 순대국, 내장탕 이런 것을 좋아하는데요, 이런 음식을 줄이고 채소 위주의 식단으로 좀 바꿔봐야겠어요.

코치: 채소 위주의 식단으로 바꾼다. 그런 생각을 해내셨군요. 그럼, 건강관리의 전문가에게 조언을 구한다면 어떻게 하라고 할 것 같아요? (관점 전환 질문)

고객: 잠을 충분히 자라고 할 것 같아요.

코치: 와, 잠을 충분히 잔다. 몇 시간을 자면 충분히 자는 걸까요? (마이크로 질문, 후속 질문)

고객: 7시간요, 지금은 5시간 정도밖에 못 자거든요.

코치: 그렇군요. 그럼 지금 말씀하신 3가지 중에서 어떤 것을 실천했을 때, 건강관리에 도움도 되고 현실적으로 실천하기도 쉬우시겠어요? (닫힌 질문)

고객: 아무래도, 아침 걷기를 꾸준히 다시 실천하는 것입니다.

코치: 어떻게 그렇게 생각하셨어요? (청크 다운 질문)

고객: 이미 실천해본 경험도 있고, 그래도 운동을 해야 건강관리를 하고 있다고 제 자신에게도 확신을 줄 것 같아요.

코치: 그럼 아침에 집 앞 공원을 걷는다고 하셨던 것 같은데, 몇 시에 걷게 되는 건가요? (닫힌 질문)

고객: 아침 7시부터 한 시간요.

코치: 그럼 언제부터 시작해보시겠어요? (닫힌 질문)

고객: 당장 내일 아침부터 시작해보겠습니다.

코치: 와, 실행력도 대단하시네요.

고객: 감사합니다.

코치: 혹시 아침 7시에 한 시간 집 앞 공원을 걷는 것을 방해하는 요소가 있을까요? (특정 질문, 독립 질문)

고객: 비가 오게 되면 제가 나가기를 꺼려해요. 그러다 보면 또 옛날 패턴에 빠지게 되고요.

코치: 그럼, 어떻게 해결하시겠어요? (청크 다운 질문, 후속 질문)

고객: 만약 비가 오면, 우산을 갖고 나가서라도 걷겠습니다.

코치: 그렇게 할 수 있는 의지가 10이고 전혀 의지가 없는 상태가 1이라면 지금은 몇 점 정도 되세요? (척도 질문)

고객: 8입니다.

코치: 2점을 올려서 10점이 되려면 어떤 방법이 있나요? (확장 질문)

고객: 음…. 뭔가 재미가 있어야 할 것 같아요.

코치: 어떤 재미요? (마이크로 질문, 후속 질문)

고객: 보상을 해주고 싶어요. 만약에 제가 1주일을 계속해서 걷게 되면 삼겹살파티를 하겠습니다. 물론 이번 주 만큼이라도 삼겹살은 안 먹고 채식 위주의 식사를 해 보겠습니다.

코치: 와, 그렇게 하니 의지점수가 어떻게 되셨나요? (특정 질문)

고객: 이제 10점이요.

코치: 축하드립니다. 그렇게 잘하고 있다는 것을 어떻게 점검해보시겠어요? (특정 질문, 독립 질문)

고객: 제가 구글 캘린더를 사용하니까요. 거기에 매일 7시에 공원 걷기라고 기록하고 체크하면 될 것 같습니다.

코치: 그렇게 하면 되겠군요. 멋집니다. 네, 오늘 대화를 통해 성취하신 것이나 유익이 있었다면 좀 나눠주시겠어요? (특정 질문, 열린 질문)

고객: 네, 건강관리를 잘하게 되면 나도 좋지만, 가족도 좋고 특히 생각해 보지 않은 외국 학생들과의 봉사단체 만들기라는 비전을 갖게 되어 아주 좋았습니다.

코치: 네, 정말 축하드립니다. 그 외에도 우리 고객님은 건강관리가 자기만을 위한 것이 아니라 가족을 위한 일이기도 하고 해보고 싶어 하는 일들을 가능하게 하는 일이라는 알아차림도 하셨습니다. 저도 우리 고객님에 대해 가족을 깊이 사랑하시는 분이라는 것을 알게 되었고, 특별히 목표에 대한 집중력이 있는 분이라는 것을 알게 되어 좋았습니다. 그래서 아침 1시간 걷기도 잘 해내시리라는 믿음이 갑니다. 축하합니다.

고객: 감사합니다. 코치님 때문에 기분 좋은 대화 나눈 것 같습니다.

코치: 저도 고객님과 유쾌한 대화 나눈 것 같습니다. 그럼 혹시 건강관리에 관해 좀 더 나누고 싶은 이야기나 질문이 있나요? (특정 질문, 닫힌 질문)

고객: 아닙니다. 충분히 나눈 것 같습니다.

코치: 그럼 오늘 대화는 여기서 마쳐도 될까요? (닫힌 질문)

고객: 네, 좋습니다.

코치: 잘 하실 겁니다. 저도 응원하겠습니다.

위 〈사례 1〉은 약 15분에서 20분 내외에서 코치가 할 수 있는 코칭 대화 프로세스를 예시하였다. 괄호 안의 지시문에서 표현한 질문의 종류 외에도 어떤 질문들이 사용되고 있는지 살펴보기 바란다.

생각해 보기

1. 코칭 대화 중에 코치가 자신에 대해 알아차림 해야 할 것에는 어떤 것들이 있는지 생각해 봅시다.

2. 고객이 스스로 알아차림 했다는 것을 코치는 고객의 말 중 어떤 표현을 통해 알 수 있는지 생각해 봅시다.

3. 코칭 질문을 할 때 고객이 지니는 욕구, 욕망, 기대, 원함의 차이점은 무엇인지 생각해 봅시다.

4. 비언어를 활용하여 질문하는 방법에는 어떤 것이 있는지 생각해 봅시다.

5. 마지막 사례의 질문들을 질문하기 원리의 관점에서 살펴보고 토의해 봅시다.

11 chapter 코칭 마인드셋과 관계역량

코칭역량은 앞에서 다룬 것처럼 지식과 기술뿐 아니라 태도적인 측면을 포함하고 있다. 그래서 코칭 마인드셋이라고 하면 코칭역량 측면에서 특별히 태도적인 측면을 말한다. 또한, 다른 의미로는, 코칭의 목적이 고객의 변화와 성장을 지원하는 것이라면 이것은 코치의 코칭 기술만이 아니라 코치 자신의 존재 방식도 중요한 요소다. 그래서 코칭 마인드셋이라고 하면 코치 자신의 코치다움을 의미하는 것이기도 하다. 더불어 관계역량은 코칭에서만이 아닌, 모든 인간관계에서 가장 중요한 역량일 것이다. 관계를 만들지 않은 상태에서 어떤 일을 함께한다는 것이 불가능할 수도 있고 설사 함께한다고 하더라도 지속 가능하지 못할 수 있다. 그래서 본 장에서는 이와 같은 코칭 마인드셋과 관계역량이 무엇인지를 살펴보고 그 활용을 제시하고자 한다.

1. 코칭 마인드셋

1) 코칭 마인드셋의 개념

마인드셋이라고 하면 미국의 심리학자 캐롤 수전 드웍(Carol S. Dweck)의 성장 마인드셋(growth mindset)과 고정 마인드셋(fixed mindset)을 떠올리기 쉽다. 하지만 코칭역량에서의 마인드셋은 이런 개념과는 구별된다. 물론 코치도 개인의 특성이 선천적으로 주어지는 것이므로 변화 불가능하다고 믿는 고정 마인드셋보다는 개인의 특성이 학습이나 노력으로 변화할 수 있다고 믿는 성장 마인드셋을 가질 필요가 있다. 하지만 코칭역량에서 말하는 마인드셋은 그런 의미라기보다는 코치가 고객에 대해 갖는 자신의 사고방식, 마음가짐, 정신자세, 태도라는 의미로 이해하는 것이 좋다.

박창규, 원경림과 유성희(2022)는 마인드셋을 개인의 신념이나 태도 또는 습관적으로 형성되는 의견 등을 포함하는 '마음의 틀'이라고 했다. 옥스퍼드 영영사전에는 마인드셋을 '누군가가 가지고 있는 종종 바꾸기 어려운 일련의 태도나 고정관념'이라고 설명한다. 그리고 도미향, 김두연, 유충열, 최동하와 황현호(2021)는 코칭에서의 마인드셋은 고객을 어떤 존재로 바라보고 코칭 관계를 어떻게 구성하며, 코치라는 직업적 특성을 어떻게 규정하느냐와 관련된다고 하면서, 코칭 마인드셋을 '고객은 유능하고 스스로 선택할 수 있으며 그 선택에 대해서 스스로 책임질 수 있다는 믿음을 갖는 것'이라고 했다. 그리고 국제코칭연맹(ICF)에서는 코칭 마인드셋 역량의 정의를 개방적이고 호기심이 많으며, 유연하고 고객중심적인 사고방식이라고 했다. 종합해 보면, 코칭 마인드셋이란 코칭 장면에서 코치가 고객에 대해 가져야 할 마음가짐, 사고방식, 태도라고 할 수 있다. 좀 더 확장해 보자면 코치의 존재 방식, 인품, 성품까지도 의미한다고 볼 수 있다.

2) 코칭 마인드셋의 특징과 원리

(1) 코칭 마인드셋의 특징

코칭 마인드셋은 국제코칭연맹(ICF)이 2019년에 새롭게 업데이트된 8가지 코칭 핵심역량을 내놓으면서 2번째 역량으로 '코칭 마인드셋을 구현한다.'라는 역량을 추가하면서부터 코칭에서 그 중요성이 주목받기 시작했다(ICF, 2020). 물론 그 전 11가지 역량에서도 여러 역량에 코칭 마인드셋과 관련한 내용이 여기저기 흩어져 있었다. 그리고 8가지 역량으로 업데이트하면서 코칭 마인드셋 역량이란 이름으로 명문화했다. 이는 코치의 마음가짐이 그만큼 고객과의 관계에서 중요한 역량이라는 것을 강조했다고 볼 수 있다. 반면 이러한 태도적인 측면의 역량을 코칭장면에서 코치가 실제로 구현하고 있는지를 어떻게 평가할 수 있을까. 그래서 국제코칭연맹에서는 전문코치 평가지표인 PCC 마커에 이 역량에 대한 마커가 빠져 있다. 그러면서도 코칭 마인드셋 역량 평가와 관련해서 다음과 같이 기록하고 있다.

> 개방적이고 호기심이 많으며, 유연하고 고객중심적인 코칭 마인드셋을 구현하는 것은 지속적인 학습과 개발, 성찰을 거듭하는 실습의 확립, 그리고 세션에 대한 준비가 요구되는 과정이다. 이러한 요소는 코치의 전문적인 여정 그 어느 한순간에 온전히 포착될 수 없는 것이며 여정에서 지속적으로 이루어지는 것이다. 그러나 이 역량의 특정 요소는 코칭 대화 내에서 입증될 수 있다. 이러한 특정 행동은 4.1, 4.3, 4.4, 5.1, 5.2, 5.3, 6.1, 6.5, 7.1 및 7.5 의 PCC 마커를 통해 명확하게 표현되고 평가된다. 다른 역량 영역과 마찬가지로 PCC 심사평가를 통과하려면 이러한 마커의 최소 구현 횟수를 입증해야 한다. 이 역량의 모든 요소는 ICF 자격인증의 필기시험(CKA, 코치지식 평가)에서도 평가된다(ICF, 2020).

한국코치협회(KCA)에서도 새롭게 업데이트된 한국형 코칭역량으로 프로그램 인증은 2022년 7월 1일부터, 코치 자격인증 중 필기시험은 2023년 3월부터, 실기시험은 2023년 4월부터 시행한다(한국코치협회, 2022). 2022년 6월에 발간한 한국코치협회 코칭역량 해설집에 따르면 새롭게 발표한 한국형 코칭역량은 크게 '코치다움'과 '코칭다움'이라는 두 개의 역량 군으로 구성된다. 여기서 코치다움을 '코치로서 개인의 삶과 코칭 현장에서 코칭 윤리를 실천하며, 자기 인식과 자기 관리를 바탕으로 전문 계발을 해나가는 것'으로 정의한다. 이것이 어쩌면 한국형 코칭역량에서는 코칭 마인드셋이라고 할 수 있다.

(2) 코칭 마인드셋의 원리

코칭 마인드셋에는 학습과 성찰, 자율성 존중과 고객중심, 상호영향력과 감정조절, 인간의 보편적 연약함 등과 같은 몇 가지 원리들이 있다. 주로 전문코치로서의 태도와 존재 방식에 관련한 내용이다. 구체적으로 살펴보면 다음과 같다.

① 지속적인 학습과 개발에 참여하기

코칭 마인드셋에서 중요한 원리 중 하나가 지속적인 학습과 개발에 참여하는 것이다. 누가 하라고 해서가 아니라 자발적으로 코치는 자신의 역량을 개발하고 자기계발을 위한 학습모임에 참여하거나 그런 모임을 만들어 운영하는 자세가 필요하다. 한국코치협회에서도 자격시험응시서류 중 하나로 '교육준수서약서'라는 양식을 받고 있다. 여기에서 KAC자격자는 자격을 취득한 후 3년간 30시간의 자격갱신을 위한 교육시간으로, KPC자격과 KSC자격 응시자는 해당 자격을 취득한 후 5년간 50시간의 자격갱신을 위한 교육을 이수할 것을 약속하도록 하고 있다. 이를 위한 보수교육의 인정 범위를 기존에는 한국코치협회 정기세미나 참석이나 연례행사 참석, 또는 인증프로그램 이수로 제한했었다. 하지만 2019년 10월 1일부터는 교육 활동(직 · 간접적 교육 수강)과 코치 활동(직 · 간접적 저술, 강의, 연구, 협회 활동참여)으로 구분하여, 취득한 시간을 100% 인정(이수한 교육시간 전부 인정)해주는 경우와 50% 인정(이수한 교육시간의 절반만 인정)해주는 경우 등 그 인정 범위를 다양하게 확대했다(한국코치협회, 2019). 한국코치협회 역량 중에서는 코치다움의 역량 중 네 번째 역량인 전문 계발이 여기에 속한다고 할 수 있다. 전문 계발은 코칭 합의와 과정관리 및 성과관리를 하고 코칭에 필요한 관련 지식, 기술, 태도 등의 전문역량을 개발한다고 되어 있다(한국코치협회, 2022).

② 성찰적 훈련을 발전시키기

코치는 일상 속에서 자신을 돌아보는 훈련을 지속해서 해야 한다. 한국코치협회도 코치다움의 역량 군에 윤리 실천과 자기 인식, 자기 관리, 전문 계발의 4가지 역량을 두고 있다. 윤리 실천은 전문직업인으로서의 코치다움을 위해 자신이 코칭 윤리를 잘 수행하며 코치 활동을 하고 있는지를 돌아보아야 한다. 자기인식역량 또한 현재 상황에 대한 민감성을 유지하고 직관 및 성찰과 자기 평가를 통해 코치 자신의 존재감을 인식할 수 있어야 한다. 자기관리 역량은 신체적, 정신적, 정서적 안정 및 개방적, 긍정적, 중립적 태도를 유지하며, 언행을 일치시키며 코치 활동을 하고 있는지 성찰할 수 있어야 한다(한국코치협회, 2022). 더불어 고객 코칭을 마치고 나서도 본인의 코칭 수행에 대해 스스로 성찰하는 연습을 해야 한다. 이것을 확장하여 본인의 코칭 과정이나 결과에 대해 상위코치로부터 코치 더 코치나 코칭 슈퍼비전을 받는 것도 성찰 훈련에 좋은 방법이라고 할 수 있다. 슈퍼비전은 코치가 성찰 훈련을 확장하여 더 깊은 수준에서 성찰할 수 있게 도와준다(Iliffe-Wood, 2019).

③ 고객의 자율성 존중하기

코치로서 가져야 할 태도나 마음 자세 중에는 고객의 자율성을 높이 평가하는 것이 포함된다(ICF, 2020). 코치는 모든 코칭 세션의 주도권이나 선택권이 고객에게 있음을 인식하고 그런 마인드셋으로 함께 해야 한다. 특히 코치가 사용하는 언어는 코치 자신의 철학이나 전제를 반영한다고 할 수 있다. 그러기에 코칭을 시작하는 순간부터 코칭을 마치는 순간까지 고객이 이 세션의 주인이고 고객이 모든 선택의 주인임을 코치의 언어를 통해 인식하도록 도울 필요가 있다. 코치의 자율성을 헤치는 언어는 사용하지 않아야 한다.

④ 고객중심적 태도 갖기

코칭 대화는 나를 중심에 두고 하는 대화가 아니라 상대를 중심에 두고 하는 대화다(도미향 외, 2021). 코치는 코칭 상황에서 자기중심적이지 않고 항상 고객중심적이어야 한다. 모든 대화에서 고객 위주로 생각하고 고객 위주로 진행해야 한다. 일반대화에서는 누가 어떤 이야기를 하면 누구나 할 것 없이 그것과 관련된 자신의 경험이나 생각, 의견이나 지식을 말하려고 한다. 하지만 코칭에서는 고객중심의 태도를 갖고 대화를 해야 한다. 그래서 고객에게 어떤 이야기를 하고 싶냐고 묻고 그 주제에 관해 이야기하고 싶은 계기나 동기, 이유 등을 물어서 고객이 그 이야기를 하고 싶어 하는 배경을 먼저 이해하려고 해야 한다. 더불어 코칭 중에 고객이 어떤 경험에 관해 이야기하면 우리는 나도 모르게 그것과 관련된 내 경험을 이야기하고 싶어 좀이 쑤신다. 하지만 자기관리를 통해 이런 자신의 마음을 알아차림하고 고객이 더 많은 자기 이야기를 할 수 있도록 촉진한다. 더불어 고객이 어떤 좋은 일이 생겼다고 하면 우리는 흔히 그것을 내 쪽으로 가져와서 이야기하기를 좋아한다. 하지만 고객중심 마인드셋에서는 온전히 그것을 고객에게 돌려주고 고객에게 초점을 맞추어 축하를 해주는 것이 좋다.

⑤ 상호영향력에 대한 이해 갖기

모든 사람은 살아온 환경과 문화와 종교, 가치관 등에 영향을 받는다. 그래서 코칭 장면에서 코치는 코치 자신의 배경과 고객의 배경이 서로 다르다는 것을 이해하고, 이것이 상호 영향을 줄 수도 받을 수도 있다는 것을 알아야 한다. 그래서 코치는 중립을 지키려는 노력을 항상 하고 매 순간 알아차림을 통해 고객의 것을 자신의 것으로 판단하고 해석하고 있지는 않은지 살펴야 한다. 즉, 코치는 고객의 욕구, 경험, 상황, 상황에 대한 인식, 생각, 상상, 행동이 다양한 요인에 의해 영향을 받는다는 점을 인식하고 열린 마음과 개방적 태도로 고객과 상호작용해야 한다. 열려 있다는 것은 편견이나 선입견, 가치판단을 갖지 않고 상대방의 태도나 생각을 있는 그대로 수용하는 것이다(박창규 외, 2022).

⑥ 감정 조절 능력 훈련하기

코치는 일상에서 자신의 감정을 조절할 수 있는 능력을 훈련하고 유지할 수 있어야 한다(ICF, 2020). 타인을 지원하는 전문직업인으로서의 코치는 자신의 삶 속에서 자기감정을 인식하고 통제할 수 있어야 한다. 지금 여기의 생각, 감정, 욕구에 집중하고 생각, 감정, 욕구가 발생하는 배경과 이유를 감각적으로 알아차려야 한다. 더불어 직관과 성찰을 통해 자신의 생각, 감정, 욕구가 미치는 영향을 인식해야 한다(KCA, 2022). 스티븐 코비(Stephen Covey)도 사람들은 누구나 자기 내면에 감정의 날씨 조리개가 있다고 했다. 항상 맑음, 맑음, 흐림, 항상 흐림. 코치들은 일상에서 사람들을 만날 때나 특히 코칭 장면에서 고객을 대할 때, 어떤 마음 날씨로 함께하고 싶은지를 결정하고 자기감정을 조절할 수 있어야 한다. 그러기 위해서는 평소 자신의 감정을 조절하고 관리할 수 있는 감정조절능력을 훈련하고 유지해야 한다.

⑦ 도움을 구할 줄 아는 태도

코치는 도움이 필요할 때 도움을 구할 수 있어야 한다. 사람 중에는 '나만 잘하면 되지!', 그러니 '남에게 피해도 주지 않고 남에게 도움도 구하지 않는다'라는 신념과 태도를 지니는 사람들이 있는데, 코치는 자신의 부족함을 알고, 특히 인간의 보편적 연약함을 알고 도움이 필요할 때 외부에서 적절히 도움을 구할 줄 알아야 한다. 이는 특별한 분야의 코칭을 할 때 그 분야 전문지식이나 용어 등의 도움을 받을 수도 있고, 심지어는 코칭 장면에서도 고객에게 도움을 구해야 한다.

3) 코칭 마인드셋의 적용

위에서 살펴본 코칭 마인드셋 원리들이 코칭 대화 중에 어떻게 적용하는지 성찰 훈련과 자율성 존중, 고객중심 태도 갖기의 원리를 중심으로 사례를 통해 살펴보고자 한다.

(1) 성찰 훈련

고객을 코칭한 이후에 코치가 자신을 스스로 성찰해 볼 수 있는 질문들은 다음과 같다(황현호, 2020).

- 모든 대화를 고객중심으로 진행했는가?
- 비밀보장에 대해 고객이 안심하도록 안내하거나 신뢰를 주었는가?
- 코칭 전문가로서 다른 전문영역과의 차이를 인식하고 코칭 스탠스를 유지했는가?
- 이번 세션의 주제를 명확히 합의했는가? 그리고 세션 내내 이 주제에 초점을 맞추어 대화를 진행했는가?

- 합의된 주제에 따른 이번 코칭 세션에서의 목표를 서로 확인했는가?
- 세션의 목표를 이룰 수 있는 실행 계획을 3가지 이상 찾아주었는가? 그리고 주제와 목표, 실행 계획 세 가지가 일치되었는가?
- 실천환경은 잘 구축했는가? 고객이 선호하는 실천환경, 실천의지, 점검방법 등, 이 과정에서 고객의 자율성을 보장했는가?
- 고객은 어떤 사람이었는가? 주제와 관련하여 Being(고객의 가치, 신념, 비전, 정체성 등)에 대한 드러냄은 충분했는가? 주제만 다루지는 않았는가? 고객이 어떤 사람인지를 스스로 말하게도 하고 코치가 말해주기도 했는가?
- 코칭하는 동안 신뢰와 안전한 환경 조성은 어땠는가?
- 고객에 대한 인정과 축하는 어땠는가? 고객이 스스로 알아차림을 하는 순간이나 그것을 표현하는 순간에 축하 반응을 했는가? 알아차린 내용을 주제와 연결시켜 행동계획으로 안내했는가?
- 고객의 말이나 상황, 감정 등에 대해 충분히 공감했는가?
- 코치로서의 코칭 프레즌스는 어땠는가? 바로잡으려 하거나 코치의 것을 밀어 넣으려 하거나 파트너십을 해치는 태도나 말투, 눈빛, 말 등은 어땠는가?
- 집착 없음(without attachment)은 어땠는가? 유도 질문을 하지 않고 중립적이고 개방적으로 대화를 나눴는가?
- 스페이스는 어땠는가? 고객이 자신이 한 대답을 충분히 음미해볼 수 있도록 시간을 둔 뒤에 다음 질문을 했는가?
- 고객이 말하지 않은 것 중에 무엇을 들었는가? 생각, 감정, 욕구, 의도, 사실, 기대, 가치, 전제, 철학, 신념, 선호도, 열정, 꿈, 강점, 자질, 성품, 존재감 등
- 고객이 자기표현을 충분히 하게 하는 데 어떤 도움을 주었는가? 끼어들지

않고 고객이 자기표현을 충분히 하도록 허락했는가? 내 경험과 이야기를 나누고 싶은 충동이 들 때 어떻게 했는가?

- 자신은 어떤 종류의 질문들을 주로 했다고 생각되는가? 호기심 질문, 열린 질문, 가치 중립적 질문, 비유도 질문, 맥락적 질문, Being 질문, 목표로 나아가게 하는 질문 등
- 효율적인 코칭 언어를 사용했는가? 간단하고 정돈된 언어, 명료한 전달, 고객의 언어, 중립적 언어 등
- 고객의 의식확장이나 알아차림을 어떻게 도왔는가? 관점의 변화, 자기 성찰, 재구조화, 직관 사용, 고객의 패턴 알아차리기, 불일치 나누기 등
- 프로세스 운영은 어떻다고 생각하는가? 주어진 시간 안에 고객이 나누고 싶어 하는 주제에 초점 맞춰서 창의적으로 운영했는가?

(2) 자율성 존중

코칭 대화에서 코치가 사용하는 언어는 코치 자신의 고객에 대한 철학과 전제를 반영한다. 코칭 대화에서 코치가 고객의 자율성을 존중하는 경우와 그렇지 못한 경우는 다음과 같다(황현호, 2020).

- 코칭하는 동안 그냥 고객이라고 불러도 되겠지요? 고객님.
  vs 코칭을 하는 동안 제가 어떻게 불러드리면 편하시겠어요?
- 오늘은 이런 이야기로 하면 되겠지요?
  vs 오늘 어떤 이야기를 나누고 싶으세요?
- 건강 관리와 자신감 향상이라는 주제가 나왔는데, 그럼 건강 관리에 대해 이야기 나누면 되겠지요?
  vs 건강 관리에 대해 이야기하다 보니 자신감 향상이라는 이슈도 나왔는데, 어떻게 하면 좋을까요?

- 그렇게 실천하고 나서 저에게 메일로 보고해 주실 수 있지요?
  vs 그렇게 잘 실천하셨다는 것을 고객님은 스스로 어떻게 점검해 볼 계획이세요?
- 아, 이제 마치려고 하는데요.
  vs 이제 시간이 다 되었는데요.
- 와, 시간이 벌써 이렇게 됐네요. 오늘은 여기서 마치겠습니다.
  vs 이제 시간이 5분 정도 남았는데, 남은 시간은 어떻게 사용하면 좋을까요?
- 오늘 주제와 관련하여 더 나누고 싶은 말씀이나 질문이 있으실까요?
  vs 오늘 코칭을 여기서 마쳐도 될까요?

위와 같이 코치는 항상 고객과 상의하거나 고객에게 허락을 구하는 언어사용을 통해 고객의 자율성을 존중해야 한다.

(3) 고객중심적 태도

대화 중에 고객중심적 태도를 유지하려면 자기인식과 자기관리가 필요하다. 고객의 이야기를 듣고 관련된 내 경험이나 지식을 나누고 싶을 때, 이것이 나를 드러내고 싶은 마음인지 고객에게 꼭 필요하다고 생각되어 나누려고 하는지에 관한 자기인식과 자기관리를 의미한다. 고객의 성취에 대해서 축하를 하거나 반응을 해줄 때도 고객중심적 태도를 유지해야 한다(황현호, 2020).

- 여행 이야기 하시니까 저도 지난주에 여행했었는데, 아내랑 제주도 다녀왔거든요.
  vs 와, 여행을 다녀오셨군요. 여행에 대해 좀 더 들려주시겠어요?
- 고객님, 저도 전에 그런 것을 해본 적이 있는데요, 그럴 때는 이렇게 한

번 해보시면 어때요?

vs 고객님의 목표를 이룰 수 있는 방법을 또 한 가지만 생각해 보시겠어요?

- 그런 알아차림을 얻었다니 제가 다 기쁘네요.

vs 그런 알아차림을 얻었다니 고객님께 정말 잘된 일이네요. 축하합니다.

위와 같이 코치는 자기중심적인 태도를 내려놓고 고객중심적인 태로도 대화에 임해야 한다.

2. 관계역량

1) 관계역량의 개념

관계란 둘 이상의 사람, 사물, 현상 따위가 서로 관련을 맺거나 관련이 있음을 나타내는 말이다(국립국어원 표준국어대사전). 코칭에서 관계란 특히 사람과 사람 사이의 관계를 의미한다. 코치와 고객과의 코칭 관계다. 이때 고객이란 코칭을 받는 당사자만을 의미하지는 않고 그 대상과 연관된 이해당사자들 모두를 일컫는다(ICF, 2020). 헨리 · 카렌 킴지하우스(Henry · Karan Kimsey-House), 필립 샌달(Phillip Sandahl)과 로라 휘트워스(Laura Whitworth, 2016)는 이러한 코칭 관계를 대등한 관계이며 상호 협력적 관계라고 했다. ICF에서도 코칭을 파트너십 관계로 설명하고 있다. 한국코치협회도 코칭을 수평적 파트너십 관계라고 정의한다. 그리고 ICF는 8가지 코칭 핵심역량의 4가지 역량그룹 중 하나를 고객과 함께 코칭관계 만들기 역량으로 분류했다. 한국코치협회도 8가지 역량 중 5번째 역량이 관계 구축 역량이다. 한국코치협회는 이 관계 구축 역량을 고객과의 수평적 파트너십을 기반으로 신뢰감과 안전감을 형성하며 고객의 존재를 인정하고 진솔함과 호기심을 유지하는 것으로 정의한다(KCA, 2022).

관계역량은 코칭에서뿐 아니라 모든 인간관계의 기본이다. 무엇이 인간을 건강하고 행복하게 하는가에 대한 인류 최장기간의 종단연구인 '하버드 성인 발달 연구'에서도 우리의 행복에 가장 영향을 미치는 요소는 관계의 질이라고 했다(George E. Vaillant, 2013; Robert J. Waldinger, 2016). 코칭에서는 이 관계의 질이 중요한데 이것은 고객과 코치가 함께 만들어 가는 것이다. 도미향 외(2021)는 이 관계의 질을 다음과 같이 설명한다.

첫째, 다소간 지속적인 관계라고 주장한다. 그래서 코칭은 최소 12번 정도의 회기로 진행한다. 물론 코칭을 처음 접하는 고객들은 12번을 진행한다고 하면 길다고 생각하기도 한다. 그렇지만 매주 한 번씩 12번, 석 달 정도는 함께 해야 고객에게 변화가 생기고 코칭 성과가 나올 수 있다. 둘째, 깊은 관계여야 한다. 코치와 고객이 만나서 늘 머리에 있는 이야기만 나누는 것이 아니라 때로는 가슴에 있는 이야기, 아무에게도 하지 않았던 뱃속에 묻어두었던 이야기도 꺼내놓고 이야기할 수 있는 깊은 관계여야 한다는 것이다. 마지막으로는 창조적인 관계이다. 아무 곳에서나 들을 수 있고 나눌 수 있는 대화가 아니라, 코치와의 대화이기에 나눌 수 있고 들을 수 있는 새롭고 창의적인 아이디어와 생각들을 나눌 수 있는 관계여야 한다고 설명한다.

2) 관계역량의 특징과 원리

(1) 관계역량의 특징

일반적인 관계를 포함하여 특히 코칭 관계에서 보여주는 몇 가지 특징이 있다. 코칭 관계는 수평적이라는 점과 신뢰와 안전감을 기반으로 한다는 특징이다. 마지막으로 현존을 유지해야 한다는 것이다. 이 특징이 구체적으로 무엇을 의미하는지 살펴보자.

① 수평적 파트너십

오늘날은 기업이나 기관 할 것 없이 조직의 형태가 위계적이고 수직적이던 관계에서 협력적이고 수평적인 관계로 변하고 있다(Hidetake, 2004). 산업화 사회에서는 상급자가 하위 직급자들을 관리하고 상부에 보고하기 위해 수직적 위계 조직이 필요했다. 하지만 요즘과 같은 지식정보화 사회나 창조사회에서는 위계의 계층이 적으면 적을수록 빠르고 신속한 의사결정과 위기 대응을 할 수 있다. 많은 기업들이 프로젝트를 팀 단위로 진행하며 팀장을 제외한 모든 팀원 모두가 수평적 관계를 이루고 있다. 그래서 호칭도 이름 뒤에 님자를 붙이거나 무슨 프로님이라고도 부른다. 『최고의 팀은 무엇이 다른가』라는 책을 쓴 대니얼 코일(2019)은 2000년대 초반 이름도 없던 한 스타트업이었던 구글이 당시 IT업계의 골리앗이었던 오버추어를 이길 수 있었던 비결을 소개하였다. 구글이 인터넷 유저들의 검색창과 타깃 광고를 결합하는 소프트웨어 엔진 개발에서 오버추어를 앞서면서 단숨에 존재감을 드러내며 이후 승승장구할 수 있었던 비결은 구글이 수평적 조직이었기에 가능했다고 이야기한다. 그들은 지위에 연연하거나 누가 책임을 질지 고민하지 않고 어깨를 맞대며 일하고, 안전하게 서로 이어진 상태로 프로젝트에 몰두했다고 한다. 반면 오버추어는 자금력도 풍부하고 여러모로 유리한 고지를 점했지만 경직된 의사소통과 관료주의 시스템에 발목을 잡혔다고 한다(대니얼 코일, 2019). 그래서 존 휘트모어(John Whitmore, 2019)는 자신의 책에서 '코치'라는 용어를 리더와 코치 모두를 지칭하는 말로 사용하고 있다. 왜냐하면 함께 일하는 조직과 리더는 그들의 능력을 새로운 차원으로 높이는 완전히 다른 리더십이나 관리를 실천하고 있기 때문이고 이것이 코칭이라는 것이다(Whitmore, 2019). 휘트모어는 모든 조직이나 기업의 리더는 관리자가 아닌 코치형 리더가 되어야 한다고 주장한다.

이처럼 오늘날은 모든 조직이나 기업에서 함께 일하는 사람들과의 관계를 수직적 위계에서 수평적 파트너십 관계로 설정하고 실제로 그렇게 서로를 대하면서 성과를 내고 있다. 결국, 관계역량을 갖기 위해서는 우리가 만나는 모든 사람을 나와 대등하고 존귀한 존재로 보고 대할 수 있어야 한다.

② 신뢰와 안전감

ICF는 기존 11가지 역량을 8가지 역량으로 업데이트하면서 신뢰와 친밀감이라는 단어를 신뢰와 안전감이라는 단어로 변경했다(ICF, 2020). 친밀감이라는 용어가 자칫 고객과 코치 사이에 오해를 불러일으킬 수 있다는 것이다. 반드시 친밀감이 있어야 하는 것은 아니다. 대신 오늘날 리더십에서 강조되고 있는 '안전감'이라는 용어를 채택했다. 하버드대학교 경영대학원에서 25년 동안 '심리적 안전감(Psychological Safety)'을 연구해온 에이미 에드먼슨(Amy C. Edmondson) 교수는 '심리적 안전감'이라는 요소가 기업과 학교, 병원과 정부기관 등 모든 조직에서 프로젝트의 성패를 좌우한다는 사실을 밝혀냈다. 에드먼슨 교수는 심리적 안전감을 '인간관계의 위험으로부터 근무 환경이 안전하다고 믿는 마음'이라고 정의했다(Edmondson, 2019). 직무와 관련하여 어떤 이야기를 하든 권위자로부터 질책을 당하거나 창피를 당하거나 외면을 당하지 않으리라는 확신이다. 그래서 오늘날 리더의 역할을 '사회적 건축가(social architect)'라고 한다(Hill et al., 2016). 조직구성원들이 가지고 있는 아이디어들을 모아서 새롭고 창조적인 뭔가를 만들어 내는 역할이 요구되기 때문이다. 그러기 위해서는 조직구성원들이 리더를 믿고 심리적으로 안전하다는 느낌이 들어야만 다양한 이야기를 내놓을 수 있다. 코치와 고객과의 관계에서도 코치가 만들어 내는 환경이 신뢰롭고 안전한 환경이 될 때 고객은 코치에게 스스럼없이 모든 이야기를 하게 된다.

③ 현존 유지

현존을 유지한다(Maintains Presence)는 개념은 ICF의 8가지 역량 중 5번째 역량에서 제시하고 있다(ICF, 2020). 현존(presence)이란 영어단어 'present', 즉 '현재의', '있는', '참석한'이라는 단어의 명사형이다. 고객과 코칭하는 지금, 이 순간 한 존재로 있어 주는 역량을 말한다(도미향 외, 2021). 대화하는 순간에 우리의 마음은 여러 갈래로 나누어질 수 있고, 몸은 그 자리에 있지만 마음이나 생각은 다른 곳에 있을 수도 있다. 현존 유지는 몸이 있는 곳에 마음도 있으면서 고객을 있는 그대로 비춰주고 반영해 줄 수 있는 역량을 말한다. 에크하르트 톨레(Eckhart Tolle, 2008)는 '지금의 상실은 존재의 상실'이라고 했다. 코칭하는 동안에 고객과 함께 있어 주지 못한다면 우리는 한 존재로서 고객과 있어 주는 역량을 발휘하지 못하는 것이다. 이 역량은 비단 코칭 장면에서만이 아니라 모든 관계에서 유념해야 할 개념이다. 우리는 너무나 숱하게 대화하는 동안 마음이 여러 갈래로 나뉘는 경험을 한다. 심지어 마주 보고 앉아서 대화하는 동안에도 스마트폰에 눈을 빼앗기고 마음을 빼앗긴다. 서로 깊이 있는 관계를 맺기 위해서는 현존을 유지할 수 있어야 한다.

(2) 관계역량의 원리

관계역량을 발휘하기 위해서는 다음에 제시하는 몇 가지 원리를 따르도록 추천한다. 즉, 공감과 관심, 지지와 격려, 존중과 이해, 호기심과 진솔함, 집중과 반응, 감정관리 원리를 기반으로 하는 관계역량 구축이다. 이를 자세히 살펴보면 다음과 같다.

① 공감과 관심

코칭은 사람에 관한 것이다. 사람에 관한 관심이 없이는 코칭이 쉽게 다가오지도 않고 코칭에 오래 머무르기도 어렵다. 관심을 갖는다는 것은 뭔가에 대해 함께 염려해주는 것이고 거기에 대해 질문해주는 것이다. 그래서 고객이 뭐라고 답을 하면 거기에 대해 공감하고 수용해주는 것이다. 칼 로저스(Carl Rogers)는 인간을 긍정적 변화를 위한 내면적 동기와 잠재력을 지닌 존재로 봤다. 따라서 치료자가 내담자를 조정하여 변화시키려 하기보다는 충분히 수용적이고 공감적인 진솔한 분위기를 제공하면 내담자 스스로 긍정적인 변화를 모색하며 문제를 해결하게 된다는 것이다(권석만, 2012). ICF 8가지 코칭 핵심역량에서도 고객과 함께 관계 만들기라고 하는 2번째 역량그룹을 보면 4번째 역량으로 신뢰와 안전감을 조성하기 위해서는 고객에 대한 지지, 공감 및 관심을 보여주라는 내용이 포함된다(ICF, 2020). 이렇게 했을 때 고객과 관계가 만들어지며 그 만들어진 관계는 계속 유지된다. 공감은 구체적으로 그 말을 하는 사람이 느꼈을 법한 감정이나 상황에 대해 헤아려주는 것이다. 아니면 질문을 통해 직접 표현해 보도록 유도한다. 이 두 가지 방법을 적절히 혼합하여 사용하면 된다(황현호, 2020).

② 지지와 격려

우리는 지지와 격려가 필요한 순간에 비난하고 질책과 야단을 치는 경우가 많다. 예를 들어, 학교에서 돌아온 아들이 배가 고파 라면을 끓여 먹으려고 한다. 와장창 소리에 거실로 나가보니 냄비가 거실 바닥에 나뒹굴고 있다. 이때 대부분 부모는 “그러니까 조심하라고 했지? 뜨거운 것을 다룰 때는 조심하랬잖아! 아이고 빨리 안 치워?” 하면서 야단을 치기 쉽다. 지금이야말로 공감해주고 지지와 격려가 필요한 순간임에도 말이다. 인정과 축하가 뭔가를 잘 해낸 상황에서 드러난 성과에 대해 헤아려주고 인정해주는 것이라면, 지지와 격려는 뭔가 실수했거나 실망스러운 순간에 상대에게 힘을 주고 북돋는 말을 해주는 것이다. "아이고, 손은 안 데었니? 많이 배고플 텐데, 엄마가 끓여줄 걸 그랬구나. 빨리 가서 좀 씻어라. 엄마가 금방 끓여줄게." 하면서 자녀를 지지하고 격려해줘야 한다. 코칭 장면에서 코치가 "지난 한 주는 어떻게 보내셨어요?" 하고 물었는데, 고객이 "지난주에 저희 어머님이 치매 판정을 받으셨어요. 그래서 가족 모두 조금 침울한 한 주를 보냈네요. 그래서 오늘은 제가 어떻게 어머니를 도울 수 있을지, 그 이야기를 좀 나누고 싶어요." 한다면 이때가 바로 공감하고 지지와 격려가 필요한 순간이다. "아이고 저런, 그런 일이 있었군요. 가족들이 모두 상심이 컸겠네요. 우리 고객님도 힘내시기 바랍니다. 말씀하신 것처럼, 코칭을 통해 앞으로 우리 고객님이 어머님을 어떻게 도울 수 있을지 좋은 방안들이 나올 거라고 생각합니다. 우리 힘내서 한번 이야기를 나눠보도록 하지요." 하면서 고객을 지지하고 격려할 수 있다. 대화 초반일수록 코치는 고객과의 관계를 어떻게 하면 공고히 만들어 갈 수 있을 것인가에 초점을 맞춰서 상황에 맞게 지지와 격려를 해줄 필요가 있다(황현호, 2020).

③ 존중과 이해

칼 로저스는 내담자의 치료적 성장을 촉진하는 가장 중요한 조건 세 가지를 제시했다. 그것은 진실성(genuineness), 무조건적 긍정적 존중(unconditional positive regard), 그리고 공감적 이해(empathic understanding)다. 이때 무조건적 긍정적 존중이란 내담자의 생각, 감정, 행동에 대하여 어떤 판단이나 평가도 내리지 않는 치료자의 순수한 보살핌을 의미한다. 달리 말하면, 내담자의 모든 것을 있는 그대로 조건 없이 소중한 것으로 수용하고 존중하는 것이다. 이런 점에서 무조건적인 긍정적 존중은 수용(acceptance)과 밀접히 관련되어 있다(권석만, 2012). 이것은 상담뿐 아니라 코칭 장면에서나 일반 관계에서도 절대적으로 필요한 개념이다. 고객이 가지고 있는 자신의 세계관, 인생관, 삶의 철학, 라이프스타일, 가치, 신념, 태도, 선호도 등에 대해 있는 그대로 인정하고 존중해야 한다. ICF 8가지 핵심코칭역량에서도 코치는 고객의 정체성, 인식, 스타일 및 언어를 존중하고 더불어 코칭 과정에서 고객의 고유한 재능, 통찰 및 노력을 인정하고 존중하라고 제시한다(ICF, 2020). 존 휘트모어는 이와 관련하여 자신과 다른 사람들의 능력, 창의력, 잠재 능력에 대한 믿음이 곧 코칭의 정신이며, 코칭은 이러한 정신에 뿌리를 둔 존재 방식이라고 주장한다(존 휘트모어, 2019). 이처럼 고객을 있는 그대로, 존재 그대로를 이해하고 존중할 때 관계역량은 빛을 발하게 된다.

④ 호기심과 진솔함

코치는 고객과 관계를 만들어 갈 때 고객에 대한 호기심과 진솔함을 가지고 대해야 한다. 호기심이란 고객의 성장과 발전, 가능성과 잠재력, 강점과 탁월함, 고객의 존재 자체에 대한 호기심이다. 더불어 고객이 나누고자 하는 주제와 관련한 것이어야 한다. 고객은 이야기하고 싶어 하는 주제와 관련하여 대화에서 어떤 결과를 얻기를 원하는지, 그 주제와 관련한 고객의 가치와 신념, 비전과 정체성 등에 호기심을 갖고 대해야 한다. 관계역량이라고 할 때 대화의 초반에만 노력하면 되는 것이 아니다. 관계역량은 코칭을 하기로 합의한 순간부터 전체 회기를 마치는 순간까지 지속해서 노력해야 하는 역량이다. ICF에서는 이것을 'Cultivates Trust and Safety(신뢰와 안전감을 조성한다)'라고 하여 '경작하다', '재배하다', '일군다'라는 의미의 'Cultivates'라는 단어를 사용한다. 마치 농부가 봄에 씨를 뿌리고 나서 여름 내내 논과 밭에 나가 물을 대고 잡초를 뽑아주고 비료와 거름을 주는 노력을 해야 하는 것과 같은 이치이다. 농작물을 재배하고 경작하듯 신뢰와 안전감을 위한 위와 같은 원리들을 지속해서 적용하고 노력해야 한다는 의미이다.

진솔함이란 솔직하고 투명한(transparency) 것을 말한다. 오늘날 리더십에서 중요한 키워드 중 하나가 자신의 취약함(vulnerability)을 드러낸다는 개념인데, 취약함을 드러낼 수 있을 정도의 솔직함과 투명함이 요구된다. 이는 알지 못함(not knowing)의 자세와 다시 연결된다. 요즘과 같이 빠른 기업환경 안에서 리더는 모든 것을 알 수도 없고 알 필요도 없다(Hill et al., 2016). 그래서 모르는 것은 모른다고 솔직하게 말함으로써 진정성을 보여줘야 한다. 그럴 때 관계는 더욱 돈독해지고 고객의 신뢰를 얻을 수 있다. 더불어 부하직원들도 자신들의 실수와 취약함을 드러낼 수 있다. 이는 코칭 장면에서 고객과 코치와의 관계도 똑같다. 코치는 고객 앞에서 진실해야 한다. 자신을 투명하게 보여줘야 한다. 이는 자신의 비밀스러운 것을 모두 털어놓으라는 이야기가 아니다. 고객의 이야기를 듣고 있는 지금 이 순간, 고객과 함께 하는 매 순간순간, 코치 자신 안에서 일어나는 생각이나 느낌, 직관이나 의견, 관찰한 것들을 있는 그대로 고객과 나눠야 한다는 점에서 투명해야 하고 진솔해야 한다는 것이다. 이렇게 할 때 고객과의 관계는 지속적으로 신뢰롭고 안전한 관계로 조성되어 간다.

⑤ 집중과 반응

대화할 때 집중하지 못하면 관계가 만들어지기 힘들다. 기존 관계에서도 집중하지 못하거나 적절하게 반응하지 못할 때, 그 관계는 소원해지거나 소통이 힘들어진다. ICF 8가지 핵심코칭역량에서는 완전히 깨어서(fully conscious) 고객에게 집중(focused)하라고 한다. 앞서 관계역량에서는 현존을 유지해야 하는 특징이 있다고 했다. 현존을 유지하고 있는 사람의 특징이 바로 완전히 깨어서 고객에게 집중하는 것이다. 대화할 때는 물론이고 고객이 뭔가를 하고 있을 때라도 코치는 그 시간에 다른 것을 하지 않고 고객을 언제라도 지원할 수 있는 거리에서 온전히 고객에게 집중해야 한다(황현호, 2020). 더불어 코치는 고객에게 매 순간 적절하게 반응할 수 있어야 한다. 경청은 듣는 행위와 더불어 반응하는 것이다. 코치의 반응이 고객으로 하여금 '아, 우리 코치님이 나와 함께 하고 있구나', '내 문제와 목표, 나 자신에게 관심을 갖고 계시는구나', '나의 가능성과 잠재력에 불을 지피고 있구나' 하는 것을 알게 해준다. 집중하지 않고 반응해주지 않을 때 우리는 그 사람과 소원해지고 새로운 관계를 맺어야 하는 순간이라면 이런 사람과는 관계를 맺고 싶지 않을 것이다.

⑥ 감정관리

관계 맺기를 하다 보면 자기감정을 관리하지 못하는 사람들이 가끔 있다. 그러면서 "나는 내 감정에 솔직한 사람이에요. 그러는 당신들이 더 나빠요. 자신을 속이고 다른 사람을 속이고 있잖아요. 적어도 나는 내 감정을 숨기지는 않아요." 하면서 자기감정에 솔직하다는 것을 무기로 자신의 불편한 감정을 그대로 표출한다. 관계를 만들어 가는 과정에서 자기감정을 관리하지 못하면 서로에게 불편을 줄 수 있다. 코칭장면에서는 코치가 자기감정을 관리할 수 있어야 한다(ICF, 2020). 고객이 자신의 감정을 경험하느라 슬피 울거나 심하면 통곡을 할 수도 있다. 어떤 고객은 화를 내거나 실제로 소리를 지를 수도 있다. 이때 코치는 고객의 감정에 휘둘리거나 평정심을 잃으면 안 된다. 중심을 잡고 고객이 자신의 감정을 충분히 경험할 수 있는 안전하고 신뢰로운 환경을 제공하면 된다. 박창규 외(2022)는 "코칭에서 코치가 자신의 감정을 관리하는 것은 매우 중요하다. 감정을 관리한다는 것은 감정을 자유롭게 느끼되 감정에 얽매이지 않는 것을 말한다. 이처럼 감정을 잘 관리하면 더 강력한 관계, 더 큰 영향력, 더 나은 리더십을 얻을 수 있다."고 했다.

3) 관계역량의 적용

관계역량이 실제 코칭 대화 중에 어떻게 적용되는지를 몇 가지 상황을 토대로 살펴보고자 한다.

(1) 긍정감정을 경험한 상황

〈사례 1〉 긍정감정을 경험한 고객과의 대화

코치: 지난 한 주 감사했거나 행복했던 일이 있다면 한 가지 나눠주시겠어요? (관심 가져주기)

고객: 네, 지난주에 가족들과 벚꽃 나들이를 다녀왔는데, 그게 행복했던 것 같네요.

코치: 와~ 벚꽃 나들이를 다녀오셨군요. (공감) 축하합니다. (축하와 인정) 어디로 다녀오셨어요? (관심 가져주기)

고객: 네, 모처럼 여의도 벚꽃축제에 다녀왔습니다.

코치: 그랬군요. 정말 행복하셨을 것 같습니다. (고객이 표현한 감정 단어를 그대로 사용해서 공감표현 해주기) 행복했다고 하셨는데, 무엇이 우리 고객님을 그렇게 행복하게 했을까요? (호기심 보여주기)

고객: 글쎄요. 아마, 다 큰 애들이 그래도 우리랑 함께하겠다고 나서주고, 그래서 모처럼 가족들이 모두 함께했던 점이 행복하지 않았나 싶네요.

코치: 아~가족들이 모두 함께해서였군요. 이해가 됩니다. (고객의 관점을 그대로 존중하고 수용해주기)

고객: 네, 애들이 중학생이 딱 되니까 우리랑 어디를 안 가려고 하더라고요. 그러더니 이제 직장 다니고 결혼을 앞두게 되니까, 자기들도 이제 부모랑 함께할 시간이 많지 않다고 느끼는 건지, 요즘은 함께 해주려고 하는 것을 느낄 수 있겠더라고요.

코치: 정말 우리 고객님 자녀분들은 속이 깊네요. (인정하고 지지해주기)

고객: 그런가요. 감사합니다.

코치: 그리고 그것을 고마워하시고 행복하다고 말씀하시는 우리 고객님은 가족을 많이 사랑하시는 참 따뜻한 분이시고요. (고객이 어떤 존재인지를 인정하고 존중해주기)

고객: 아이고, 그렇게 봐주셔서 감사합니다. 맞아요. 저는 가족들을 사랑하지요.
코치: 그래요, 그 말씀 하실 때 목소리 톤이나 표정이 정말 그래 보이십니다. (관찰한 비언어를 표현해 줌으로써 적절하게 반응해주기)
고객: 네, 감사합니다.

위 〈사례 1〉에서 보듯이 코치는 고객에게 관심과 호기심을 표현하면서 고객이 사용한 감정 단어를 그대로 활용하여 축하와 인정을 해주고 있다. 더불어 고객의 관점과 고객의 존재를 있는 그대로 존중함으로써 관계역량을 발휘하고 있다.

(2) 부정감정을 경험한 상황

〈사례 2〉 부정감정을 경험한 고객과의 대화

코치: 지난 한 주는 어떻게 보내셨어요?
고객: 말도 마세요. 모처럼 아내랑 드라이브한다고 운전해서 가다가 북한강 도로 위에서 차가 퍼졌는데, 그거 처리하느라 드라이브고 뭐고 하루 다 망쳤어요.
코치1: 저런, 모처럼 만의 아내와의 드라이브가 원하는 대로 안 돼서 정말 속상하셨겠어요. (방법 1: 고객이 경험했을 법한 상황이나 감정에 대해 헤아려서 표현해주기)
코치2: 저런, 그런 일이 있었군요. 그래서 그때 마음이 어떠셨어요? (방법 2: 그때 경험한 감정을 고객이 직접 표현하도록 질문해주기)
고객: 열불이 났죠. 레커차는 빨리 안 오지, 아내는 뾰로통해서 있지, 그때 생각하면 말도 마세요. 아내에겐 미안하고….
코치: 정말 열불이 났겠네요. 아내분께는 미안하셨을 것 같고요. 그래도 이렇게 저에게 털어놓고 나니 지금은 기분이 좀 어떠세요? (방법 2: 고객이 표현한 감정단어를 그대로 사용하여 공감해주기)
고객: 그래도 코치님이 이렇게 받아주시니까 마음이 조금 안정되고 차분해지네요.
코치: 네, 안정되고 차분해지신다니 다행입니다. (고객의 표현에 대해 공감해주기) 그렇게 안정되고 차분한 마음으로 우리 코칭 대화를 계속 진행해봐도 괜찮을까요? (라포형성 대화에서 감지한 고객의 주요한 긍정감정 단어를 활용하여 코칭

대화에 대해 합의하기)
고객: 네, 좋습니다.

위 〈사례 2〉에서는 고객이 부정적인 일과 그에 따른 부정적인 감정을 경험한 상황에서 코치가 고객이 경험한 상황이나 감정을 있는 그대로 공감해주고, 특히 고객이 느꼈을 법한 감정을 헤아려서 표현해줌으로써 관계역량을 보여주고 있다.

(3) 호기심 보여주기

〈사례 3〉 영어 말하기 능력 향상을 주제로 한 고객과의 대화

코치: '영어 말하기 능력 향상'을 주제로 이야기하고 싶다고 하셨는데, 이것은 고객님께 어떤 의미가 있나요? (호기심 보여주기)
고객: 네, 만약에 제가 원하는 만큼 영어를 잘하게 된다면, 그것은 제가 노력하면 뭔가를 성취할 수 있다는 의미일 것 같아요.
코치: 와~ 그런 의미가 있군요. 이해가 됩니다. 그런데 혹시 고객님은 평소 어떤 가치들을 소중히 여기시기에 이렇게 영어를 잘하고 싶어 하는 걸까요? (주제와 관련된 고객의 가치에 대해 호기심을 보여주기)
고객: 그러게요, … (고객의 침묵을 기다려주기) 음, 저는 그냥 머물러 있는 것을 싫어해요. 계속해서 움직이고 뭔가를 도전하고 그것에 집중해서 해내고 막 이러는 것 같아요.
코치: 그 속에 들어 있는 고객님이 중요하게 여기며 살아가는 어떤 가치관들이 있는 것 같은데, 그게 뭐라고 생각하세요? (고객이 중요하게 여기는 가치에 대해 생각해 보도록 초대하기)
고객: 네, 저는 성장을 중요하게 생각하는 것 같아요.
코치: 와~ 성장이라는 가치를 추구하시니까 이번에도 이런 목표를 갖게 되셨군요. 그것을 발견하신 것 축하드립니다. (고객의 발견에 대해 축하해주기)
고객: 제가 어떤 가치를 갖고 살고 있나를 새삼 발견하게 된 것 같아 감사합니다.

코치: 정말 축하드립니다. 그럼 궁금해서 그러는데요, 고객님이 원하는 만큼 영어를 잘하게 된다면 어떤 새로운 도전이 가능해질 것 같으세요? (주제와 관련한 고객의 비전에 대해 호기심 보여주기)

고객: 글쎄요, 만약 제가 영어를 원하는 만큼 잘하게 된다면, 아마 해외 세미나에 초대되어 영어로 스피치를 하게 되지 않을까요?

코치: 와~ 영어로 스피치 하시는 모습을 꿈꾸시는군요. 정말 멋지십니다. (고객의 비전에 대해 인정하고 존중해주기)

고객: 네, 저도 설레는데요. 감사합니다.

코치: 그렇게 된다면 고객님의 삶이 어떻게 달라질 것 같으세요? (고객의 미래 가능성과 잠재력에 대해 호기심 보여주기)

고객: 아마, 모든 면에서 자신감이 넘치고, 저를 아는 사람들이 저 때문에 영어공부를 하게 되지 않을까 싶네요. 부러워하는 사람들이 몇 명 있거든요.

위 〈사례 3〉에서 보듯이 코치는 고객이 내놓은 주제나 목표와 관련한 고객의 가치와 비전, 고객의 잠재력과 가능성 등에 대해 호기심을 보여줌으로써 고객과의 관계역량을 구축하는 모습을 보여주고 있다.

(4) 집중과 반응을 못한 상황

〈사례 4〉 성격 유형 도구를 활용하여 자기 이해를 원하는 고객과의 대화

코치: 고객님, 오늘은 고객님 자신의 성격 유형에 대해 살펴보자고 하셨습니다. 혹시 에니어그램이라는 도구를 통해 고객님이 어떤 성격 유형이신지 살펴보면 좋을 것 같은데, 괜찮으실까요? (도구 사용에 대해 고객에게 허락 구하기)

고객: 네, 옛날 회사 다닐 때 그런 워크숍도 해보고 했는데, 그때 재미있었던 경험이 있어요. 그래서 좋아요.

코치: 네, 이미 경험이 있으시군요. 그럼 오늘은 빠른 에니어그램 유형 찾기 테스트라는 것으로 해볼 건데, 잠깐이면 되니까 이것을 좀 해보시겠어요? (테스트지를 고객에게 건네주고 다른 책상으로 가려고 돌아선다.)

고객: 어떻게 하면 되나요? (고객이 방법을 물어본다. 코치가 다시 와서 설명한다.)

코치: 네, 아실 것 같아서 말씀드리지 않았는데, 일단 질문이 크게 그룹 1에 A, B, C 세 가지의 설명이 있고요, 그룹 2에 X, Y, Z 세 가지 설명이 있습니다. 그룹 1에서 쭉 읽어보시고 하나를 선택하시고요, 그룹 2도 쭉 읽어보시고 하나를 선택하시면 됩니다.

고객: 네, 알겠습니다. (코치는 다시 다른 책상으로 간다. 메일을 열고 답장을 한다.) 코치님, 그냥 맘에 드는 것을 고르면 되나요? (고객이 질문하자, 코치가 고객에게 다시 오지 않고 자기 자리에서 큰 소리로 말한다.)

코치: 아, 그러면 안 되고요, 사회 초년병 시절로 돌아가서 그때 가장 나답다고 생각하는 것을 선택하셔야 자기 유형을 찾을 수 있습니다.

고객: (표정이 밝지 않은 상태로 대답한다.) 네.

위 〈사례 4〉에서 보듯이 고객에게 집중하는 것은 코칭을 시작할 때부터 마칠 때까지 전체 세션을 통해 계속 유지해야 한다. 특히나 코칭 초반의 관계 만들기 상황에서는 더욱 고객에게 집중해야 하고, 코칭이 진행되는 중에도 대화 장면에서만이 아니라 어떤 상황에서도 코치는 고객에게 집중해야 한다.

생각해 보기

1. 관계 만들기를 하지 않은 상태에서 뭔가를 추구하다가 어려움을 경험했던 사례가 있다면 나눠봅시다.

2. 자신이 참여하고 있거나 직접 운영하는 학습모임이 있다면 나눠봅시다.

3. 고객을 코칭한 이후에 코치가 스스로 성찰해 볼 수 있는 질문들에는 또 어떤 것들이 있을지 생각해 봅시다.

4. 주변 사람들에게 심리적 안전감을 형성하기 위해 무엇을 할 수 있는지 토의해 봅시다.

5. 고객이 느꼈을 법한 감정이나 상황을 직접 표현해 보도록 질문해주는 방법에서, 고객이 경험한 감정이 긍정감정이었을 때와 부정감정이었을 때 코치가 질문을 어떻게 다르게 해야 할지 토의해 봅시다.

chapter 12 인정과 피드백 역량

코칭의 3대 요소를 질문, 경청, 피드백이라고 이야기하기도 한다. 코칭에서 피드백은 그만큼 매우 중요한 부분이다. 그런데 일반적으로 피드백이란 남에게 조언을 하거나 충고를 하는 것이라고 생각한다. 이것을 발전적 혹은 교정적 피드백이라고 한다. 이 피드백도 필요하지만 코칭에서 가장 중요하게 생각하는 피드백은 인정과 칭찬이다.

피드백은 크게 4가지로 나누어 볼 수 있다. 첫째가 인정과 칭찬, 그리고 둘째가 무의미한 피드백, 셋째가 학대적 피드백, 넷째가 발전적 · 교정적 피드백이다(Williams, 2015).

본 장에서는 인정과 칭찬의 개념 및 특징과 원리, 인정과 칭찬하기 역량의 적용, 피드백의 개념, 피드백의 효과와 종류, 그리고 피드백 역량의 적용에 관해 살펴보고자 한다.

1. 인정과 칭찬

1) 인정과 칭찬의 개념

인간은 무한한 가능성을 가진 존재이고, 항상 자신의 욕구와 의도, 경험을 기반으로 스스로 최선의 선택을 한다. 인정과 칭찬은 상대방의 의욕을 끌어냄으로써 자신이 원하는 목표를 이루기 위해서 움직이는 엔진의 윤활유와 같다. 윤활유가 많을수록 우리는 더욱 부드럽게 목표를 향해 나아갈 수 있다.

인간은 자신이 노력한 것을 누군가가 알아보고 인정해주고 칭찬해 줄 때 더 발전할 수 있으며 자신의 가치를 다른 사람을 통해 발견하게 된다. 그렇기 때문에 칭찬은 인간관계에 촉매제의 역할을 한다고 할 수 있다. 또한, 인정과 칭찬은 좋은 인간관계를 만들어 줄 뿐 아니라 사람의 좋은 자질을 끌어내는 놀라운 힘을 갖고 있다(이소희 외, 2014).

인정과 칭찬은 유사한 개념으로 지지적 피드백에 해당한다. 칭찬을 하려면 상대를 인정하여야 하고 상대방의 어떤 부분을 구체적으로 인정하는 것은 곧 칭찬이 된다. 그러나 두 개념을 좀더 세분화해서 살펴보면 인정은 그 사람을 있는 그대로 받아들이는 것이고, 칭찬은 그 사람의 장점이나 특정 행위에 대해서 잘한 부분을 칭찬해 주는 것이다(이소희 외, 2016).

칭찬은 고래도 춤추게 한다는 말이 있듯이, 코칭에서의 인정과 칭찬은 그 사람의 잠재력을 극대화한다. 즉, 사람들은 인정이나 칭찬을 받을 때 단순히 상대방이 말하는 부분에서만 인정을 느끼는 것이 아니라 숨은 잠재력까지 발휘할 수 있다. 칭찬을 성공적으로 활용하기 위해서는 주위 사람들의 긍정적인 면을 발견해 내는 데 관심과 노력을 기울여야 한다. 그래서 칭찬 방법을 배울 필요가 있으며 칭찬하는 방법은 다음과 같다.

- 감정을 함께 공유한다.
- 행동과 결과와 미치는 영향에 대해 구체적으로 말한다.
- 잘하는 순간을 포착하여 즉각적으로 한다.
- 상대방의 입장에서 한다.
- 긍정적인 면에 초점을 맞춘다.
- 결과가 아닌 과정을 칭찬한다.

2) 인정과 칭찬의 특징과 원리

매슬로(Maslow)는 인간의 욕구 단계 이론에서 인간에게는 인정의 욕구가 있다고 하였고, 브레이튼 보웬(Brayton Bowen)은 『인정과 칭찬의 기술』이라는 책에서 인정은 인정을 받은 당사자뿐만 아니라 그가 속한 조직에서도 놀라운 에너지를 발휘하는 힘이 있다고 하였다(이소희 외, 2014).

또한, NLP 이론에서는 오감을 통해서 느낀 것이나 우리가 들은 말은 신경계통을 통해 뇌에 각인되고, 우리가 해석한 대로 뇌에 프로그래밍이 되며, 우리는 이 프로그램에 따라 행동하게 된다고 하였다.

인간의 뇌는 상상이든 현실 상황이든 신경계통을 통해서 전달되는 자극에 대해 반응을 한다고 한다. 뇌는 특히 언어에 민감하며, 인정과 칭찬의 언어를 들으면 이를 다시 신경계에 전달하고 인체는 계속해서 인정과 칭찬을 받기 위해 우리의 몸을 가동시킨다고 한다.

프랑스의 심리학자 에밀 쿠에(Emile Coué)는 입버릇처럼 말하는 것은 자기암시가 되고, 인간의 몸은 입력된 그대로 실행하려고 하기 때문에 좋은 경험을 맛보기 위해 비슷한 상황을 만들어 내려고 한다고 하였다(Coué, 1922).

긍정적인 생각을 하고 긍정적인 말을 할 때는 말하는 본인이나 그 말을 듣는 사람 모두에게 긍정적인 효과를 가져다주고, 반대로 부정적인 생각을 하고 부정적인 말을 하게 되면 모두에게 부정적인 효과가 나온다고 한다. 앞서 말한 브레이트 보웬이 인정은 인정받은 개인뿐만 아니라 그가 속한 조직에도 놀라운 힘을 발휘한다는 주장과도 같다.

그러면 긍정적으로 생각하고 바라볼 수 있는 구체적인 방법에 대해 알아보자(김응자 외, 2020).

첫째, 강점을 찾는다. 강점은 현재 관심과 흥미, 집중하는 영역에 있기 때문에 쉽게 드러난다. 그러나 우리는 그동안 배운 교육, 경험, 자신의 가치 등을 통하여 다른 사람을 바라보고 평가한다. 즉, 자신의 패러다임으로 다른 사람을 보면 강점은 보이지 않는다. 강점은 그 사람의 입장에서 봐야 강점으로 보인다. 강점이 하나도 없는 사람은 없다. 강점에 대한 격려와 지시는 상대로 하여금 유능감과 성취감을 느끼도록 하며 궁극적으로 자신의 잠재력을 개발할 수 있다. 강점 안에 잠재능력이 숨어 있다.

둘째, 인간의 행동에는 언제나 긍정적인 의도가 있다. 인간은 누구나 자신에게 최선의 선택을 한다. 그렇기 때문에 어떤 행동에도 반드시 긍정적인 의도가 있다는 것을 깨닫게 되고, 내가 나쁘다고 생각한 행동도 그 사람 입장에서 긍정적 의도를 찾게 되면 그 행동을 받아들일 수 있게 되고, 그 사람을 대하는 방법도 달라진다.

셋째, 긍정적인 면을 발견하고 수용할 수 있도록 한다. 자신의 긍정적인 면을 발견하게 되면 나는 할 수 있다는 강한 내적 신념이 생긴다.

3) 인정과 칭찬하기 역량의 적용

개인이나 개인이 속한 조직 모두에게 이득이 되고 놀라운 힘을 발휘하는 인정과 칭찬을 어떻게 해야 잘할 수 있는지 그 적용 방법을 살펴보고자 한다.

(1) 인정하기

인정은 상대방을 있는 그대로 인정하는 것이다. 구체적인 방법으로는 경청하기, 공감하기, 지지하기, 장점에 초점 맞추기, 원하는 것을 밝히고 비전 갖기, 더 많은 것을 원하기, 진정성을 가지고 직접적으로 인정 수용하기, 축하하기 등이 있다.

① 경청하기

상대방을 인정하기 위해서는 우선 코칭에서 이야기하는 경청과 공감의 표현이 반드시 필요하다. 경청은 우선 상대방의 대화를 끝까지 들어주는 것이다. 대화 도중 내가 하는 말을 다 듣지 않고 중간에 끊고 코치가 자기 말을 한다면 상대방은 충분히 인정받고 있다는 느낌이 들지 않을 것이다. 한 대학에서 기업별 맞춤 교육을 받으며 취업 준비를 하고 있는 학생들에게 코칭을 제공한 적이 있었다. 이때 코칭을 받은 학생들의 피드백을 받아 보았는데 많은 학생이 자기 말을 끝까지 들어준 코치에 감사하며 본인이 무척 인정과 존경을 받고 있다는 느낌이 들어서 좋았다는 감상을 전했다. 이렇게 이야기를 끝까지 들어주며 필요시 중간중간 추임새 정도의 반응만 보여도 상대방은 무척 인정받고 있다는 느낌을 받게 된다.

② 공감하기

공감이 반드시 같은 생각이 될 필요는 없다. 내가 비록 상대방의 생각에 동감하지 않더라도 상대방이 왜 그렇게 생각하는지 공감해 주는 것만으로도 상대방은 충분히 인정받고 있다는 느낌을 받는다.

③ 지지하기

코칭에서 상대방이라고 할 수 있는 고객이 성장하고 원하는 목표를 달성하려고 할 때 그 목표가 크고 도전적일수록 더 많은 코치의 지지가 필요하다. 입에 발린 칭찬이나 거짓 인정, 생색내기가 아니라 코치가 진정성을 가지고 격려하고 지지해 줄 때 고객은 무한한 에너지를 얻게 된다.

④ 장점에 초점 맞추기

그 사람을 인정하기 위해서는 그 사람의 단점보다는 장점에 초점을 맞추어 살펴보면 인정을 할 수 있는 점이 여러 가지 나타나게 된다. 단점에 대해서는 그 사람의 성장 발전을 위해서 꼭 필요하다고 느끼고 상호 소통과 교류를 통해서 서로 신뢰 관계가 구축되어 있다고 생각될 때 뒤에 이야기할 발전적 피드백 방법을 통해서 피드백하면 된다. 이때도 그 단점 자체를 언급하기보다는 그 단점으로 인해 일어난 구체적 행위를 가지고 피드백하는 것이 좋다. 그러나 우선 상대방을 진정으로 인정하기 위해선 그 사람의 장점에 초점을 맞추고 살펴보는 것이 중요하다.

⑤ 원하는 것을 밝히고 비전 갖기

코칭을 할 때 상대방과 소통하면서 큰 그림을 같이 그려 갈 때 상대방은 충분히 인정받고 있다는 느낌을 받는다.

'당신은 이러한 장점으로 이것까지 이루었기 때문에 다음으로 이런 것을 도전해보면 어떻겠냐' 하는 식의 대화다. 이럴 때 주의할 점은 일방적인 요청이나 강요가 아닌 상대방도 공감하는 비전이 되어야 한다.

⑥ 더 많은 것을 원하기

코칭을 할 때 상대방에게 내가 더 원하는 것을 말하기, 예를 들어 세션 마지막 실행 계획을 세울 때 좀 더 높은 도전 목표를 수립하기를 원한다고 말하는 것도 상대방을 인정하는 방법이다. 코치가 볼 때 그 사람이 그 정도는 할 수 있다고 보았기 때문이다. 단 이때도 진정성이 바탕이 되어야 한다.

⑦ 진정성을 가지고 직접적으로 말하기

인정의 표현도 애매하게 해서는 상대방이 잘 이해할 수가 없다. 솔직하게 진정성을 가지고 이야기할 때 효과가 있다.

⑧ 적절한 침묵하기

코칭의 전 과정 동안 계속 내 말만 하지 말고 상대방이 납득하고 자기표현을 할 수 있도록 적절히 침묵을 유지하는 것은 매우 중요하고 필요한 내용이다.

⑨ 인정 수용하기

코치가 상대방에 대한 인정의 말을 계속하더라도 그것을 자신이 이해하고 받아들여야만 진정한 인정이 될 수 있다. 코치는 진정성을 가지고 적절한 침묵을 유지하며 상대방이 이해하고 있는지를 살펴야 한다.

⑩ 축하하기

코칭 대화를 통하여 상대방을 지지해주고 상대방의 강점에 초점을 맞추어 고객이 원하는 것을 달성했을 때 축하해 주는 것이다. 코칭이 1회로 끝나는 것이 아니라 세션이 수 회기로 계속 이어질 때 보통 세션이 끝나고 다음 세션까지 고객이 수행할 세션 목표의 구체적 실천 계획을 수립하게 된다. 다음 세션에서 지난 세션의 과제 실천 여부를 확인하게 되는데, 이때 고객이 과제 실천을 잘했을 때 이를 축하해 준 후 다음 세션을 시작하는 것도 고객을 인정하고 다음 세션을 잘하기 위한 좋은 동기부여의 방법이다.

(2) 칭찬하기

칭찬은 상대방이 어떤 행위를 계속해서 하기를 바랄 때 꼭 필요한 것이다. 그러한 칭찬을 통해서 본인이 인정과 존중을 받는다는 느낌을 받으면 그러한 행위를 지속하거나 더 잘하고자 하는 힘을 받을 것이다. 그리고 칭찬은 반드시 구체적으로 하여야 한다.

스키너(Skinner)는 '칭찬은 행동을 변화시키는 가장 강력한 도구이고 더 잘 행동하고자 하는 동기를 부여하여 삶을 더욱 넓혀 가고자 하는 모험을 감수할 용기를 준다'고 하였다(Harvard Business Press, 2007; 이소희, 2016).

칭찬을 효과적으로 하기 위한 방법을 살펴보면 다음과 같다.

① 구체적으로 칭찬하라.

막연한 칭찬이 아니라 구체적인 내용을 가지고 칭찬해야 한다.

> "이번에 자선 모임 행사에서 OOO님이 참 잘하셨습니다."라는 표현이 아니라 "이번에 자선 모임 행사에 OOO님이 자신과 지인들의 인맥을 통해서 중요한 귀빈들을 많이 오시게 하여서 행사가 모금도 많이 되고 또한 지역 사회에 많이 알려지게 되어서 정말 감사합니다."라는 식의 표현이 좋다.

② 결과만 아니라 그 과정과 노력도 칭찬하라.

좋은 결과가 나온 것 자체뿐만 아니라 그 과정이 나오기까지의 과정과 노력도 칭찬할 때 칭찬의 효과는 배가 될 수 있다. 위의 대화에 이어서 다음과 같은 대화를 생각해 볼 수 있다.

> "그리고 개인적으로 바쁜 시간을 쪼개 잘 만나기 쉽지 않은 귀빈들을 일일이 찾아다니며 행사의 의미와 중요성을 잘 설명해 주셨기 때문에 그 노력에 감동되어서 행사

장을 오게 되었고 기부도 하게 되었다고 많은 분이 말씀해 주셨습니다. 정말 고맙습니다."와 같은 표현을 하면 효과가 배가 된다.

③ 집단보다는 개별적으로 칭찬하라.

집단이나 전체 조직을 대상으로 하는 칭찬도 좋지만 이와 더불어 특별히 기여한 개인을 별도로 칭찬해 주는 것이 더욱 효과적이다.

④ 사소한 것도 칭찬하라.

크고 훌륭한 결과를 가져온 행동에 대해서는 당연히 칭찬을 해야 한다. 다만 본인도 당연히 칭찬을 예상했을 것이기 때문에 받는 감동은 작을 수 있다. 그러나 작고 사소한 일에 대해서 칭찬을 받을 때는 인정받고 있는 느낌이 들면서 크게 감동을 하게 된다.

⑤ 칭찬의 내용이나 방법도 상대방에게 맞게 하라.

어른과 아이에 대한 칭찬이 다르겠지만 어른이라도 그 사람의 성격 유형에 맞추어 칭찬을 해주면 더 효과적이다. 사람의 성격 유형을 간단히 알아보는 방법으로 'DISC 성격 유형검사'가 있다([그림 12-3] 참조). 평소 그 사람의 행동을 관찰하면서 그 사람이 업무중심의 사고를 하고 있는지 사람과의 관계에 더 중점을 두고 있는지와 일 처리에 있어서 신속한지 아니면 신중한지를 놓고 성향을 분석하는 것이다.

그 각각의 성향에 대해서는 다음과 같이 칭찬하는 것이 효과적이다.

먼저 주도형(D형)에 대해서는 성취나 결과에 대해서 칭찬한다.

사교형(I형)인 사람에 대해서는 결과뿐만 아니라 사람과의 관계 및 정서적 측면을 강조해서 칭찬하면 좋다.

안정형(S형)인 사람에 대해서는 평안하고 친근감 있게 그러한 결과를 가져올 수 있었던 과정을 칭찬한다.

마지막으로 신중형(C형)인 사람에 대해서는 미사여구를 늘어놓는 장황한 칭찬보다는 사실에 근거해서 간결하게 칭찬하는 것이 효과적이다.

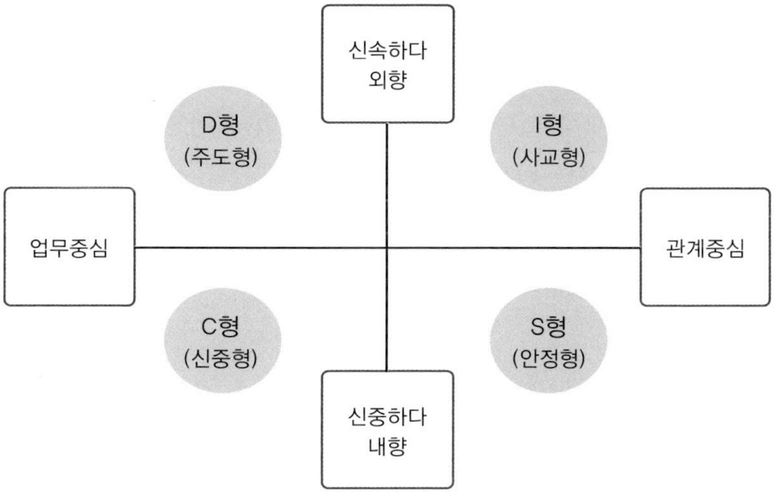

[그림 12-3] DISC 성격 유형

그러나 이러한 것은 참고만 하고 본인이 가장 적절하다고 생각되는 칭찬을 하면 된다(홍광수, 2015).

⑥ 적절한 타이밍에 칭찬하라.

칭찬도 곧바로 해주어야지 시간이 한참 지난 다음에 하는 칭찬은 효과가 반감될 수 있다. 그리고 어떤 행동에 대해서는 그 현장에서 곧바로 칭찬하는 것이 반드시 효과적이지만은 않을 수도 있으므로 적절한 타이밍을 찾는 것이 좋다.

⑦ 격조 있는 언어로 진정성을 가지고 칭찬하라.

칭찬을 받을 때 그 사람의 말투가 상대방을 아래로 보거나 무시하는 느낌이 들 수 있는 말투는 칭찬을 받았다고 느끼기보다는 무시당했다고 느낄 수 있다. 평소 사용하던 말투를 갑자기 바꾸는 것도 어색하겠지만 가급적 격조 높은 말투로 칭찬해야 한다.

⑧ 공개적으로 칭찬하라.

칭찬의 경우는 공개적으로 칭찬을 해주는 것이 칭찬받는 사람의 인정욕구와 존재감에 대한 욕구를 더욱 충족시켜 줄 수 있어서 효과적이다. 다만, 뒤에 다루게 될 발전적 혹은 교정적 피드백은 공개적인 장소가 아닌 곳에서 당사자에게만 하는 것이 필요하다.

⑨ 남이나 제 삼자에게도 그 사람을 칭찬하라.

공개적으로 칭찬하는 것과는 별개로 다른 사람에게서 그 사람이 자신을 칭찬한다는 말을 듣는 것도 매우 효과적일 수 있다. 누가 나에 대해 험담을 하고 다닌다는 것을 들으면 기분이 좋지 않을 것이다. 그렇지만 나에 대한 칭찬을 다른 사람에게 했다는 이야기를 들으면 그 사람에 대한 나의 인식이 달라지면서 매우 기분이 좋아진다. 그러나 이렇게 제 삼자에게 한 칭찬은 제삼자가 그 말을 적시에 상대방에 전해준다는 보장이 없다. 그래서 공개적으로 당사자에게 하는 칭찬에 추가해서 하면 좋다.

⑩ 필요하면 말뿐 아니라 보상으로 칭찬하라.

물질이 가는 곳에 마음도 간다는 말이 있다. 상황이 허락된다면 말로만 하는 칭찬이 아니라 적절한 보상을 곁들이면 더욱 효과적인 칭찬이 된다.

⑪ 3단계 칭찬법

위의 10가지 효과적으로 칭찬하는 방법이 기억하기 어렵다면 보다 간단하지만 효과적으로 칭찬하기 위한 방법으로 3단계 칭찬법을 활용해도 좋다. 위에서 언급한 자선 모임 행사에 관한 내용을 예로 들면 아래와 같다.

- 1단계(사실): 잘한 점, 즉 사실에 대해 칭찬한다.

> 이번 자선 모임 행사에 OOO님이 자신과 지인들의 인맥을 통해서 중요한 귀빈들을 많이 오시게 하여서 행사가 모금도 많이 되고 또한 지역 사회에 많이 알려지게 되어서 너무 감사합니다.

- 2단계(성품): 그가 그러한 행동을 하게 해 준 그의 강점이나 성품 가치 태도 등을 언급해 준다.

> OOO님은 어떤 일이든 한번 맡은 일은 강한 책임감으로 성실하게 실행하시며 좋은 결과를 만들어 주시는 것 같아요.

- 3단계(기여): 그가 한 행동이 조직이나 이웃에게 어떤 좋은 영향을 주었거나 좋은 결과가 만들어졌는지를 구체적으로 언급해 준다.

> 이번 일도 여러 중요한 일을 하느라 너무 바쁘실 분이 시간을 쪼개어 만나기 쉽지 않은 귀빈들을 일일이 찾아다니며 행사의 의미와 중요성을 잘 설명해 주셨기 때문에, 그 노력에 감동하여 행사장에 오게 되었고 기부도 하게 되었다고 많은 분들이 말씀해 주셨습니다. 정말 고맙습니다.

2. 피드백 하기

1) 피드백의 개념

피드백이란 말하고자 하는 것을 적절한 시기에 간결하고 중립적인 언어로 표현하는 것을 의미한다(도미향, 2008). 중립적 언어로 주어지는 피드백은 코치가 고객으로 하여금 현재의 상태에서 문제의 돌파구를 보다 쉽게 찾을 수 있게 도울 수 있으며, 고객의 기존 패러다임을 전환시키고 코치의 통찰을 고객이 공유할 수 있게 된다. 즉, 코치는 알고 있지만 고객은 알지 못하는 정보를 제공해 줌으로써 고객이 문제를 해결할 수 있도록 하는 기술이다. 정보제공은 다음과 같은 상황에서 효과적이다(도미향 외, 2014).

첫째, 고객이 문제해결에 필요한 정보를 알지 못할 때
둘째, 고객이 새로운 것에 관심을 가지거나 알고 싶어할 때
셋째, 고객이 정보를 가질 경우 더욱 행동이 명확해질 때

제대로 된 피드백은 고객이 이루고자 하는 목표를 향해 나아갈 수 있는 에너지를 얻고, 내면의 잠재되어 있는 자원을 찾아서 당면한 문제를 해결하고 목표를 성취하도록 도와주는 일이다.

2) 피드백의 효과와 종류

피드백은 해답을 찾지 못하고 정체되어 있을 때 정체된 것을 뚫어주는 역할을 한다. 효과적인 피드백을 위해서는 중립적 언어를 활용하여 간단명료하고,

객관적으로 변화하고자 하는 것에 초점을 맞추어 제공한다. 피드백의 효과는 다음과 같다(도미향 외, 2020).

- 고객이 정확하게 자기의 행동과 실제 결과의 차이를 알 수 있도록 한다.
- 자신의 책임하에 선택할 수 있는 부분을 알 수 있도록 돕는다.
- 고객의 현재의 상태에서 문제의 돌파구를 찾을 수 있도록 돕는다.
- 고객의 기존 패러다임을 전환시킨다.
- 고객의 통찰을 고객이 공유하고 변화할 수 있도록 한다.
- 코치가 고객이 충분히 할 수 있는 것에 대한 정보를 제공한다.

이러한 피드백의 효과가 나타나기 위한 기본전제는 중립적 언어 사용하기이다. 즉, 피드백은 코치가 고객의 사고와 행동의 진전을 위해 간단명료하고 안전한 중립언어를 사용하여 제공한다. 중립언어는 코칭의 자기중심성과 비난, 비판, 평가가 배제된 언어로, 사실에 초점을 맞춤으로써 코치와 고객 모두에게 안전한 객관적인 언어를 말한다.

① 비중립언어와 중립언어 연습

비중립언어와 중립언어에 관한 연습을 위해 〈표 12-1〉의 빈 칸에 내용을 채워 보기로 하자.

〈표 12-1〉 비중립언어와 중립언어

비중립언어	중립언어
• 그건 아닌 것 같은데 성공하기 어렵겠어. • • • •	• 기대하는 결과가 무엇인가? • • • •

• 상처, 마음에 오래 남음 • •	• 객관적으로 문제를 바라봄 • •

리처드 윌리엄스(Richard Williams)는 『피드백 이야기』라는 책에서 피드백을 지지적 피드백, 발전적 피드백, 무의미한 피드백, 학대적 피드백 총 4가지로 분류하였는데(이민주 역, 2012), 여기에서는 다음과 같이 분류하고자 한다.

- 지지적 피드백: 상대방의 행위에 대해서 잘 한 점을 칭찬하고 그 행동을 계속해 주기를 바랄 때 하는 피드백. 인정과 칭찬
- 발전적(교정적) 피드백: 상대방의 행동의 변화를 일으키기 바랄 때 하는 피드백
- 무의미한 피드백: 별 의미 없는 피드백
- 학대적 피드백: 모멸감을 초래하는 피드백
- 자신에게 하는 피드백: 자기 자신의 발전을 위해 스스로에게 하는 피드백

이러한 유형에 관하여 더 구체적인 적용은 다음의 피드백 역량 적용에서 살펴볼 것이다.

3) 피드백 역량의 적용

(1) 지지적 피드백

지지적 피드백은 상대방의 긍정적인 행동이 계속되는 것 이외에도 나의 긍정적인 에너지가 전달되고 상대방도 긍정적인 생각을 계속하게 됨으로써 그 사람의 무한한 잠재력을 키우는 계기가 될 수 있다.

(2) 발전적 피드백

발전적 피드백은 그 사람이 더욱 발전하도록 하기 위한 피드백이다. 하버드 대학교 비즈니스 스쿨의 교수인 로버트 캐플런(Robert S. Kaplan)은 피드백을 받지 못하면 직원은 무능해지고, 리더는 독재자가 된다고 했다. 경영학의 대가 피터 드러커(Peter Drucker)도 역사상 알려진 유일하고도 확실한 학습 방법은 피드백이라고 했다. 피드백 자체는 간결하고 거창하지 않았지만 큰 결과로 이어질 수 있다.

내가 알고 있는 한 코치는 젊은 시절 소위 말하는 '집들이'라는 것을 하게 되어 상사와 동료를 집에 초대하게 되었다. 부인은 정성스럽게 음식을 준비하고 그 코치는 한껏 집을 꾸며서 좀 자랑스러운 마음으로 손님들을 초대하게 되었다. 식사를 하면서 상사와 동료들이 음식 솜씨와 집안 장식에 대해서 칭찬을 하다가 상사가 갑자기 '어, 그런데 집에 책이 한 권도 안 보이네? 옛날 어른들은 남자가 제대로 일을 하려면 책을 수레 세대 정도 분량은 읽어야 한다고 했는데.'라는 이야기를 지나가는 말처럼 무심히 하고 계속 음식을 먹으며 다른 대화를 이어 나갔다. 그 상사는 간단히 지나가는 말이었을지 모르지만 그때 그 코치에게는 그 말이 칼날 같은 날카로움(Edge)을 가지고 마음에 새겨 들어왔다고 했다. 그래서 그 이후 많은 책을 읽게 되었고 이후 본인의 성장 발전에 엄청난 도움이 되었다고 했다(고현숙 외, 2019).

그리고 회사에서 상사가 직원에게 발전적 피드백을 해야 하는 상황이라면 다음을 유념해야 한다. 우선은 상대방에게 내가 당신을 존중한다는 마음이 받아들여지며 진정으로 도움을 주겠다는 자세가 되어야 하고 상대방이 스스로 그 피드백을 받아들일지를 선택할 수 있어야 한다. 그리고 부하직원이 지시로 받아들이지 않게 하기 위해서는 말을 할 때 '내 생각에는~'이라는 말을 미리 함으로써 자신의 주관적인 생각임을 밝혀 두는 것도 좋은 방법이다.

한편, 어떤 행위의 교정을 바라고 하는 교정적 피드백은 너무 상대방 입장만 생각해서 할 말을 못 하거나 모호하게 해서는 안 된다. 교정적 피드백의 경우 명확하게 할 말을 해야 하는데, 소위 '샌드위치 피드백'이라는 방식이 매우 유용하다.

샌드위치 피드백은 교정적 피드백에 앞서 먼저 상대방의 노력이나 실행과정, 성실성 등을 인정하고 필요하면 칭찬해준 후 개선이 필요한 사항에 대해서는 다음에 이야기하는 10가지 고려 요소를 활용하여 이야기한 후 마지막은 상대방의 가능성, 열정, 강점 등을 이야기하며 나의 기대치를 이야기하고 끝내는 것이다. 그리고 필요한 경우는 이를 문서화하여 나중에 활용하는 것이 좋다.

교정적이 아닌 순수한 발전적 피드백의 경우는 그 사람이 더 필요로 하는 역량을 알려 주는 것으로 역량은 지식, 기술, 태도와 같은 것이다.

◆ 발전적(교정적) 피드백의 10가지 고려 요소

① 감정 제거하기

순수한 발전적 피드백이 아닌 교정적 성격의 피드백인 경우는 그 행위를 보았을 때 안 좋은 감정이 내게 올라올 수 있다. 그래서 그 순간보다는 좀 지나서 내 감정이 가라앉은 후 피드백을 해야 한다.

② 상대방의 발전을 위한다는 마음 전달하기

내가 상대방의 발전을 진정으로 원한다는 마음이 전달되어야 상대방이 자신에 대한 비난이 아니라고 인식하고 교정을 통해서 발전하고자 하는 의지가 생긴다.

③ 독립적이고 고요한 공간에서 하기

칭찬과 같은 지지적 피드백의 경우는 다른 사람과 같이 있는 공간에서 하는 것이 효과적이겠지만, 발전적 피드백은 다른 사람과 같이 있는 공간에서 하면 자칫 자신에 대한 지적과 나무람으로 받아들일 수가 있으므로 독립적이고 조용한 공간에서 해야 한다.

④ 적절한 시간에 하기

모든 피드백에는 적절한 타이밍이 필요하다. 특히 발전적 피드백의 경우는 나의 감정을 조금 진정시킬 수 있는 시간이 필요하지만, 그렇다고 시간이 너무 지나면 효과가 없어진다.

⑤ 사람이 아닌 행위에 집중하기

죄가 밉지 사람이 미운 것은 아니라는 이야기가 있다. 그 사람의 어떤 행동의 변화를 바라는 마음이지 그 사람 자체에 대한 비판이 되어서는 안 된다. 그래서 행위에 집중하고 표현도 상대방에 대한 비판이 되지 않도록 주의해야 한다.

⑥ 일반화나 돌려 말하기는 피하기

상대방이 누구냐 하는 것과 처한 상황에 따라서 발전적 피드백이 쉽게 하기 어려워 말을 뭉뚱그리거나 빙빙 돌려서 말하는 경우가 있는데 그럴 경우 상대방이 잘 알아듣지 못하거나 오해를 할 수가 있다. 그래서 발전적 피드백을 하겠다고 마음먹었으면 상대방의 발전을 위한다는 진정성을 가지고 직접적으로 발전을 바라는 특정한 행위를 구체적으로 이야기하여야 한다.

⑦ 상대방이 이해했는지 확인하기

아무리 좋은 이야기도 상대방이 받아들이지 않으면 소용이 없다. 그래서 계속 내 말만 할 것이 아니라 상대방이 이해하는지를 살펴보아야 한다. 특히 같은 말이 반복되면 잔소리처럼 들리게 된다.

⑧ 앞으로 나아가기 위한 목표와 목표로 나가기 위한 과정과 절차 해결 방법 등 구체적인 방법을 이야기하기

교정을 통해서 앞으로 나아갈 목표와 그 과정과 장애요인이 있으면 이의 해결 방법 등을 구체적으로 같이 논의한다.

⑨ 상대방을 인정하고 나의 기대치를 말하고 마무리하기

마지막으로 상대방을 인정해주며 나의 기대치를 이야기하고 마무리 하는 것이 상대방으로 하여금 발전적으로 변화하겠다는 동기부여가 된다.

⑩ 필요시 내가 취할 사후 조치도 언급하기

발전적 피드백을 마친 후 상황에 따라서는 개선이 안 될 경우 내가 취할 조처 내용을 언급하는 것이 필요할 때가 있다. 특히 회사와 같은 기관에서 상사가 부하직원에게 피드백할 때 그 사람의 행동이 교정되지 않으면 내가 어떤 조처를 할 수밖에 없는 상황이라면, 인정의 말과 기대치만 말하고 끝낼 게 아니라 행동 교정이 안 되면 내가 취하게 될 조처를 미리 밝혀 두는 것이 좋다. 잘못하면 상대방이 반감을 가질 수 있는 위협적인 말이 될 수 있으므로 꼭 필요할 때 적절히 사용하여야 한다.

(3) 무의미한 피드백

무의미한 피드백은 의미가 없고, 상대방에게 영향을 주지 못하는 피드백으

로 타성에 젖은 형식적인 피드백이다. 그러나 정작 피드백을 주는 사람은 지지적 또는 발전적 피드백을 주고 있다고 생각한다.

- 역시 OOO 씨는 대단해.
  - 무엇이 대단한지에 대한 구체성이 없다.
- 잘하고 있지?
  - 무엇을 잘하고 있는지에 대한 구체성이 없다.
- 좀 똑바로 하란 말이야. 알았지?
  - 발전적 피드백을 한다고 하겠지만 마찬가지로 구체성이 없다.

이러한 무의미한 피드백은 학대적 피드백과 같이 상대방으로 하여금 모멸감을 느끼게 하거나 반항적인 심리까지는 안 가더라도 내가 아무런 존중도, 주목도 받지 못하고 있다는 생각을 주게 된다.

(4) 학대적 피드백

학대적 피드백은 발전적 피드백의 잘못된 형태이다. 관계를 해치는 마치 독약과 같은 것이고 상대방에게 상처, 절망, 갈등을 만들어 주는 피드백이다.

- 비난: 너는 문제가 있다. (I-메시지가 아닌 You-메시지)
  - 맨날, 절대로, 한 번도, 언제나, 제대로 한 적이 없는 등이 들어간 부정적 말투
- 경멸: 당신은 열등한 존재다.
  - 욕이나 경멸의 언어, 돌대가리, 병신, 생각은 집에 두고 왔냐 같은 표현
- 비교: 다른 사람이나 대상과 비교
  - 하는 짓이 동생보다도 못하냐, 신입사원도 너보다는 잘하겠다 등

• 무시: 존재를 부정
  - 아예 투명인간 취급하거나 대화에 끼워 주지 않고 인사도 받지 않는 등

이러한 학대적인 피드백을 받은 부하직원이 좋은 성과를 내기 어렵다. 그래서 본인의 성향에 따라 조건반사식으로 무의식적으로 나올 수 있는 이러한 학대적 피드백이나 무의미한 피드백을 없애고 지지적 피드백이나 발전적 피드백을 잘 활용해야 할 것이다.

(5) 자신에게 하는 피드백

위의 4가지 피드백 유형은 타인에게 하는 유형이라면 자신에게 하는 피드백은 본인이 자신에게 하는 피드백을 말한다.

자신에게 하는 피드백으로 PDCA를 활용하는 방법이 있는데, 이 말은 Plan(계획)하고 Do(실행)한 다음, Check(평가)하고 Act(개선)한다는 말의 머리글자를 딴 말이다. 기업체에서 생산성 향상 및 품질 관리를 위해서 많이 사용한 방법으로, 월터 슈하트(Walter Shewhart), 에드워즈 데밍(W. Edwards Deming) 등에 의해서 유명해진 말이다.

이 PDCA는 꼭 기업체에서뿐만 아니라 조직이나 개인이 어떤 일을 돌아보고 분석을 통해서 스스로를 피드백하고 개선해 나가는 데 아주 유용한 방법이다.

이 PDCA를 활용해서 스스로에게 피드백을 하면 내가 계획했던 일을 실행하고 나서 결과가 원래 계획했던 대로 되었는지 살펴본 다음 잘 된 것은 더 잘할 수는 없나 살펴보고, 잘 되지 않은 것은 무엇 때문에 그러한 결과가 나왔는지 확인한다. 즉 스스로 피드백을 하고 다음에 더 잘하기 위한 계획(Plan)을 짜서 앞으로 나아가면 된다.

피터 드러커(Peter Drucker)가 『최고의 질문(Five Most Important Questions)』

이라는 책에서 스스로에게 해 보는 다음과 같은 질문이 있다. 조직이든 개인이든 이 질문에 답을 하면서 스스로 피드백을 받을 수 있다(Drucker, 2015).

- 나의 미션, 사명은 무엇인가?
- 누가 나의 고객인가?
- 나의 고객이 가치 있게 생각하는 것은 무엇인가?
- 내가 도달 달성해야 할 결과는 무엇인가?
- 나의 계획은 앞으로는 어떠해야 하는가?

이는 원래 피터 드러커가 회사나 정부 부처, NGO 같은 조직이나 기관을 위해서 쓴 책이지만 한 개인이 자신에게 던져 보는 효과적인 질문도 되겠다. 이 질문에 답을 하면서 스스로 깨닫게 되고 피드백을 받을 수 있다.

이때도 자기가 지금 옳은 방향으로 잘하고 있다고 생각하면 인정 · 지지의 피드백을 자신에게 할 수 있고, 아니면 올바른 방향으로 나아가기 위한 발전, 교정적 피드백을 스스로에게 할 수 있다.

① 나의 미션 사명은 무엇인가?

평소 많이 들어본 이야기로 담을 쌓는 벽돌공에 대한 이야기가 있다.

어느 벽돌공이 벽돌을 쌓고 있는데 누가 가서 당신은 지금 무엇을 하고 있느냐고 물었을 때 단순히 나는 그저 품삯을 받으려고 벽돌을 쌓고 있다고 말하는 사람도 있겠지만, 어떤 사람은 나는 지금 아름다운 대성당의 벽을 쌓고 있다고 말하는 사람도 있을 것이다.

회사에 다니고 있을 때도 단순히 생계를 위해 다닌다고 생각할지 아니면 회사나 그 조직이 추구하는 미션 · 사명을 위해서 같이 동참해서 일하고 나아가 나의 성장 발전을 위해서 일한다고 생각할지에 따라 일에 대한 태도도 달라지고 성과도 달라진다.

② 누가 나의 고객인가?

내가 만족시켜야 할 대상을 잘 알아야만 내가 하는 일의 방향성이 정립될 수 있다.

회사의 경우 대체적으로 고객이 누구인지 잘 이해하고 있는 편이지만 NGO와 같은 비영리단체에서는 고객이라는 용어가 생소할 수도 있고, 조직의 존재 이유에 해당하는 보살펴야 할 대상에 대해서 생각으로는 이해하고 있지만, 막상 일할 때는 그 단체에 후원금을 내는 개인이나 단체에 초점을 맞추어서 일할 수도 있다. 회사도 모든 고객을 다 만족시킬 수는 없다. 그래서 회사도 목표 고객군을 설정하여 그 고객군에 초점을 맞추어야 한다. 간단한 예로 고가의 희귀품을 좋아하는 고객과 값싸고 실용적인 제품을 찾는 고객을 동시에 만족시키는 제품을 만들 수는 없다. 개인이 조직에서 일할 때도 그 조직의 고객을 잘 알고 일해야 한다. 그리고 그 개인이 어떤 일을 할 때 자신을 위해서 하는 일인지 가족을 위해서 하는 일인지, 부모님에게 칭찬받기 위해서 하는 일인지, 지역사회를 위해서 하는 일인지 아니면 직장 상사를 위해서 하는 일인지 등을 알고 할 필요가 있다.

③ 나의 고객이 가치 있게 생각하는 것은 무엇인가?

나의 고객이 누구인지 내가 만족시켜야 할 대상이 누구인지를 잘 구분하고 알아야 그 사람이 진정으로 원하는 일을 할 수 있다.

내가 반드시 만족시켜야 할 대상이 정해지면 이제는 그저 관행적으로 일을 할 것이 아니라 그들이 진정으로 원하는 것이 무엇인지를 한번 생각해 볼 필요가 있다.

개인이 내가 가족을 위해서 일을 한다고 생각한다. 내가 야근을 밥 먹듯이 하고 주말에도 일에만 매달려 있는 것이 승진이나 출세 같은 나의 욕구를 채우기 위해서인지 아니면 진정으로 가족의 행복을 위해서 하는 일인지 한번 돌아볼 필요가 있다.

개인이 회사나 기관 등 한 조직에 속해서 일할 때는 그 조직의 진정한 고객이 누구이며 그 고객이 가치 있게 생각하는 것은 무엇인가를 잘 살펴야 한다. 『B2B 경영, 훅하고 딜하라』라는 책에 보면 기업과 기업 간의 거래인 B2B 사업에 있어서 '비타민을 팔지 말고 진통제를 팔아라'라는 이야기가 나온다. 비타민이 진통제보다 건강에는 더 도움이 되겠지만 이가 아프거나 두통이 있으면 먼저 진통제를 찾지 비나민을 찾지 않는다. 자사 제품이 경쟁사 대비 가격이나 품질이 좀 더 좋다는 이야기는 비타민과 같은 것이고, 고객 기업의 문제를 해결해 줄 수 있으면 이것은 진통제이다. 이처럼 그 고객이 진정으로 원하는 것이 무엇인가를 늘 살펴볼 필요가 있다(배재훈, 2022).

④ 내가 도달 달성해야 할 결과는 무엇인가?

어떤 일을 끝냈으면 그 결과가 애초에 우리가 목적했던 바를 제대로 달성했는지 살펴볼 필요가 있다. 이때 그 목적을 달성했으면 자신에게 인정과 칭찬을 해주는 지지적 피드백을 해주고, 제대로 달성하지 못했다고 판단되면 그 원인을 분석하고 다음에 잘하기 위해 스스로 발전, 교정적인 피드백을 해주어야 한다.

⑤ 나의 계획은 앞으로는 어떠해야 하는가?

위의 분석과 스스로에 대한 피드백을 바탕으로 더 잘하기 위해서 앞으로 무엇을 해야 할지 계획을 세우고 이를 다시 실천해 나가야 한다.

생각해 보기

1. 내가 누구에게 인정과 칭찬을 해줄 필요가 있다면 그 사람에게는 어떤 방법이 좋을지 생각해 봅시다.

2. 과거 내가 받았던 인정이나 칭찬의 말 중에 가장 좋았던 기억으로 남은 것은 어떤 것인지, 왜 그렇게 생각되는지도 알아봅시다.

3. 과거 내가 받았던 인정이나 칭찬의 말 중에서 별로 마음에 와 닿지 않았거나 오히려 화가 난 경험이 있는지 생각해 봅시다. 그리고 왜 그렇게 생각되는지도 알아봅시다.

4. 내가 화가 난 상태에서 남에게 피드백한 적은 없는지, 그때 상대방이 어떻게 받아들였는지 생각해 봅시다.

5. 내가 누구에게 발전적 피드백을 해야 한다면 어떻게 피드백하는 것이 좋을지 생각해 봅시다.

PART 04
부록

1. 국제코칭연맹(ICF) 윤리규정
2. (사)한국코치협회 윤리규정
3. ICF 핵심역량 모델
4. 한국코치협회(KCA) 코칭 역량

1. 국제코칭연맹(ICF) 윤리규정

ICF 윤리강령

- 제1부. 도입
- 제2부. 핵심 정의
- 제3부. ICF 핵심 가치와 윤리 원칙
- 제4부. 윤리 기준
- 제5부. 서약

제1부. 도입(INTRODUCTION)

ICF 윤리강령은 국제코칭연맹(ICF 핵심 가치)의 핵심 가치와 모든 ICF 전문가를 위한 윤리원칙 및 행동 윤리표준을 설명한다(정의 참조). 이러한 ICF 행동 윤리표준을 충족하는 것이 ICF 핵심코칭역량 (ICF 핵심역량) 중 첫 번째 "윤리적 실천을 보여준다: 코칭 윤리와 및 코칭표준을 이해하고 지속적으로 적용한다." 이다.
ICF 윤리강령은 다음을 통해 ICF 및 글로벌 코칭 직업의 완전성을 유지한다.

- ICF 핵심가치 및 윤리원칙에 부합하는 행동 기준을 설정한다.
- 윤리적 성찰, 교육 및 의사 결정을 지도한다.
- ICF 윤리행동 검토(ECR, Ethical Conduct Review) 과정을 통해 ICF 코치 표준을 조정하고 보존한다.
- ICF 인증 프로그램에서 ICF 윤리 교육의 기초를 제공한다.

ICF 윤리강령은 ICF 전문가가 모든 종류의 코칭 관련 상호 작용에서 자신을 대변할 때 적용된다. 이는 코칭 관계(정의 참조)가 설정되었는지의 여부와 관계가 없다. 이 강령은 코치, 코치 슈퍼바이저, 멘토 코치, 트레이너 또는 교육훈련 중에 있는 코치 등의 여러 역할을 수행하거나 ICF 리더십 역할 및 지원 담당자(정의 참조)로 봉사하는 ICF 전문가의 윤리적 의무를 설명한다.

윤리행동 검토(ECR) 과정은 서약과 마찬가지로 ICF 전문가에게만 적용되지만 ICF 직원 또한 이 ICF 윤리강령을 뒷받침하는 윤리행동과 핵심가치 및 윤리원칙에 헌신한다.

윤리적으로 일한다는 도전은 회원들이 예상치 못한 문제에 대한 대응, 딜레마의 해결 및 문제에 대한 해결책이 필요한 상황에 필연적으로 직면하게 됨을 의미한다. 이 윤리강령은 고려해야 할 다양한 윤리적 요소를 안내하고 윤리적 행동에 접근하는 대안을 식별하는 데 도움을 줌으로써 강령 적용 대상자를 지원하기 위한 것이다. 윤리강령을 받아들이는 ICF 전문가들은 어려운 결정을 내리거나 용감하게 행동하는 경우에도 윤리적 행동을 취하기 위해 노력한다.

제2부. 핵심 정의(KEY DEFINITIONS)

- 고객 : 코칭을 받는 개인 또는 팀/그룹, 멘토링 또는 슈퍼비전을 받는 코치, 교육훈련을 받는 코치 또는 훈련 중에 있는 코치
- 코칭 : 개인 및 직업적 잠재력을 극대화하도록 영감을 주는, 생각을 자극하고 창의적인 과정을 고객과 협력하는 것
- 코칭 관계 : 각 당사자의 책임과 기대를 정의하는 협의 또는 계약에 따라 ICF 전문가와 고객/후원자가 설정한 관계
- 강령 : ICF 윤리강령
- 비밀유지 : 공개에 대한 동의가 주어지지 않는 한 코칭 참여와 관련하여 얻은 모든 정보의 보호

- 이해 상충 : ICF 전문가가 여러 이해관계에 관여하는 상황으로, 하나의 이해를 제공하는 것이 다른 이해에 반하거나 충돌할 수 있다. 이것은 재정적, 개인적 또는 기타의 사유일 수 있다.
- 평등 : 인종, 민족, 국적, 피부색, 성별, 성적 지향, 성 정체성, 연령, 종교, 이민 신분, 정신적 또는 신체적 장애 및 그 외 영역에서의 차이점에 관계없이 모든 사람들이 포용, 자원 및 기회에 대한 접근을 경험하는 상황
- ICF 전문가 : 코치, 코치 슈퍼바이저, 멘토 코치, 코치 트레이너 및 훈련 중에 있는 코치를 포함하되 이에만 한정되지는 않는 역할에서 ICF 회원 또는 ICF 인증 자격 보유자로 자신을 대표하는 개인
- ICF 직원 : ICF를 대표하여 전문적인 관리 및 행정 서비스를 제공하는 관리 회사와 계약한 ICF 지원 직원
- 내부 코치 : 조직 내에서 고용되어 해당 조직의 직원을 파트 타임 또는 풀 타임으로 코치하는 개인
- 후원자 : 제공할 코칭 서비스에 대한 비용을 지불 또는 주선하거나 정의하는 주체(대표자 포함)
- 지원 담당자 : 그들의 고객을 지원하기 위해 ICF 전문가와 일하는 사람들
- 체계적 평등 : 공동체, 조직, 국가 및 사회의 윤리, 핵심 가치, 정책, 구조 및 문화에 제도화된 성 평등, 인종 평등 및 기타 형태의 평등

제3부. ICF 핵심 가치와 윤리 원칙 (ICF CORE VALUES AND ETHICAL PRINCIPLES)

ICF 윤리강령은 ICF 핵심가치(https://coachfederation.org/about)와 그로부터 나오는 행동을 기반으로 한다. 모든 가치는 똑같이 중요하며 서로를 지원한다. 이 가치들은 지향점을 가지고 있으며 표준을 이해하고 해석하는 방법으로 사용해야 한다. 모든 ICF 전문가는 모든 상호 작용에서 이러한 가치를 보여주고 전파해야 한다.

제4부. 윤리 기준(ETHICAL STANDARDS)

ICF 전문가의 직업 활동에는 다음과 같은 윤리 기준이 적용된다.

제1장 고객에 대한 책임(Responsibility to clients)

ICF전문가로서 나는,

1. 최초 미팅 전이나 그 미팅에서 나의 코칭 고객 및 후원자가 코칭의 성격과 잠재적 가치, 비밀유지의 성격과 한계, 재정적 합의 및 기타 코칭 협의 조건을 이해하고 있음을 설명하고 확인한다.
2. 서비스를 시작하기 전에 내 고객(들) 및 후원자(들)와 관련된 모든 당사자의 역할, 책임 및 권리에 관한 협의/계약을 작성한다.
3. 합의된 대로 모든 당사자와 가장 엄격한 수준의 비밀을 유지한다. 나는 개인정보 및 통신과 관련된 모든 관련 법률을 알고 있으며 준수할 것에 동의한다.
4. 모든 코칭 상호작용 중에 관련된 모든 당사자간에 정보가 교환되는 방식을 명확하게 이해한다.
5. 정보가 비밀로 유지되지 않는 조건(예: 불법 활동-유효한 법원 명령 또는 소환장에 따라 법이 요구하는 경우, 자신 또는 타인에게 위험이 임박했거나 발생할 가능성이 있는 경우)에 대해 고객 및 후원자 또는 이해 관계자와 명확한 이해가 있어야 한다. 위의 상황 중 하나가 적용 가능하다고 합리적으로 믿는 경우 적절한 당국에 알려야 할 수 있다.
6. 내부 코치로 일할 때, 코칭 협의 및 지속적인 대화를 통해 나의 코칭 고객 및 후원자와의 이해 상충 또는 잠재적 이해 상충을 관리한다. 여기에는 조직의 역할, 책임, 관계, 기록, 비밀유지 및 기타 보고 요구 사항을 다루는 것이 포함되어야 한다.
7. 비밀 유지, 보안 및 개인정보 보호를 장려하고 관련 법률 및 협의를 준수하는

방식으로 업무상 상호 작용 중에 생성된 모든 기록(전자 파일 및 통신 포함)을 유지, 저장 및 폐기한다. 또한 코칭 서비스(기술 지원형 코칭 서비스)에 사용되는 신흥 기술 개발을 적절하게 활용하고 다양한 윤리 표준이 적용되는 방식을 인지한다.

8. 코칭 관계로부터 받은 가치에 변화가 있을 수 있다는 조짐에 주의를 기울인다. 그리고 실제 그럴 경우 관계에 변화를 주거나, 고객/후원자가 다른 코치 또는 다른 전문가를 찾거나, 다른 자원을 활용하도록 권장한다.
9. 협의 조항에 따라 코칭 프로세스 중 어떤 이유로든 어떤 시점에서든 코칭 관계를 종료 할 수 있는 모든 당사자의 권리를 존중한다.
10. 이해 상충 상황을 피하기 위해 동일한 고객(들) 및 후원자(들)와 동시에 여러 계약 및 관계를 맺는 것이 초래할 수 있는 결과를 민감하게 받아들인다.
11. 문화적, 관계적, 심리적 또는 맥락적 문제로 인해 발생할 수 있는 고객과 나 사이의 권한 또는 지위의 차이를 인식하고 적극적으로 관리한다.
12. 내 고객을 제3자에게 추천함으로써 받을 수 있는 잠재적 보상 수령 및 기타 혜택을 고객에게 공개한다. 13. 어떤 관계에서든 합의된 보상의 양이나 형태에 관계없이 일관된 코칭 품질을 보장한다.

제2장 실습 및 수행에 대한 책임(Responsibility to practice and performance)

ICF전문가로서 나는,

14. 모든 상호작용에서 ICF 윤리강령을 준수한다. 본인이 강령 위반 가능성을 스스로 인지하거나 다른 ICF 전문가의 비 윤리적 행동을 인지할 경우 관련자들과 함께 문제를 정중하게 제기한다. 이 방법으로 문제가 해결되지 않으면 공식 기관(예: ICF Global)에 문의하여 해결한다.
15. 모든 지원 담당자는 ICF 윤리강령을 준수해야 한다.
16. 지속적인 개인적, 전문적, 윤리적 개발을 통해 탁월함에 헌신한다.

17. 나의 코칭 성과 또는 전문 코칭 관계를 손상시키거나, 충돌하거나, 방해할 수 있는 나의 개인적인 한계 또는 상황을 인식한다. 취해야 할 조치를 결정하기 위해 지원을 요청하고 필요한 경우 즉시 관련 전문 지침을 구한다. 여기에는 나의 코칭 관계의 중단 또는 종료가 포함될 수 있다.
18. 관련 당사자와 함께 문제를 해결하거나, 전문적인 도움을 구하거나, 일시적으로 중단하거나 전문적인 관계를 종료하여 이해 상충 또는 잠재적 이해 상충을 해결한다.
19. ICF 회원의 프라이버시를 유지하고 ICF 회원의 연락처 정보(이메일 주소, 전화번호 등)를 ICF 또는 ICF 회원이 승인한 대로만 사용한다.

제3장 전문성에 대한 책임(Responsibility to professionalism)

ICF전문가로서 나는,

20. 나의 코칭 자격, 코칭역량 수준, 전문성, 경험, 교육, 인증 및 ICF 자격 인증을 정확하게 확인한다.
21. 내가 ICF 전문가로서 제공하는 것, ICF가 제공하는 것, 코칭 직업 및 코칭의 잠재적 가치에 대해 진실하고 정확한 구두 및 서면 진술을 한다.
22. 이 강령에서 정한 윤리적 책임에 대해 알아야 하는 사람들과 소통하고 인식을 제고한다.
23. 물리적 또는 기타 상호 작용을 지배하는 명확하고 적절하며 문화적으로 민감한 경계를 인식하고 설정하는 책임을 진다.
24. 고객 또는 후원자와 성적인 관계를 맺거나 연애를 하지 않는다. 나는 관계에 적합한 친밀함의 수준을 항상 염두에 둔다. 문제를 해결하거나 계약을 취소하기 위해 적절한 조치를 취한다.

제4장 사회에 대한 책임(Responsibility to society)

ICF전문가로서 나는,

25. 모든 활동과 운영에서 공정성과 평등을 유지하면서 지역의 규칙과 문화 관행을 존중함으로써 차별을 피한다. 여기에는 연령, 인종, 성별 표현, 민족성, 성적 취향, 종교, 출신 국가, 장애 또는 군복무 상태에 따른 차별이 포함되며 이에 국한되지 않는다.
26. 다른 사람의 기여와 지적 재산을 인정하고 존중하며 고유한 내 자료에 대한 소유권만 주장한다. 이 표준을 위반하면 제3자에 의해 법적 구제를 받을 수 있음을 이해한다.
27. 연구를 수행하고 보고할 때 정직하고 인정된 과학 표준, 적용 가능한 주제 지침 및 내 능력의 경계 내에서 일한다.
28. 나와 내 고객이 사회에 미치는 영향을 인지한다. 나는 "선을 행하는 것"과 "나쁜 것을 피하는 것"의 철학을 고수한다.

제5부. 서약(PLEDGE)

ICF 전문가로서 나는 ICF 윤리강령의 기준에 따라 나의 코칭 고객(들), 후원자(들), 동료 및 일반 대중에 대한 나의 윤리적 및 법적 의무를 이행하는 데 동의한다. ICF 윤리강령의 일부를 위반하는 경우, ICF가 단독 재량에 따라 그러한 행위에 대한 책임을 물을 수 있다는 데 동의한다. 또한 위반에 대해 ICF에 대한 나의 책임에는 의무적인 추가 코치 교육, 기타 교육 또는 ICF 회원자격 및 또는 ICF 자격상실과 같은 제재가 포함될 수 있다는 데 동의한다.

2019년 9월 ICF 글로벌 이사회에 의해 채택됨.

2. (사)한국코치협회 윤리규정

윤리강령

1. 코치는 개인적인 차원뿐 아니라 공공과 사회의 이익도 우선으로 합니다.
2. 코치는 승승의 원칙에 의거하여 개인, 조직, 기관, 단체와 협력합니다.
3. 코치는 지속적인 성장을 위해 학습합니다.
4. 코치는 신의 성실성의 원칙에 의거하여 행동합니다.

윤리규칙

제1장 기본윤리

제1조 (사명)

1. 코치는 한국코치협회의 윤리규정에 준거하여 행동합니다.
2. 코치는 코칭이 고객의 존재, 삶, 성공, 그리고 행복과 연결되어 있음을 인지합니다.
3. 코치는 고객의 잠재력을 극대화하고 최상의 가치를 실현하도록 돕기 위해 부단한 자기 성찰과 끊임없이 공부하는 평생학습자(life learner)가 되어야 합니다.
4. 코치는 자신의 전문분야와 삶에 있어서 고객의 Role모델이 되어야 합니다.

제2조 (외국윤리의 준수)

코치는 국제적인 활동을 함에 있어 외국의 코치 윤리규정도 존중하여야 합니다.

제2장 코칭에 관한 윤리

제3조 (코칭 안내 및 홍보)

1. 코치는 코칭에 대한 전반적인 이해나 지지를 해치는 행위는 일절 하지 않습니다.
2. 코치는 코치와 코치단체의 명예와 신용을 해치는 행위를 하지 않습니다.
3. 코치는 고객에게 코칭을 통해 얻을 수 있는 성과에 대해서 의도적으로 과장하거나 축소하는 등의 부당한 주장을 하지 않습니다.
4. 코치는 자신의 경력, 실적, 역량, 개발 프로그램 등에 관하여 과대하게 선전하거나 광고하지 않습니다.

제4조 (접근법)

1. 코치는 다양한 코칭 접근법(approach)을 존중합니다. 코치는 다른 사람들의 노력이나 공헌을 존중합니다.
2. 코치는 고객이 자신 이외의 코치 또는 다른 접근 방법(심리치료, 컨설팅 등)이 더 유효하다고 판단되어질 때 고객과 상의하고 변경을 실시하도록 촉구합니다.

제5조 (코칭연구)

1. 코치는 전문적 능력에 근거하며 과학적 기준의 범위 내에서 연구를 실시하고 보고합니다.
2. 코치는 연구를 실시할 때 관계자로부터 허가 또는 동의를 얻은 후 모든 불이익으로부터 참가자가 보호되는 형태로 연구를 실시합니다.
3. 코치는 우리나라의 법률에 준거해 연구합니다.

제3장 직무에 대한 윤리

제6조 (성실의무)

1. 코치는 고객에게 항상 친절하고 최선을 다하며 성실하여야 합니다.

2. 코치는 자신의 능력, 기술, 경험을 정확하게 인식합니다.
3. 코치는 업무에 지장을 주는 개인적인 문제를 인식하도록 노력합니다. 필요할 경우 코칭의 일시 중단 또는 종료가 적절할지 등을 결정하고 고객과 협의합니다.
4. 코치는 고객의 모든 결정을 존중합니다.

제7조 (시작 전 확인)

1. 코치는 최초의 세션 이전에 코칭의 본질, 비밀을 지킬 의무의 범위, 지불 조건 및 그 외의 코칭 계약 조건을 이해하도록 설명합니다.
2. 코치는 고객이 어느 시점에서도 코칭을 종료할 수 있는 권리가 있음을 알립니다.

제8조 (직무)

1. 코치는 고객, 혹은 고객 후보자에게 오해를 부를 우려가 있는 정보전달이나 충고를 하지 않습니다.
2. 코치는 고객과 부적절한 거래 관계를 가지지 않으며 개인적, 직업적, 금전적인 이익을 위해 의도적으로 이용하지 않습니다.
3. 코치는 고객이 고객 스스로나 타인에게 위험을 미칠 의사를 분명히 했을 경우 한국코치 협회윤리위원회에 전달하고 필요한 절차를 취합니다.

제4장 고객에 대한 윤리

제9조 (비밀의 의무)

1. 코치는 법이 요구하는 경우를 제외하고 고객의 정보에 대한 비밀을 지킵니다.
2. 코치는 고객의 이름이나 그 외의 고객 특정 정보를 공개 또는 발표하기 전에 고객의 동의를 얻습니다.
3. 코치는 보수를 지불하는 사람에게 고객 정보를 전하기 전에 고객의 동의를 얻습니다.
4. 코치는 코칭의 실시에 관한 모든 작업 기록을 정확하게 작성, 보존, 보관, 파기합

니다.

제10조 (이해의 대립)

1. 코치는 자신과 고객의 이해가 대립되지 않게 노력합니다. 만일 이해의 대립이 생기거나 그 우려가 생겼을 경우, 코치는 그것을 고객에게 숨기지 않고 분명히 하며, 고객과 함께 좋은 대처방법을 찾기 위해 검토합니다.
2. 코치는 코칭 관계를 해치지 않는 범위 내에서 코칭 비용을 서비스, 물품 또는 다른 비금전적인 것으로 상호교환(barter)할 수 있습니다.

부칙

제1조 이 윤리규정은 2011.01.01부터 시행한다.

제2조 이 윤리규정에 언급되지 않은 사항은 한국코치협회 윤리위원회의 내규에 준한다.

윤리규정에 대한 맹세

나는 전문코치로서 (사)한국코치협회 윤리규정을 이해하고 다음의 내용에 준수합니다.

1. 코치는 개인적인 차원뿐 아니라 공공과 사회의 이익을 우선으로 합니다.
2. 코치는 승승의 원칙에 의거하여 개인, 조직, 기관, 단체와 협력합니다.
3. 코치는 지속적인 성장을 위해 학습합니다.
4. 코치는 신의 성실성의 원칙에 의거하여 행동합니다.

만일 내가 (사)한국코치협회의 윤리규정을 위반하였을 경우, (사)한국코치협회가 나에게 그 행동에 대한 책임을 물을 수 있다는 것에 동의하며, (사)한국코치협회 윤리위원회의 심의를 통해 법적인 조치 또는 (사)한국코치협회의 회원자격, 인증코치자격이 취소될 수 있음을 분명히 인지하고 있습니다.

3. ICF 핵심역량 모델

국제코칭연맹(ICF)은 코칭 추세와 현장 실무를 분석하여 업데이트된 ICF 코칭핵심역량 모델을 발표하였다. 이 역량 모델은 ICF 회원과 비회원을 포함하여 다양한 코치 훈련 과정과 코칭 스타일 및 경험을 가진 전 세계 1,300 명 이상의 코치로부터 수집한 자료를 기반으로 한 것이다. 이러한 광범위한 연구를 통해 25년 전에 개발된 기존 ICF 코칭핵심역량 모델은 오늘날의 코칭실행에도 매우 중요하다는 것을 확인하였다.

이에, 업데이트된 핵심역량 모델에서는 기존 코칭 역량에 새로운 요소들을 일부 추가하고 통합하였다. 새롭게 들어간 역량과 지침에서는 윤리적 행동과 비밀 유지를 최우선적으로 강조하였다. 또한, 코칭 마인드셋, 지속적 성찰의 중요성, 다양한 차원의 코칭 합의들 간의 중요한 차이점, 코치와 고객 간 파트너십의 중요성, 문화적, 체계적 및 맥락적 의식의 중요성이 포함되었다. 새로 포함된 역량은 오늘날 코칭실행의 핵심 요소를 반영하며 미래를 위한 보다 강력하고 포괄적인 코칭 표준으로 사용될 것이다.

A. Foundation

A. 기초세우기

1. Demonstrates Ethical Practice

1. 윤리적 실천을 보여준다.

- Definition: Understands and consistently applies coaching ethics and standards of coaching

• 정의: 코칭 윤리와 코칭표준을 이해하고 지속적으로 적용한다.

1. Demonstrates personal integrity and honesty in interactions with clients, sponsors and relevant stakeholders
1. 고객, 스폰서 및 이해 관계자와의 상호작용에서 코치의 진실성과 정직성을 보여준다.

2. Is sensitive to clients' identity, environment, experiences, values and beliefs
2. 고객의 정체성, 환경, 경험, 가치 및 신념에 민감하게 대한다.

3. Uses language appropriate and respectful to clients, sponsors and relevant stakeholders
3. 고객, 스폰서 및 이해 관계자에게 적절하고, 존중하는 언어를 사용한다.

4. Abides by the ICF Code of Ethics and upholds the Core Values
4. ICF 윤리 강령을 준수하고 핵심 가치를 지지한다.

5. Maintains confidentiality with client information per stakeholder agreements and pertinent laws
5. 이해 관계자 합의 및 관련 법률에 따라 고객 정보에 대해 비밀을 유지한다.

6. Maintains the distinctions between coaching, consulting, psychotherapy and other support professions
6. 코칭, 컨설팅, 심리치료 및 다른 지원 전문직과의 차별성을 유지한다.

7. Refers clients to other support professionals, as appropriate
7. 필요한 경우, 고객을 다른 지원 전문가에게 추천한다.

2. Embodies a Coaching Mindset
2. 코칭 마인드셋을 구현한다.

- Definition: Develops and maintains a mindset that is open, curious, flexible and client-centered
- 정의: 개방적이고 호기심이 많으며, 유연하고 고객중심적인 사고방식(마인드셋)을 개발하고 유지한다.

1. Acknowledges that clients are responsible for their own choices
1. 코치는 선택에 대한 책임이 고객 자신에게 있음을 인정한다.

2. Engages in ongoing learning and development as a coach
2. 코치로서 지속적인 학습 및 개발에 참여한다.

3. Develops an ongoing reflective practice to enhance one's coaching
3. 코치는 코칭능력을 향상시키기 위해 성찰훈련을 지속한다.

4. Remains aware of and open to the influence of context and culture on self and others
4. 코치는 자기 자신과 다른 사람들이 상황과 문화에 의해 영향 받을 수 있음을 인지하고 개방적 태도를 취한다.

5. Uses awareness of self and one's intuition to benefit clients
5. 고객의 유익을 위해 자신의 인식과 직관을 활용한다.

6. Develops and maintains the ability to regulate one's emotions
6. 감정 조절 능력을 개발하고 유지한다.

7. Mentally and emotionally prepares for sessions
7. 정신적, 정서적으로 매 세션을 준비한다.

8. Seeks help from outside sources when necessary
8. 필요하면 외부자원으로부터 도움을 구한다.

B. Co-Creating the Relationship
B. 관계의 공동구축

3. Establishes and Maintains Agreements
3. 합의를 도출하고 유지한다.

- Definition: Partners with the client and relevant stakeholders to create clear agreements about the coaching relationship, process, plans and goals. Establishes agreements for the overall coaching engagement as well as those for each coaching session.
- 정의: 고객 및 이해 관계자와 협력하여 코칭관계, 프로세스, 계획 및 목표에 대한 명확한 합의를 한다. 개별 코칭세션은 물론 전체 코칭과정에 대한 합의를 도출한다.

1. Explains what coaching is and is not and describes the process to the client and relevant stakeholders
1. 코칭인 것과 코칭이 아닌 것에 대해 설명하고 고객 및 이해 관계자에게 프로세스를 설명한다.

2. Reaches agreement about what is and is not appropriate in the relationship, what is and is not being offered, and the responsibilities of the client and relevant

stakeholders

2. 관계에서 무엇이 적절하고 적절하지 않은지, 무엇이 제공되고 제공되지 않는지, 고객 및 이해 관계자의 책임에 관하여 합의한다.

3. Reaches agreement about the guidelines and specific parameters of the coaching relationship such as logistics, fees, scheduling, duration, termination, confidentiality and inclusion of others

3. 코칭진행방법(logistics), 비용, 일정, 기간, 종결, 비밀 보장, 다른 사람의 포함 등과 같은 코칭관계의 지침 및 특이사항에 대해 합의한다.

4. Partners with the client and relevant stakeholders to establish an overall coaching plan and goals

4. 고객 및 이해 관계자와 함께 전체 코칭 계획 및 목표를 설정한다.

5. Partners with the client to determine client-coach compatibility

5. 고객과 코치 간에 서로 맞는지(client-coach compatibility)를 결정하기 위해 파트너십을 갖는다.

6. Partners with the client to identify or reconfirm what they want to accomplish in the session

6. 고객과 함께 코칭세션에서 달성하고자 하는 것을 찾거나 재확인한다.

7. Partners with the client to define what the client believes they need to address or resolve to achieve what they want to accomplish in the session

7. 고객과 함께 세션에서 달성하고자 하는 것을 얻기 위해 고객 스스로가 다뤄야 하거나 해결해야 한다고 생각하는 것을 분명히 한다.

8. Partners with the client to define or reconfirm measures of success for what the client wants to accomplish in the coaching engagement or individual session
8. 고객과 함께 코칭과정 또는 개별 세션에서 고객이 달성하고자 하는 목표에 대한 성공 척도를 정의하거나 재확인한다.

9. Partners with the client to manage the time and focus of the session.
9. 고객과 함께 세션의 시간을 관리하고 초점을 유지한다.

10. Continues coaching in the direction of the client's desired outcome unless the client indicates otherwise
10. 고객이 달리 표현하지 않는 한 고객이 원하는 성과를 달성하기 위한 방향으로 코칭을 계속한다.

11. Partners with the client to end the coaching relationship in a way that honors the experience
11. 고객과 함께 코칭 경험을 존중하며 코칭관계를 종료한다.

4. Cultivates Trust and Safety
4. 신뢰와 안전감을 조성한다.

- Definition: Partners with the client to create a safe, supportive environment that allows the client to share freely. Maintains a relationship of mutual respect and trust.
- 정의: 고객과 함께, 고객이 자유롭게 나눌 수 있는 안전하고 지지적인 환경을 만든다. 상호 존중과 신뢰 관계를 유지한다.

1. Seeks to understand the client within their context which may include their identity, environment, experiences, values and beliefs
1. 고객의 정체성, 환경, 경험, 가치 및 신념 등의 맥락 안에서 고객을 이해하려고 노력한다.

2. Demonstrates respect for the client's identity, perceptions, style and language and adapts one's coaching to the client
2. 고객의 정체성, 인식, 스타일 및 언어를 존중하고 고객에 맞추어 코칭한다.

3. Acknowledges and respects the client's unique talents, insights and work in the coaching process
3. 코칭과정에서 고객의 고유한 재능, 통찰 및 노력을 인정하고 존중한다.

4. Shows support, empathy and concern for the client
4. 고객에 대한 지지, 공감 및 관심을 보여준다.

5. Acknowledges and supports the client's expression of feelings, perceptions, concerns, beliefs and suggestions
5. 고객이 자신의 감정, 인식, 관심, 신념, 및 제안하는 바를 그대로 표현하도록 인정하고 지원한다.

6. Demonstrates openness and transparency as a way to display vulnerability and build trust with the client
6. 고객과의 신뢰를 구축하기 위해 코치의 취약성을 드러내고 개방성과 투명성을 보여준다.

5. Maintains Presence
5. 프레즌스(Presence)를 유지한다.

- Definition: Is fully conscious and present with the client, employing a style that is open, flexible, grounded and confident
- 정의: 개방적이고 유연하며 중심이 잡힌 자신감 있는 태도로 완전히 깨어서 고객과 함께 한다.

1. Remains focused, observant, empathetic and responsive to the client
1. 고객에게 집중하고 관찰하며 공감하고 적절하게 반응하는 것을 유지한다.

2. Demonstrates curiosity during the coaching process
2. 코칭과정 내내 호기심을 보여준다.

3. Manages one's emotions to stay present with the client
3. 고객과 프레즌스(현존)를 유지하기 위해 감정을 관리한다.

4. Demonstrates confidence in working with strong client emotions during the coaching process
4. 코칭과정에서 고객의 강한 감정 상태에 대해 자신감 있는 태도로 함께 한다.

5. Is comfortable working in a space of not knowing
5. 코치가 알지 못함의 영역을 코칭할 때도 편안하게 임한다.

6. Creates or allows space for silence, pause or reflection
6. 침묵, 멈춤, 성찰을 위한 공간을 만들거나 허용한다.

C. Communicating Effectively
C. 효과적으로 의사소통하기

6. Listens Actively
6. 적극적으로 경청한다.

• Definition: Focuses on what the client is and is not saying to fully understand what is being communicated in the context of the client systems and to support client self-expression
• 정의: 고객의 시스템 맥락에서 전달하는 것을 충분히 이해하고, 고객의 자기표현(self-expression)을 돕기 위하여 고객이 말 한 것과 말하지 않은 것에 초점을 맞춘다.

1. Considers the client's context, identity, environment, experiences, values and beliefs to enhance understanding of what the client is communicating
1. 고객이 전달하는 것에 대한 이해를 높이기 위해 고객의 상황, 정체성, 환경, 경험, 가치 및 신념을 고려한다.

2. Reflects or summarizes what the client communicated to ensure clarity and understanding
2. 고객이 전달한 것에 대해 더 명확히 하고 이해하기 위해 반영하거나 요약한다.

3. Recognizes and inquires when there is more to what the client is communicating
3. 고객이 소통한 것 이면에 무언가 더 있다고 생각될 때 이것을 인식하고 질문한다.

4. Notices, acknowledges and explores the client's emotions, energy shifts, non-verbal cues or other behaviors
4. 고객의 감정, 에너지 변화, 비언어적 신호 또는 기타 행동에 대해 주목하고, 알려주

며 탐색한다.

5. Integrates the client's words, tone of voice and body language to determine the full meaning of what is being communicated
5. 고객이 전달하는 내용의 완전한 의미를 알아내기 위해 고객의 언어, 음성 및 신체 언어를 통합한다.

6. Notices trends in the client's behaviors and emotions across sessions to discern themes and patterns
6. 고객의 주제(theme)와 패턴(pattern)을 분명히 알기 위해 세션 전반에 걸쳐 고객의 행동과 감정의 흐름(trends)에 주목한다.

7. Evokes Awareness
7. 알아차림을 불러일으킨다.

- Definition: Facilitates client insight and learning by using tools and techniques such as powerful questioning, silence, metaphor or analogy
- 정의: 강력한 질문, 침묵, 은유(metaphor) 또는 비유(analogy)와 같은 도구와 기술을 사용하여 고객의 통찰과 학습을 촉진한다.

1. Considers client experience when deciding what might be most useful
1. 가장 유용한 것이 무엇인지 결정할 때 고객의 경험을 고려한다.

2. Challenges the client as a way to evoke awareness or insight
2. 알아차림이나 통찰을 불러일으키기 위한 방법으로 고객에게 도전한다.

3. Asks questions about the client, such as their way of thinking, values, needs,

wants and beliefs

3. 고객의 사고방식, 가치, 욕구 및 원함 그리고 신념 등 고객에 대하여 질문한다.

4. Asks questions that help the client explore beyond current thinking

4. 고객이 현재의 생각을 뛰어 넘어 탐색하도록 도움이 되는 질문을 한다.

5. Invites the client to share more about their experience in the moment

5. 고객이 자신의 경험에 대해 이 순간 더 많은 것을 나누도록 요청한다.

6. Notices what is working to enhance client progress

6. 고객의 발전(client's progress)을 위해 무엇이 잘되고 있는지에 주목한다.

7. Adjusts the coaching approach in response to the client's needs

7. 고객의 욕구에 맞추어 코칭 접근법을 조정한다.

8. Helps the client identify factors that influence current and future patterns of behavior, thinking or emotion

8. 고객이 현재와 미래의 행동, 사고 또는 감정 패턴에 영향을 미치는 요인을 식별하도록 도와준다.

9. Invites the client to generate ideas about how they can move forward and what they are willing or able to do

9. 고객이 어떻게 앞으로 나아갈 수 있는지, 무엇을 하려고 하고 할 수 있는지 생각해 내도록 초대한다.

10. Supports the client in reframing perspectives

10. 관점을 재구성(reframing) 할 수 있도록 고객을 지원한다.

11. Shares observations, insights and feelings, without attachment, that have the potential to create new learning for the client
11. 고객이 새로운 학습을 할 수 있는 잠재력을 갖도록 관찰, 통찰 및 느낌을 있는 그대로 공유한다.

D. Cultivating Learning and Growth
D. 학습과 성장 북돋우기

8. Facilitates Client Growth
8. 고객의 성장을 촉진한다.

- Definition: Partners with the client to transform learning and insight into action. Promotes client autonomy in the coaching process.
- 정의: 고객이 학습과 통찰을 행동으로 전환할 수 있도록 협력한다. 코칭과정에서 고객의 자율성을 촉진한다.

1. Works with the client to integrate new awareness, insight or learning into their world view and behaviors
1. 새로운 알아차림, 통찰, 학습을 세계관 및 행동에 통합하기 위해 고객과 협력한다.

2. Partners with the client to design goals, actions and accountability measures that integrate and expand new learning
2. 새로운 학습을 통합하고 확장하기 위해 고객과 함께 고객의 목표와 행동, 그리고 책임 측정 방안(accountability measures)을 설계한다.

3. Acknowledges and supports client autonomy in the design of goals, actions and

methods of accountability

3. 목표, 행동 및 책임 방법을 설계하는데 있어서 고객의 자율성을 인정하고 지지한다.

4. Supports the client in identifying potential results or learning from identified action steps

4. 고객이 잠재적 결과를 확인해보거나 이미 수립한 실행단계로부터 배운 것을 지지한다.

5. Invites the client to consider how to move forward, including resources, support and potential barriers

5. 고객이 지닌 자원(resource), 지원(support) 및 잠재적 장애물(potential barriers)을 포함하여 어떻게 자신이 앞으로 나아갈지에 대해 고려하도록 한다.

6. Partners with the client to summarize learning and insight within or between sessions

6. 고객과 함께 세션에서 또는 세션과 세션 사이에서 학습하고 통찰한 것을 요약한다.

7. Celebrates the client's progress and successes

7. 고객의 진전과 성공을 축하한다.

8. Partners with the client to close the session

8. 고객과 함께 세션을 종료한다.

4. 한국코치협회(KCA) 코칭 역량

1. KCA 코칭 역량 모델

- 형상: 마차(Coach)의 수레바퀴(Wheel) 상징
- 색상: 코치다움은 나무의 뿌리 상징
  코칭다움은 나무의 잎 상징

2. KCA 코칭 역량 체계

1) KCA 코칭 역량군

- 코치다움: 코치로서 개인의 삶과 코칭 현장에서 코칭 윤리를 실천하며, 자기 인식과 자기 관리를 바탕으로 전문 계발을 해 나가는 것

• 코칭다움: 코칭 현장에서 고객과 관계를 구축하고, 적극 경청과 의식 확장을 통해 고객의 성장을 지원하는 것

2) KCA 코칭 역량

(1) 윤리 실천

① 정의: (사)한국코치협회에서 규정한 기본 윤리, 코칭에 대한 윤리, 직무에 대한 윤리, 고객에 대한 윤리를 준수하고 실천한다.

② 핵심 요소

- 기본 윤리
- 코칭에 대한 윤리
- 직무에 대한 윤리
- 고객에 대한 윤리

③ 행동 지표

- 코치는 기본 윤리를 준수하고 실천한다.
- 코치는 코칭에 대한 윤리를 준수하고 실천한다.
- 코치는 직무에 대한 윤리를 준수하고 실천한다.
- 코치는 고객에 대한 윤리를 준수하고 실천한다.

(2) 자기 인식

① 정의: 현재 상황에 대한 민감성을 유지하고 직관 및 성찰과 자기 평가를 통해 코치 자신의 존재감을 인식한다.

② 핵심 요소

- 상황 민감성 유지
- 직관과 성찰
- 자기 평가
- 존재감 인식

③ 행동 지표

- 지금 여기의 생각, 감정, 욕구에 집중한다.
- 생각, 감정, 욕구가 발생하는 배경과 이유를 감각적으로 알아차린다.
- 직관과 성찰을 통해 자신의 생각, 감정, 욕구가 미치는 영향을 인식한다.
- 자신의 특성, 강약점, 가정과 전제, 관점을 평가하고 수용한다.
- 자신의 존재를 인식하고 신뢰한다.

(3) 자기 관리

① 정의: 신체적, 정신적, 정서적 안정 및 개방적, 긍정적, 중립적 태도를 유지하며 언행을 일치시킨다.

② 핵심 요소

- 신체적, 정신적, 정서적 안정
- 개방적, 긍정적, 중립적 태도
- 언행 일치

③ 행동 지표

- 코치는 코칭을 시작하기 전에 신체적, 정신적, 정서적 안정을 유지한다.
- 코치는 다양한 코칭 상황에서 침착하게 대처한다.
- 코치는 솔직하고 개방적인 태도를 유지한다.
- 코치는 긍정적인 태도를 유지한다.
- 코치는 고객의 기준과 패턴에 관한 판단을 유보하고 중립적인 태도를 유지한다.
- 코치는 말과 행동을 일치시킨다.

(4) 전문 계발

① 정의: 코칭 합의와 과정 관리 및 성과 관리를 하고 코칭에 필요한 관련 지식, 기술, 태도 등의 전문 역량을 계발한다.

② 핵심 요소

- 코칭 합의

- 과정 관리
- 성과 관리
- 전문 역량 계발

③ 행동 지표

- 고객에게 코칭을 제안하고 협의한다.
- 고객과 코칭 계약을 하고, 코칭 동의와 코칭 목표를 합의한다.
- 코칭 과정 전체를 관리하고 이해관계자를 포함한 고객과 소통한다.
- 고객과 합의한 코칭 주제와 목표에 대한 성과를 관리한다.
- 코칭에 필요한 관련 지식, 기술, 태도 등의 전문 역량을 계발한다.

(5) 관계 구축

① 정의: 고객과의 수평적 파트너십을 기반으로 신뢰감과 안전감을 형성하며 고객의 존재를 인정하고 진솔함과 호기심을 유지한다.

② 핵심 요소

- 수평적 파트너십
- 신뢰감과 안전감
- 존재 인정
- 진솔함
- 호기심

③ 행동 지표

- 코치는 고객을 수평적인 관계로 인정하며 대한다.
- 고객과 라포를 형성하여 안전한 코칭 환경을 유지한다.
- 고객에게 긍정 반응, 인정, 칭찬, 지지, 격려 등의 언어를 사용한다.
- 고객의 특성, 정체성, 스타일, 언어와 행동 패턴을 알아주고 코칭에 적용한다.
- 코치는 고객에게 자신의 생각, 느낌, 감정, 알지 못함, 취약성 등을 솔직하게 드러낸다.
- 코치는 고객의 주제와 존재에 대해서 관심과 호기심을 유지한다.

(6) 적극 경청

① 정의: 고객이 말한 것과 말하지 않은 것을 맥락적으로 이해하고 반영 및 공감하며, 고객 스스로 자신의 생각, 감정, 욕구, 의도를 표현하도록 돕는다.

② 핵심 요소

- 맥락적 이해
- 반영
- 공감
- 고객의 표현 지원

③ 행동 지표

- 고객이 말한 것과 말하지 않은 것을 맥락적으로 헤아려 듣고 표현한다.
- 눈 맞추기, 고개 끄덕이기, 동작 따라하기, 어조 높낮이와 속도 맞추기, 추임새 등을 하면서 경청한다.
- 고객의 말을 재진술, 요약하거나 직면하도록 돕는다.
- 고객의 생각이나 감정을 이해하며, 이해한 것을 고객에게 표현한다.
- 고객의 의도나 욕구를 이해하며, 이해한 것을 고객에게 표현한다.
- 고객이 자신의 생각, 감정, 의도, 욕구를 표현하도록 돕는다.

(7) 의식 확장

① 정의: 질문, 기법 및 도구를 활용하여 고객의 의미 확장과 구체화, 통찰, 관점 전환과 재구성, 가능성 확대를 돕는다.

② 핵심 요소

- 질문
- 기법과 도구 활용
- 의미 확장과 구체화
- 통찰
- 관점 전환과 재구성
- 가능성 확대

③ 행동 지표

- 긍정적, 중립적 언어로 개방적 질문을 한다.
- 고객의 상황과 특성에 따라 침묵, 은유, 비유 등 다양한 기법과 도구를 활용한다.
- 고객의 말에서 의미를 확장하도록 돕는다.
- 고객의 말을 구체화하거나 명료화하도록 돕는다.
- 고객이 알아차림이나 통찰을 하도록 돕는다.
- 고객이 관점을 전환하거나 재구성하도록 돕는다.
- 고객의 상황, 경험, 사고, 가치, 욕구, 신념, 정체성 등의 탐색을 통해 가능성 확대를 돕는다.

(8) 성장 지원

① 정의: 고객의 학습과 통찰을 정체성과 통합하고, 자율성과 책임을 고취한다. 고객의 행동 전환을 지원하고, 실행 결과를 피드백하며 변화와 성장을 축하한다.

② 핵심 요소

- 정체성과의 통합 지원
- 자율성과 책임 고취
- 행동 전환 지원
- 피드백
- 변화와 성장 축하

③ 행동 지표

- 고객의 학습과 통찰을 자신의 가치관 및 정체성과 통합하도록 지원한다.
- 고객이 행동 설계 및 실행을 자율적이고 주도적으로 하도록 고취한다.
- 고객이 실행 계획을 실천할 수 있는 후원 환경을 만들도록 지원한다.
- 고객이 행동 전환을 지속하도록 지지하고 격려한다.
- 고객이 실행한 결과를 성찰하도록 돕고, 차기 실행에 반영하도록 지원한다.
- 고객의 변화와 성장을 축하한다.

참고문헌

reference

강명주 · 정면숙(2019). 코칭리더십에 관한 국내 연구 동향 분석. 인문사회 21, 10(4).

고현숙 외 9인(2019). 코칭하는 조직만 살아남는다. 서울: 두앤북.

고현숙 · 백기복 · 이신자(2011). 경영자 코칭(executive coaching)에 대한 조사 연구. 코칭능력개발지, 13(2), 31-46.

구자군 · 도미향(2018). 한국의 코칭 프로그램 현황 및 연구 경향분석. 코칭연구, 11(3), 5-26.

권석만(2010). 긍정 심리학. 서울: 학지사.

권석만(2012). 현대 심리치료와 상담이론 마음의 치유와 성장으로 가는 길. 서울: 학지사.

김경미 · 정희정(2019). 코칭역량연구에서의 Q방법론적 접근. 코칭연구, 12(1), 131-146.

김도희(2021). 병원이용객이 지각한 언어 · 비언어커뮤니케이션과 라포, 고객만족에 관한 연구: 서비스진정성 조절효과를 중심으로, 9-15.

김만수(2022). 코칭력 향상 NLP. BOOKK(부크크).

김문권 · 고은현 · 김도현(2015). 진로지도를 위한 웹서비스 기반의 하이브리드 코칭 시스템 설계 및 구현. 한국인터넷방송통신학회, 15(5), 1-7.

김미정 · 박정하 · 부성숙(2021). 유아의 자기조절력과 사회성이 컴퓨팅 사고력에 미치는 영향. 코칭연구, 14(5), 157-181.

김상복(2017). 코칭튠업 21 ICF 11가지 역량과 MCC역량. 서울: 한국코칭슈퍼비전아카데미.

김성환(2022). 진정한 나다움의 발견 MBTI. 서울: 좋은땅.

김수영 · 도미향(2017). 긍정심리학의 코칭 적용에 관한 탐색적 연구. 코칭연구, 10(4), 53-71.

김수영 · 도미향(2022). 코치의 자기효능감 척도개발. 코칭연구, 15(4), 5-27.

김승준 · 장은하 · 홍석호(2022). 한국 베이비붐 세대의 노후준비에 관한 체계적 문헌고찰. 사회보장연구, 38(3), 239-270.

김영회 · 이건웅 · 이승철(2012). DISC 누구도 피할 수 없는 우리 행동의 4가지 특성, 서울: 학이시습.

김유미 · 부성숙(2022). 감정코칭 놀이프로그램이 유아의 사회적 기술과 자아존중감에 미치는 영향. 코칭연구, 15(3), 57-78.

김유천(2020). 코칭학 성과 및 도전에 관한 탐색적 연구 국내 코칭학을 중심으로. 코칭연구, 13(6), 49-68.

김응자(2013). 부모 코칭 프로그램 개발을 위한 어머니의 성격 유형에 따른 양육스트레스에 관한 탐색연구. 코칭연구, 6(2), 131-153.

김응자 · 도미향 · 정미현(2020). 창의성과 코칭. 서울: 신정.

김재우(2016). Coaching. 2016년 가을호(통권 제21호).

김정겸 · 민세홍(2014). 관리자 코칭역량, 긍정심리자산, 대인관계능력, 조직유효성 간의 구조적 관계 분석. 학습자중심교과교육연구, 14(12), 281-301.

김정규(2015). 게슈탈트 심리치료: 창조적 삶과 성장. 서울: 학지사.

나진(2010). 리더의 코칭이 조직구성원의 직무성과 및 직무만족에 미치는 영향. 중앙대학교 글로벌인적자원개발대학원 석사학위청구논문.

남규 · 김정원(2018). 유아의 정서조절관련 행동문제에 대한 유아교사의 인식 및 지도실제의 변화: 협력적 실행연구를 통한 탐구. 코칭연구, 11(1), 71-94.

남상은(2021). 대학생의 코칭 참여 경험을 통한 자아정체감 확립 과정 탐색. 코칭연구, 14(4), 31-53.

남상은 · 유기웅(2019). 교수-학습 관련 코칭연구 동향 탐색. 교육문제연구, 72, 289-310.

도미향(2008). 가족역량 강화를 위한 리더십 코칭 접근. 코칭연구, 1, 21-40.

도미향(2016). 아동학대 예방을 위한 부모인성 코칭 프로그램 개발. 코칭연구, 9(2), 81-102.

도미향(2017). 한국코칭학회 전문코치 자격 과정 매뉴얼.

도미향(2020). 전문가정위탁 부모교육 표준교안. 보건복지부, 아동권리보장원, 한국보건복지인력개발원.

도미향(2021). ICF 핵심 코칭역량 신 · 구모델의 비교연구. 코칭연구, 14(1), 71-89.

도미향(2021). 박창규 · 권은경 · 김종성 · 박동진 · 원경림(2019). 핵심 코칭역량. 서울: 학지사.

도미향(2022). C-PLUS 코칭 프로그램. 한국코칭학회.

도미향(2023). 국내외 코칭 관련 대학과 교육과정 분석. 코칭연구, 15(4), 105-121, 117-133.

도미향 · 김두연 · 유충열 · 최동하 · 황현호(2021). 전문코치를 위한 ICF 8가지 코칭 핵심역량. 서울: 신정.

도미향 · 김수영(2019). 코칭역량 척도 개발 및 타당화 연구. 코칭연구, 12(4), 59-81.

도미향 · 김응자 · 정미현(2020). 성격과 코칭의 이해. 서울: 신정.

도미향 · 박용권 · 최성남(2020). 중간관리자의 코칭역량 척도 개발. 코칭연구, 13(4), 5-28.

도미향 · 박은경(2019). 청소년 부모의 코칭역량 척도 개발 연구. 코칭연구, 12(2), 5-25.

도미향 · 변미옥 · 김병은 · 장자경(2013). 영유아를 위한 놀이 코칭 프로그램의 적용 - 레지오 에밀리아 접근법을 중심으로. 코칭연구, 6(2), 5-31.

도미향 · 심교준(2020). 엑스퍼트 코칭. 서울: 신정.

도미향 · 이정은(2020). 국내 · 외 대학의 코칭 교육과정 분석. 코칭연구, 13(2), 31-51.

도미향 · 정미현(2010). 조직의 성과달성을 위한 리더십코칭연구 경향. 코칭연구, 3(2), 5-22.

도미향 · 정미현(2011). 코칭연구 경향에 관한 분석. 코칭연구, 4(1), 5-25.

도미향 · 정은미(2012). 대학에서의 코칭학 교육과정 구축을 위한 탐색적 연구. 코칭연구, 5(2), 5-22.

도미향 · 한민아(2019). 아동의 코칭역량 척도 개발. 코칭연구, 12(2), 27-45.

도미향 · 한민아 · 허윤경(2020). 아동기 부모의 코칭역량 척도 개발. 코칭연구, 13(5), 53-78.

류수영 · 제나리(2020). 코칭리더십 연구 동향분석. 코칭연구, 13(6), 5-23.

류윤조 · 안귀여루(2021). 초등학생을 위한 긍정심리 기반 진로코칭 프로그램의 개발. 청소년학연구, 281(1), 195-220.

박계자 · 김화인(2022). 프로이트 정신분석 상담과 심리치료. 서울: 조은.

박수진(2019). 평생교육 교수자의 코칭을 활용한 교수역량 개발 과정 탐색. 백석대학교 기독전문대학원 박사학위논문.

박슬기 · 조원섭(2022). 관광 관련 기업의 직원이 지각하는 고용불안정성이 서비스제공수준에 미치는 영향에 관한 연구: 조직 커뮤니케이션의 조절효과를 중심으로, 53.

박옥영 · 도미향(2011). 유아의 대인문제해결력과 조망수용능력증진을 위한 NLP코칭 동화프로그램 개발 및 효과. 코칭연구, 4(2), 5-31.

박윤희 · 기영화(2009). 코칭의 분류에 대한 이론적 고찰 및 한국적 분류 모색. 평생교육 · HRD연구, 5(2), 61-89.

박은경 · 도미향(2015). 아동의 수학 자기효능감을 위한 수학적 의사소통 학습코칭 프로그램 개발. 코칭연구, 8(2), 25-42.

박정영(2009). 코칭학의 유형분류를 위한 기초적 접근, 코칭 형태분류를 중심으로. 코칭연구, 2(1), 61-77.

박정영(2010). 효과적인 그룹 코칭 프로세스 개발에 관한 연구. Journal of Korean Coaching research, 3(1), 41-64.

박창규 · 원경림 · 유성희(2022). 마스터풀 코치가 갖추어야 할 코칭핵심역량. 서울: 학지사.

배장오 · 구은미(2013). 교사와 학생의 요구분석을 통한 청소년 적응에 필요한 역량강화 코칭 프로그램 개발과 효과성에 관한 연구. 코칭연구, 6(2), 65-85.

배재훈(2022). B2B 경영, 훅하고 딜하라. 서울: 포르체.

백경숙 · 이명숙(2012). 코칭 기술을 적용한 유아 셀프리더십 프로그램 효과 검증. 코칭연구, 5(2), 47-67.

백효숙 · 도미향(2015). 유아를 위한 출산친화적 가치관 형성 코칭 프로그램 개발. 코칭연구, 8(2), 79-99.

범학식 · 유충열(2021). 코칭효과성 척도개발 및 타당화 연구. 코칭연구, 14(6). 5-26.

선종욱(2010). 코칭다이나믹스. 경기: 이담북스.

성세실리아 · 조대연(2016). HRD 분야에서 코칭 관련 연구 동향 탐색. 역량개발학습연구, 11(3), 1-24.

안종상(2008). 코칭의 다각적 활용방안. 한국코칭학회, 2008년도 추계 학술대회.

우성민 · 이진구(2019). 코칭리더십 연구 동향 분석: 2009년-2018년 국내 학술지를 중심으로. 역량개발학습연구, 14(3), 243-273.

우수명(2019). 질문의 방향. 아시아코치센터.

우수명 · 장영철(2013). 경영자의 코칭역량 모델 개발 및 요구분석. 한국산학기술학회 논문지, 14(11), 5530-5540.

윤옥한(2021). 코칭연구 학회지 연구 동향 분석. 코칭연구, 14(5), 5-20.

윤형식 · 도미향(2016). 한국의 코칭학 발전방향에 관한 탐색적 연구. 코칭연구, 9(1), 5-33.

이경호(2019). 4차산업혁명 시대 인재상 분석을 통한 교육과제 탐색. 한국교육학연구,

25(2), 143-166.

이경희 · 곽인숙 · 김순미 · 홍성희 · 김혜연 · 고선강(2010). 생활경영 자기계발을 위한 워크북. 서울: 시그마프레스.

이동운(2014). 코칭의 정석. 서울: (주)뷰티풀휴먼.

이명현(2021). 경영자코칭에서 지각된 전문코치의 역량이 코칭효과성에 미치는 영향 -라포의 매개효과와 직속상사지원의 조절효과, 24.

이미옥 · 도미향(2016). 부모의 코칭역량이 유아 행복감에 미치는 영향. 한국가족복지학, 21(3), 523-540.

이소희 · 길영환 · 도미향 · 김혜연(2014). 코칭학개론. 서울: 신정.

이소희 · 서우경(2008). 부모교육에서의 코칭 접근의 효과성 제고를 위한 탐색적 연구. 부모교육연구, 5(1), 5-21.

이소희 · 송금자 · 김경미 · 박현정(2013). 6y Coaching 프로그램의 구성과 효과성 확인 연구 1. 코칭연구, 6(1), 5-30.

이송이 · 김경미(2019). 코칭 질문 인식에 관한 주관성 연구. 코칭연구, 12(5), 47-65.

이은임 · 최경수 · 백향기(2019). 유아의 성별, 기질 및 놀이성이 사회적 유능감에 미치는 영향. 코칭연구, 12(4), 215-230.

이한주 · 김현수(2016). 자기결정성 이론의 코칭 적용에 관한 탐색적 연구. 코칭연구, 9(3), 5-25.

임몽택(2016). 상사의 코칭역량이 부하의 직무만족에 미치는 영향. 예술인문사회융합멀티미디어논문지, 6(2), 481-489.

장명옥(2016). 특성화고등학교 학생의 학교생활적응과 학력향상을 위한 코칭적용 효과의 탐색적 연구. 코칭연구, 9(4), 5-29.

장영학 · 유병은(2022). Why를 소통하는 도구, OKR. 서울: 플랜비디자인.

정숙희 · 도미향(2016). 어머니의 코칭역량 및 양육효능감이 유아의 창의적 인성에 미치는 영향. 코칭연구, 9(3), 27-51.

정옥분(2019). 발달심리학 전생애 인간발달. 서울: 학지사.

정은미(2009). 코칭에 관한 연구 경향 분석. 코칭연구, 2(1), 23-43.

정진우(2009). 폴정의 코칭 설명서. 서울: 아시아코치센터.

정혜승 · 성민정(2022). 유니콘 스타트업은 무엇이 특별한가? 조직구성원 관점에서 본 내부 커뮤니케이션을 중심으로, 84.

정희정 · 김경미(2020). Q방법론을 활용한 코칭역량에 관한 주관성연구. 코칭연구, 13(1), 29-49.

정희정 · 김소연(2012). 아동 코칭 프로그램의 현황과 개발방향 -학습코칭 프로그램을 중심으로. 코칭연구, 5(1), 27-48.

제경자 · 조은영 · 박은화(2018). 시니어를 위한 상호작용 교육훈련의 효과: TREASURE Talk 코칭모델 활용. 부모교육연구, 15, 69-90.

조금옥 · 도미향 · 정미현(2012). 코칭 대화모델을 적용한 아동의 자기주도학습 코칭 프로그램 개발 탐색연구. 코칭연구, 5(1), 73-87.

조성진(2022). 코칭학의 현재와 미래: 코칭학, 무엇을 연구할 것인가? 한국융합코칭학회 학술대회자료집, 2022(5), 7-25.

조성진 · 이나영 · 최소은(2022). 한국 코칭 산업의 미래 예측을 위한 코치의 만족수준과 전망에 관한 고찰. 한국코칭융합학회학술대회자료집, 2022(2), 105-136.

조성진 · 정이수(2018). 국내 코칭(Coaching) 연구 동향 및 향후 연구 방향. 인적자원개발연구, 21(3), 249-313.

주성완 · 이범웅(2021). 부동산중개업 종사자의 커뮤니케이션 스타일에 따른 고객만족과 행동의도의 구조관계 연구, 144.

주은지 · 도미향(2012). 어린이집 원장의 변혁적 리더십과 코칭역량이 보육교사의 보육헌신에 미치는 영향. 코치연구, 5(2), 91-107.

최동하(2018). 성학 코칭리더십 연구. 국민대학교 일반대학원 박사학위 논문.

최예린 · 김응자(2020). 부모-자녀 관련 국내 코칭연구 동향분석. 코칭연구, 13(1), 51-67.

최인숙(2018). 코칭기반 인성교육 프로그램 효과성 분석. 서울벤처대학교대학원 박사학위 논문.

최치영(2005). 상사의 코칭이 직원 및 고객만족에 미치는 영향에 관한 연구 - 우리나라 대학병원 간호사를 중심으로-. 교육문화연구, 11, 529-546.

탁진국(2019). 코칭심리학. 서울: 학지사.

홍광수(2013). 관계. 서울: 아시아코치센터.

홍삼열, 사용석(2017). 코치역량의 구성요소와 인성 덕목 간의 관계에 대한 탐색적 연구. 한국인적자원개발학회 학술연구발표회 발표논문집 12, 237-243.

홍은영 · 도미향(2017). 부모의 코칭역량이 유아의 리더십에 미치는 영향. 코칭연구, 10(1), 5-24.

황현호(2017). 가족 코칭전문가: 가족코치훈련교재. 국제코치훈련원.

황현호(2020). TRAIN 심화. 전문코치훈련과정 교재. 국제코치훈련원.

황현호 · 도미향(2017). 전문코치의 역량강화를 위한 핵심코칭역량에 대한 탐색적 연구. 코칭연구, 10(2), 53-80.

Adler, Alfred (2009). 인간이해. 라영균 역. 서울: 일빛.

Adler, Alfred (2015). 아들러 심리학 입문. 김문성 역. 서울: 스타북스.

Brock, Vikki G. (2008). Grounded theory of the roots and emergence of coaching. International University of Professional Studies.

Brock, Vikki G. (2015). 코칭의 역사. 김경화 · 김상복 · 김윤하 · 남혜경 · 문효정 · 박인희 · 우성식 · 윤순옥 · 이경희 · 이동연 · 이문희 · 임기용 · 최강석 · 최동하 · 최은주 역. 서울: 코쿱북스.

Cale, Daniel (2018). 최고의 팀은 무엇이 다른가. 박지훈 역. 파주: 웅진지식하우스.

Carter, B. E., & McGoldrick, M. E. (1988). The changing family life cycle: A framework for family therapy. Gardner Press.

Carter, B. 외 (2000). 가족생활주기와 치료적 개입. 정문자 역. 서울: 중앙적성출판사.

CCU (2016). Core Essential Program(전문코치양성과정 교재). 서울: 한국코칭센터.

Clutterbuck, D., Gannon, J., Hayes, S., Iordanou, I., Lowe, K., & MacKie D. (2022). 팀코칭 이론과 실천_팀을 넘어 위대함으로. 강하룡 · 박순천 · 박정화 · 박준혁 · 우성희 · 윤선동 · 최미숙 역. 한국코칭슈퍼비전아카데미.

Coué, Emile (1922). 자기암시. 김동기 · 김분 역(2020). 서울: 하늘아래.

Covey, Stephen (2017). 성공하는 사람들의 7가지 습관. 김경섭 역. 파주: 김영사.

Crane, T. G. (2009). 코칭의 핵심. 김환영 · 김재형 · 신영철 역. 서울: 메타프레스.

Deci, E. L., & Ryan, R. M. (2000). The "What" and "Why" of human goal pursuits: Human needs and the self-determination of behavior. Psycological Inquity, 11, 227-228.

Dembkowski, S., & Eldridge, F. (2003). Beyond GROW: A New Coaching Model, The International Journal of Mentoring Volume 1 Issue 1.

Drucke, Peter F., Hesselbein, F., & Kuhl, Joan S. (2015). 피터 드러커의 최고의 질문. 유정식 역(2017). 서울: 다산북스.

Dweck, Carol Susan (2011). 성공의 새로운 심리학. 정명진 역. 서울: 부글북스.

Dweck, Carol Susan (2014). The power of believing that you can improve. TED. www.youtube.com/watch?v=_X0mgOOSpLU

Edmondson, Amy C. (2019). 두려움 없는 조직. 심리적 안정감은 어떻게 조직의 학습, 혁신, 성장을 일으키는가. 최윤영 역. 서울: 다산북스.

Grant, A. M., Passmore, J. Cavanagh, M. J., & Parker, H. (2010). The State of Play in Coaching Today: A Comprehensive Review of the Field. Annual Review of Industrial & Organizational Psychology, 25, 125-168.

Grover, S., & Furnham, A. (2016). Coaching as a developmental intervention in organisation: A systemativ review of its effectiveness and the mechanisms underlying it. PLOS-ONE. July 14.

Haberleither, E. (2002). 코칭 리더십. 이영희 역(2002). 서울: 국일증권경제연구소.

Heidegger, M. (2008). 숲길. 신상희 역(2020). 파주: 나남출판.

Hidetake, Enomoto (2004). 부하의 능력을 열두 배 키워주는 마법의 코칭. 황소연 역. 서울: 새로운제안.

Hill, Linda A., Brandeau, G., Truelove, E., & Lineback, K. (2016). 혁신의 설계자 어떻게 하면 혁신을 거듭하는 조직을 만들 수 있는가. 이은주 역. 서울: 북스톤.

Howe-Murphy, Roxanne (2010). 애니어그램 코칭. 김환영 · 이해경 · 한병복 · 김은희 역. 서울: The 9.

Iliffe-Wood, Maria (2019). 코칭 프레즌스: 코칭 개입에서 의식과 자각의 형성. 김혜연 역. 한국코칭슈퍼비전아카데미.

KBC파트너스 (2017). 코칭 질문의 원리와 기술(교육 교재).

Kimsey-House, H., Sandahl, P., & Whitworth, L. (2016). 코액티브 코칭. 김영순 · 임광수 역. 파주: 김영사.

Law, H., Ireland, S., & Hussain, Z. (2007). The psychology of coaching, mentoring and learning. Singapore: John Wiley & Sons.

Law, H., Ireland, S., & Hussain, Z. (2011). 코칭심리. 탁진국 · 이희경 · 김은정 · 이상희 역. 서울: 학지사.

Leeds, Dorothy (2016). 질문의 7가지 힘(개정판). 노혜숙 역. 서울: 더난출판사.

Leonard, T. J. (1998). Becoming a Coach: The Coach U approach, Steamboat Springs,

CO: Coach U.

Lukas, R. W. (1994). Coaching Skills; A guide for Supervisors. Burr Ridge. IL: IRWIN professional Publishing Mirror Press.

Niemiec, Ryan M. (2018). 긍정심리학 기반 성격 강점 개입 가이드. 안도연 역(2021). 서울: 학지사.

Parker, P., Hall, D. T., Kran, K. E., & Wasserman, I. C. (2020). VUCA시대의 피어코칭. 최동하 · 윤경희 · 이현정 역. 서울: 한국코칭슈퍼비전아카데미.

Rath, Tom (2018). 위대한 나의 발견 · 강점혁명. 갤럽 역. 서울: 청림출판.

Robbins, Anthony (2008). 네 안에 잠든 거인을 깨워라. 조진형 역. 서울: 씨앗을뿌리는 사람.

Russel, Bertrand (2020). 러셀 서양철학사. 서상복 역. 서울: 을유문화사.

Rychen, D. S., & Salganik, L. H. (2002). DeSeCo Aymposium-Discussion paper. Paper present at the 2nd Internatinal DeSeCo Symposium, Geneva, February 11-13.

Seligman, Martin (2002). 마틴 셀리그만의 긍정 심리학. 김인자, 우문식 역(2014). 경기도: 물푸레.

Senge, Peter M. (2018). 학습하는 조직. 강혜정 역. 서울: 에이지21.

Stoltzfus, Tony (2010). 코칭 퀘스천. 김환영 · 송관배 · 김주희 역. 서울: 동쪽나라.

Stone, Tom (2010). 평정심. 정채현 역. 아시아코치센터.

Tolle, Eckhart (2019). 에크하르트 톨레의 이 순간의 나. 최린 역. 서울: 센시오.

Vaillant, George E. (2013). 행복의 지도 하버드 성인발달 연구가 주는 선물. 김진영 · 고영건 역. 서울: 학지사.

van Kessel, L. (2007). Coaching, a field for professional supervisors. Ljetopis socijalnog rada, 14(2), 387-432.

Waldinger, Robert (2016). What makes a good life? Lessons from the longest study on happiness. TED. (www.youtube.com/watch?v=8KkKuTCFvzI)

Whitmore, John (2019). 성과향상을 위한 코칭리더십. 김영순 역. 파주: 김영사.

Williams, P. & Davis, D. C. (2008). 라이프 코치가 되는 법. 조윤정 역. 서울: 아시아코치센터.

Williams, Richard (2005). 피드백 이야기. 이민주 역(2012). 서울: 토네이도.

〈인터넷 자료〉

고용상 연령차별금지 및 고령자고용촉진에 관한 법률 시행령(www.law.go.kr)

국립국어원 표준국어대사전(stdict.korean.go.kr)

국제코칭연맹(coachingfederation.org)

통계청 통계분류포털(kssc.kostat.go.kr)

한국고용정보원 홈페이지(www.keis.or.kr)

현대인의 성경(nocr.net/korklb)

한국코치협회(www.kcoach.or.kr)

한국코치협회(2019). 자격유지보수교육. (www.kcoach.or.kr/03certi/certi0106_2.html)

한국코치협회(2021). 코칭가이드, 코칭이란? (www.kcoach.or.kr/02guide/guide01.html)

한국코치협회(2022). KCA 코칭역량 적용 분야 및 시기. (www.kcoach.or.kr/bbs/board.php?bo_table=certi_notice&wr_id=972)

한국코치협회(2022). KCA 코칭역량모델 및 해설집. (www.kcoach.or.kr/bbs/board.php?bo_table=certi_notice&wr_id=990)

한국코치협회(2022). 코치다움 코칭다움 8가지 역량. (www.kcoach.or.kr/bbs/board.php?bo_table=edu_pds&wr_id=266)

한국코치협회(2023). 2023년 회장 신년사. (www.kcoach.or.kr/bbs/board.php?bo_table=notice&wr_id=6185)

한국코치협회(2023). 자격인증의 종류와 교육시간. (www.kcoach.or.kr/03certi/certi0101.html)

한국코치협회(2023). 코치인증자격요건 세부안내. (www.kcoach.or.kr/03certi/certi0101.html)

한국코치협회(2023). 코칭 윤리. (www.kcoach.or.kr/01about/about06.html)

한국코치협회(2023). 코칭의 역사. (www.kcoach.or.kr/02guide/guide02.html)

한국코칭학회(koreacoaching.kr)

한국코칭학회(2023). 자격인증의 종류와 교육시간. (koreacoaching.kr/html/sub3_01.html)

한국코칭학회(2021). C-PLUS 코칭 프로그램.

ICF 국제코칭연맹 한국지부 (www.icfkorea.or.kr)

ICF (2020). 2020 ICF Global Coaching Study. Executive Summary. by PwC.

ICF (2020). ICF Team Coaching Competencies: Moving Beyond One-to-One Coaching. (www.coachingfederation.org/credentials-and-standards/team-coaching/competencies)

ICF (2020). PCC마커. (www.icfkorea.or.kr/pdf)

ICF (2020). 업데이트된 8가지 코칭 핵심역량. (www.icfkorea.or.kr/icf8skil)

ICF (2020a). 2020 ICF Global Coaching Study. ICF.

ICF (2020b). GET CONNECTED. (coachingfederation.org/professional-coaches)

ICF (2020c). Updated ICF Core Competency Model. ICF.

ICF (2020d). PCC Markers. 2020. 09. ICF.

ICF (2021). Build a High-Performing Organization. (coachingfederation.org/coaching-in-organizations/about)

ICF (2023). ACTC자격취득요강. (coachingfederation.org/credentials-and-standards/team-coaching)

ICF (2023). 옵저브드 코칭. (coachingfederation.org/coaching-education/level-2-accreditation)

ICF (2023). 유료 코칭, 멘토 코칭 요구시간, 내부 코칭, 비영리기관 코칭. (coachingfederation.org/experience-requirements)

찾아보기

index

저자소개

▶ 도미향

숙명여자대학교 이학박사 / MCC (ICF 마스터 코치) / KSC
남서울대학교 대학원장 · 복지경영대학원장 · 코칭학과 학과장
한국코치협회 인증심사위원 / 전) 국제코칭연맹(ICF) 코리아챕터 및 한국코칭학회 회장
펜실베이니아대학교 사회정책대학원 방문교수 / 하버드대학교 코칭연구소 펠로우

▶ 배재훈

숭실대학교 경영학 박사 / KPC / PCC / 갤럽 강점코치
남서울대학교 대학원 코칭 초빙교수
한국코치협회 수석 부회장
전) 우송정보대학교 산학협력 부총장 / 한국코칭학회 회장 / HMM 대표이사 /
LG그룹 판토스 대표이사

▶ 최동하

국민대학교 문화학 박사 / KSC / PCC / NLP 트레이너
단국대학교 경영대학원 협상코칭전공 주임교수 / KBC파트너스 대표
케어마인 상담코칭센터 연구소장 / 한국코치협회 인증심사위원 / 한국코칭학회 상임이사
전) 한국코치협회 이사

▶ 황현호

남서울대학교 코칭학 박사수료 / MCC / KSC / NLP 마스터 프랙티셔너
아주대학교 경영대학원 겸임교수
국제코치훈련원 및 한국부부행복코칭센터 원장
ICF코리아챕터 회장 / 한국코칭학회 부회장
한국코치협회 인증정책심의위원 및 KSC심사위원

최신 코칭학개론

초판발행 2023년 2월 28일 **1판 1쇄 발행** | 2024년 9월 10일 **1판 2쇄 발행**

지은이 도미향 배재훈 최동하 황현호
펴낸이 최용구 | **펴낸곳** 도서출판 **신정**
주소 (04316) 서울시 용산구 원효로 89길 19 (원효로1가)
전화 02)3211-4782, 0266(영업부), 3211-4783(편집부), 3211-4784(팩스)
이메일 sjbook2002@naver.com | **홈페이지** www.sjbook.co.kr
등록 2001년 5월 11일 제13-702호
기획마케팅 최용구 장만동 최충구 송대용 | **책임편집** 석기은 황가연

ISBN 978-89-5912-844-0 93370
정가 24,000원